HARVARD A TO Z

哈佛的158个瞬间

约翰·T. 贝瑟尔（John T. Bethell）
〔美〕 理查德·M. 亨特（Richard M. Hunt） / 著
罗伯特·申顿（Robert Shenton）

陈锴 / 译

著作权合同登记号　图字:01-2017-4774
图书在版编目(CIP)数据

哈佛的158个瞬间/(美)约翰·T.贝瑟尔,(美)理查德·M.亨特,(美)罗伯特·申顿著;陈锴译. —北京:北京大学出版社,2022.1
　　ISBN 978-7-301-31188-2

Ⅰ.①哈⋯　Ⅱ.①约⋯②理⋯③罗⋯④陈⋯　Ⅲ.①哈佛大学—校史　Ⅳ.①G649.712.8

中国版本图书馆CIP数据核字(2020)第029469号

HARVARD A TO Z
by John T. Bethell，Richard M. Hunt and Robert Shenton
Copyright © 2004 by the President and Fellows of Harvard College
Published by arrangement with Harvard University Press Through Bardon-Chinese Media Agency
Simplified Chinese translation copyright © 2022 by Peking University Press
ALL RIGHTS RESERVED

简体中文版由北京大学出版社有限公司出版发行
版权所有,侵权必究

书　　　名	哈佛的158个瞬间 HAFO DE 158 GE SHUNJIAN
著作责任者	〔美〕约翰·T.贝瑟尔（John T. Bethell） 〔美〕理查德·M.亨特（Richard M. Hunt）　著 〔美〕罗伯特·申顿（Robert Shenton） 陈　锴　译
责任编辑	朱梅全
标准书号	ISBN 978-7-301-31188-2
出版发行	北京大学出版社
地　　　址	北京市海淀区成府路205号　100871
网　　　址	http://www.pup.cn　新浪微博:@北京大学出版社
电子信箱	sdyy_2005@126.com
电　　　话	邮购部 010-62752015　发行部 010-62750672　编辑部 021-62071998
印　刷　者	北京中科印刷有限公司
经　销　者	新华书店 730毫米×1020毫米　16开本　25.5印张　458千字 2022年1月第1版　2022年1月第1次印刷
定　　　价	69.00元

未经许可,不得以任何方式复制或抄袭本书之部分或全部内容。
版权所有,侵权必究
举报电话: 010-62752024　电子信箱: fd@pup.pku.edu.cn
图书如有印装质量问题,请与出版部联系,电话: 010-62756370

序　言

　　本书英文版按照英文字母的顺序，用一些描述性的短文，展现了美国历史最悠久的高等教育机构哈佛大学的不同面向。本书可以作为一份指南，使读者能纵览哈佛大学，但本书的作者——哈佛大学的三位资深观察者，并不指望本书能够涵盖哈佛大学的方方面面。从内容上看，本书英文版开始于"A"字头的词条，比如"阿卜"（Aab）和"平权行动"（Affirmative Action），终于"限制级收藏"（X Cage）、"哈佛园"（The Yard）和哈佛大学出版社定制的"泽弗希腊字体"（Zeph-Greek）等词条。本书收录了158个词条，从中可以窥见哈佛大学的特点与社群，不仅包括学术，还包括表演艺术和体育竞技、各类图书馆和博物馆的运作，以及哈佛大学的公共服务与社区外延活动。

　　本书还含有诸多其他信息。比如，"上帝之地"（God's Acre）与"哈佛冈"（Harvard Hill）究竟在何处，谁住在其中；哈佛学院曾录取了一位年仅十岁的孩子，他究竟是谁；饶舌歌手梅索德·马恩（Method Man）和雷德曼（Redman）在哪部电影里扮演过哈佛大学的新生；哈佛大学所在的剑桥市面积最大的地下空间里究竟发生了什么；谁是首位获得哈佛大学荣誉学位的女性；什么是披肩，谁才有权在哈佛大学毕业典礼的仪式上穿戴披肩；怀德纳图书馆（Widener Library）的书架究竟有多长；菲尼亚斯·盖奇（Phineas Gage）的"撬棍头骨"（crowbar skull）在哪里展出；究竟是谁55年风雨不改地为哈佛大学数百座有价值的钟上发条，并加以调校。

　　要找到上述问题的答案，请您读一读本书。当您在本书中找到答案之后，也许您会更加强烈地感受到，究竟是什么使哈佛大学延续至今。

理查德·M.亨特（Richard M. Hunt）
哈佛大学典礼官（1982—2002）

目　录

001 — 015　HARVARD

阿卜 / 003　招生 / 003　阿道弗斯·布施堂 / 007　平权行动 / 008　奥尔斯顿 / 010　马萨诸塞州的阿尔法—约塔分会 / 013　校友 / 015　美国定目剧院 / 016　建筑 / 019　档案馆 / 024　纹章 / 025　阿诺德植物园 / 026　艺术博物馆 / 028　艺术 / 031　体育竞技 / 032

016 — 018　HARVARD

钟声 / 041　布拉特尔剧院 / 043　哈佛商学院 / 045

019 — 031　HARVARD

剑桥/波士顿 / 051　剑桥的哈佛人 / 054　卡彭特中心 / 054　大人物 / 055　查尔斯河 / 058　钟 / 061　哈佛学院的水泵 / 063　毕业典礼 / 064　咨询 / 067　继续教育 / 069　核心课程 / 071　绯红 / 074　绯红核心会 / 075

032 — 041　HARVARD

舞蹈 / 079　院长 / 079　口腔医学院 / 080　餐饮服务 / 081　毕业文凭 / 083　纪律 / 084　多元化 / 087　神学院 / 089　辍学者 / 091　敦巴顿橡树园 / 093

042 — 046　HARVARD

教育研究生院 / 97　埃尔姆伍德 / 98　捐赠 / 100　人贵自立 / 102　消失的哈佛 / 104

047 — 058 HARVARD

教职工俱乐部 / 115　《公正的哈佛》/ 116　时尚 / 117　小说中的哈佛 / 120　电影档案馆 / 127　终极俱乐部 / 128　火灾 / 131　大学一年级 / 134　哈佛历史上的第一(男士篇) / 136　哈佛历史上的第一(女士篇) / 140　喷泉 / 143　筹款 / 143

059 — 072 HARVARD

大门 / 149　同性恋 / 151　《哈佛大学公报》/ 153　吉尔伯特与沙利文 / 154　玻璃花 / 155　上帝之地 / 156　"无神的哈佛" / 158　黄金海岸 / 160　治理 / 162　成绩虚高 / 164　哈佛大学文理研究生院 / 166　哈佛大学设计研究生院 / 168　"大盐皿"及其他文物 / 170　警卫室 / 171

073 — 093 HARVARD

《哈佛之声》/ 175　哈佛学院 / 176　《绯红报》/ 177　存于别处的哈佛 / 179　哈佛森林 / 181　哈佛基金会 / 182　哈佛堂 / 183　哈佛英雄 / 185　哈佛冈 / 186　《哈佛杂志》/ 187　"哈佛邻里" / 189　哈佛学生服务社 / 190　哈佛联盟 / 191　哈佛大学出版社 / 192　速食布丁秀 / 194　希勒尔 / 196　霍尔顿礼拜堂 / 197　好莱坞中的哈佛 / 198　荣誉学位 / 206　霍顿图书馆 / 208　学舍 / 210

094 — 099 HARVARD

信息技术 / 217　国际延伸 / 219　常春藤联盟 / 220　爵士乐 / 221　约翰·哈佛及其塑像 / 224　肯尼迪政府学院 / 226

100 — 105 HARVARD

拉蒙特图书馆 / 233　《哈佛讽刺》/ 234　法学院 / 236　演讲 / 239　图书馆 / 241　"救生筏" / 244

106 — 110 HARVARD

地图 / 247　医学院 / 248　纪念教堂 / 250　纪念堂 / 252　音乐 / 255

111 — 113 HARVARD

美国原住民计划 / 261　尼曼学者 / 262　诺贝尔奖获得者 / 263

114 — 116 HARVARD

天文台 / 267　巡视官 / 267　郊游与客栈计划 / 268

117 — 122 HARVARD

菲利普斯·布鲁克斯楼 / 271　肖像收藏 / 272　校长 / 275　神童 / 278　公共卫生学院 / 281　公共服务 / 282

123 HARVARD

昆西街 / 287

124 — 130 HARVARD

拉德克利夫学院 / 291　反抗与骚乱 / 293　学位服 / 296　研究中心与研究所 / 298　聚会 / 300　罗德学者 / 303　预备役军官训练团 / 305

131 — 139 HARVARD

桑德斯剧院 / 309　萨迪斯 / 311　科学博物馆 / 312　科学史仪器收藏 / 316　玉玺学会 / 317　哈佛学会 / 317　战士体育场 / 319　歌曲与进行曲 / 320　雕像与纪念碑 /

140 — 143 HARVARD

戏剧典藏 / 331　塔楼 / 332　商标保护和技术转让 / 333　学费 / 335

144 — 146 HARVARD

大学健康服务中心 / 339　地下 / 339　校级教授 / 342

147 — 149 HARVARD

梵瑟楼 / 347　塔蒂别墅 / 347　虚拟的哈佛 / 349

150 — 154 沃兹沃思楼 / 353　沃伦博物馆 / 353　哈佛大学广播电台 / 355　怀德纳图书馆 / 356　无线俱乐部 / 359

155 — 158 限制级收藏 / 363　哈佛园 / 364　Z级书橱 / 366　泽弗希腊字体 / 366

附录（哈佛的专用术语） / 368

致谢 / 374

图片版权 / 376

索引 / 377

译后记 / 398

001 — 015

第一行纹章（由左至右）：哈佛大学最早使用的纹章，用于1643—1885年；大约在1913年，哈佛大学在纹章中引入了盾形图案；哈佛大学纹章中的第一个变体，是由威廉·德威金斯（William Dwiggins）设计的，这个变体不同于之前那种具有硬质感的盾形纹章。

第二行纹章（由左至右）：布鲁斯·罗杰斯（Bruce Rogers）对哈佛大学的纹章作了更为精妙的处理；皮埃尔·拉·罗斯（Pierre La Rose）设计的盾形纹章，哈佛大学现在仍在使用；鲁道夫·鲁齐卡（Rudolph Ruzicka）设计的橡树叶纹章，被用以装饰哈佛大学的学历证书。

阿卜

1910年，哈佛大学首次发布了校友名录。在其后的80年中，名列哈佛大学校友名录榜首的校友，是来自泰国曼谷的拉克塔普拉集·阿卜（Raktaprachit Aab，1913届本科生，1914届文学硕士）。后来，他受封泰国的披耶（伯爵）爵位，被称为萨维他-尼德斯（Salwidhan-Nidhes）中将。他在泰国的军职与文职生涯都很卓越。比如，他曾在泰国曼谷的朱拉隆功大学（Chulalongkorn University）担任教授，并被泰国王室任命为大元帅。

阿卜于1909年就读于哈佛大学。当时，哈佛大学有140名国际学生，这些学生来自澳大利亚、中国、印度、日本和俄国等28个国家。相比之下，同一时期唯有3所美国大学的国际学生数量超过哈佛大学。如今，哈佛大学的国际学生已超过3400人。与此同时，哈佛大学的外国学者将近2500人，超越了美国的其他大学。总体而言，哈佛大学的国际学生与外国学者来自全球约130个国家。其中，400多位哈佛大学校友来自泰国。现在，哈佛大学每年从泰国录取的学生多达50名。

阿卜逝世于1989年，享年96岁。在哈佛大学发布的第50次校友会报告中，阿卜曾提到自己的学生时代。当年，他从泰国曼谷去往美国波士顿，要先乘船而后坐火车，耗时6周多。今天，两地之间的航程约为1.5万公里，只需不到30个小时便可到达。

相关条目 校友；国际延伸。

招 生

早在建校之初，哈佛学院便对入学资格有要求。不过，19世纪末以前，就读于哈佛法学院、医学院或神学院的学生，并不需要获得学士学位。

如今，哈佛的入学标准已经变了。入读哈佛的竞争非常激烈，申请人数也在持续增长。总体而言，从每年的9月中旬到来年的6月底（届时哈佛的招生人员会最后核查一遍哈佛学院的入学候补名单），哈佛学院、哈佛大学的10所研究生院和专业学院的招生办公室，要对5万份入学申请加以筛选。

哈佛大学历史上最早的入学要求，刊登在17世纪40年代中期发布的《哈佛学院的法规、自由与秩序》(Lawes, Liberties and Orders of Harvard College)上：

> 学生要能读懂西塞罗(Cicero)的作品，或者与之类似的古典拉丁文作家的即席之作，并能用地道的拉丁文创作、朗诵诗歌和散文……学生还要完全避免使用任何带有典型希腊腔调的名词与动词，唯有如此才能被哈佛学院录取。如不具备上述要求，则不予录取。

起初，哈佛大学并未设立招生办公室。在亨利·邓斯特(Henry Dunster, 任期为1640—1654年)任校长时期，他下属的两位教学人员是通过口头审核的方式来考核入学候选人。至19世纪初，哈佛大学增补了对拉丁文与希腊文的入学要求。依据增补的入学规定，哈佛大学的入学申请人需要"通晓地理学的纲要和算术(包括计算符号、简单与复合的加减乘除，以及约分和三分律)"。

早年，哈佛学院的学生尚不足200人。其中，4/5的本科生来自美国的马萨诸塞州，他们多数是波士顿人。直到19世纪末，马萨诸塞州居民在哈佛学生中的比例，降至大约50%。在此之后，哈佛学院才开始集聚形成日后广为人知的多元化的学生主体。

1869年，查尔斯·W. 埃利奥特(Charles W. Eliot)就任哈佛大学的校长。埃利奥特认为，哈佛大学面临的一个至关重要的问题在于，"考虑到哈佛学院的安全，以及国家的福祉，哈佛学院不能只从马萨诸塞州或纽约州招生，而是要面向全国各地招生"。当时，在美国国内，不断扩展的铁路系统，已将美国西南部、西部各州与东北部各州联通起来。与此同时，哈佛大学在美国各地的俱乐部网络在不断扩大，开始招收来自美国内地有前途的学生，并向这些学生提供奖学金，帮助他们支付前往哈佛大学的路费。到了1878年，哈佛大学已拥有全美资金最为充裕的奖学金项目。为了使学生能够以最适中的方式负担哈佛学院的学费，埃利奥特在担任哈佛大学校长的40年里，将哈佛大学每年收取的学费限制在每人150美元。1905年，埃利奥特还说服哈佛大学教职员工接受美国大学入学考试委员会(College Entrance Examination Board)的新规，即扩大申请范围，吸纳更多的高中申请人。20世纪30年代，时任哈佛大学校长的詹姆斯·B. 科南特(James B. Conant)为来自美国的小城镇与农村地区的学生创立了"国家奖学金"，这是因为哈佛大学在这些区域尚不知名。至20世纪中叶，哈佛大学通过使用校友和本科生作为招募者，吸引了很多非传统申请人，如在边远地区生活和工作的人、少数族裔和外国学生，由此哈佛大学真正成了一个全国性机构。在20世纪60年代中期，哈佛学院已有充裕的奖学金，用以支持"不问家境"(needblind admission)并依据学生家庭经济状况给予经济资助的政策。

1975年,作为哈佛学院与拉德克利夫学院(Radcliffe College)合并的条件之一,两所学院的招生办公室合二为一。此后,女性申请人申请入读哈佛时,获得了与男性同等的机会。其后,哈佛学院的男女比例由4∶1上升至接近均等。在现在入学的学生中,哈佛的女性学生大约占48%。

从人口多样性的角度来看,哈佛学院现在的新生构成较具典型性。2007年,在哈佛学院录取的学生中,亚裔美国人占16%;非裔美国人占10.2%;西班牙裔美国人占3.7%;墨西哥裔美国人占3.6%;波多黎各人占1.5%;美国的原住民占1%。将近26%的学生来自美国中大西洋各州,17%来自东北部的新英格兰地区,18%来自西部与山区各州,16%来自南方各州,11%来自中西部地区,将近12%的学生来自美国领地与国外。

由于哈佛学院将新生人数限定为1650人,入学申请的稳步增长已使哈佛学院的录取过程更具选择性。在20世纪初,哈佛学院每年的申请者还不足650人。其中,超过80%的申请者被录取。到了1950年,哈佛学院每年的申请者已增至2500人,其中40%的申请者被录取。2003年,哈佛学院每年的申请者多达20986人,仅有9.8%的申请者被录取。近年来,约80%的被录取者接受了哈佛的录取通知。依照哈佛招生办公室的说法,如此高的"收益",超越了哈佛学院的那些最强劲的竞争对手。

在美国,只有相对少数学院秉承"不问家境"的录取政策,哈佛学院正是其中之一。换言之,哈佛学院的录取决定,没有考量申请人是否有能力支付学费和杂费;对于每一位被录取的学生,哈佛学院会通过奖学金、贷款和兼职工作,来满足学生的经济需求。在哈佛大学的6600名本科生中,超过70%获得了各种形式的经济援助。据统计,2003—2004学年,哈佛学院的学费、食宿费和杂费合计为40450美元。相比之下,哈佛学院提供的经济援助平均超过了24000美元,包括提供低息贷款与哈佛学院的相关工作。

在美国,仅有少数全国性机构能推行非约束性的"提前行动"(Early Action)项目,哈佛大学也是其中之一。哈佛大学在20世纪70年代开始推行该项目。依据该项目,在每年11月1日之前申请入读哈佛学院的学生,可以在同年12月15日之前获悉哈佛学院的录取结果。参加该项目的申请者,不仅不用等到来年4月1日(常规的录取结果公布日期)才知道录取结果,而且可在常规的申请周期之内向其他高校提交申请。不过,参加哈佛大学"提前行动"项目的申请者,就不能再参加其他大学的"提前行动"项目或者"提前录取"(Early Decision)计划(后者与"提前行动"项目不同,对申请者具有约束力)。假如参加"提前行动"项目的合格申请者未被录取,那么哈佛大学会在来年春季再度考量其申请。2003年,哈佛大学收到了7600份"提前行动"申请,从中录取了1100名申请者,并在常规的录取程序中保留了1100个录取名额。

对哈佛大学的10所研究生院与专业学院而言,其录取也具有相当高的选择性。拿哈佛大学规模最大的三所学院来说,2003年,商学院接受了8000多份工商管理硕士申请,并录取了11%的申请者;法学院的申请人约为6000名,录取比例为9%;医学院的申请人超过了5750名,录取率为3%。哈佛大学的每所研究生院都有自己的招生系统,其招生程序差异较大。不过,哈佛大学的所有学院旨在谋求学生的多元化,其遵循的选择程序关注申请人是否在特定领域或专业具有可预期的取得成功的素质。

准备申请者应当知晓,哈佛学院已不在入学条件中要求申请者必须熟练掌握拉丁语、希腊语或地理学知识。为了让更多公立学校的学生报考哈佛大学,1886年,哈佛大学在录取时放弃了对熟练掌握希腊语的要求。哈佛大学在录取时对拉丁语的要求,延续至20世纪30年代末。目前,哈佛大学不再强调入学要求,但是哈佛大学招生办公室建议申请者必须修读四年的英语(包括强化写作课)、数学、科学与一门外语,同时还要修读三年的历史。在每个学年,35位负责录取的工作人员会甄选3000多名高中荣誉致辞生(第一名毕业生)提交的入学申请,这些申请者相当于哈佛学院新生人数的将近两倍。其中,约500名候选人在学术能力评估测试(SAT)的英语和数学部分,获得了800分的优异成绩。每位申请者的申请资料,由哈佛大学的两位或三位招生工作人员负责审读,在某些情况下,会由三位以上的招生工作人员审读。审读者依照申请者的学业成绩、课外活动与个人承诺,对申请者进行排序。最终的录取结果,取决于招生工作人员与常务委员会(约由15名教师与10名资深主管组成)的决议。

每年的4月初,哈佛大学会寄出"装有录取通知书的信件",这标志着收到信件的申请者,已在录取竞争中获得了胜利。所幸,心情焦急的申请者不必一直期盼着邮差来按响门铃。现在,所有申请者都可以选择通过电子邮件获取录取通知。无论结果是好还是坏,如今约有96%的哈佛学院申请者是在自己的电脑屏幕上获悉录取结果的。

相关条目 校友;体育竞技;绯红核心会;多元化;哈佛历史上的第一(女士篇);哈佛学院;常春藤联盟;拉德克利夫学院;学费。

相关网站 www.harvard.edu/admissions。

阿道弗斯·布施堂

阿道弗斯·布施堂（Adolphus Busch Hall）是"慕尼黑现代派"设计的一个奇妙样板，现在是哈佛大学的明达·德·古恩茨伯格欧洲研究中心（Minda de Gunzburg Center for European Studies）的所在地。阿道弗斯·布施堂饰以灰泥漆与红瓦屋顶，再加上封闭式的庭院，这使其建筑风格不同于哈佛大学的其他建筑。当初，修建阿道弗斯·布施堂是为了安置动迁的美国第一所日耳曼博物馆，只是"生不逢时"：阿道弗斯·布施堂于1917年完工，时值第一次世界大战（以下简称"一战"），考虑到当时兴起的反日耳曼情绪，它一直被关闭，直到1921年才被起用。

哈佛大学似乎是在19世纪90年代末才真正开始修建一座日耳曼博物馆。当时，哈佛大学知名的德语教授库诺·弗兰克（Kuno Francke）提出了这一想法。从19世纪初开始，哈佛大学就开始教授、研习日耳曼语言文学，而德国的大学也向美国的青年学者［例如，其后担任哈佛大学校长的爱德华·埃弗里特（Edward Everett）与查尔斯·W.埃利奥特］提供奖学金，资助他们访问或游学于德国的大学，比如哥廷根大学。对于哈佛大学的好意，德国给予了回应：1819年，约翰·威廉·冯·歌德（Johann Wilhelm von Goethe）将自己的一系列著作赠送给哈佛大学图书馆。1902年，普鲁士的亨利王子代表德皇威廉二世（Kaiser Wilhelm II）莅临哈佛，赠送了一批中世纪至文艺复兴时期的雕塑与艺术品的复制品。这批艺术品最初被存放在罗杰斯堂（Rogers Hall）——曾经是一座体育馆，现为剑桥消防局的所在地。普鲁士的这份馈赠构成了哈佛大学日耳曼博物馆藏品的核心。圣路易斯的酿酒业巨头阿道弗斯·布施（Adolphus Busch）和妻子莉莉（Lilly），及其女婿雨果·赖辛格（Hugo Reisinger）向哈佛大学捐赠了25万美元，用以资助修建一座藏品丰富的建筑，而这座建筑的内部设计及其展示的收藏品，应体现出几个世纪以来日耳曼艺术与文化的演变。

格尔曼·贝斯泰尔迈尔（German Bestelmayer）——一位来自德国德累斯顿的年轻艺术史学家兼建筑师，为这座建筑构想了内部设计，将罗马式和文艺复兴时期的厅堂与哥特式教堂加以结合。贝斯泰尔迈尔的设计，大规模地复制、融合了诸多经典建筑，其中包括希尔德斯海姆的圣米迦尔教堂的11世纪青铜门、弗莱堡的圣母教堂的13世纪黄金大门，以及瑙姆堡大教堂的祭台屏风。该建筑采用钢筋混凝土框架，这在当时可是一种创新的施工方法。同时，该建筑的屋顶是一个钟楼圆顶,其中部分是被预浇筑的。施工始于1914年夏,数周后欧洲爆发了一战。

这座博物馆的庭院是一个有围墙封闭的花园,其中,修造了一个百合池塘、一座知名青铜雕像"不伦瑞克的狮子"(Brunswick Lion)的复制品。"不伦瑞克的狮子"于1166年矗立于亨利公爵(绰号"狮子")的城堡之外。透过窗户俯瞰庭院,眼中是瓦格纳歌剧中知名的诺尔斯人(Norse,属于北日耳曼语支)雕像:沃坦(Wotan)、阿尔布里希(Albrich)、齐格弗里德(Siegfried)和布朗希尔德(Brunhilde)。20世纪30年代,在博物馆入口处的圆形大厅里新添了一组壁画,描绘阿尔布里希驱策其臣民,夺取了莱茵河河底的黄金——更鲜明地反映了日耳曼文化。这组壁画是刘易斯·鲁本斯坦(Lewis Rubenstein,哈佛1930届本科毕业生)的作品。不过,后来它们被木板封上,令人多年都未得一见。

第二次世界大战(以下简称"二战")期间,这座博物馆内所有能搬得动的艺术品均被清除走了,转而改作随军教士学校。约有一万名随军牧师在这里参加了为期四周的培训班,他们来自"不同的教派、种族与信仰"。时至1991年,作为哈佛大学的福格艺术博物馆(Fogg Art Museum)的附属,布施—赖辛格博物馆(Busch-Reisinger Museum,1950年日耳曼博物馆改为此名。——译者注)新馆落成,博物馆中方便搬动的藏品再次被转移。其后,哈佛大学的欧洲研究中心搬进阿道弗斯·布施堂。之前,在哈佛大学,从未有一个学术部门能享有如此豪华与适宜的办公环境。

1958年,荷兰建筑师D. A. 弗伦特罗普(D. A. Flentrop)在这座博物馆的罗马式大厅的阳台上安装了一台风琴。这台风琴经常被用于录音,还会在每学年的音乐会中演奏。每当举办音乐会时,或者每月第一周的星期日,这座博物馆便会面向公众开放。

相关条目 建筑;艺术博物馆;雕像与纪念碑。

相关网站 www.ces.fas.harvard.edu。

平权行动

近年来,尽管哈佛的"平权行动"(Affirmative Action)遭到越来越多的抨击,但它依然是哈佛坚守的信条之一。实际上,哈佛的"平权行动"政策的受众已出现了明显的变化。自1970年以来,哈佛大学的少数族裔人数增加了1倍。就任资深教师职位的女性人数实现了零的突破,并增至将近150人;与此同时,就任资深职位的少数族裔人数,已由2人增至80人以上。到了1997年,哈佛大学的五位副校长中,有三位是女性。至2000年,历史上曾经由清一色白人男性组成的哈佛大学理事会,也选出了理事会的第二位女性委员与首位少数族裔委员。

"平权行动"的原则源于1964年美国的《民权法案》,该法案禁止在教育机构和职场出现任何针对族裔、性别、民族、宗教、身体残疾和年龄的歧视。根据这一法案,所有接受联邦财政资助的学院与大学必须遵循非歧视的法规。随后,教育与就业机构依法设定了目标,以增加对少数族裔、妇女与残疾人的招收数量和晋升空间。1970年,哈佛大学制订了"平权行动"方案。

高等教育的"平权行动"究竟在多大程度上符合美国的宪法(或者说"合宪性"),在1978年美国联邦最高法院裁决的"加州大学董事会诉巴基案"(Regents of the University of California v. Bakke)中得到了检验。哈佛大学直接卷入了这一里程碑式的案件。哈佛大学的威利斯顿法学教授阿奇博尔德·考克斯(Archibald Cox)是原告加州大学董事会的代理人。考克斯认为,加州大学在作出录取决定时,有权将"种族"作为一个选择性因素。保证族裔的多样性,不仅会增益高等教育,而且从更大的社会视角来看,也有必要补偿过去的种族歧视产生的影响,并确保所有美国人享有平等的机会。哈佛大学和其他三所大学(哥伦比亚大学、宾夕法尼亚大学、斯坦福大学)联合向法庭提交了一份简要的书面意见(*amicus curiae*,意为"法庭之友")——哈佛学院的入学政策声明。该入学政策声明反对招生配额,将少数族裔身份作为评估合格候选人的诸多标准之一。

美国联邦最高法院裁决巴基胜诉,但是,在认定加州大学的刚性配额违宪时,该法院承认,教育机构在作出招生决定时,可以对种族因素予以"一定的关注"。美国联邦最高法院的鲍威尔大法官在撰写多数意见时,附上了其对哈佛学院招生政策的表述:"这样的方案在招生过程中将每位申请人视为个体,而不是将某人与所有其他的入学候选人加以比较。"

25年之后,在美国联邦最高法院于2003年春季审理的有关密歇根大学的案件(涉及招生过程中的平权问题)中,哈佛大学提交了一份"法庭之友"意见书。这份书面说明是以多所大学的名义提交的,其中包括哈佛大学、布朗大学、芝加哥大学、达特茅斯学院、杜克大学、宾夕法尼亚大学、普林斯顿大学和耶鲁大学。它宣称,密歇根大学案继续将种族因素视为个别化的招生制度考量的因素之一。该书面说明认为,"巴基案隐含的基本原则已成为令人信赖的基石",被大学、中学以及在校生、校友和企业所遵循。美国联邦最高法院不应推翻自己既定的先例,从而"触发令人痛心的混乱"。美国联邦最高法院虽然出现意见分歧,但最终确认了巴基案的裁决,认定族裔配额(racial quotas)是违宪的,但仍然可用更微妙的平权行动方式来实现族裔的多样性。

1970年,从整体而言,哈佛大学的学生中,仅有约12%的学生被视为"代表性不足的少数族裔"。而现在,这一比例在哈佛学院已经上升至17%以上,在全校则已高达24%。在一代又一代的平权行动人员的指导与监督下,哈佛大学的部分院系则在副院长的指导与监督下,教师与行政人员也变得更加多元。行政机构层面的进展要比教学机构层面的进展更为迅速。在教学机构层面,职位空缺较少,候选人的储备也相对较少,优秀女性与少数族裔的竞争十分激烈。即便如此,自哈佛大学的平权行动计划设立以来,已取得了重大的进展。比如,1970年,哈佛大学文理学院的444位常任教师中,无一人是女性。时隔30年,获得该学院终身教职任命的754位教师中,女性有144人。与此同时,获得终身教职任命的少数族裔教师由2人增至85人。近几年来,平权行动在哈佛大学的各个层级都取得了进展。

1996年,随着反对平权行动的呼声日益高涨,时任哈佛大学校长的尼尔·鲁登斯坦(Neil Rudenstine)在不定期发布的一份年度报告中追溯哈佛大学的多样性传统,并主张一种教育价值观,即让学生接触那些具有不同信仰、背景和观点的同龄人。关于哈佛大学在过去的25年中实现多样性方面取得的成果,鲁登斯坦写道:"在漫长的高等教育史上,从未出现过与之类似的变化。"

相关条目 招生;多元化。

相关网站 www.oap.harvard.edu/affirmative-action。

奥尔斯顿

哈佛大学毗邻波士顿市的奥尔斯顿,当前哈佛大学在该区的房地产,多于在剑桥市的房地产。那么,哈佛大学是如何在奥尔斯顿开发房地产的呢?哈佛大学的规划者设想在查尔斯河的波士顿一侧建造一个规模庞大的新校区,包括先进的科学设施、适合现有社区的师生住房、进行艺术活动的博物馆和文化场馆,并将哈佛大学教育研究生院和哈佛大学公共卫生学院搬至此校区。不久之后哈佛大学就会修建上述部分建筑,但要完全实现这样一个计划,可能需要数十年时间并耗费数十亿美元。

自 1870 年以来,哈佛大学就在波士顿市的奥尔斯顿有了一个立脚点。当时,美国诗人、翻译家亨利·沃兹沃思·朗费罗(Henry Wadsworth Longfellow)及其家人将一块面积 70 英亩的土地赠予哈佛大学。后来,此处成了哈佛大学战士体育场(Soldiers Field)体育综合设施的一部分。20 世纪 20 年代,哈佛大学在邻近的地方修建商学院的校园,而该处土地最近已被移交给哈佛大学。20 世纪 80 年代后期,迫于空间有限,原本位于剑桥市腹地的哈佛大学,开始在波士顿市的奥尔斯顿秘密收购那些大致相连的土地。直到 1997 年,哈佛大学秘密收购土地一事才被公开。当时,哈佛大学已收购了 14 块土地,面积共计 52 英亩,总价为 8800 万美元。后来,哈佛大学在商学院以东买了一块 48 公顷的土地,这块土地原先属于马萨诸塞州的公路管理局。其后,哈佛大学用 7500 万美元收购了一块相邻的 91 英亩的土地。上述这些土地收购,使得哈佛大学在波士顿市的奥尔斯顿持有的土地面积达到了 341 英亩。在剑桥,哈佛大学持有的土地面积不足 220 英亩。

奥尔斯顿曾经是牲畜饲养场、屠宰场和肉类加工厂的聚集地。如今,仓库、铁路堆场、旧货店、折扣店、汽车维修店和普通住宅混杂在一处。[当哈佛大学秘密采购土地之事曝光时,一位代表当地的州参议员对《波士顿环球报》(*Boston Globe*)说:"他们买了这么多家修车店,我想,哈佛大学可能想要开办一所职业学校吧。"]波士顿市的人口中有许多学生与年轻家庭。

哈佛大学的"一路向南"(*Drang nach Süden*)将显著地重塑该校,不过,由此产生的深刻的城市变化,也会对奥尔斯顿数以千计的居民产生影响。2003 年秋季,在一封公开信中,哈佛大学校长劳伦斯·萨默斯(Lawrence Summers)强调了积极参与社区的重要性。他在信中提到了哈佛大学的最终总体规划:

> (哈佛大学)……需要具备各种功能,比如,用餐的地方、购物场所、为特别活动而设的聚会场所,以及露天场地,人们可以在这里玩飞盘、享受野餐,哪怕只是坐下来说说话……这些功能对一个充满活力且令人惬意的城市住宅区而言都是必不可少的。我们的奥尔斯顿计划不仅要从大学使命的核心所在即学术活动中汲取活力,还要从美国大城市内充满生机的社区生活的日常活动中汲取活力。对于哈佛大学乃至更大范围的社区而言,重要的是,要预见到我们在奥尔斯顿扩建的校园,绝不仅仅是一个工作场所,还是一个安居之处。

萨默斯校长在这封信中,提出了五个"纲领性的规划设想",用以指导、推进讨论与分析，旨在出台一个条理分明的总体规划。

- 科学和技术。"奥尔斯顿应该在未来哈佛大学的科研中占据显赫的地位，（哈佛大学应当）成为科研活动的家园，如同一种活跃的临界物质……要想取得成功，我们不仅要对更多传统的科研方式进行投资，这些科研活动通常由建有自主实验室的独立研究者与研究团队所主导，也要投资那些更具综合性的科研方式，它们在未来具有很大的前景。"

- 专业学院。"考虑到学术使命的实质与当前硬件自然环境，如果搬迁到奥尔斯顿，公共卫生学院和教育研究生院均会受益。此外，鉴于专业学院所服务的专业面临的共同挑战，奥尔斯顿应该被视为各个专业学院的一个未来家园，便于它们之间展开更为广泛的合作。"

- 住房与城市生活。"特别考虑到住房市场的不易，我们需要增加哈佛大学研究生与专业学院学生在校内住宿的机会。增加校内住宿，将会改善哈佛大学学生的生活，增益于哈佛大学的整体教育环境……我们的目标应该是，像在剑桥校区一样，将奥尔斯顿校区建设成既生机勃勃又从所在社区汲取活力的地方。"

- 文化与社区。"艺术和文化活动极大地增进了哈佛大学的特色，也为哈佛大学联系更广阔的社区提供了机会。我们应该更具体地考量，奥尔斯顿的房地产如何为这些活动提供更有价值的空间，既满足我们的学术目的，又能增加社区的活力。"

- 本科生的生活。"过一段时间，奥尔斯顿就会成为一个提供旨在增进本科生多层面体验的设施与活动的场所，其中包括在查尔斯河附近新建本科生宿舍。这样的发展规划，有助于缓解当前哈佛大学房舍拥挤的状况；为学生活动提供更多、更好的空间；增强剑桥校区与奥尔斯顿校区之间的联系；将来有一天，学生们可能从拉德克利夫学院的四方庭院搬迁至奥尔斯顿；同时，从长远来看，令哈佛大学能够迎接来自世界各地更多的本科生。"

萨默斯校长在信中还宣布组建独立的特别工作组，"关注那些最重要的纲领性领域"，其主要成员是哈佛大学的教职员工。另有一个工作组，主要确定并评估咨询公司是否在哈佛大学的总体规划中发挥了专长。

近期哈佛大学在收购的部分土地上设有长期的租赁权与地役权，尤其是占地91英亩与48英亩的被称为"奥尔斯顿城北"（Allston Landing North）的两块地，这两块地包括了马萨诸塞州收费公路的奥尔斯顿—布莱顿立交桥与一座大型的铁路货运设施。萨默斯校长在信中指出，要让这片土地变得可供哈佛大学使用，"需要付出诸多努力与代价，预计要花费数十年的时间"。尽管如此，萨默斯校长在信中断言："我们所面临的机遇,对于一所现代大学而言是很少见的。尽管这样的机遇也带来了难题与复杂的选择,但我们并不会因此而改变初衷。我们知晓,这一机遇具有巨大、长期的潜力,使我们不断努力,推动教育、学术与服务水平的提高。"

相关条目 建筑;体育竞技;剑桥/波士顿;查尔斯河;教育研究生院;存于别处的哈佛;学舍;公共卫生学院;战士体育场。

相关网站 www.president.harvard.edu/speeches/2003/lhs_allston.html。

马萨诸塞州的阿尔法—约塔分会

1779年,"马萨诸塞州的阿尔法分会"(Alpha of Massachusetts)获得特许,在哈佛大学宣告成立。它是美国大学优等生荣誉学会(Phi Beta Kappa)众多分会中存续时间最久的。作为美国的首家荣誉社团,美国大学优等生荣誉学会的声誉是首屈一指的。1995年,"马萨诸塞州的阿尔法分会"与拉德克利夫学院的"马萨诸塞州的约塔分会"(Iota of Massachusetts)合二为一,现在统称为"马萨诸塞州的阿尔法—约塔分会"。

美国大学优等生荣誉学会在哈佛大学与其他近300家成员机构中设立了分会。对于入选的优等本科生而言,这可是一种学术意义上的美事。每年,"马萨诸塞州的阿尔法—约塔分会"会遴选大约110名毕业班本科生与48名三年级本科生。

1776年,在美国弗吉尼亚州的威廉斯堡,一群来自威廉与玛丽学院(College of William and Mary)的学生成立了美国大学优等生荣誉学会。当时,正在弗吉尼亚州任教的哈佛大学1778届校友伊莱沙·帕马勒(Elisha Parmele)牧师,携带着美国大学优等生荣誉学会的一份特许状(特许成立哈佛大学分会),北上前往哈佛。1781年,这份特许状被交付给哈佛大学的四位学生,它现存于哈佛大学的档案馆。这份特许状现在依然完好无损,还系着当年的"粉红色与天蓝色"丝带。

早先,美国大学优等生荣誉学会的分会属于兄弟会性质的组织,有着庄严的入会仪式、秘而不宣的誓词以及与众不同的握手方式。在"马萨诸塞州的阿尔法分会"成立后的40年里,分会成员时常会面,定期进行讨论与辩论。他们探讨的话题包括:"贝内迪克特·阿诺德(Benedict Arnold,1741—1781,美国独立战争时期的重要军官,起初为革命派作战,并且屡立战功,后来投靠英国。——译者

注)是否应被视为变节者"(1781年);"假如基督教是难以令人置信的,是否应当支持基督教"(1796年);"亚当有肚脐吗"(1807年,当时持赞成观点者赢得了辩论)。据说,最后一次辩论发生在1820年。其后,"马萨诸塞州的阿尔法分会"——像美国大学优等生荣誉学会的大多数分会一样——不再是一个辩论与文学协会,而是在实质上转变为它们现在的模样:一种荣誉社团。

1910年,拉德克利夫学院向美国大学优等生荣誉学会申请特许,此事引起了一些争执。依据美国大学优等生荣誉学会的联合宪章,拉德克利夫学院的本科生有资格入选哈佛大学的"马萨诸塞州的阿尔法分会"。换言之,拉德克利夫学院不必另外成立独立的分会。可是,"马萨诸塞州的阿尔法分会"的负责人表示反对,他们指出:拉德克利夫学院并非哈佛大学的组成部分,且"马萨诸塞州的阿尔法分会"规定,成员均为"男士"(拉德克利夫学院是一所女子文理学院。——译者注)。因此,拉德克利夫学院提出的申请遭到了美国大学优等生荣誉学会的否决。其后,拉德克利夫学院再度提出申请。1914年,"马萨诸塞州的约塔分会"获得特许成立。

每年,在举行毕业典礼的那一周,哈佛大学举办的第一项学术活动就是"美国大学优等生荣誉学会的毕业告别会"(Phi Beta Kappa Literary Exercises)。这一活动始于1782年,包括一篇应制的诗文与一次"演说"。恰如诗人和散文家戴维·麦科德(David McCord,1921级哈佛校友,美国大学优等生荣誉学会的盛典诗人)所说,"(参加这一盛典的)演说人与诗人的名册,看起来就像是一部缩略版的美国人传记词典。"麦科德说:"美国的四位总统在盛典上大放光彩……假如仅仅收录那些在盛典上演讲的作家的传记,由此编写而成的美国文学史也是可被认可的。不过,这样做就会不负责任地遗漏马克·吐温(Mark Twain)的大名,令美国文学史出现一个明显的缺口。"历数盛典的诸多演讲,最重要的当数1837年拉尔夫·沃尔多·爱默生(Ralph Waldo Emerson)所做的题为《美国学者》的演讲。盛典的其他著名演讲者还包括:约翰·昆西·亚当斯(John Quincy Adams)、爱德华·埃弗里特、奥利弗·温德尔·霍姆斯(Oliver Wendell Holmes)、富兰克林·D.罗斯福(Franklin D. Roosevelt)和伍德罗·威尔逊(Woodrow Wilson)。美国大学优等生荣誉学会的盛典诗人如群星璀璨,其中包括W. H. 奥登(W. H. Auden)、罗伯特·弗罗斯特(Robert Frost)、亨利·沃兹沃思·朗费罗、罗伯特·洛厄尔(Robert Lowell)和华莱士·史蒂文斯(Wallace Stevens)。

相关条目 毕业典礼。

相关网站 www.college.harvard.edu/academics/phibetakappa。

校 友

每隔五年,哈佛大学会盘点校友人数。新版哈佛校友名录列出了 255764 名校友的姓名、地址与职业(哈佛大学校友的实际人数更多,因为,有 36580 名校友被列为"失联,联络中"或者仅标注为"失联")。每逢一年一度的毕业典礼,校友名录里便会增加大约 6000 个新名字,而每年校友名录里会有超过 2000 多人故去——在 21 世纪的头 10 年,哈佛大学在世的校友人数接近或超过 30 万人。

哈佛校友遍布于美国的每个州,乃至全球 184 个国家。从事商业的哈佛校友,在校友总数中所占比重最大——毫不奇怪,因为哈佛商学院的毕业生占哈佛校友总数的 1/4。教育与法律分别是哈佛校友中位居第二和第三的两大职业,然后是健康与医疗服务、金融服务和政府部门。

与美国其他人口一样,哈佛大学与拉德克利夫学院校友都很长寿。1910 年,哈佛大学的首部校友名录编辑完成,当时校友的年龄中位是 34 岁。时至 2000 年,校友的年龄中位数已升至 49 岁。到了 2010 年,每 7 位哈佛校友中便有 1 位退休人士,而校友中退休人士的整体数量已翻了一番。

在哈佛大学历史上,最早的、有组织的校友活动可追溯至 1840 年。当时,在波士顿的少数哈佛毕业生为了培养 1836 年哈佛建校两百周年纪念所萌生的忠诚精神,成立了哈佛校友会。哈佛校友会的首任主席是美国前总统约翰·昆西·亚当斯(哈佛大学 1787 届校友)。最初,要通过申请才能获得哈佛校友会的会员资格,申请人仅限于哈佛学院、哈佛神学院与法学院的毕业生。校友会的会费是每年一美元。在 19 世纪的大半时间里,哈佛校友会的主要职能是在举行毕业典礼的当天下午举办一次演讲盛典,并提名、选举校友会的负责人。其他的校友活动,由校友会的忠实志愿者发起,比如,在美国的不同区域组建哈佛俱乐部,创办校友刊物,创立并资助哈佛体育协会,推送各届毕业班的报告,筹划校友聚会,以及为各届毕业班筹募礼金。最终,几乎所有这些事务——包括哈佛校友会本身——都被哈佛大学的主管们接管了。

如今,所有哈佛校友均自动归属于哈佛校友会。在哈佛大学的每次毕业典礼上,都会重复一个老掉牙的笑话:哈佛校友会是一个不需要缴纳会费的组织。一旦加入,便不会离开。校友会的运作由一个董事会负责监督,该董事会有将近 100 名董事,其中,18 名董事是由哈佛校友会直接选举产生的。这个董事会还包括哈佛毕业生与哈佛各专业学院的校友组织的代表。哈佛校友会有 33 位行政人员，其预算约为 250 万美元。

哈佛校友会负责提名监事会的候选人，并举行年度选举。在哈佛校友会的众多工作组中，有一个众所周知的工作组，名为"快乐委员会"（Happy Committee），协助规划那些在传统上被称为"毕业典礼中令人愉快的仪式"。哈佛校友会的其他委员会，协助指导一项继续教育计划。这项不断发展的计划，在世界各地建立"校友学院"（即哈佛校友毕业后就读的其他院校），并为哈佛校友提供游学支持。哈佛校友会负责遴选哈佛奖章的得主，这些人通过校友活动，为哈佛效力。哈佛校友会还负责监督各地的哈佛俱乐部向有前途的高三学生颁发"哈佛校友会书卷奖"（Harvard Prize Book Awards）。1928 年获此奖的是一位加利福尼亚州的高中男生，名叫理查德·尼克松（Richard Nixon）。不过，后来他选择去加利福尼亚州的惠蒂尔学院（Whittier College）就读。此外，哈佛校友会还提供电子邮件的转发服务，并出版在线通讯《哈佛月刊》（*Harvard Monthly*），旨在介绍哈佛大学的新闻，还收录了哈佛校友活动与网络资源的清单。

另外，新的哈佛俱乐部不断涌现。目前约有 160 个，分布在全球 70 个国家，美国仅爱达荷州和怀俄明州这两个州没有。通过这些俱乐部委员会，约有 4000 名哈佛校友协助哈佛的招生人员面试、评估申请人。这些俱乐部的活动得到了哈佛校友会员工的协调与支持。哈佛校友会的总部位于奥本山街 124 号。

语源学说明："校友"一词来源于拉丁语"养子/养女"（foster child）。《简编牛津英语词典》（*Shorter Oxford English Dictionary*）就将"校友"定义为"养子或中小学、大学的学生"。尽管哈佛校友会与哈佛大学的其他部门在提及男性和女性校友时，会称"alumni"和"alumnae"或者"alumni/ae"，但作为复数形式的"alumni"已涵盖了男性与女性校友。

相关条目 继续教育；治理。

相关网站 www.haa.harvard.edu。

美国定目剧院

"美国定目剧院"（American Repertory Theatre, ART）包含至少三个方面的意思：其一，它是一个常驻的专业戏剧公司，每年在哈佛洛布戏剧中心（Harvard's Loeb Drama Center）的大舞台上演五场戏剧。在剑桥市与波士顿地区，它还会演

四、五场规模稍小的戏剧。其二，它是指一群戏剧专业人士，他们教授本科生的课程，并给那些有抱负的演员、导演、舞台设计师和戏剧评论家提供非学位的培训。其三，它是一项正在进行的事业，建立在创建该剧院的艺术总监罗伯特·布鲁斯坦(Robert Brustein)的愿景之上。

布鲁斯坦既是作家、教授、导演，又是《新共和》杂志(The New Republic)的戏剧评论家。1979年，布鲁斯坦来到哈佛大学。此前，他在耶鲁大学戏剧学院做了13年的院长。尽管布鲁斯坦将耶鲁的定目剧院塑造成了一家一流公司，但却遭到了他人的诋毁，其中一位诋毁者是时任耶鲁大学校长的A. 巴特利特·贾马泰伊(A. Bartlett Giamatti，已故)，贾马泰伊也是一位对艺术和戏剧有浓厚兴趣的人文主义者。布鲁斯坦与贾马泰伊就融资、预算、与耶鲁大学本科生的关系以及其他问题有过多次口角，最后贾马泰伊解雇了布鲁斯坦(布鲁斯坦在回忆录《出尽洋相》(Making Scenes)中讲述了这个故事的另一版本)。多亏时任哈佛大学校长的德里克·博克(Derek Bok)援手相助，在剑桥市给布鲁斯坦及其公司提供了一个安身之处。

早在55年前，耶鲁大学曾将乔治·皮尔斯·贝克(George Pierce Baker)教授及其知名的"47工作坊"(47 Workshop)吸引到了纽黑文(耶鲁大学所在地)。如今，时代大潮将戏剧的财富带到了哈佛。在耶鲁，确有持怀疑论者。耶鲁的部分教师认为，大学赞助一家常驻的戏剧公司，这在学术上有点不伦不类，也很浪费钱。这些耶鲁教师听说，耶鲁的定目剧院刻意回避传统的戏剧，青睐于大胆的、有时甚至有些荒谬的作品，而布鲁斯坦对于耶鲁的筹款助益也不大。哈佛大学校长博克则坦言，哈佛在戏剧上是做了一件"冒险的事"。

不过，美国定目剧院仅用了一年，就令绝大多数评论家哑口无言，还将那些持怀疑论者变成为观众。美国定目剧院的信条是，它只上演以下三种戏剧：

- 很大程度上被忽视但值得为当代观众重新呈现的老剧目，如莫里哀(Molière)的《斯卡纳莱尔》(Sganarelle)、卡洛·戈齐(Carlo Gozzi)的《麋鹿国王》(The King Stag)，以及皮兰德娄(Pirandello)的《是这样，如果你们以为如此》(Right You Are if You Think You Are)。

- 天才导演再现的经典剧目，如莎士比亚(Shakespeare)的《仲夏夜之梦》(A Midsummer Night's Dream)、斯特林堡(Strindberg)的《父亲》(The Father)，以及奥尼尔(O'Neill)的《长夜漫漫路迢迢》(A Long Day's Journey into Night)。

- 为实验戏剧开辟了新的可能性的新剧作，如朱尔斯·费弗(Jules Feiffer)的《成年人》(Grownups)的全球首演、玛莎·诺曼(Marsha Norman)的《晚安，妈妈》('night, Mother），以及大卫·马梅（David Mamet）的《奥利安娜》（Oleanna）。这些剧作为美国定目剧院带来了全国的关注，也赢得了一些奖项。

在过去的数十年里，美国定目剧院还上演了一百多部剧作，众多重要的导演、作家和作曲家参与其中，其中包括乔安妮·阿卡莱蒂斯（JoAnne Akalaitis）、安德烈·贝尔格拉德（Andrei Belgrader）、唐·德利洛（Don DeLillo）、达里奥·福（Dario Fo）、菲利普·格拉斯（Philip Glass）、乔纳森·米勒（Jonathan Miller）、苏珊·洛丽·帕克斯（Suzan-Lori Parks）、彼得·塞勒斯（Peter Sellers）、安德烈·塞尔邦（Andrei Serban）、亚诺什·萨斯（János Szász）、葆拉·沃格尔（Paula Vogel）和罗伯特·威尔逊（Robert Wilson）。美国定目剧院的运作要保持在这个水平，需要耗费相当大的成本。美国定目剧院所在的洛布戏剧中心主舞台（拥有550个座位，上座率约为80%）的票房收入，偿付了美国定目剧院将近一半的开销。美国定目剧院能做到收支平衡，要归功于数额相对较少的哈佛大学补助金，以及来自美国国家艺术基金会（National Endowment for the Arts）、美国国家人文基金会（National Endowment for the Humanities）和马萨诸塞州（Commonwealth of Massachusetts）的补助金。同时，还得益于基金会与企业的支持，以及2000多笔个人捐款。

2002年夏季，布鲁斯坦卸任。美国定目剧院的领导权被移交给了"三驾马车"：行政总监罗伯特·奥查德（Robert Orchard）、艺术总监罗伯特·伍德拉夫（Robert Woodruff）与艺术副总监吉迪恩·莱斯特（Gideon Lester）。伍德拉夫是一位来自纽约的导演，他的实验剧目在加利福尼亚州的拉霍亚剧场（La Jolla Playhouse）和其他地区性剧场上演。伍德拉夫是由布鲁斯坦亲自挑选出来的。可以说，伍德拉夫对大学情景下戏剧艺术的憧憬，无疑会为美国定目剧院未来的事业增色。用布鲁斯坦的话来说，"剧院必须释放观众的想象力。要做到这一点，剧院必须令观众感到变化。剧院必须打破观众惯常看待世界的方式。我要创造一篇戏剧的诗歌，令其萦绕于观众的潜意识……我无意影响人们平日里的想法。我想要影响的，是他们的梦想"。

相关条目 艺术；吉尔伯特与沙利文；戏剧典藏。

相关网站 www.amrep.org。

建　筑

　　从建筑环境来看，哈佛大学以红砖的旧园（Old Yard）为中心点，整体建筑看上去就像一床由"碎布缝成的被单"（crazyquilt）——这是哈佛颇为知名的多样化的最为凸显的体现。

　　哈佛大学的建筑物包括在剑桥市、波士顿及其他地区的 500 多座学术、居住用建筑。其中部分建筑名列美国国家史迹名录（National Register of Historic Places），有些建筑则有碍观瞻。七座历史最为久远的建筑，可以追溯至美国独立战争之前；七十多座建筑则是兴建于二战后。查尔斯·布尔芬奇（Charles Bulfinch，1781 届哈佛校友）、亨利·霍布森·理查森（Henry Hobson Richardson，常被称为"H. H. 理查森"，1859 届哈佛校友）与查尔斯·福伦·麦金（Charles Follen McKim）是哈佛历史上最为知名的建筑师。查尔斯·柯立芝（Charles Coolidge，1881 届哈佛校友）及其公司设计了查尔斯河沿岸成排的大学生宿舍与许多建于 20 世纪的其他建筑。在 20 世纪的"白色时期"（White Period，指 20 世纪中期），哈佛大学委托国际级大师设计了棱角分明的大型现代建筑，这些大师包括德国包豪斯（Bauhaus）建筑风格大师瓦尔特·格罗皮乌斯（Walter Gropius）、法国现代主义建筑大师勒·柯布西耶（Le Corbusier）及其门徒约瑟夫·路易斯·塞特（Josep Lluís Sert）和约翰·安德鲁斯（John Andrews）。从结构来看，这些建筑均为混凝土外观，与之对应的是哈佛建筑在总体上依然保持着红砖建筑的"基调"（home key）。

　　哈佛的建筑风格看上去多变、令人费解，但如果了解哈佛不断演变的自我意识背景，就能更好地理解哈佛。哈佛现存最为古老的建筑是马萨诸塞堂（Massachusetts Hall，建于 1721 年）。最初，马萨诸塞堂是一个四方庭院的一部分，就像那些英国学院一样，常驻的学者与老师在此一起朗诵、开会，一同用餐、祈祷。哈佛试图在美国延续这种"学院生活方式"（the Collegiate Way of Living）。后来哈佛修建了霍利斯堂（Hollis Hall，1762 年）、斯托顿堂（Stoughton Hall，1805 年）和霍尔沃西堂（Holworthy Hall，1811 年），它们在哈佛西北角勾勒出了一个更大的四方庭院，现在被称为"旧园"。为了遵循哈佛的清教徒创始人所倡导的俭朴生活的伦理，哈佛的这些早期建筑就像是简单的砖房，配以最低限度的装饰。布尔芬奇设计的大学堂（University Hall，建于 1815 年）的花岗岩墙壁，所用的花岗岩取自马萨诸塞州的切姆斯福德(Chelmsford)，意在强调该建筑的新英格兰特点。不过，该建筑采用的古典壁柱与栏杆，令人想起了一种更为世俗化的参照标准。

　　至19世纪中叶，哈佛大学已经有了一些欧洲大学的味道。哈佛大学新建了一些建筑，因为需要新的实验室、专业学院的教室与图书馆。尽管当时德国已经成为新领域学者的主要培训基地，但英国依然在（为哈佛）提供建筑样式。剑桥大学的国王学院礼拜堂(King's College Chapel)，启发哈佛大学修建了哥特式的戈尔堂(Gore Hall，建于1841年，于1913年被拆除)，以容纳曾经成为全美国规模最大且最具价值的图书馆。在美国内战结束四年之后，查尔斯·W.埃利奥特就任哈佛大学校长，他承诺"在这里最大意义上安全而有力地建立一所大学"。在埃利奥特担任校长的四十多年里，哈佛大学扩建了新的宿舍楼、博物馆、研究设施与教学楼，显示出学校不断增强的自信。

　　这种自信最突出表现在哈佛纪念堂(Memorial Hall，1878年竣工)的建成上。纪念堂比哈佛的其他建筑更为令人瞩目，或者说更具吸引力。纪念堂是为纪念在美国内战中为北方战死的哈佛大学的136名校友与学生而建的。纪念堂是一幢维多利亚鼎盛时期的哥特式建筑，其规模堪比一座大教堂——配有山形墙，并以扶壁支撑，建筑设计极尽细致，纪念堂的塔楼高耸，杂色斑驳的石板屋顶上布满尖尖的装饰物——这与哈佛大学过去采用的四四方方的乔治亚式建筑风格形成了巨大的反差。

　　哈佛纪念堂延长了折中主义建筑风格的流行时间。与哈佛纪念堂同时建成且与之毗邻的海明威体育馆(Hemenway Gymnasium，建于1878年，1938年被拆除)，堪称哈佛大学最具观赏性且景色如画的建筑。海明威体育馆是一座具有安妮女王风格的奇幻城堡，由皮博迪和斯特恩斯公司(Peabody and Stearns)设计。在哈佛园内，伟大的H. H.理查森设计了具有罗马式复兴建筑风格的塞弗堂(Sever Hall，建于1880年)，这是一座结构复杂的堡垒式砖砌建筑。而有着不对称外观的哈佛法学院奥斯汀堂(Austin Hall，建于1884年)，则是理查森的另一个设计作品。半个世纪之后，哈佛设计学院的一位院长将塞弗堂形容为"美国建筑的转折点"。不过，追随理查森的哈佛建筑师们却转向欧洲的建筑模式，尤其是那种沉闷乏味的皇家建筑风格。理查德·莫里斯·亨特(Richard Morris Hunt)设计的亨特堂(Hunt Hall，用石灰岩建成，建于1893年，1973年被拆除)，是哈佛的第一座艺术博物馆，后来变成了一座教学楼。亨特堂打破了哈佛园内其他建筑的殖民地色彩。哈佛1892届校友盖伊·洛厄尔(Guy Lowell)设计的爱默生堂(Emerson Hall,建于 1900 年),以及查尔斯·福伦·麦金设计的罗宾逊堂(Robinson Hall,建于 1904 年),占据了哈佛园的东北角,并不显得唐突。这两幢建筑均由砖砌而成。

谢普利、鲁坦和柯立芝公司(Shepley, Rutan and Coolidge)以麦金的皇家建筑风格为哈佛医学院在波士顿的新校区设计了五座白色大理石建筑(建于 1906 年)。该公司还为哈佛法学院设计了一幢石灰岩建筑,该建筑于 1906 年竣工,被命名为兰德尔堂(Langdell Hall)。这些冷峻、形式主义建筑风格的建筑建成时,美国正自豪地意识到自身扮演着世界强国的新角色。毫无疑问,这些建筑使其所在的学院成为美国实现崇高国家意志的工具。

埃利奥特在担任哈佛大学校长期间,推行自由选修制度,取代了硬性规定的本科生课程。相应地,哈佛的建筑样式也得以增加。1909 年,继任校长 A. 劳伦斯·洛厄尔(A. Lawrence Lowell)却终止了自由选修制度与趋于增加的建筑样式。洛厄尔修改了选修制度,提出"集中与分配"的要求,同时他恢复了哈佛在 18 世纪殖民时期的红砖建筑风格。洛厄尔的至高成就在于哈佛大学的住房制度,这成了哈佛大学本科教育的基石。为了设计以牛津大学与剑桥大学的自治学院为蓝本的新房子,洛厄尔邀请自己的密友查尔斯·柯立芝加盟。柯立芝的设计风格多变,他曾经设计了斯坦福大学的罗马式校园。最初,柯立芝打算创建一个哥特式复兴式的建筑群,但他的合作伙伴召集了波士顿的建筑师开会,最终说服他放弃了这一设想。总体而言,柯立芝沿查尔斯河设计的房舍(建于 1930—1932 年)堪称乔治亚复兴式建筑的杰作——大体上脱胎于牛津大学和剑桥大学各学院的平面图与设计风格,还结合了哈佛园内老建筑的建筑样式与细节。每座房舍都有其独特之处。连同哈佛园在内,这种建筑风格成为哈佛大学的一部分,被大多数人视为"典型的哈佛大学的特征"。

哈佛园的"回廊"(1924—1930 年)与哈佛商学院的新校区(1928 年),是洛厄尔担任哈佛校长期间其他具有里程碑意义的项目。其中 7 座新建筑,其设计全部出自柯立芝之手,它们不仅有助于界定哈佛园的边界,还能屏蔽交通噪音,缓解长期存在的房舍短缺问题。哈佛商学院的新校区由麦金、米德和怀特建筑事务所(McKim, Mead & White)设计,位于查尔斯河以南地区,形成了河边房舍相对应的乔治亚复兴式风格。总而言之,在洛厄尔担任校长的 24 年里,哈佛建造了约 60 幢新建筑——比哈佛建校以来的 273 年所修建的建筑总数还要多。特别值得一提的是规模庞大的哈里·埃尔金斯·怀德纳纪念图书馆(Harry Elkins Widener Memorial Library，建于 1915 年）、福格艺术博物馆（建于 1925 年）和纪念教堂（Memorial Church，建于 1931 年）。在纪念图书馆与纪念教堂（哈佛园最大的建筑）之间，是一个广阔的四方庭院，被称为"三百周年剧场"（Tercentenary Theatre）。如今，哈佛每年的毕业典礼和其他的户外典礼都在这里举行。

二战后，哈佛开始了新一波的建设，并在 20 世纪 70 年代达到顶峰。拉蒙特图书馆（Lamont Library，建于 1947 年）与瓦尔特·格罗皮乌斯研究生中心（Walter Gropius's Graduate Center，建于 1949 年），不仅是"国际化风格"的典范，还是哈佛的首批现代建筑。在 20 世纪 60 年代，在哈佛涌现出了一批高层建筑，比如，莱弗里特塔楼（Leverett Towers，建于 1960 年）、约瑟夫·路易斯·塞特设计的皮博迪公寓（Peabody Terrace，建于 1963 年）、山崎实（Minoru Yamasaki）设计的威廉·詹姆斯堂（William James Hall，建于 1963 年）和马瑟学舍（Mather House，建于 1968 年），以及塞特设计的霍利奥克中心（Holyoke Center，建于 1962 年）和勒·柯布西耶设计的卡彭特视觉艺术中心（Carpenter Center for the Visual Arts，建于 1963 年）。卡彭特视觉艺术中心位于昆西街，是一个打破陈规的新尝试，也是柯布西耶在美国设计的唯一建筑。在哈佛纪念堂附近，约翰·安德鲁斯设计的冈德堂（Gund Hall，建于 1972 年）和塞特设计的占地面积较大的科学中心（Science Center，建于 1973 年，在翻新与扩建中）是两座颇具现代感的建筑。具有讽刺意味的是，1933 年，剑桥市要在哈佛纪念堂这座知名老建筑物的对面修建一座消防站时，哈佛大学坚持认为，这座消防站必须按照乔治亚式建筑风格来修建。

红砖的肯尼迪政府学院综合楼（建于 1974—1977 年）与詹姆斯·斯特林（James Stirling）设计的橙色条纹和蓝灰色砖砌成的萨克勒博物馆（Sackler Museum，建于 1984 年）的建成，标志着哈佛大学 20 世纪中期建筑风格的终结。哈佛正在回归折中主义的建筑风格，远走他国去寻求设计师。这与过去半个世纪不同，当时哈佛大部分的建筑蓝图出自柯立芝公司的"房屋建筑师"，或者出自洛厄尔校长的堂弟盖伊·洛厄尔等老客户。不过，有时国际知名建筑师的个人特色太过鲜明，似乎盖过了建筑物周围的环境，造成了一种增长与方向不均衡的感觉。

考虑到延迟维护已经导致建筑物出现了严重的恶化，哈佛大学在 20 世纪 80 年代启动了一系列涉及广泛的修复计划。所有哈佛本科生宿舍楼与拉德克利夫学院的宿舍楼都经过了翻新，翻新费用超过了 1 亿美元。为了修缮哈佛园的 16

幢新生宿舍楼,哈佛大学耗费了6500万美元。哈佛纪念堂的修复费用达5500万美元,随着纪念堂钟楼(1956年毁于火灾)的重建完成,修复工程落下了帷幕。建于1903年的哈佛体育场,当年耗资31万美元,在后来的大修中,哈佛大学投资800万美元,为该体育场加上了新的钢支架与混凝土底座。在1999年,怀德纳图书馆展开了一项为期五年的翻修计划,其中涉及书库、公共空间、环境控制与照明的整修,总成本超过了9000万美元。

在哈佛的漫步之旅,就是一场建筑盛宴。在哈佛园,以下建筑是不容错过的:纪念教堂、塞弗堂、建筑师休·斯塔宾斯(Hugh Stubbins)设计的半下沉式的内森·马什·普西图书馆(Nathan Marsh Pusey Library)、怀德纳图书馆、大学堂、马萨诸塞堂及其附近的哈佛堂(Harvard Hall,建于1766年),以及规模较小的霍尔顿礼拜堂(Holden Chapel,建于1744年,是哈佛的第一座礼拜堂、哈佛医学院的"摇篮",现在是哈佛合唱团的主要排练场所)。哈佛园的东面是勒·柯布西耶设计的卡彭特视觉艺术中心。哈佛园的北面是纪念堂、本科生科学中心,阿道弗斯·布施堂建于1917年,是"慕尼黑现代派"的一个奇特样本,早先是一座日耳曼博物馆。哈佛园的南面有相当奇特的兰蓬大楼(Lampoon Building,建于1909年);穿过这幢楼,就是服务于犹太人的机构哈佛希勒尔所在的罗索夫斯基堂(Rosovsky Hall,建于1992年),由摩西·萨夫迪(Moshe Safdie)设计;洛厄尔学舍(Lowell House);横跨查尔斯河来到哈佛商学院,就是摩根堂(Morgan Hall)与萨夫迪设计的环形的、部分下陷的1959届礼拜堂(Class of 1959 Chapel,建于1992年)。穿过哈佛北街,隐约可见哈佛体育场,该体育场是查尔斯·福伦·麦金设计的另一个风格独特的作品。如今,该体育场几乎只用于足球比赛,而它曾经是毕业纪念日活动场所,而且曾是露天戏剧表演舞台。1909年曾在该体育场上演了一场专业的、动用数千演员的《圣女贞德》(*Joan of Arc*),较为晚近的一次演出是1982年的欧里庇得斯(Euripides)的《酒神的女信徒》(*The Bacchae*)。

每隔一段时间,霍利奥克中心的信息办公室就会发布旅游指南。

相关条目 阿道弗斯·布施堂;美术博物馆;卡彭特中心;消失的哈佛;艺术博物馆;黄金海岸;哈佛大学设计研究生院;警卫室;哈佛堂;希勒尔;霍顿图书馆;霍尔顿礼拜堂;学舍;《哈佛讽刺》;纪念教堂;纪念堂;科学博物馆;昆西街;桑德斯剧院;塔楼;地下;梵瑟楼;沃兹沃思楼;怀德纳图书馆;哈佛园。

档案馆

关于哈佛大学过去的主要记录与历史大事记都存放于哈佛大学的档案馆内,档案馆位于哈佛的内森·马什·普西图书馆。这个地下空间对于研究哈佛历史的人而言简直就是一座金矿。相对而言,更为专业化的档案存放于哈佛商学院、医学区(Medical Area)与拉德克利夫高等研究院。

哈佛大学档案馆的馆藏可以一直追溯至1636年哈佛大学建校之时。这些馆藏包括:

- 备忘录、信件、财务数据、印刷品,以及哈佛大学运营过程中产生的其他重要的记录。比如,哈佛早期的财务记录,揭示了学生可以用牛或者小麦(用蒲式耳来计量)支付学费。

- 校园概览与人名地址录;校长、财务主管与监事的报告;哈佛大学发布的新闻稿;哈佛大学出版社与学生组织的出版物。

- 博士论文、本科论文[优秀(magna cum laude)或以上]与获奖论文。其中包括1950届校友亨利·基辛格(Henry Kissinger)的论文《历史的意义》(The Meaning of History)、1940届校友约翰·F. 肯尼迪(John F. Kennedy)的论文[后以《英格兰为何沉睡》(Why England Slept)为题出版,成为当时的一本畅销书]。

- 一般的参考资料集,包括关于学术事务和学生生活的出版物与手稿资料。其中包括与1969—1970年的反战示威相关的重要海报与传单。

- 传记和私人文件,包括与哈佛大学教职员工、校友和其他个人相关的剪报与档案。其中包括以下哈佛大学知名教授的部分文件:哲学家C. S. 皮尔斯(C. S. Peirce)和乔赛亚·罗伊斯(Josiah Royce);历史学家阿奇博尔德·卡里·柯立芝(Archibald Cary Coolidge)和阿瑟·施莱辛格爵士(Arthur Schlesinger Sr.);科学家威拉德·吉布斯(Willard Gibbs)和西奥多·W. 理查兹(Theodore W. Richards)。

- 视觉典藏,主要包括哈佛人物、地点与事件的照片、版画与图画。一个被广泛报道的例子是,1947年,时任美国国务卿的乔治·C. 马歇尔(George C. Marshall)在哈佛的毕业典礼发表演讲时,提出了一项复苏欧洲经济的历史性计划。

最珍贵的藏品被锁在保险库内:哈佛学院最早的章程;哈佛早期校长、理事会、监事和财务主管的记录簿;哈佛早期的"权威徽章"(badges of authority)——印信与银钥匙。馆藏文物包括17世纪哈佛校长查尔斯·昌西(Charles Chauncy)的手杖;哈佛大学校长爱德华·霍利奥克(Edward Holyoke)的婴儿内衣;从哈佛堂的墙壁中撬出的英国火枪子弹;在1858年购买的绯红色大手帕,为哈佛大学的官方色彩设定了标准;柯立芝教授的"模制遗容"(death mask);在伟大的莎士比亚研究者乔治·莱曼·基特里奇(George Lyman Kittredge)的文件中,还有一份巫婆酿造饮料的配方。

相关条目 《绯红报》;消失的哈佛;校长;地下。

相关网站 hul.harvard.edu/huarc。

纹　章

1643年,哈佛大学的"真理"(Veritas)校训首次出现于监事会采用的哈佛学院的纹章设计草案中。历史学家塞缪尔·埃利奥特·莫里森(Samuel Eliot Morison)在《哈佛三百年》(Three Centuries of Harvard)中写道,对于17世纪的人[即便是但丁(Dante)]而言,"真理"一词"无疑是指神圣的真理"。在1650年哈佛学院的一枚印章上镌刻着"荣耀归于基督"(In Christi Gloriam)的字样,1692年则被"为基督、为教会"(Christo et Ecclesiae)所取代。不过,现在哈佛长期采用的是"真理"这一校训,它既简短又不完全是宗教性的。

依照莫里森教授的记录,时任哈佛校长的乔赛亚·昆西(Josiah Quincy)在准备写他的哈佛史时,"很高兴……在档案中找到了哈佛学院纹章的第一份草图,即三本书上浮现'真理'字样。昆西在1836年哈佛200周年校庆上公开了此事。1843年,哈佛大学理事会正式采用了该纹章设计的一个不太美观的版本,作为理事会的印章"。莫里森补充说,继昆西之后的爱德华·埃弗里特校长,"对其前任所做的一切存有强烈的不满","认为这个'真理'纹章虽好,却是反基督教的,因而取消了这一纹章,将其继续置于两百年来一直被人遗忘的角落"。

莫里森写道:"直到1885年,小奥利弗·温德尔·霍姆斯(Oliver Wendell Holmes Jr.)在纽约的哈佛俱乐部朗诵了两首蓬勃有力的十四行诗,'真理'才又出现在世人面前。"时任哈佛大学校长的埃利奥特接手此事,哈佛大学校董委员会最后重新采用了1843年的纹章。大约在1913年,哈佛大学出版社开始在其出版书籍的扉页上使用盾型的"真理"纹章,即盾牌上刻上三本书,而"ve""ri" "tas"刻在三本书之上。在随后的半个世纪里,包括威廉·德威金斯、布鲁斯·罗杰斯、皮埃尔·拉·罗斯(Pierre la Rose,哈佛 1895 届校友)与鲁道夫·鲁齐卡在内的知名平面设计师尝试重新设计哈佛纹章。现在,拉·罗斯与鲁齐卡设计的纹章依然被频繁使用。

用纹章学术语来描述"真理"纹章:"(盾型纹章)红色,三本打开的书银色,边缘、(书的)封面与搭扣黄色,书上的字母黑色。"在哈佛大学的桑德斯剧院(Sanders Theatre)舞台上,挂有一幅三联画(triptych)。画中的"真理"纹章的三本书,位于上方的两本书是打开的,而位于下方的一本书则被翻转过来。对此,通常的解释是,纹章中打开的书象征着现有的知识,而被翻转过来的第三本书则代表着未知的知识。在其他场合下,"真理"纹章中的三本书都是正面朝上的。

相关条目 校长。

阿诺德植物园

除了宗教机构,很少有机构能够存续 2000 年。位于波士顿最大的社区的牙买加平原(Jamaica Plain)、拥有约 107 万平方米绿地的阿诺德植物园(Arnold Arboretum)就是这样的机构。哈佛曾于 1882 年将该植物园转让给波士顿市,而后又将其租回,租期为 1000 年,每年的租金仅为 1 美元,哈佛还可以选择续租 1000 年。

阿诺德植物园是美国历史最为悠久的植物园,始建于 1872 年。当时,一位名为詹姆斯·阿诺德(James Arnold)的新贝德福德(New Bedford)富商,用他的部分遗产成立了信托基金,用以促进植物园的农业或园艺研究。阿诺德的信托条款规定,植物园"应尽可能涵盖所有可以露天培育的树木、灌木和草本植物,无论是本地品种,还是外来品种"——要使这座植物园成为一座切实可用的、研究木本植物的户外博物馆。现在,阿诺德植物园的露天园区拥有大约 15000 种植物,它们代表了世界各地 4500 种不同的树木与灌木。

弗雷德里克·劳·奥姆斯特德(Frederick Law Olmsted)是阿诺德植物园的景观设计师。他曾经开发了波士顿的"绿宝石项链"(Emerald Necklace)项目——一条连续的绿化带。这条绿化带穿越了波士顿市,即从波士顿公共花园(Boston Public Garden)直到富兰克林公园(Franklin Park)。阿诺德植物园自然会成为波士顿公园系统里的一件新"珍宝"。全球各地的收藏家,特别是来自日本与中国的收藏家,将种子用船运到波士顿栽种。像来自欧洲、俄罗斯与美国东南部的木本植物一样来自亚洲和环太平洋北部地区的银杏树、珙桐、星玉兰、山茱萸、血皮槭、道格拉斯冷杉,以及数百种其他外来物种,很快就会在新英格兰地区严酷的气候中欣欣向荣的。不过,来自南半球的树木和灌木长势并不好。来自北非的品种仅有少数幸存下来,来自澳大利亚、东印度群岛或南美洲的品种均未能存活。

依据为期1000年的租约,波士顿市同意维护阿诺德植物园内的道路、桥梁、小径、围墙以及保障园内安全,而哈佛大学则对植物园内的植物,以及园内的所有教育、研究设施负有责任。从理论上讲,这样的安排对哈佛大学是非常有利的,为其省下了维护费用。但在实际中,哈佛大学不得不升级公共空间。

有关阿诺德植物园的学术著述主要关注植物学和园艺学。就具体类别而言,研究集中于那些能熬过美国东北部冬季的耐寒木本植物。阿诺德植物园配有一座大型的植物标本馆与图书馆,它们主要位于剑桥市,其中富有生命的收藏提供了有用的研究素材。阿诺德植物园还是大波士顿地区的一处教育基地,能提供园艺学、景观设计和园艺活动方面的课程与出版物。

有作家曾言,普通大众可能将阿诺德植物园视为城市中心的一座巨型游乐园或乡村庄园——一个令人"随机感受快乐"的宁静所在。可是,奥姆斯特德的设计令人愉悦,却并非随机。园内植物如何栽种,不仅有美学上的考量,也有分类学的依据,即按照植物物种的科属,从最原始的物种到较为复杂的物种排列。

在这个伊甸园式的环境中,休闲与学习相互交织。在秋季,叶子的色彩纷呈;在冬季,树干和枝干则都光秃秃的,这些使阿诺德植物园成为一座四季皆宜的花园。但是,最好的时节要属春天里的五周。届时,紫丁香花,锦簇怒放。"紫丁香周日"——每年五月的第二个周日——是许多波士顿人的城市节日。

不过,阿诺德植物园在哈佛大学校内的定位问题一直争论不休。阿诺德植物园究竟是一座博物馆、一所研究机构,还是一个公园?这个问题早在20世纪50年代就出现了。当时,一群杰出的哈佛校友提起诉讼,要阻止哈佛大学将该植物园的书籍与植物样本转移到剑桥市的一座新植物园。这场诉讼耗时13年,最终,法院裁决认定,哈佛大学有权转移阿诺德植物园的研究材料。

之后,阿诺德植物园的学术使命逐渐变得重要起来:园内植物似乎与哈佛大学剑桥校区及其他地方的生理学和分子遗传学实验室所作的研究不太相关。但是,自20世纪90年代以来,随着以人类基因组计划(Human Genome Project)为代表的基因研究的革命,现代的分子路径引入了传统领域(如比较形态学和发育),由此产生了一种新的视角,评估世界各地不同成材树木的价值。例如,现在研究人员只要在一个地方就可以研究,控制中国树木及其在美国的近亲在春季的叶片生长和发育的遗传与生化路径。通过对差异的比较——以及通过对树木基因的分子研究,精确了解树木的进化史——植物学家可以更深入地了解,进化是如何塑造这些巨型生物体的多样性的。具有历史讽刺意味的是,2003 年,哈佛大学决定将其植物温室由剑桥校区搬迁到阿诺德植物园,这样研究人员能够利用附近生长的样本进行研究。

相关条目 科学博物馆;视觉哈佛。

相关网站 www.arboretum.harvard.edu。

艺术博物馆

哈佛大学有三座大型艺术博物馆:威廉·海斯·福格艺术博物馆、布施—赖辛格博物馆和亚瑟·M.萨克勒博物馆。这三座艺术博物馆都位于昆西街(卡彭特视觉艺术中心也坐落于此),它们不仅定期展出当代艺术与摄影作品,还定期进行电影展播。

(1) 威廉·海斯·福格艺术博物馆(William Hayes Fogg Art Museum,常称为"福格艺术博物馆")。福格艺术博物馆是三座艺术博物馆中历史最悠久的,它也是一座教学博物馆。它的收藏品和陈列品涵盖了从中世纪至今的西方艺术史,其陈列方式有助于美术专业的师生持续利用。馆内知名的"韦特海姆藏品"(Wertheim Collection)汇集了欧洲的绘画和雕塑名作,其中包括塞尚(Cézanne)、马蒂斯(Matisse)、莫奈(Monet)、雷诺阿(Renoir)、凡·高(Van Gogh)、高更(Gauguin)与毕加索(Picasso)的杰作。福格艺术博物馆还收藏了法国古典主义画家安格尔(J. A. D. Ingres)的画作和约翰·辛格尔顿·科普利(John Singleton Copley)的绝大多数作品。近来福格艺术博物馆从"乔治与梅达·艾布拉姆斯典藏"(George and Maida Abrams Collection)中收购了 100 多幅画作,该典藏是最全面收录 17 世纪荷兰风景画与风俗画的私人收藏汇集之一,尤其是伦勃朗(Rembrandt)及其艺术圈子的作品。福格艺术博物馆的其他珍藏包括哈钦森(Hutchinson)的英国银器展与斯宾塞(Spencer)的老版画专辑。

福格艺术博物馆于 1895 年开馆。自 1927 年以来,它一直都在昆西街的一幢传统样式的新乔治亚式风格的红砖建筑里。博物馆内，宽敞的画廊环绕着令人惊叹的内庭，这是效法意大利的蒙泰普尔恰诺（Montepulciano）的一座16世纪建筑的外观。尽管该博物馆的音响效果不适合发表演讲，但是，馆内庭院却为哈佛大学举行晚宴与招待会提供了一个有吸引力的场所。福格艺术博物馆的农伯格厅（Naumburg Wing）还可以举办私人聚会，厅内有17世纪的画作，两间房间配有17世纪的镶板与挂毯。1930年，妮蒂·G. 农伯格（Nettie G. Naumburg）女士去世，作为遗赠，她在曼哈顿的三层公寓的房间陈设被完好无损地移植到了哈佛。

占据两层的沃伯格堂（Warburg Hall）是福格艺术博物馆中最大的展览空间。博物馆的地下室有一个可容纳400人的讲堂，楼上还设有两个讲堂。福格艺术博物馆还设有六个策划展览的部门：版画、素描、摄影、绘画、雕塑与装饰艺术。同时，该博物馆还成立了研究各种艺术品保护的施特劳斯保存中心（Straus Center for Conservation），以及让学者和学生们一起研习版画、素描和摄影的蒙根中心（Mongan Center）。

（2）布施—赖辛格博物馆（下称"布施博物馆"）。该馆位于沃纳·奥托堂（Werner Otto Hall），是福格艺术博物馆的附属机构。布施博物馆是美国唯一一家致力于中欧和北欧艺术的博物馆。馆内收藏包括德国的表现主义、20世纪20年代的抽象主义、奥地利分离派（Austrian Secession）、包豪斯时期（Bauhaus period）与二战后的绘画，这是它独特优势所在。在该馆的常设展品中，可以见到马克斯·贝克曼（Max Beckmann）、约瑟夫·博伊斯（Joseph Beuys）、洛维斯·科林特（Lovis Corinth）、莱昂内尔·费宁格（Lyonel Feininger）、埃里克·赫克尔（Erich Heckel）、瓦西里·坎金斯基（Wassily Kandinsky）、安塞尔姆·基弗（Anselm Kiefer）、保罗·克莱（Paul Klee）、古斯塔夫·克里姆特（Gustav Klimt）、埃米尔·诺尔迪（Emil Nolde）和马克斯·佩希斯坦（Max Pechstein）的作品。贝克曼的《穿晚礼服的自画像》（Self-Portrait in Tuxedo，1927年）体现了魏玛共和国的文化生活，被称为20世纪最重要的自画像。

布施博物馆的核心馆藏的建立，得益于其在学界、政界和商界的"盟友"。19世纪90年代后期，哈佛大学库诺·弗兰克教授说服德皇威廉二世（William Ⅱ）为计划修建日耳曼博物馆捐赠了德国古迹的石膏复制品。其后，圣路易斯的酿酒商阿道弗斯·布施与其女婿雨果·赖辛格为这座博物馆的兴建而捐赠资金。这座博物馆在柯克兰街（Kirkland Street）拔地而起，并于1921年投入使用。20

世纪 30 年代，精力充沛的策展人查尔斯·L. 库恩(Charles L. Kuhn)游历欧洲，以求获得德国的艺术作品，其中许多作品被纳粹政府否定和诋毁为"堕落"。半个多世纪后，德国商人兼哈佛大学校友的家长沃纳·奥托(Werner Otto)捐资建起了沃纳·奥托堂。沃纳·奥托堂于 1991 年开放，其内部还设有美术图书馆(Fine Arts Library，哈佛第三大研究型图书馆)与展示纸制艺术品的画廊。

（3）亚瑟·M. 萨克勒博物馆(Arthur M. Sackler Musume，下称"萨克勒博物馆")。该馆位于昆西街与百老汇街交汇处的一座非常显眼的当代建筑里。萨克勒博物馆展示了古代世界、伊斯兰、印度和亚洲的艺术。该馆的珍品包括：来自地中海地区的古希腊和古罗马雕像、花瓶以及古代钱币；朝鲜陶瓷；日本的木刻版画；中国石窟寺庙的绘画与青铜器及古老的中国玉器。

萨克勒楼于 1985 年建成时，曾引起了人们的广泛关注。当时，全球超过 85 位建筑师提交了设计方案，最终英国建筑师詹姆斯·斯特林的独特设计方案获选。斯特林是一位海事工程师的儿子，他设计的萨克勒楼充满了航海的元素：萨克勒楼的正面像一个船头，配有舷窗。楼内设有一部狭窄的楼梯，拾级而上，可以通到三楼。大楼的一面外墙，表面上铺设了橙色带釉砖，又横向铺上了带状的蓝灰色砖——这与邻近的哈佛纪念堂的彩饰屋顶(装有不同宽度的窗户)形成呼应。在萨克勒楼入口处上方，原先计划建一座横跨百老汇街的天桥，连接萨克勒楼和福格艺术博物馆。不过，剑桥市政当局否决了这项建筑计划。在萨克勒楼的正面，有两个巨大的圆柱形混凝土支柱，它们静静地矗立着，见证了当地居民与大学之间政治上的变化无常。

除了展览空间之外，萨克勒楼还容纳了东方研究图书馆、礼堂与教职员办公室。萨克勒楼的建设资金和捐助有许多来源，但主要的捐助人是亚瑟·M. 萨克勒(Arthur M. Sackler)，他是一位精神病学家、医学期刊出版商、艺术收藏家，以及美国和中国数家艺术博物馆的创始人与赞助人。

相关条目 阿道弗斯·布施堂；卡彭特中心；图书馆；纪念堂；昆西街；视觉哈佛。

相关网站 www. harvard. edu/museums；www. artmuseums. harvard. edu/fogg；www. artmuseums. harvard. edu/busch；www. artmuseums. harvard. edu/sackler。

艺　术

多年来,哈佛学院一直是所有艺术家的一处训练场。从这里开始,画家、音乐家、演员、导演、舞蹈家、编舞者、摄影师和电影制作人,在各自选择的艺术表现世界中脱颖而出。

如今,艺术在本科课程中占有重要地位。艺术与建筑史、视觉和环境研究,以及音乐史,是哈佛学院开设的40个主修专业之一。学生可以选修戏剧艺术的课程,或者选修与艺术相关的课程,如民间传说和神话学、非裔美国人研究、历史和文学。在核心课程中,大多数学生会在有关文学和艺术的三个领域中选修至少两个领域的课程。对于外国文化领域,学生也要选修相应的课程。

根据近期一项研究,在任何特定的年份,超过60%的哈佛学院的学生参加了涉及创意艺术的课外活动。从20世纪70年代初开始,艺术在大学生生活中的作用不断扩大。当时,德里克·博克——早年曾是一位重要的单簧管乐手——就任哈佛大学校长。之前,哈佛大学的学生可以修读视觉艺术课程,还可选择参加各类课外活动,比如戏剧和歌剧、合唱和器乐、舞蹈和陶艺等。博克确信,哈佛大学应将艺术与课程加以整合,并扩大学生课外活动的选择。他委派成立了一个艺术实践委员会(Committee for the Practice of the Arts)。该委员会发布报告称,赞同设立音乐、戏剧、舞蹈和视觉研究的学分课程,并呼吁设立艺术奖学金,成立艺术办公室来协调艺术活动。毕业于布林茅尔学院(Bryn Mawr College)的迈拉·梅曼(Myra Mayman)被任命为该办公室的主任。

直到2001年退休,梅曼一直担任哈佛大学的艺术主管,长达28年之久。她引入了许多新的艺术课程与助学金,并发起了"向表演者学习"(Learning from Performers)的系列计划,邀请专业的艺术家来哈佛大学担任教师。艺术办公室还赞助了"艺术为先"(Arts First)活动,这是在春季周末的艺术活动盛会,利用哈佛园的空间与建筑,举办了数百场表演、展览和其他活动,几乎涉及各个媒体与艺术表达形式。"艺术为先"活动始于1993年,源于演员约翰·利思戈(John Lithgow,哈佛大学1967届校友)的创意。当时,他是哈佛大学的监督员。在随后几年,利思戈重返哈佛大学,协助举办"艺术为先"活动。每年,哈佛大学的艺术奖会颁给一位杰出的艺术家,这位艺术家必须是哈佛大学的校友,近年的获奖者包括:已故演员杰克·莱蒙(Jack Lemmon)、作家约翰·厄普代克(John Updike)、作曲家约翰·哈比森(John Harbison)、民谣歌手皮特·西格(Pete Seeger)、合唱指挥威廉·克里斯蒂(William Christie)和电影制片人米拉·奈尔(Mira Nair)。

  在哈佛大学,艺术组织的数量持续攀升中。根据统计,哈佛大学在音乐方面就有五个管弦乐队、两个爵士乐队、哈佛大学乐队、哈佛合唱团、哈佛—拉德克利夫合唱团与大学音乐社(Collegium Musicum)、拉德克利夫合唱团(Radcliffe Choral Society)、十一个无伴奏合唱团,以及室内牧歌组织。在戏剧和舞蹈方面,哈佛大学一般一年会推出60多部学生戏剧与歌剧作品,还有大约30部舞蹈作品。不同族裔舞蹈团体的数量在不断增加,同时哈佛大学的艺术舞蹈计划办公室(Office of the Arts Dance Program)能提供现代舞、芭蕾舞、踢踏舞、爵士舞、西非舞蹈、健美、普拉提、编舞和即兴表演方面的非学分课程。在哈佛大学,关于各种艺术领域有各式各样的本科文学杂志。除了历史悠久的《哈佛之声》(*Harvard Advocate*),还有《哈佛书评》(*Harvard Book Review*)季刊、《加穆特》(*Gamut*,一份评论诗歌的年刊)、《莫萨克》(*Mosaic*,半年刊,刊载犹太人的思想和文化)、《伊塞》(*Yisei*,一份关于韩裔美国学生的年刊),以及《扎拉卡因》(*Zalacain*,探讨各种伊比利亚裔美国学生关注的主题)。哈佛大学有四份出版物关注幽默:除了创刊多年的《哈佛讽刺》(*Lampoon*)之外,还包括《第五讽刺诗》(*Satire V*)、《斯威夫特》(*Swift*,也是专注于讽刺)和《魔鬼》(*Demon*,自称为"哈佛最古老的幽默杂志")。值得一提的是,《哈佛评论》(*Harvard Review*)虽然不是本科生做的出版物,却是哈佛大学文学杂志中的一个重要组成部分。在哈佛延伸教育学院(Extension School)的支持下,这份刊物由霍顿图书馆(Houghton Library)出版,每年出版两次。

  相关条目 美国定目剧院;核心课程;舞蹈;多元化;吉尔伯特与沙利文;《哈佛之声》;速食布丁秀;《哈佛讽刺》;音乐。

  相关网站 www.fas.harvard.edu/~ofa(艺术办公室);hcl.harvard.edu/houghton/departments/harvardreview/HRhome.html(《哈佛评论》)。

体育竞技

  身穿绯红色队服的哈佛大学体育队,曾经主导校际的体育竞技。虽然这样的日子早已成为过去,但是,哈佛大学的所有学院依然在最为广泛的范围内保持着体育竞技项目。哈佛大学有一条指导性的箴言,即"所有人的体育竞技"(Athletics for All),它可以追溯至20世纪20年代。每年,将近1500名哈佛大学的学生运动员参加校际体育竞赛。约有3500名哈佛大学本科生(超过学生总数的一半)在校内或俱乐部参加体育竞技,或参加休闲体育活动。

哈佛大学拥有41支校级代表队与18支校级预备队。在美国全国大学体育协会第一级别联赛(NCAA Division I)的所有高校中,哈佛大学拥有最多的代表队,包括21支男子代表队与20支女子代表队。作为常春藤联盟的成员,哈佛学院不授予体育奖学金,但在非联盟的比赛中其代表队常常会与那些授予体育奖学金的高校相争。即使如此,哈佛大学的体育代表队在全国范围内参加各类比赛,比如棒球、赛艇、曲棍球、冰球、长曲棍球、帆船、足球、壁球、游泳、网球、田径、水球和摔跤。自1956年开始出现循环赛以来,在常春藤联盟中,依据赢得或共享的冠军总数,哈佛大学排名第二,仅次于普林斯顿大学。

哈佛大学的俱乐部队获得的行政与财务支持是非常少的,必须自负盈亏。但即便如此,它们依然在蓬勃发展,总共从事超过30种体育项目,包括羽毛球、拳击、啦啦队、冰壶、自行车、马术、武术、橄榄球、射击、乒乓球和极限飞盘等。尽管安排的时间与严格程度各不相同,但大多数队伍都会与来自其他学院的俱乐部队竞争。

哈佛大学体育部(Department of Athletics)负责监督全校28个校内联赛或锦标赛。1930年,体育部启动了校内项目。当时,哈佛大学实行住宿学院制后的首批宿舍楼开放使用。如今,数百名大一新生以及各宿舍楼组建的竞技队在整个学年中展开比赛。体育部的校内与休闲活动办公室会跟进各宿舍楼之间的比赛,并在每年年底,将"施特劳斯杯"(Straus Cup)授予排名最高的宿舍楼[名列前茅的新生宿舍楼可以赢得"哈佛园桶"(Yard Bucket)]。此外,该办公室每周会提供100多个小时的休闲课程,比如花样滑冰、滑板滑雪、壁球、游泳和网球,以及团体锻炼、有氧运动、负重训练和个人健身。

哈佛大学的体育竞技传统源远流长,可以追溯到1852年。当年,在新罕布什尔州的温尼珀索基湖(Lake Winnipesaukee)上举行了一次约3公里赛艇比赛,这是美国历史上首次校际体育赛事。在此次比赛中,哈佛大学的一名俱乐部队员胜过了耶鲁大学的两支队伍。赛艇曾经是哈佛大学唯一的校际体育运动,直到哈佛大学的一支新生棒球运动队于1863年击败了布朗大学的九人棒球队。1874年5月,哈佛大学在首场校外橄榄球比赛中,以3比0击败了麦吉尔大学(McGill University),这使得"波士顿橄榄球"成为橄榄球的一种形式,它不同于耶鲁大学、普林斯顿大学与罗格斯大学的橄榄球，后者是现代橄榄球比赛的雏形。1874年7月，哈佛大学的四位本科生参加了首届校际田径比赛（作为纽约州萨拉托加赛艇比赛的一部分）。在同年秋天，哈佛大学组建了一支田径队。

1881年，时任哈佛大学校长的查尔斯·W. 埃利奥特指出，体育与比赛正在使典型的哈佛大学学生"由一个弯腰驼背、虚弱多病的年轻人，变成那种身材好、健壮且健康的年轻人"。在其后的15年里，哈佛大学又组建了五支体育竞技队——长曲棍球、网球、击剑、高尔夫和曲棍球［当时称为冰球（ice polo）］。篮球和足球早在20世纪初就出现了，不过直到1937年和1955年才分别成为主要的运动项目。在团队比赛的"最佳时期"（salad days），哈佛大学处于支配地位。哈佛大学的运动员在美国的头七届校际击剑比赛中六次夺冠。1898—1904年，哈佛大学的高尔夫球队赢得了六个全国冠军。直到21世纪初，哈佛大学拥有全球最大的网球场，共有一百多座球场。在第一届戴维斯杯（Davis Cup）比赛中，由哈佛大学运动员组成的美国队获胜。其中一位队员名叫德怀特·戴维斯（Dwight Davis，哈佛大学1900届校友），而他就是戴维斯杯的捐赠者。一战前夕，1914年哈佛大学二队的重要队员在亨利皇家赛艇会（Henley Royal Regatta）中赢得了"大挑战杯"（Grand Challenge Cup），震撼了赛艇界。

尽管赛艇比赛与大学棒球赛吸引了大批受众，但橄榄球才是体育竞技的王者。建于1903年的哈佛体育场彰显了哈佛大学的至高地位。该体育场是当时规模最大的大学体育竞技场。在此举行的大型比赛场场爆满，也为哈佛体育协会（Harvard Athletic Association）创造了财富——该协会是一个由校友运营的组织，负责监督哈佛学院的体育竞技。不过，美国的大学橄榄球很快就遭到了严厉的批评。多年以来，美国的大学橄榄球一直问题不断，比如，与资格和支出相关的丑闻、非法赌博、易损坏的设备导致的过度伤害、故意犯规和"推进战术"（mass plays，如哈佛大学发明的楔形阵型）。在埃利奥特校长的年度报告中，他一再呼吁，结束大学橄榄球比赛。1905年，美国全国范围内共有18人死于橄榄球比赛。为此，西奥多·罗斯福（Theodore Roosevelt，哈佛大学1880届校友）作出决定，推动改革。在哈佛大学教练威廉·T. 里德（William T. Reid，哈佛大学1901届校友）的带领下，一个校际委员会重写了比赛规则，此举不仅令橄榄球免于被废，还使其成为一种更适合运动员和观众的运动。依照新的规则，哈佛大学的研究生与大一新生没有资格参加哈佛大学的代表队，危险的分组对抗会受到惩处，并制裁了先前已被视为非法的"前进传球"（forward pass）（里德的委员会成员曾想通过扩大场地让比赛更加激烈，但哈佛体育场的宽度是固定的，因而采纳了传球)。

到20世纪中叶,在美国,橄榄球的职业化、作弊丑闻,以及运动员从"黑金"(slush fund)中获利,越来越多地成为全国性的新闻。为了确保大学橄榄球项目为人尊重,所谓"常春藤大学联盟"的八位校长于1952年同意遵守统一的政策,规范运动员资格、学术要求,以及基于需求的经济援助。在八位校长的正式协议中,摒除了体育奖学金、春季橄榄球训练与季后赛,还禁止大一新生加入大学代表队。上述橄榄球政策很快就延伸至所有的体育项目。1956年,常春藤大学联盟内部的循环赛开始了。在常春藤大学联盟内联赛开始的头20年,哈佛大学队赢得了109个冠军,这使得哈佛大学远远领先于它的主要竞争对手——普林斯顿大学(赢得62个冠军)和耶鲁大学(赢得48个冠军)。可是,在2000年,普林斯顿大学超越哈佛大学,成为常春藤大学联盟中获得最多联赛冠军的学校。

从那以后,部分联赛的规则已经被放宽,以便符合美国全国大学体育联盟的规定。除了赛艇之外,现在大一新生也可以加入大学代表队,有限量的季后训练被允许,所有运动队(除了橄榄球队)都可以参加季后赛(在某些体育竞技项目中,获得常春藤大学联盟联赛冠军的队伍可以自动获得美国大学体育联盟锦标赛的参赛资格)。不过,常春藤大学联盟内的高校坚持认为,运动员必须符合主流的学术标准且摒弃体育竞技奖学金,这些都是既定的原则。

限制的放松,符合当时日益增长的专业化势头。现在看来,在各级别的校际体育竞技中,专业化已司空见惯。如今,参加三项运动的运动员,在男子体育竞技中已经绝迹,在女子体育竞技中也很少见。除少数例外情况外,现在组建一支大学代表队,需要全年参与负重训练和体能训练、技能训练与季后训练。那些在季前赛加入从而组建了运动队的临时队员现在也都没有了。如今,几乎所有的校际联赛运动员都会被一些教练所追捧,因为这些教练在常规赛结束后招募不到足够的人手。

女队的崛起是校际体育竞赛中相对较新的进展。1972年,美国《高等教育法案》(Higher Education Act)规定,必须增加对女子体育竞技的资助。此后,哈佛大学女大学生的代表队数量增加了两倍。在过去的25年里,哈佛大学女队在常春藤大学联盟比赛中站稳了脚跟,在80多场联赛中夺冠。

《高等教育法案》第9条规定,凡是接受联邦资金的机构,其体育项目必须确保性别平等。该法案生效时,哈佛大学与拉德克利夫学院达成了一系列协议,包括哈佛大学向女性开放其宿舍楼,并增加其招收的女性本科生数量。不久,拉德克利夫学院在原先赞助 6 项校际运动项目（篮球、曲棍球、长曲棍球、帆船、游泳和网球）的基础上，新增了几项校际运动项目，包括赛艇、田径、冰球和足球。在十年之内，拉德克利夫学院用于女子运动的预算，从 6 万美元增至 70 万美元。在组建运动队方面，比如越野赛、击剑、高尔夫、垒球、壁球、排球和水球，女队已经增至 19 支，与该学院男队的总数相同（在航海和滑雪项目中，有两支校际队是男女同队的）。哈佛大学的管理人员曾自豪地表示，在不削减男子项目或取消任何预备队的情况下，哈佛大学扩大了女子项目的数量。相比之下，其他大学则迫于财政的限制，不得不削减男子项目或取消预备队。此外，参加校级体育比赛的哈佛大学女子运动员也是全美最多的。目前，超过 40% 的哈佛大学运动员是女性。

哈佛大学的体育场馆大部分集中于战士体育场——该体育场位于查尔斯河南岸的一片广阔地带。以有百年历史的哈佛体育场为主体的战士体育场是一个综合性体育设施，设有橄榄球练习场、足球场、曲棍球场、长曲棍球场、橄榄球场、棒球场和垒球场、室外田径场和网球场。同时，战士体育场还有七大场馆：狄龙球场（Dillon Field House，建于 1931 年，1978 年重修）、拉维特斯馆［Lavietes Pavilion，1926 年建成时名为"布里格斯练习场"（Briggs Cage），现在是哈佛大学篮球队的总部］、布莱特曲棍球中心（Bright Hockey Center，建于 1956 年，1979 年重修）、布洛杰特游泳池（Blodgett Pool，建于 1977 年）、戈登室内田径与网球中心（Gordon Indoor Track and Tennis Center，建于 1977 年）、帕尔默·狄克逊室内网球场（Palmer Dixon Indoor Tennis Courts，建于 1962 年），以及默尔中心（Murr Center，建于 1998 年），该中心有壁球场和网球场、体育部门办公室与李氏体育史馆（Lee Family Hall of Athletic History）。

另外，战士体育场新增了两个场馆：贝伦网球中心（Beren Tennis Center，建于 1999 年）和乔丹球场（Jordan Field，建于 1999 年）。后者配有人造草皮与灯光，几乎全年可供长曲棍球队与曲棍球队使用。

在战士体育场附近，有两座古老的船屋，即纽厄尔船屋（Newell，建于 1900 年）和韦尔德船屋（Weld，建于 1907 年），还有哈佛商学院的沙德体育馆（Shad Gymnasium）——这是一座最先进的场馆，仅向哈佛商学院学生与教职员工开放。更靠近哈佛广场的是马尔金体育中心（Malkin Athletic Center）。该中心在洛厄尔学舍东面，占据了整个街区。该中心建于 1930 年，早先是一座室内体育建筑。1985 年，该中心重修，后面可能还会再度翻修。目前，马尔金体育中心提供篮球、游泳、摔跤、击剑、排球、举重、舞蹈和有氧运动等设施。

在哈佛法学院的北面是海明威体育馆（建于 1939 年，原体育馆于 1938 年被拆除），馆内设有壁球场。海明威体育馆是一座多用途的体育馆，也被称作"拉德克利夫体育中心的四方庭院"（Quadrangle of Radcliffe Athletic Center，QRAC），建于 1979 年，读作 Q-RAC。该体育馆服务于住在卡伯特学舍（Cabot House）、柯里尔学舍（Currier House）和福兹海默学舍（Pforzheimer House）的学生，为他们提供篮球、壁球/手球、壁球、网球、排球和举重设施。

回到查尔斯河之滨。在查尔斯河下游数公里处，就是哈佛大学的帆船中心（建于 1972 年）。自 1881 年以来，哈佛大学的赛艇之友一直维护着一座位于康涅狄格州莱迪亚德（Ledyard）的乡村训练场。每年，哈佛大学的赛艇运动员都会在这里训练，以便在泰晤士河赛艇比赛中力挫耶鲁大学。

相关条目《绯红报》；学舍；常春藤联盟；战士体育场；歌曲与进行曲。

016 — 018

  1930年秋天,从莫斯科一所修道院抢救出了18口钟,其中一口钟(见上图)运抵哈佛大学的洛厄尔学舍。

钟声

在哈佛大学,没有哪一个传统比鸣钟更古老的了。1638 年,当钟表尚未普遍使用时,一座大小适中的钟被用来唤醒沉睡中的学者们,召唤他们开始祈祷与吟诵。如今,哈佛园上空高悬着一座重达两吨半的大钟,钟声依然在校准哈佛学院的日常生活,每天它都为晨祷者而鸣,鸣钟的间隔是一小时。这座大钟铸造于英国的拉夫堡(Loughborough),自 1932 年以来,它就悬挂于纪念教堂的塔楼之内。大钟铭文写道,"纪念那些沉默的声音"(In Memory of Voices That Are Hushed),它出自大钟的捐赠者——哈佛大学前校长 A. 劳伦斯·洛厄尔。

部分年代较早的钟,结局比较惨。1764 年,老哈佛堂被焚毁时,有一口钟也随之熔化了。另一口钟则遭到肆意的破坏。这口钟的替代品由保罗·里维尔(Paul Revere)铸造,在使用 27 年后破裂。1899 年,哈佛堂的一口钟脱开了绳索,由高处坠地。它的后继者一直为哈佛大学效劳到 1928 年。当时,从英国运来一口钟,临时高悬于哈佛堂,这口钟后来被转移到了纪念教堂。

1897 年,哈佛大学 1876 届校友将一口重达一吨半的钟作为礼物安装在哈佛大学纪念堂的钟楼上。这口大钟的钟声比哈佛堂的那口钟更加响亮。不过,在 1956 年纪念堂的塔楼被焚毁时,它也一同被毁坏了。这口破裂的钟已经报废了。尽管它留有模板,可以依据模板被复制,但在 1999 年重建纪念堂的塔楼时,它并未被替换。

在哈佛大学,当早上 5 点 30 分钟声响起时就有学者醒了。在 18 世纪,早上 7 点才开始鸣钟。1933 年,詹姆斯·B. 科南特就任哈佛大学校长后采取的第一项举措就是,将鸣钟时间延后至早上 8 点 40 分,即晨祈的 5 分钟之前。科南特校长的这一决定使他在哈佛园师生中广受欢迎。直到今天,哈佛大学的第一响钟声,就是在 8 点 40 分敲响的。

不过,总有人想方设法想让哈佛大学的钟静默,这样就有借口不参加强制性的祈祷与吟诵,这让哈佛大学许多届学生伤透了脑筋。最直接的方法就是窃取钟锤。但是,像奥斯汀·金斯利·琼斯(Austin Kingsley Jones)这样经验老到的敲钟人会保存一把备用的钟锤。琼斯在 1858—1908 年负责哈佛学院的钟。曾有人试图堵住钟楼的入口,但无济于事,因为琼斯用斧头劈开了障碍物。随着天气转凉,有人在夜里将钟翻转过来,并将水灌满其中,这样钟便被冻住,敲钟人有钟锤也没辙了。可是，哈佛大学的敲钟人却战胜了每一项考验。当琼斯退休时，一份教职工决议嘉许地提到了这一点：

> 在他为时五十年的工作中，钟鸣唯有一次晚点。那次晚点，只晚了四分钟。那次绝无仅有的晚点，是因为琼斯先生协助扑灭哈佛园的一场火灾所致。他负责设置时钟，其独特之处在于，将令人感觉轻松自在的温厚与迅捷高效相结合，从不匆忙，总是尽如人意。

1956年，纪念教堂的敲钟人成为历史。当时，哈佛大学通过电线，将一座IBM时钟和电机连接在钟上，它们取代了敲钟人的职能。不过，自动化并不能防止偶然性的失误。1959年，重达100磅的铸铁钟锤突然坠落。五年之后，它再度坠落，刺穿了纪念教堂的尖塔底部的木檐。

在某些场合，主要是在毕业典礼上，哈佛大学依然会手动敲钟。每过一小时，就鸣钟44—46响；在星期天的教堂礼拜仪式中，鸣钟120响。在追悼会前后，哈佛大学均会为逝者鸣钟。

1930年，新开放的洛厄尔学舍的首批居民有了一位敲钟人。同年秋天，一组俄式排钟抵达了哈佛大学，它们被安装在刚刚建成的洛厄尔学舍的塔楼里。最初，这些钟悬挂在莫斯科的丹尼洛夫修道院（Danilov Monastery），并差点被丢进熔炉，后由前美国驻苏联公使之子查尔斯·R.克兰（Charles R. Crane）赠送给哈佛大学。时任哈佛大学校长的洛厄尔本来很期待那种牛津剑桥风格的钟琴，斯拉夫音乐的"和声序列"采用的是东方的六音音阶，对此洛厄尔校长感到遗憾。即便如此，来自苏联的17口钟（合计重达26吨），如今在洛厄尔学舍与哈佛大学的音乐文化中已占有一席之地。在每个学期的星期天下午，名为"敲钟匠"（Klappermeisters）的学生团体会敲响这些钟［这些钟还有自己的网站，名为"洛厄尔学舍的虚拟钟楼"（the Lowell House Virtual Bell Tower）］。在哈佛大学，还有一口钟——这是哈佛大学年代最古老（约为1790年）且最好看的钟，它的肩部饰有精致压花的小天使头像——人们发现，它的音调与从苏联运来的一口大小相似的钟的音调非常像；现在，这口最古老的钟悬挂在哈佛商学院，就像哈佛堂先前悬挂的钟那样。

每年，当毕业典礼接近尾声时，哈佛大学的所有钟以及周边14座教堂的钟都会一齐响起，一时间，钟声大作。这一传统始于1989年，虽说是一个相对较新的传统，但却是建立在古老的鸣钟传统之上。

相关条目 火灾；纪念教堂；塔楼。

相关网站 lowell. student. harvard. edu/Bells。

布拉特尔剧院

在建成后的第二个50年里,布拉特尔剧院可以说已成为剑桥市的欧洲艺术电影院。该剧院放映了诸多经典影片,比如《卡萨布兰卡》(*Casablanca*)和《鬼玩人》(*Evil Dead*),涉及的导演从早期的卓别林(Chaplin)、科克托(Cocteau)和爱森斯坦(Eisenstein)一直到较近的费里尼(Fellini)、特吕弗(Truffaut)、戈达尔(Godard)和科恩兄弟(Coen brothers)。剧院所在的布拉特尔堂(Brattle Hall)就在布拉特尔广场附近,是哈佛大学历史悠久且人尽皆知的建筑之一。

布拉特尔剧院是一栋带有复斜屋顶的建筑,由"剑桥社会联合会"(Cambridge Social Union)建于1890年,该联合会是美国内战后成立的诸多崇尚"自我提升"的团体之一。布拉特尔剧院的建筑师是小A. W. 朗费罗(A. W. Longfellow Jr.,哈佛大学1876届校友,一个诗人的侄子)。朗费罗还设计了菲利普斯·布鲁克斯楼(Phillips Brooks House)、闪米特博物馆(Semitic Museum),以及拉德克利夫学院的数座建筑[包括阿加西兹楼(Agassiz House)及其优雅的小剧院]。四十年来,布拉特尔剧院的主要使用者是剑桥社会戏剧俱乐部(Cambridge Social Dramatic Club),不过,该剧院的厅堂也用于演讲和正式舞会。在布拉特尔剧院内,乔治·皮尔斯·贝克教授知名的"47工作坊"与哈佛戏剧俱乐部(Harvard Dramatic Club)占用了一个250人座的剧场;在20世纪30年代,一些专业的剧团在该剧院举办了演出。玛格丽特·韦伯斯特(Margaret Webster)负责制作的《奥赛罗》(*Othello*),由保罗·罗伯森(Paul Robeson)担任主角,于1942年在布拉特尔剧院进行了首演。

二战后,数十位退伍老兵在哈佛大学1949届校友杰罗姆·基尔蒂(Jerome Kilty)的组织下,建立了哈佛退伍军人戏剧工作坊(Harvard Veterans' Theatre Workshop)。虽然该工作坊不乏俊才,却着实缺乏自己的舞台。当剑桥社会联合会拍卖布拉特尔剧院时,哈佛退伍军人戏剧工作坊一位成员戴维·塞耶·赫西(David Thayer Hersey)的父亲,以8万美元的价格买下了这家剧院,并将其移交给该工作坊。在1948年夏季,工作坊作为布拉特尔剧院公司(Brattle Theatre Company)开始了其四个辉煌演出季中的第一个演出季。尽管它在实质上是一家剧目公司,但是它也聘请了一些知名人物。比如,英国女演员赫米奥妮·金戈尔德(Hermione Gingold)首次在美国登台亮相就是出演布拉特尔剧院的《时间快到了》(It's About Time)。其他在该剧院客串过角色的杰出演员包括：休姆·克罗宁(Hume Cronyn)、杰茜卡·坦迪(Jessica Tandy)、萨姆·贾菲(Sam Jaffe)、泽罗·莫斯特尔(Zero Mostel)、路易丝·雷纳(Luise Rainer)和西里尔·里查德(Cyril Ritchard)等。1952年，泽罗·莫斯特尔出演了布拉特尔剧院公司的最后一部作品，这部作品改编自莫里哀的《身不由己的医生》(The Doctor in Spite of Himself)。虽然该公司的64部作品大多取得了重大成功，但是上座率却不高，以至于公司亏损。该公司解散后，许多成员前往纽约的剧院发展自己的事业，其中包括基尔蒂、赫西（艺名为塞耶·戴维）、女演员南希·马钱德(Nancy Marchand)、导演艾伯特·马雷(Albert Marre)与舞台设计师罗伯特·奥赫恩(Robert O'Hearn)。

在赫西的父亲生病时，演员布赖恩特·哈利戴(Bryant Haliday，哈佛大学1949届校友)买下了布拉特尔剧院。哈利戴与哈佛退伍军人戏剧工作坊的一位早期成员——小赛勒斯·哈维(Cyrus Harvey Jr.，哈佛大学1947届校友)一同将这所剧院改装为一家欧式的艺术电影院。他们拆除了旧座椅，重新粉刷了墙壁，并安装了节省空间的背投放映系统——此前这种放映系统多用于游船，极少在陆地电影院中使用——早先放映电影的地方，已变成了电影院的后台空间。1953年，布拉特尔剧院迎来了新生。同年，该剧院放映了一部来自德国的进口影片，名为《科佩尼克上尉》(The Captain from Köpenick)。当时，电影票价为80美分。

纵观20世纪五六十年代，布拉特尔剧院的剧目混合了外国电影与美国的经典作品。比如，为期一周的亨弗莱·鲍嘉(Humphrey Bogart)系列影片放映，重新唤起了人们对鲍嘉电影的兴趣，并成为哈佛大学考试周那些精疲力竭的学生们的一个传统。在布拉特尔堂下面的一座大厅里设有卡萨布兰卡俱乐部与蓝鹦鹉咖啡馆，迎合了鲍嘉迷的喜好。哈维与哈利戴组建了贾纳斯电影公司(Janus Films, Inc.)，在随后的十余年里，该公司向美国的电影院分销了许多电影，其中包括伯格曼(Bergman)、费里尼、戈达尔、黑泽明(Kurosawa)、特吕弗，以及其他电影导演执导的电影。不过，哈维和哈利戴在一个星期天放映了一部改编自瑞典戏剧大师斯特林堡的《朱莉小姐》(Miss Julie)的电影，这违反了马萨诸塞州的一项"清教徒法则"(blue law)，不过，这对合伙人之后在法院判决中获胜，该判决废止了1908年的一部法律。1961年，这对合伙人买下了哈佛广场的大学剧院(University Theatre)，由此成为剑桥的影院大亨。

近几十年里，布拉特尔剧院的所有权已经易手多次，其中一次使该剧院免于破产。布拉特尔剧院已经过翻新,并通过举办电影首映、歌舞表演、朗读会、"奥斯卡晚会"(Oscar parties),以及尝试现场上演的古典戏剧等设置不同的票价。今天的布拉特尔剧院秉承其传统,向当地的电影观众提供"最经典、前沿和世界级的电影,几乎每天都会让人感受到两种不同的特色"。在多厅影院(cineplex)的时代,布拉特尔剧院的背投放映系统仍在发出低沉持续的声响。

相关条目 电影档案馆;好莱坞的哈佛。

相关网站 www.brattlefilm.org。

哈佛商学院

虽说哈佛大学的每个学院都很珍视其独立性,但哈佛商学院却是各学院中最为独立的。哈佛商学院在查尔斯河的波士顿一侧,拥有迷人的景观式校园,正对着哈佛大学的本科生宿舍楼。此外,该学院还拥有十亿美元的捐赠、一个多产且成功的出版机构,以及一个庞大、忠诚和不断增长的校友组织。从前,哈佛商学院的财务偿付能力、特立独行的行事方式,以及其与哈佛园的距离,有时让哈佛大学文理学院与商学院之间的关系紧张。现在两所学院之间呈现出了一种更趋亲密、更为友爱的关系。

1908 年,哈佛商学院成立伊始,是隶属于文理学院的一个系,旨在为哈佛大学校长查尔斯·W. 埃利奥特称为美国新兴企业的"高层"(upper walks)培养年轻人。当时,虽然其他学院也有与商业相关的课程,但是此类课程仅限于本科层次;可以说,哈佛商学院是第一所商学的研究生院。在一战期间,该学院经历了一段艰难的岁月。在 20 世纪 20 年代它迎来了蓬勃发展时期,哈佛园内商学院的学生宿舍也随之迅速增加。1924 年,哈佛大学宣布了一项"三方募款活动",为化学与美术专业募款 500 万美元,同时为商学院的新址募款 500 万美元。

当时,哈佛大学的首席筹款人威廉·劳伦斯(William Lawrence)主教,访问了被称为"华尔街的斯芬克斯"(Sphinx of Wall Street)的超级富豪乔治·F. 贝克(George F. Baker),希望贝克能够向哈佛大学捐款 100 万美元。不过,贝克并非哈佛大学的校友。因此,他对劳伦斯主教说,自己不想捐赠 100 万美元,就连 50 万美元也不想捐。贝克称,"我对化学或艺术毫无兴趣"。但是,贝克对商业有兴趣,他表示:"假如我捐赠 500 万美元,并能有幸建立一所学院,那么我愿意捐款。"

这座新校园建在一块翻新的沼泽地上,由纽约麦金、米德和怀特建筑事务所设计,采用了新乔治亚式的建筑风格。负责景观设计的是设计了被称为"翡翠项链"的波士顿公园系统的设计师弗雷德里克·劳·奥姆斯特德的同事。从河对岸来看,原先的那些红砖建筑依然是一道漂亮的风景。商学院本身可以算是一所大学,它拥有自己的教室与行政楼、充足的学生宿舍、餐厅、图书馆、教职员俱乐部、先进的体育设施,甚至还有一座教堂(于1992年并入商学院)。

哈佛商学院的在读学生约为1800名,教职员超过200人,还有800名长期职员及大约65000名商学院校友。该学院的图书馆规模很大且设备齐全,收藏了60多万册书籍与期刊。商学院的学术特长在于案例教学法。这种教学方法源于哈佛法学院,于1924年被商学院所采用。就案例教学法的效果来说,现在其他大学的商学研究生院几乎全部或部分接受了这种教学方法。

哈佛商学院的案例呈现了真实的商业情境。在互动过程中,学生要扮演经理人,负责应对复杂的环境与相互竞争的利益。在课堂上,教师必须做好充分的准备,以便随时回应可能与其不同甚至可能更具洞察力的观点。在哈佛大学的所有学院之中,商学院不仅最为注重教学,还积极地推进教学。虽然案例教学法是商学院的主要教学工具,但是,该学院也会使用其他的教学方法,如商业模拟、学期项目(term project)、小组讨论和常规性讲座。

可以说,工商管理硕士学位(MBA)的应运而生要归功于哈佛商学院的核心学术课程。要获得这一学位,需要进行为期两年的全日制学习。商学院为那些致力于学术研究的学生设置了五个博士项目;同时,哈佛商学院与法学院、肯尼迪政府学院、文理学院一起开展联合培养学位与双学位项目。作为哈佛商学院的教育产品的第三个元素,高管教育是一个庞大且有利可图的事业。在商学院提供的40多种高管教育产品中,高级管理课程是最为知名的课程,每年教授两轮。不过,这一为期两个月的课程,学费却超过了5万美元。以案例系统为中心,商学院的课堂总是令人全神贯注且讨论热烈。

在哈佛商学院,研究活动约占教师时间的50%,在学院总预算中所占比例为25%。哈佛商学院的研究人员从全球至少40个国家收集数据。该学院在香港、东京、布宜诺斯艾利斯、圣保罗、加州的硅谷与巴黎均设有办事处。商学院的教职员创作了大量的著作与论文,同时他们还忙于收集素材,用于课程开发与新的案例研究。在新近一年里,该学院构想出了500多个新的教学案例。

哈佛商学院的出版部门面向美国与国外的商学院及其他机构售出了600多万份案例研究。作为哈佛商学院出版公司(HBS Publishing)的一个分支,哈佛商学院出版社(Harvard Business School Press)每年会出版30—40种新书。《哈佛商业评论》(*Harvard Business Review*)由哈佛商学院出版公司出版,其发行量超过 20 万份,或许是全球商界最负盛名的学术刊物。

在查尔斯河的另一边,您依然会发现,有人将哈佛商学院视为"牟利的学院",或者不满商学院的沙德体能训练中心仅对其学生和教职员开放。所幸,商学院与周边居民的关系正在改善。商学院与哈佛大学其他学院联合任命的教职工人数正在增加。哈佛商学院的教职员不仅担任了宿舍楼的舍监,还积极参与哈佛大学前校长尼尔·鲁登斯坦提出的跨学科倡议项目,该项目特别注重道德规范、环境与医疗保健管理。过去,哈佛商学院热衷于控制其筹款来源。但是,1999 年,在哈佛大学进行的一项为期五年的全校募款活动中,商学院给予了充分的合作。不仅如此,商学院还向那些募款不足的学院提供资助,如此慷慨的捐赠方式在哈佛大学是前所未有的。如此善举,在一定程度上要归功于 1995 年就任哈佛商学院院长的金·B. 克拉克(Kim B. Clark)。克拉克毕业于哈佛大学,并获得了经济学博士学位。

2008 年,哈佛商学院迎来了百年院庆。事实上,该学院本身就是一个在有效管理方法方面值得研究的案例。

相关条目 筹款;视觉哈佛。

相关网站 www.hbs.edu。

019 — 031

　　3月初,查尔斯河,女子划船队的教练们的一次破冰派对。这张照片的背景是威克斯桥(Weeks Bridge)与邓斯特学舍(Dunster House)。

剑桥/波士顿

剑桥最显著之处是它的"异质性",它实际上就像是由许多城市组成的。剑桥市有两所世界知名的高等学府——哈佛大学和麻省理工学院(Massachusetts Institute of Technology)。该市是许多公司的总部所在地,比如,阿卡迈科技公司(Akamai Technologies)、渤健公司(Biogen Idec)、德雷珀实验室(Draper Laboratory)、健赞公司(Genzyme),以及千禧制药公司(Millennium Pharmaceuticals)。剑桥居住着许多族群,包括爱尔兰人、意大利人、亚美尼亚人、葡萄牙人、海地人和非裔美国人。这个城市的人口结构体现在不同的广场上:中央广场、肯德尔(Kendall)广场、英曼(Inman)广场、波特(Porter)广场,以及其中最为知名的哈佛广场。每个广场都有自己的社区与独特的风格,其中以哈佛广场为最。

初次来访的游客便不难感受到,哈佛广场的环境给人感性和理性体验的完整结合。在哈佛大学任教多年的雕塑家迪米特里·哈兹(Dimitri Hadzi)的作品《翁法洛斯》(Omphalos)捕捉到了哈佛广场是一种精神,这是一座高大的彩色大理石雕塑,矗立在哈佛广场地标式的报亭与地铁入口旁边。在这座雕塑中,哈兹塑造的方尖碑类似于一个指向多个方向的路标,或许还带有一丝自我陶醉的讽刺意味。这位雕塑家将哈佛广场设想为剑桥这座国际性都市的生命维持中心。

剑桥毗邻波士顿。随着查尔斯河河面的拓宽,剑桥与波士顿(美国人口最多的州首府)分隔开来,不过,搭乘短途地铁,便可以享用波士顿丰富的文化资源。波士顿有交响音乐厅、汉德尔 & 海顿学会(Handel & Haydn Society)、美术博物馆、伊莎贝拉·斯图尔特·加德纳艺术博物馆(Isabella Stewart Gardner Museum)、科学博物馆,百老汇剧前试验、亨廷顿剧院、波士顿芭蕾舞团、波士顿歌剧院、自由之路(Freedom Trail,一条遍布历史遗迹的红砖路)、红袜队(Red Sox,波士顿的一支职业棒球队)、棕熊队(Bruins,波士顿的一支冰球队)和凯尔特人队(Celtics,波士顿的一支美国职业篮球队),还有每年四月都会有许多师生参加的波士顿马拉松比赛。

剑桥最早的定居者是被查尔斯河吸引而来的。在埃利奥特桥(Eliot Bridge)附近的纪念大道(Memorial Drive)上有一座奇特的纪念碑,用来标注公元11世纪北欧维京(诺尔斯人)探险家利夫·埃里克森(Leif Ericson,被认为第一个发现了北美洲)留下的一座前哨站的遗址,该前哨站已经被炸掉了。16世纪的欧洲探险家在查尔斯河沿岸发现了印第安人的营地。1630年,清教徒长老们将一座名为"纽敦"(Newtowne)的村子指定为"湾区殖民地"(Bay Colony)的首府;1638年,殖民地政府所在地移至波士顿,殖民地议会在纽敦建立了新英格兰的第一所大学,并将纽敦改名为"剑桥",以纪念这座培养过许多殖民地牧师的大学。

1680年,剑桥人口为850人;一个世纪之后,剑桥的人口也只有1200人。不过,此时剑桥不仅是马萨诸塞州的一个重要社区,更以支持美国独立战争而闻名。1775年,乔治·华盛顿(George Washington)正是在剑桥接管了大陆军的指挥权。当时,美国的许多爱国领袖都是哈佛大学的毕业生,其中包括宣传鼓动家塞缪尔·亚当斯(Samuel Adams,1740届校友)、阿蒂马斯·沃德(Artemas Ward,1748届校友,乔治·华盛顿正是从他手中接管了大陆军)少将,以及邦克山(Bunker Hill)战役的英雄约瑟夫·沃伦(Joseph Warren,1759届校友)博士等。

根据立法机构的法令,1846年,剑桥由镇变成市。当时剑桥的人口已达1.3万人。1846年,哈佛大学已有210年的历史,并在1836年举行了建校两百周年盛会。那时,麻省理工学院还没有建立,直到1916年,该校才由波士顿迁至剑桥。当剑桥的企业进入繁荣时期时,它们的主要产品包括玻璃、肥皂、红砖和冰——这些产品很快就被机械、木工、家具、印刷与钢琴所取代。现在,剑桥的人口为9.2万人,其知名度仰赖高科技软件、受过良好教育的人才与世界级的学者。

剑桥的永久居民与流动人口的自由主义色彩,不可避免地招致善意或其他意图的讥讽。对于20世纪50年代初美国国会的那些捕风捉影者来说,哈佛大学就是"查尔斯河畔的克里姆林宫"(Kremlin-on-the-Charles)。波士顿报纸的专栏作家将哈佛大学戏谑为"剑桥人民共和国"(the People's Republic of Cambridge)。不过,剑桥无愧于其声誉。尽管乔治·W. 布什(George W. Bush,哈佛大学1975届校友,工商管理硕士)与哈佛商学院有着密切的联系,但是,在2000年总统选举中,剑桥仅有13%的选民投票支持他。

和大多数的城市大学一样,哈佛大学也存在着"城镇居民与大学师生"的紧张关系。直到20世纪60年代末,哈佛大学试图遵循一项名为"极小影响"的政策,即在当地的公共事务中保持低调,并将房地产的购置限制在那些对于满足哈佛大学研究和教学需求至关重要的社区。不过,从1969年开始出现的剧变却表明,哈佛大学被普遍认为是一个反应迟钝甚至与社区为敌的存在。具体而言,哈佛大学的房地产管理与搬迁举措是其招致恶意的原因之一。1971年,德里克·博克就任哈佛大学校长后,他高度重视社区关系的改善。因此,哈佛大学新成立了政府和社区关系办公室（Office of Governmental and Community Relations），并启动了新的社区项目。

德里克·博克校长的上述举措使各方都得利。尽管哈佛大学的扩张依然是一个存有争议且敏感的问题。1997年，有消息称，哈佛大学利用"外围组织"（front groups）收购了奥尔斯顿的52英亩土地。这一消息引发了强烈的批评。时任哈佛大学校长的劳伦斯·萨默斯在简述学校在奥尔斯顿增持地块的发展计划时表示，以后必须考量现有社区的需求与关切。

虽然哈佛大学在许多方面依然可能被人视为一头重达300磅的"校园恶霸"，但有记录表明，一旦哈佛大学拟议的建筑或发展规划引起了有组织的反对，那么哈佛大学便会选择退避并改变其计划。1975年，剑桥居民曾因交通问题而抗议将约翰·F.肯尼迪图书馆（John F. Kennedy Library）建在以前是地铁车站占用的土地，哈佛大学理事会最终放弃了这个项目。10年之后，剑桥当局拒绝接受建筑师詹姆斯·斯特林的一项设计，该项设计计划用一座百老汇式立交桥，将当时新建的萨克勒博物馆与福格艺术博物馆连接起来。近来围绕着一个拟建在剑桥街的政府研究中心，哈佛大学与其邻近社区争执了将近6年时间。哈佛大学反复重新选址并重新设计了计划，减少了拟建的建筑规模，并最终不得不放弃修建一条隧道。依照哈佛大学原来的计划，这条隧道是要从一处居民区拆掉五个装卸码头。

哈佛大学持有的房地产仅占剑桥土地面积的5.5%、奥尔斯顿土地面积的8.5%，在波士顿土地面积中所占的比例更小。不过，哈佛大学的存在的确会影响到与其邻近的社区，但这与其所占空间不成比例。在哈佛大学，超过1.5万人领取正式的薪水，其中约有6000人生活在剑桥或波士顿。可以说，哈佛大学是马萨诸塞州最大的雇主之一。在剑桥和波士顿，哈佛大学在薪酬、商品和服务、市政费用与服务、税收和以支代税（in-lieu-of-tax payment）方面的支出，每年超过了7.5亿美元。哈佛大学通过260多个公共服务项目帮助社区，支持许多社区的组织与活动，向大波士顿地区的居民开放教育和文化设施，每年还提供100多万美元，资助那些在哈佛学院就读的本地学生。

相关条目 奥尔斯顿；建筑；查尔斯河；继续教育；埃尔姆伍德；上帝之地；哈佛冈；公共服务。

相关网站 www.ci.cambridge.ma.us。

剑桥的哈佛人

"Cantab"这一术语,时而见于体育术语中,是拉丁语单词"Cantabrigian"的缩写,意为剑桥的居民或代表。依照词源学家的解释,在中世纪现在英格兰剑桥的某个地方"Cantebrig",有一座桥(中世纪英语称之为"brig")跨过了卡姆河[river Cam,也被称为"格兰塔河"(Granta)]。哈佛大学运动队亦被称为"Cantabs",而这反映出哈佛大学除了"绯红"之外,缺乏其他的代称。相比之下,耶鲁大学的代称包括"伊莱"(Eli)、"耶鲁蓝"或"斗牛犬",而哈佛大学没有美国其他大学的那些集体代称,比如,加州大学洛杉矶分校的棕熊、康奈尔大学的"大红",或是"十字军""绿色""哈士奇""山鹰""狮子""贵格会教徒"和"老虎"等代称。有时候,哈佛大学运动队对手的支持者粗鲁地称哈佛人为"约翰斯"(Johns,在英语俚语中泛指男性)。对于大多数剑桥的哈佛大学毕业生而言,这样的称呼是不受欢迎的。

相关条目 体育竞技。

卡彭特中心

卡彭特视觉艺术中心(下称"卡彭特中心")所在的那幢楼,是哈佛大学最不同寻常的建筑之一。这幢建筑是法国的现代派设计师勒·柯布西耶为美国设计的唯一作品。可以说,它是一件经过大胆雕琢的艺术品,也很好地展现了这位建筑师的天赋。这座钢筋混凝土结构的五层建筑有一个巨大的弧形入口,这入口看上去就像是一艘船的船首。墙壁中嵌入了大块的隔板,被称为"遮阳板"(brise soleils),它们既可以遮挡阳光的直射,又能保持自然光线的射入。这幢建筑的一个精妙之处在于,有一道优美、向上的斜坡穿过了它。

当然,卡彭特中心也有自己的趣闻轶事与隐喻。据说,1963年,当时年迈的柯布西耶看到这座建筑竣工的照片时,曾惊叹道:"我的上帝,他们把它倒过来建造了。"这个故事疑似杜撰。《建筑论坛》(Architectural Forum)杂志将卡彭特中心称为"两把吉他的艺术之家"。已故的约翰·芬利(John Finley)教授的表述则更为粗俗,他说这幢建筑令人联想到"两架钢琴在媾和"。诸如此类的比方,已随着时间而变得平淡乏味。不过,使用这幢建筑的学生往往都喜欢它;建筑评论家也赞扬柯布西耶尝试设计出一种视觉艺术的建筑,在其内外展示出"自由的体验与无限的创造力"。不过,大多数人都认为,这座建筑的设计与其位置是不相称的。这座建筑夹在昆西街的福格艺术博物馆与哈佛大学的教职工俱乐部之间,得有更多可施展的空间,才能实现柯布西耶的设计意图。哈佛大学接受了柯布西耶的设计,但并未察觉到该项设计存在缺陷,现在看来,这一缺陷是显而易见的。不过,对于哈佛大学的学生而言,这幢建筑里的东西才是最重要的:

- 绘画、雕塑与平面设计领域
- 静物摄影与视频摄像设施
- 金属制品和木制品的展示空间
- 传统与基于计算机的版画与印刷
- 录音、混音和重新录制
- 讲座、研讨会、展览、装置和表演
- 传统媒体与实验媒体的作品

卡彭特中心还设有哈佛电影档案馆,这是全球最大的电影收藏馆之一,主要收藏35毫米的胶片电影且保存完好。该馆收藏了9000多部电影,给学者和学生探究美国与世界的电影制作提供了一个前所未有的机会。哈佛大学的教职员可以在课程教学中调用这一馆藏资源,而该馆也会定期公映其馆藏的电影。

卡彭特中心建成后不久,柯布西耶就过世了。不过,柯布西耶要建造一座繁忙的艺术中心的、激发"手与大脑之间的良性关系"的构想,在这幢建筑中得以实现。无论这幢建筑如何被围困,它依然会将自己的正面朝向昆西街。

相关条目 建筑;艺术;电影档案馆;昆西街。

大人物

"哈佛学院的那些'大人物'都变成了什么样子?"20世纪20年代,哈佛大学的历史学家塞缪尔·F. 巴彻尔德(Samuel F. Batchelder)曾提出这样的疑问。曾几何时,巴彻尔德宣称:"哈佛园里尽是些狄更斯小说式的人物。"依照巴彻尔德的说法,在哈佛园,"人口少且分散、交流存在难度、思想和行动上的坚定独立、缺乏人为的举止标准,以及各种不同且少见的问题——上述种种,导致了各种不合规范的权宜之计和临时替代品——表现为穿着、谈吐、习惯与想法的多样性,这的确非常令人吃惊"。

巴彻尔德于1893年毕业于哈佛大学,他应该知晓当时哈佛大学的一位典型的大人物:约翰·洛维特(John Lovett),人们称其为"'奥兰治人'约翰"(John the Orangeman)。这位头戴高帽、尖下巴的爱尔兰人让他的驴子安妮·拉德克利夫(Annie Radcliffe)拉着一辆推车,用来兜售水果和蔬菜。他在哈佛园里待了半个多世纪。作为哈佛运动队的官方吉祥物,他甚至与哈佛大学的足球和棒球队一同参加客场比赛。约翰俨然是哈佛大学的一位名流,他的这种地位体现在他对哈佛大学新生的那句招牌式的问候语中:"朋友,我认识你的父亲。"

在"奥兰治人"约翰的那个时代,哈佛学院的许多大人物也是商贩。比如,"'修鞋匠'阿贝"(Abe the Cobbler)、伯纳德·贝内特[Bernard Bennett,绰号"波科"(Poco),旧衣经销商与放债人]、盲人报贩丹尼尔·丹尼尔斯(Daniel Daniels),以及马克斯·基泽(Max Keezer,经营二手服装,其企业现在还在)。当时,哈佛的其他大人物则为哈佛学院工作,其中包括不知疲倦的敲钟人与舍监——奥斯汀·金斯利·琼斯。

在哈佛大学的教职员中,也不乏"大人物",而古典学系的大人物似乎多到了不成比例的程度。比如,19世纪初,哈佛大学的希腊语教授约翰·斯内林·波普金(John Snelling Popkin)在其桌上放着古希腊雕刻家普拉克西特列斯(Praxiteles)雕刻的腿模型;伊万杰利诺斯·阿波斯托利季斯·索福克勒斯(Evangelinus Apostolides Sophocles)教授住在霍尔沃西堂,他在自己的房间里饲养了一只宠物鸡;拉丁语学者乔治·马丁·莱恩(George Martin Lane)教授创作了一首名为《一颗鱼丸》(One Fishball)的幽默歌曲,这首歌曲问世于1857年,并一直流传到20世纪。

教授作文的查尔斯·汤森·科普兰(Charles Townsend Copeland),斜倚着听他的学生讲述自己的作文。每当他听到令人感到痛苦的语法结构和不适宜的措辞时,科普兰便会"身体抖动并发出卑俗的呻吟……仿佛他陷入了急性消化不良的痛苦之中"。在科普兰教授职业生涯的后期,他教过的一位学生祝贺他就任哈佛大学的博伊尔斯顿修辞学与演讲教授(Boylston Professorship of Rhetoric and Oratory),当时,"科佩"(Copey,科普兰的昵称)回答道:"试想一下,我要坐在约翰·昆西·亚当斯坐过的位子上,就是这张椅子,焐热了亚当斯的那件冰冷且令人反感的燕尾服!啊……老天爷!"科普兰还有件轶事。一次,他从讲台跌落并即兴说出一句妙语:"先生们,这是我有生以来首次降低到我的观众的水平。"

研究莎士比亚的学者乔治·莱曼·基特里奇,在穿过哈佛广场时,不愿等待交通灯的变换。他宁愿闯入车流,伸出胳膊去阻拦那些迎面而来的汽车。有一次,一辆大型的垃圾车紧急停车,差一点撞到这位留着络腮胡子的教授,垃圾车的司机摇下车窗大喊道:"你在干吗,在找你的'挪亚方舟'吗?"此时,"姬蒂"(Kitty,基特里奇的昵称)不慌不忙地答道:"是的,我错过了一个混球。你愿意当这个混球吗?"

历史学家塞缪尔·埃利奥特·莫里森喜欢马胜过汽车。有时,他讲课时还会穿着靴子与骑马裤。对于衣着,莫里森有自己的一套规则:他曾经命令一位身穿粉红色衬衫的学生离开他的教室。亚瑟·达比·诺克(Arthur Darby Nock)是一位博学且极为古怪的宗教历史学家。他在28岁时便获得了终身教职,为此,他为自己精心举办了一次生日派对,并在此次派对上吟诵了自己的讣告。1963年,在诺克逝世后的一次教师会议上宣读的纪念文——一份真正的讣告中——诺克的一位同事说:"他的日常教学……异常有效,将大量的学习与良好的幽默(混杂着爆炸性且非连贯的言论)结合在一起。唯有从学习中获益,才能参透诺克的幽默。"

诺克在埃利奥特学舍(Eliot House)有一间房。二战开始后,美国海军将这幢楼划拨给V-12训练计划的学员,并试图赶走诺克,但未成功。据说,一位年轻的海军军官曾闯入诺克的套房,他惊讶地发现,诺克正在赤身裸体地冥想。这位海军军官惊呼道,"耶稣基督!""不是这样的,"诺克教授回答,"(我是)他卑微的仆人亚瑟·达比·诺克。"

在哲学史学家哈里·沃尔夫森(Harry Wolfson)栖身的公寓里,堆满了书籍和文件,以至于他不得不将部分书籍和文件存放在冰箱里。他是少数拥有怀德纳图书馆钥匙的学者之一,该图书馆允许他在星期天留在馆内工作。

沃尔夫森是一位知名的饱学之士,其超强记忆力可以媲美被誉为"哈佛活百科全书"(Harvard's Human Encyclopedia)的阿道弗斯·特里(Adolphus Terry)。特里是一位出生于剑桥的非裔美国人。在19世纪末20世纪初,他应聘在哈佛堂做零工。当特里在精神方面的敏锐性越发明显时,他被指派协助哈佛大学记录员乔治·华盛顿·克拉姆(George Washington Cram)开展工作。鉴于查找记录会花费太多时间,特里便记下了当时哈佛学院里每位学生的姓名、长相与课业记录。数年之后,当迎接返校的校友时,他能够详细地介绍他们的学术生涯。此外,作为特里传奇中的一部分,他还帮助很多大学生摆脱了困境,如在深夜里保释小混混,甚至劝告学生抵制不明智的婚姻。作为哈佛大学历史上的一位权威人物,特里总是随时准备回答各种询问,比如,威廉·詹姆斯(William

James)去世的年份,以及哈佛大学兽医学院何时倒闭以及倒闭的缘由。

另一位长期供职于哈佛的约翰·谢伊(John Shea),也许是哈佛学院最后一位具有传奇色彩的大人物。谢伊是出生在剑桥的爱尔兰人,于1905年被聘为哈佛大学一所图书馆的衣帽间服务员,不过,很快又被分派到哈佛大学怀德纳图书馆的书库工作。在怀德纳图书馆,谢伊一待就是49年,总是起早贪黑。谢伊有一种令人不可思议的本领,总能在书堆里找到那些被放错位置的书;就连谢伊对词汇的误用,也是令人难忘的。比如,为了找到一本遗失的书,他曾向一位图书馆用户承诺:"我会竭尽全力珍藏起来。"欣赏谢伊的学者纷纷收集并交流谢伊那种有创意的口误。谢伊曾对一位做事拖拉的同事说:"你做事就像吃了泻药一样。"当他夸赞一位同事时,他会说:"她一直是一位忠诚自觉的员工。"对一位求职者,谢伊曾如是说:"您是一位合格的写手吗?"就在1953年(谢伊退休前一年),他获得了哈佛大学的名誉硕士学位。哈佛大学对他的评价是:"多年以来,他一直在学者们通往知识的路上提供帮助。"

相关条目 钟声;消失的哈佛。

查尔斯河

在美国,诸多河流刻画出了国内主要城市的特征:每每提及纽约市,便会想到哈德逊河(Hudson River)与东河(East River);华盛顿有波托马克河(Potomac River);圣路易斯与新奥尔良则有气势磅礴的密西西比河(Mississippi River)。查尔斯河是一条较为平缓且蜿蜒曲折的河流,仅供小型船只通过。查尔斯河长达128公里,源于偏远的霍普金顿(Hopkinton),最终汇入波士顿湾。正是查尔斯河界定了剑桥与波士顿的边界,并将建于哈佛大学中心区域的设施与该大学在奥尔斯顿的新疆域划分开来。

对于查尔斯河沿岸的人而言,这条河简直是个娱乐的天堂——可以在河上赛艇,划独木舟,玩帆船、帆板、摩托艇,以及溜冰(需小心)。在查尔斯河两岸,人们可以骑自行车、滑旱冰、徒步旅行、跑步、绘画和闲逛,或是在一个慵懒的星期天下午晒日光浴。在查尔斯河波士顿一侧的哈奇演奏台(Hatch Shell,形似坚果壳),可以观赏到许多音乐会,包括波士顿的流行乐、摇滚乐和爵士乐的明星演出,以及每年7月4日(美国独立日)举行的声势壮观的烟花表演。在查尔斯河的上游有河畔音乐节、美食节和工艺品节。酷爱观鸟者知晓,查尔斯河是当地鸟类与候鸟的最爱。白羽家鹅、加拿大鹅、绿头鸭、鸬鹚和黑冠夜鹭，比比皆是。在查尔斯河沿岸，还可以见到硕大的蓝鹭。偶尔还会有秃鹰掠过头顶。

每到 10 月的第 3 个周末，查尔斯河便会迎来全球规模最大的赛艇比赛——查尔斯河划艇大师赛（Head of the Charles Regatta）。仅有数家大学能像哈佛大学这样毗邻河流，同时这条河还适宜进行日常的赛艇训练，能够举行校际比赛。在查尔斯河，看到奥运会级别的赛艇队在练习和比赛是件平常事。在每年的大部分时间里，查尔斯河下游［朗费罗桥（Longfellow Bridge）与波士顿大学桥之间］会举行帆船比赛。

如今查尔斯河属于自然资产，可是过去并非如此。直到 1910 年，这条河的河口还有拦河坝。这条河是有潮汐的，每到低潮期，便会露出泥滩，气味难闻。查尔斯河的坝桥不仅使得河水保持在一个恒定的水平，还形成了一个长达 6 公里的宽广且相对平静的淡水湖。查尔斯河两岸的商业码头和仓库已让位于船坞和绿地。毋庸置疑，这条河的转变给哈佛大学带来了不可估量的收益。

对哈佛大学和剑桥社区来说，拓展至波士顿与奥尔斯顿是至关重要的，因此横跨查尔斯河及其流域的桥梁，是不可或缺的经济、文化渠道。跨越查尔斯河的桥梁，始建于 1662 年。当时，在这条河上建成的"大桥"（Great Bridge），堪称美国的首座重要桥梁。在这座大桥建成之前，查尔斯河口附近的查尔斯镇（Charlestown）有一艘渡轮，是哈佛与波士顿的主要联系渠道。依照马萨诸塞湾殖民地议会的命令，这艘渡轮的收入，是哈佛大学获得的第一项固定收入来源。

剑桥共有 9 座桥，将其与波士顿的市中心、后湾（Back Bay）、布莱顿和奥尔斯顿等地相连。在这 9 座桥中，哈佛大桥（Harvard Bridge）是最古老且最长的桥。哈佛大桥于 1891 年开放使用，其长度约为 660 米，几乎在波士顿湾的最宽处穿过。尽管这座桥是以约翰·哈佛（John Harvard）的名字命名的，但麻省理工学院却正对着这座桥在剑桥的一端。在 1946 年的一次运动中，这座桥被改名为"理工桥"（Technology Bridge），但是传统主义者却不以为然。麻省理工学院的学生与校友依然宣称该学院对这座桥拥有所有权。根据一个都市传说，哈佛大桥的官方长度为"364.4 斯穆特（Smoot，一个源于麻省理工学院的非标准长度单位）再加上一只耳朵"，上述数据出自麻省理工学院兄弟会成员的测量结果，他们使用的校准单位是"斯穆特"，1 斯穆特等于麻省理工学院 1962 届校友奥利弗·斯穆特（Oliver Smoot）的身高，即 1.7 米。

受到欧式桥梁的塔楼与石雕的启发，538 米长的朗费罗桥［又名"胡椒罐"

（Pepperpot）或"椒盐"（Salt and Pepper）]是查尔斯河上最美丽的一道景观。这座桥由哈佛大学1876届校友埃德蒙·马奇·惠尔赖特（Edmund March Wheelwright）设计，于1906年对外开放。朗费罗桥有11个桥洞，支撑着红线地铁（Red Line）的两条轨道和四条车道，这四条车道将剑桥的肯德尔广场（Kendall Square）区域与波士顿的西端连接起来。这座桥是以亨利·沃兹沃思·朗费罗的名字命名的，朗费罗于1856年获得哈佛大学法学博士学位，是哈佛大学的罗曼斯语（romance languages，由拉丁语演变而成的语言）教授兼诗人。

安德森纪念大桥（Anderson Memorial Bridge）紧挨着哈佛大学校区，这座134米高的乔治亚式风格的大桥就位于17世纪的"大桥"附近。安德森纪念大桥将哈佛大学的核心区域与该校的体育竞技设施及商学院校区连接在一起。这座大桥是惠尔赖特的另一项设计，取代了一座曾经吱吱作响的木制吊桥，并于1915年对外开放。外交官拉兹·安德森（Larz Anderson，哈佛大学1888届校友），为了纪念其父尼古拉斯·朗沃思·安德森（Nicholas Longworth Anderson，哈佛大学1858届校友，美国内战时期的将军）出资30万美元建造了该桥。安德森纪念大桥采用了新古典主义的装饰，其中包括和平与战争的主题图案、书籍、墨水瓶及其他学习用具。在这座大桥靠近剑桥的一端立着一块碑，碑上写着：

> 谨以这座桥纪念一位学者和战士。这座桥连接着哈佛园与哈佛大学的运动场，它不仅时刻提醒着跨桥的学生们，要忠于自己的国家和母校，还建议那些通过在查尔斯河两岸研习和竞技培育其刚毅之气的学生们报效国家。

不过，这座大桥却总是被称为拉兹·安德森桥（而非尼古拉斯·朗沃思·安德森桥），尽管这并非捐助者拉兹·安德森（一位汽车收藏家与美国前驻日大使）的本意。在这座大桥靠近剑桥的那端，靠近下游处立着一块小牌子，用来纪念威廉·福克纳（William Faulkner）的《喧哗与骚动》（*The Sound and the Fury*）和《押沙龙，押沙龙!》（*Absalom, Absalom!* 押沙龙是《圣经》中的一个人物）两部小说中的一个虚构人物——溺水身亡的哈佛大学新生昆廷·康普森（Quentin Compson）。1965年，此处还立过另一块与之类似的牌子，上面刻着"淹没于枯萎的金银花之中"（Drowned in the fading of honeysuckle），立牌子的人是福克纳的年轻拥趸。这块牌子在1983年修复大桥时遗失了，但后来被现在这块牌子[替代了之前那种"枯萎的气息"（*odour for fading*）]神奇地取代了。在福克纳的小说中，找不到"枯萎的气息"这种表述的任何一种变体。

下游数百码处是规模较小的威克斯纪念人行天桥（Weeks Memorial Footbridge，建于 1927 年），这座人行天桥是一条捷径，将查尔斯河岸的房舍与哈佛商学院和运动场连通起来。蒸汽线和电线已被封闭在人行天桥里。它的设计者麦金、米德和怀特建筑事务所采用了优雅的乔治亚复兴式的风格。这座桥的捐助者是美国前战争部长兼马萨诸塞州参议员约翰·W.威克斯（John W. Weeks）的友人。虽然这座桥的栏杆因涂鸦而面目全非，但是它的装饰（包括装饰印章）却得以幸免。

再沿着查尔斯河下游走，就是长达 100 米的河街大桥（River Street Bridge，建于 1926 年）。与拉兹·安德森桥一样，河街大桥取代了一座架柱桥，现由三座优雅的新古典主义拱门支撑着。这座桥的建筑师罗伯特·皮博迪·贝洛斯（Robert Peabody Bellows，哈佛大学 1899 届校友）是以巴黎的新桥（Pont Neuf）为设计模板的。在查尔斯河的上游，埃利奥特桥（建于 1951 年）是剑桥建成时间最晚的桥梁，也是该市最西端的桥梁。这座桥靠近沃特敦—剑桥（Watertown-Cambridge）线，与战士场路（Soldiers Field Road）相连。它的设计风格类似于下游与之毗邻的桥梁，它们都有三个拱门。埃利奥特桥是为了纪念哈佛大学校长查尔斯·W.埃利奥特和他的儿子查尔斯（哈佛大学 1882 届校友）命名的。埃利奥特校长的这个儿子是一位景观建筑师，他曾经极大地改善了查尔斯河沿岸的风貌，并率先提议在一处名为"格里的登陆点"（Gerry's Landing）的地方建造一座桥。

相关条目 奥尔斯顿；剑桥/波士顿；小说中的哈佛；地下。

相关网站 www.cambridgema.gov/_CAC/community_river.html（查尔斯河的节日）；www.hocr.org（查尔斯河划艇大师赛）。

钟

哈佛大学拥有的钟表数量异乎寻常的多，其中许多钟表是古董级的，比如，从祖父那一辈传下来的一直被置于壁架上的钟；这些钟分为英式、荷兰式和法式，有的配有音乐钟和班卓琴，有的镶嵌了大理石和玳瑁，有的镶银，有的镶金，有的则采用了最为稀有的木材。慷慨的捐赠者曾经向哈佛大学的校长办公室、福格艺术博物馆和科学史仪器收藏（Collection of Historical Scientific Instruments）赠送了价值不菲的钟。1943 年，在哈佛大学 1886 届校友格伦维尔·L.

温思罗普(Grenville L. Winthrop)的遗赠中,包括了50座17—18世纪知名的钟。以温思罗普的这部分遗赠为核心,哈佛大学很快就在福格艺术博物馆任命了一位荣誉管理人:小查尔斯·艾迪生·迪特马斯(Charles Addison Ditmas Jr.)。在哈佛大学,他算是一位真正的大人物。学校一直向他支付象征性的酬金,直至2002年他逝世为止。迪特马斯的职责是"管理"哈佛大学各个楼舍内的200多座钟,比如保养、上弦、修理钟,并更换钟的部件。

作为一位有天赋的业余钟表爱好者,迪特马斯在钟表上倾注了感情,喜欢听钟的齿轮发出的音乐。"钟就像是人,而老的钟就像是年纪很大的人,"迪特马斯在一篇未发表的文章中如是说。"这(工作)需要有耐心,淡然接受它们的特别之处,等它们更好地运转起来,再轻轻地爱抚它们!有时候,当我完成工作时,我感觉,自己也变得和钟一样老了。"

"这些钟,就像是我的老朋友,"迪特马斯曾这样说过。"他们会和我说话,我也会和他们说话。"

在哈佛大学,有一座钟不归迪特马斯"管理"。它是一座由一群物理学家研发的、相当先进的铯原子钟(cesium-beam atomic clock),研发者包括诺贝尔奖得主兼哈佛大学希金斯物理学终身教授(Higgins Professor of Physics Emeritus)诺曼·拉姆齐(Norman Ramsey)。铯原子钟通过原子的极微运动来测量时间。对铯原子钟而言,在1秒钟里,铯原子可以进行9192631770次振荡。另一座不归迪特马斯"管理"的钟,是哈佛大学于20世纪90年代初树立的电力"太阳钟"(sun-clock),其位置毗邻哈佛商学院那座引人瞩目的现代风格的1959届校友教堂。在这座钟的有机玻璃表壳内,是一个金色的球面。人们通过它,可以了解大致的时间,比如,每到中午时分,这座钟的指针会指向表盘顶端,到了午夜时分,指针便会指向表盘底端。

在埃利奥特学舍、邓斯特学舍和阿道弗斯·布施堂的塔楼,以及邻近哈佛大学的"唯一神教堂"(First Unitarian)与圣保罗教堂的塔楼上,都装有引人注目的钟。不过,如果要说哪座钟在哈佛大学享有盛誉,那就非哈佛学院钟(College Clock)莫属——1725年,这座钟被装在马萨诸塞堂西面的山墙上,正对着哈佛广场。可以说,这座钟已经得到了很好的修复,在外观上复原了其在18世纪的模样。

相关条目 大人物;塔楼。

哈佛学院的水泵

在旧园的西北角，正对着霍利斯堂的地方，有一个哈佛学院老式水泵的抛光复制品。对于哈佛园的居民而言，这个水泵既是不可或缺的公用设施，又是最受欢迎的聚焦地。如今，当哈佛大学的大多数学生、教职员与游客行经这个水泵时，并未想到它曾代表的那个时代。

哈佛园最早的测绘地图（绘制于 1812 年）显示，现在人们所说的哈佛学院的水泵，指的是为哈佛学院的建筑供水的三个水泵中最北边的那一个。这个水泵的水来自 1764 年修建霍利斯堂时可能就已经下沉的一口井。哈佛学院的这三个水泵，负责提供饮用水、烹饪和洗涤用水，偶尔还会有一些喧嚣的大一新生用水泵的水嬉闹。其中霍利斯堂的水泵以其纯净水质且口感好而闻名，因而被戏称为"庞贝古城"（曾以清澈甘甜的泉水而知名）。

19 世纪后半叶，由于部分对化学和/或无政府状态怀有兴趣的学生的夜间工作，哈佛园不时发生爆炸事件，哈佛学院的水泵也被殃及。1901 年冬，水泵被人炸毁，此事被普遍归咎于一个名为"医学教职员协会"（Med. Fac.）的声名狼藉的秘密社团。巧合的是，同年在"速食布丁秀"（Hasty Pudding Show）上演的三幕滑稽剧，名字就叫《爆破手》（*The Dynamiters*）。哈佛大学理事会疲于应对恶作剧且担心公共卫生问题，因此，拒绝重建哈佛学院的水泵，并下令将那口井也封了。

1936 年，时值哈佛大学 300 周年校庆，哈佛大学 1900 届校友 J. 德林杰·巴尼（J. Dellinger Barney，波士顿的泌尿科医生）医生成功地推动了一次恢复并重启哈佛学院水泵的活动。借助适当的演说和讲解，一个水泵的复制品被献给了哈佛大学的三百周年庆典。这个新水泵的水源来自剑桥的主管道，同时，一种现代的喷水式饮水口取代了老式的公用的锡质饮水杯。

20 世纪 60 年代末，这个水泵坏了。1987 年，它被一个新水泵取代，新水泵是由拉德克利夫学院送给哈佛大学，作为哈佛大学 350 周年校庆的贺礼。一位名为威廉·S. 布劳威尔（William S. Brouwer）的波士顿匠人，曾在哈佛大学的设计研究生院求学，正是他准确地制作出了一种坚固的仿古水泵。布劳威尔用水泵的木臂来驱动延时水龙头，取代了之前那个不合时宜的喷水式饮水口。现在，哈佛的设施维护部（Facilities Maintenance Department）令这座水泵保持着良好的工作状态。

"哈佛学院的水泵"还是《哈佛杂志》(Harvard Magazine)一个长篇专栏的标题。这一专栏由戴维·T. W. 麦考德(David T. W. McCord,哈佛大学1921届校友)于1940年创立,当时他在《哈佛校友公报》(Harvard Alumni Bulletin,《哈佛杂志》的前身)做编辑。在麦考德看来,新闻专栏是"一个预留的角落,留给随意的评论、哈佛的诗文、令人愉悦但结论并不合理的学术观察,乃至单纯的只言片语"。从那以后,这个专栏连载了700多期,且风格一直没变。

这个专栏的题词是,"你伸出的木臂/与路人握握手"(Your wooden arm you hold outstretched/To shake with passers-by)。麦考德在哈佛大学1881届校友威廉·罗斯科·塞耶(William Roscoe Thayer)的诗作中读到了上述句子。后来,塞耶成了一位意大利史学者,还做过旧版《哈佛毕业生杂志》(Harvard Graduates' Magazine)的编辑。塞耶的这首诗作,首次出现在1881年6月的《哈佛花名册》(Harvard Register)里:

> 致哈佛学院的水泵
> 你伸出的木臂
> 与路人握握手
> 你的朋友总是口渴
> 而你却永远不会干涸
> 太多学生饮过你的水
> 他们喝醉过,他们可能已不在人世
> 在这个父辈解渴之处
> 他们的儿子如今又来取水了

相关条目 《哈佛杂志》;哈佛园。

毕业典礼

哈佛大学的毕业典礼被称为"北美历史最悠久且具连续性的春季节庆"。哈佛大学首届毕业班的9名学生的毕业典礼在1642年举行,时间远在美国建国之前。不过,哈佛大学的毕业典礼也中断过。哈佛大学曾经9次取消了毕业典礼,究其原因,或是因为瘟疫(可能是天花),或是源于美国独立战争的紧张局势。此外,毕业典礼也不全然在"春季"举行。在17世纪,哈佛大学的毕业典礼是在9

月举行的,当时大多数毕业生的职业选择是成为神职人员或教师。

毕业典礼并不仅指一次典礼:在毕业典礼当日,哈佛大学会举行三个不同的仪式。第一个仪式是在三百周年剧场外举行的"晨练"。在这个仪式中,哈佛大学校长宣布,将毕业文凭授予哈佛学院的全体毕业生及专业学院的全体学位候选人。在午餐时间及之后的时段,那些获得博士学位以及法律、医学和教育等学位的高级学位候选人,由所属学院的院长颁发毕业文凭。应届毕业生则由其舍监授予毕业文凭。在当天下午,哈佛校友会会在三百周年剧场举行年会(闭门会议)。会上,哈佛大学校长会做报告,在毕业典礼当日上午的晨演中获得哈佛大学荣誉学位的国家级或世界级人物也会发表演说。过去曾发表过演说的名人包括美国前国务卿乔治·马歇尔(1947年)、俄罗斯的亚历山大·索尔仁尼琴(Aleksandr Solzhenitsyn, 1978年)、西班牙国王胡安·卡洛斯[King Juan Carlos, 1984年,当时"摇摆乐之王"本尼·古德曼(Benny Goodman)也获得了哈佛大学的荣誉学位]、德国前总理赫尔穆特·科尔(Helmut Kohl, 1990年),以及美国前国务卿马德琳·奥尔布赖特(Madeleine Albright, 1997年)。

几乎每个人所想到的哈佛大学毕业典礼,都是在每年6月初的一个周四早上举行的。当天,超过3万名学生、教职员、学生家长、校友、政要与嘉宾,会聚集在历史悠久、绿树成荫的哈佛园内,共同见证学位候选人获得毕业文凭的时刻。这是哈佛大学一学年中所有学院的学位候选人、院长和教职员齐聚在一起的时候。

在毕业典礼上,哈佛大学校长会向毕业生宣布:"谨以我被赋予的权力,我授予你们文学学士或理科学士学位,并确认你们有资格成为受过教育的人。"在典礼的较早阶段,校长会声明,他确认博士学位的获得者已"加入古老且全球性学者的行列,并期望你们对后世进行自由的探究"。同样地,校长也对法学院的学位候选人说过类似的话,比如,"(你们)要去塑造、应用那些'明智的约束'(wise restraints),使我们变得自由"。

毕业典礼的"晨练"由一系列仪式化的固定项目组成,它们都可以在哈佛大学历史中找到源头。早年间,米德尔塞克斯郡(Middlesex County)的治安官受邀参加毕业典礼,旨在管控那些不守规矩的人,有时还要控制那些醉酒的学生与校友。"晨练"依然以劝诫开场,比如,"治安官先生,请为我们祈祷典礼会有序进行"。接下来,治安官会庄严地站在舞台中央,用警棍在石阶上敲打三下,并用浓重的波士顿口音说道:"典礼会有序进行的。"这样的开场似乎是一成不变的。不过,近来有一次,因为语法错误,治安官受到了指责。对于指定遵守的禁令,治安官的语法错误冒犯了哈佛人富有文化修养的耳朵:"作为米德尔塞克斯郡的郡督(High Sheriff),典礼要有秩序。"一年之后,会场上悬吊着的扩音器不知所踪了。

在哈佛大学最早的毕业典礼上,学生分别用拉丁语、希腊语和希伯来语做演讲是其一大特色。现在的毕业典礼中会有三位学位候选人上台,其中一位本科生用拉丁语演讲,一位本科生用英语演讲,一位研究生用英语做学术演讲。这三段各5分钟的演讲,事先经过了演练,总是很有说服力,有时很幽默,基本上没有陈词滥调。学生演讲完之后,校长会召集各个学院的院长,由他们来介绍学位候选人。最后,由校长授予荣誉学位,这是一种极致的名誉;校长授予的荣誉学位为7—14个。按照传统,获得荣誉学位之人,不必"穿戴仪式礼服"。这可能反映出哈佛大学的"低教会派"(low-church,与保守的"高教会派"区分开来)作风对浮华的厌恶。获得荣誉学位者在接受文凭时,必须要做的,只是鞠躬加上快速的握手。

在毕业典礼上午的仪式中,毕业典礼合唱团(Commencement Choir)的乐曲是一个重要的组成部分。标准选曲包括巴赫(Bach)、威廉·坦斯乌尔(William Tans'ur)、沃恩·威廉姆斯(Vaughan Williams)和兰德尔·汤普森(Randall Thompson)谱写的颂歌。在毕业典礼仪式的最后,所有人会一同吟唱用拉丁文写成的《哈佛赞歌》(Harvard Hymn)。当集会的人群散去时,邻近的所有教堂都会一齐敲响钟声。至此,毕业典礼结束。不过,这不只是一次毕业典礼的结束,还意味着学生享受大学福利责任的交接。引用《公正的哈佛》(Fair Harvard)的歌词,"从过去的年代而来,迎向那翘首以盼的年代"。

在过去30多年里,哈佛大学的毕业典礼都是在担任哈佛纪念教堂普西牧师(Pusey Minister)的彼得·J.戈梅斯(Peter J. Gomes)的祈祷和祝福中开始或结束的。在一篇题为《这些节日仪式》(These Festival Rites)的文章中,戈梅斯牧师指出:

> 有人注意到,(毕业典礼)当天,大家会表现得相当的随意,说毕业典礼更像是一个草坪晚会,而不是一场芭蕾舞。对于一位要求有些苛刻却相当敏锐的观察者来说,旧园里规模巨大的聚会,像极了《爱丽丝梦游仙境》中火烈鸟与刺猬的那场奇妙且混乱的槌球比赛。第一次来到毕业典礼现场的游客,对那些看似很混乱的事物会感到十分震惊,不过,他们日后会记得,这毕竟是哈佛大学。在哈佛大学,从众,哪怕是为了自保的从众,都已被升格为一种原罪。(毕业典礼)运转正常,要得益于耐心和善意。从一般意义上讲,无论发生什么,都应享受这一天。

相关条目 钟声；毕业文凭；《公正的哈佛》；荣誉学位；纹章；歌曲与进行曲；哈佛园。

咨　询

学者的传统职能是教学、研究与写作，现在的许多学者会在上述职能之外再加上一项——咨询。哈佛大学部分教职员的校外活动，与其课堂讲课同样值得称道。比如，在哈佛大学法学院，费利克斯·法兰克福特（Felix Frankfurter）法学教授艾伦·德肖维茨（Alan Dershowitz）曾经为许多涉嫌犯罪的名人辩护，其中包括 O. J. 辛普森（O. J. Simpson）、迈克·泰森（Mike Tyson）、克劳斯·冯·比洛夫（Claus von Bülow）和迈克尔·米尔肯（Michael Milken）。哈佛大学前盖伦·斯通（Galen Stone）经贸教授杰弗里·萨克斯（Jeffrey Sachs），曾在 20 世纪 90 年代为波兰、蒙古等国家起草宪法。据说，哈佛大学的工商管理学教授罗莎贝斯·莫斯·坎特（Rosabeth Moss Kanter）在公司会议、诊所和务虚会上进行演讲，每天能赚的钱超过了 25000 美元。这些教职员的快节奏生活令其不可避免地面临指责，有人就指责他们忽悠其学生。比如，《华尔街日报》（*Wall Street Journal*）谴责德肖维茨"在哈佛大学教授身份的掩护下，靠律师事务赚大钱"，不过，德肖维茨反驳道，自己每学期教授两门课，除了宗教节日之外，在哈佛大学法学院的 20 年里从未错过一堂课。

为了将咨询活动限定在一定的范围内，哈佛大学制定了所谓的"20% 规则"——每个工作周里的某一天，可以用于校外活动。现在几乎所有的大学都实施了与之类似的措施。每个学年结束时，哈佛大学的教职员必须提交其校外活动报告，其中包括他们在校外活动中收取的酬劳。

哈佛大学校长德里克·博克仔细考量了学术咨询的利弊，得出的结论是，积极的一面可能大于消极的一面，尤其是在科学领域。博克在《象牙塔外》（*Beyond the Ivory Tower*，1982 年出版）一书中写道："通过定期走访公司，学院派科学家可以将大学的理念、最新研究进展和重要判断带到企业，从而促进技术发展的进程……与此同时，通过咨询可以向这些科学家提供有用的信息，比如先进的研究方法、新式仪器，乃至研究生的就业机会。更重要的是，通过咨询可以发现产业中的实际问题，从而给基础研究带来挑战，这样的情形已经出现在了材料科学与固态物理等领域。"

现代最早的一位学术顾问,当属哈佛大学的比米斯(Bemis)国际法教授埃德温·H. 斯特罗贝尔(Edwin H. Strobel)。1903 年,斯特罗贝尔从哈佛大学法学院请假,赴任暹罗(今泰国)国王的特别顾问。1908 年,他在曼谷去世,获得了国葬的礼遇。同年,费利克斯·法兰克福特教授毕业于哈佛大学法学院。法兰克福特为威尔逊、哈丁(Warren Harding)和胡佛(Herbert Hoover)政府输送了年轻有为的律师。法兰克福特是富兰克林·D. 罗斯福的亲密朋友与非正式顾问。1932 年,当罗斯福当选美国总统时,法兰克福特曾被形容成"新政的一人招募机构"。罗斯福是首位重视"智囊团"学术专长的总统。无怪乎,西弗吉尼亚州参议员亨利·哈特菲尔德(Henry Hatfield)曾抱怨道:"一群大学教授在管理这个国家。"

随着美国卷入二战,哈佛大学的数十位教职员被借调到美国的政府机构。哈佛大学的柯立芝历史教授(Coolidge Professor of History)威廉·L. 兰格(William L. Langer,哈佛大学 1915 届校友,1922 年获得博士学位)担任了战略情报局(Office of Strategic Services)研究与分析部门的负责人,战后,他帮助美国建立了区域研究中心,为美国政府与工业界提供研究数据。二战时,许多留在剑桥的哈佛大学教职员在进行军事研究。比如,化学家路易斯·菲泽(Louis Fieser)研发了燃烧弹和凝固汽油弹;应用数学家霍华德·艾肯(Howard Aiken)与国际商业机器公司(IBM)、美国海军合作建造了第一台大型计算机;作为白宫的科学顾问,哈佛大学校长詹姆斯·B. 科南特任期内有一半以上的时间是在华盛顿度过的,因为他负责监督设计和制造原子弹的绝密计划。

大学、政府与产业界在二战中付出的努力,使它们之间建立起了有效的工作关系,而冷战则将这种工作关系制度化了。1951 年,美国成立了国家科学基金会(National Science Foundation),这反映出美国政府对非营利机构作为基础研究来源的新依赖。美国新近发展的"区域研究"中心,向政府办公室与机构提供报告和数据。成立于 1958 年的国际事务中心(Center for International Affairs),为发展中国家提供咨询服务。与此类中心相关的学者在收集信息和咨询工作中投入了大量的时间。

1960 年,约翰·F. 肯尼迪当选美国总统后,在其政府里为许多哈佛大学校友安排了职位,因此,哈佛大学被半开玩笑地称为"政府的第四部门"。在哈佛大学,十多位资深的教职员被这位年轻总统任命为政府高官或顾问。肯尼迪认为,美国向自由世界慷慨地提供思想、商品和服务;借助区域研究计划、特别委员会以及肯尼迪最为持久的创新——"和平队"(Peace Corps),哈佛大学和其他大学的学者在全球各大洲的国家机构和私人组织分享他们在民主化、经济发展、教育和医疗保健方面的专业知识。

在日益全球化且由技术驱动的"信息经济"中,对专家的需求在不断提升。在这种新的环境下,哈佛大学的教职员重新审视并收紧了有关咨询活动的准则。在哈佛大学文理学院通过的一项政策声明中就包含了以下内容:

> 接受全职工作后……要对大学承诺,践行最具包容性的专职。(大学)希望每位成员,都能恪守基本的职业忠诚,在处理个人的校外义务、经济利益和个人活动时,均不得与个人对学校作出的这一基本承诺发生冲突。

相关条目 国际延伸;研究中心与研究所;商标保护和技术转让。

继续教育

通过暑期学院、延伸教育学院和退休学习学院(Institute for Learning in Retirement),哈佛大学每年向数千名非传统的学生开放资源。

暑期学院。美国最早的夏季学术课程可以追溯到1871年哈佛大学的阿萨·格雷(Asa Gray)教授开设的植物学的教师培训课程。到20世纪初,哈佛大学的暑期学院已开设60多门课程,入学人数将近800人。目前,暑期学院为期8周的课程,从美国各州与全球90多个国家录取了大约5000名学生。这些学生包括参加"哈佛夏季中学项目"(Harvard Summer Secondary School Program)的青少年,以及来哈佛学习语言或计算机技能的退休人员。暑期学院在整个学期里开设学分课程与非学分课程,涵盖了30多个领域,其中包括文科、医学预科、法学预科和商学预科,比如,外语强化教学、将英语作为第二语言的教学、视觉与环境研究、说明文写作、创意写作、专业写作,以及教育学的研究生课程。

哈佛大学的夏季中学项目吸引了那些16—18岁且在学术上有天赋的学生,他们修读的是大学阶段的学分课程。暑期学院的"大学选择"项目提供了新英格兰地区其他大学的游学机会,辅之以大学申请论文的写作指导。暑期学院还负责管理哈佛—乌克兰夏季学院(Harvard-Ukrainian Summer Institute)和一项出国留学计划。该计划旨在为智利、中国、德国、希腊和意大利的办事机构提供语言辅导。

延伸教育学院。这个规模庞大的学院已有百年历史,曾被形容为哈佛大学提供的最大的社区资源。基于开放式招生,延伸教育学院在晚上开设兼职学习课程，每年有超过 1.4 万名学生报名参加。其中，1/3 以上的学生住在剑桥或波士顿，其他学生则来自偏远社区、邻近州以及海外。在延伸教育学院，3/5 的学生是女性，3/4 的学生拥有学士学位，1/5 的学生拥有研究生学位。延伸教育学院的学生可以选修 50 多个领域的 560 多门课程，参加 10 多个学位项目或证书项目。然而，该学院 10% 的学生想要获得学位或证书。对此，延伸教育学院的院长解释称："大多数人每年选修一两门课程，旨在充实自己或为了职业发展。"

通过互联网进行"远程学习"，令哈佛大学的延伸教育学院可以向全球延伸。借助流媒体视频与音频技术，互联网课程指导的学生遍布美国，乃至南美洲、欧洲、中东和亚洲。

延伸教育学院位于布拉特尔广场（Brattle Square）旁边的布拉特尔街 51 号。除了少数理科课程在波士顿的哈佛大学医学区教授，其余所有课程均在哈佛园内或附近的教室教授。大多数课都是在晚上上的，因此那时教学楼没有被用于常规课程。

退休学习学院。该学院于 1977 年成立，算是哈佛大学的一个新生事物，每年为退休人员提供 100 多门课程和学习小组会议。学员来自剑桥/波士顿社区，涵盖了法律、医学、艺术、政府服务、教育、工程、技术和商业等领域的专业人士。课程完全由该学院的学员运作，近年开设的课程包括介绍 20 世纪美国建筑与设计领域重要的理论家和实践者之一的 R. 巴克敏斯特·富勒（R. Buckminster Fuller）、发源于波斯的古老宗教琐罗亚斯德教（Zoroastrianism）、美国社会学家 W. E. B. 杜波依斯（W. E. B. DuBois）和 21 世纪的美国最高法院（The Supreme Court in the Twenty-First Century）。

退休学习学院的学员数量被限制在 500 人。院长表示，教室空间有限是一个因素，但"我们希望在舒适且有限的空间里保持一种共同体的意识和合作精神"。在美国和世界范围内，该学院已成为类似项目的一个典范。在该学院成立伊始，注册的学员仅有 92 人，当时在美国少有这样的项目。其后，该学院的注册人数已超过 300 人。

暑期学院、延伸教育学院和退休学习学院的活动由哈佛大学的继续教育部门负责监督。该部门成立于 1975 年，隶属于哈佛大学的文理学院。总计超过 50 万人参加了继续教育部门的学习项目。毫无疑问，这些学习项目表达了哈佛大学前校长查尔斯·W. 埃利奥特在一个多世纪前所阐述的想法："（人们）过于强调教育是年轻人的事，甚至认为教育是青少年的事。其实，教育应当是贯穿人一生的事。"

埃利奥特校长（享年92岁）一定会为马萨诸塞州布伦特里（Braintree）的玛丽·法萨诺（Mary Fasano）的工作而欢呼。法萨诺在七年级时辍学，为了养家糊口，在一家棉纺厂做苦工。直到71岁，她才开始高中阶段的学习。法萨诺每学期在哈佛大学的延伸教育学院修读一门课程，从而成为哈佛大学历史上获得学士学位年纪最大的人。1997年，89岁的她获得了哈佛大学延伸教育学院的文学学士学位。

哈佛大学校友会赞助支持的项目给延伸教育学院实施的继续教育提供了有益的补充。在过去的25年里，得益于哈佛大学校友会的游学项目，成群的校友几乎参访了从阿拉斯加到斐济群岛的全球各个角落。其间，哈佛大学校友会邀请诸多学者授课并担任导师。每年哈佛大学校友会赞助或共同赞助将近40次这样的游学；每位校友接受的资助额度介于2000至8000美元之间。同时，哈佛大学校友会一直进行着"哈佛来到……"的系列活动，每年组织三四次，会派出6位教职员与1位高级管理人员到各大城市进行一天的专题讨论。哈佛大学校友会每年还会举办一两次"校友学院"活动，当前与历史话题范围不限。这些安排紧凑的座谈会，令校友们有两天时间重返剑桥，并与教师们进行交流。时至2002年，哈佛大学校友会启动了一项名为"harvard@home"的继续教育计划，该项计划旨在推送哈佛大学教职员和管理层发布的讲座和公开演讲。

在大多数情况下，哈佛大学的继续教育单位都有可观的财源，这为文理学院带来了其迫切需要的大量资金收入。

相关条目 校友；信息技术；演讲；虚拟的哈佛。

相关网站 www.dce.harvard.edu（延伸教育学院）；www.haa.harvard.edu（哈佛校友会）。

核心课程

自20世纪70年代末以来，要获得文学学士学位，需要修读一系列的核心课程，这些核心课程涉及外国文化、历史研究、文学艺术、道德推理、量化推理、科学和社会分析等领域。一开始，哈佛大学开设了约80门核心课程，其中，2/3的核心课程是新设的。25年后，核心课程的数量翻了一番。

核心课程的开发和逐步使用，历时近8年，反映了哈佛大学长期以来的一个设想，即本科教育应当兼具全面性与特殊性。学位候选人应当接触相当广泛的学科，并在某个特定领域达到一定的研究深度。然而，如何找到传承真正的通识教育的最佳途径，引起了许多学术争论。

20世纪初，时任哈佛大学校长的A. 劳伦斯·洛厄尔提出了"主修与分类"（distribution and concentration）的要求，对其前任查尔斯·W. 埃利奥特的"自由选择"制度加以限制。现在学生需要在选定的主修领域之外的院系修读一定数量的课程，所幸学生在选修这些课程时有一个相当大的选择范围。

二战后不久，哈佛大学的课程就出现了显著的变化。哈佛大学曾在战时召集设立了一个由资深教职员组成的委员会，该委员会在1945年夏季发布了一份颇具影响力的报告，被称为《红皮书》（Red Book），讨论"自由社会通识教育的目标"。这份报告概述了一个新的课程计划，将课程划分为三个领域，即自然科学、社会科学和人文科学。在随后的五年里，哈佛大学的课程目录中增加了大约50门新的通识教育课程。所有的本科生都必须在每个领域中修读一定数量的课程，而这些课程在随后的10多年里成为哈佛学院最受欢迎的课程。在这些最受欢迎的课程中，包括"自然科学5"[即"生物的本质"（The Nature of Living Things），授课者是后来获得诺贝尔奖的乔治·沃尔德（George Wald）教授]、"人文学3"[即"希腊古典主义的兴起"（The Rise of the Greek Classic），由小约翰·H. 芬利（John H. Finley Jr.）教授]、"社会科学2"[即"西方思想与制度"（Western Thought and Institutions），由塞缪尔·比尔（Samuel Beer）教授]，以及费正清（John K. Fairbank）、赖世和（Edwin O. Reischauer）、史华慈（Benjamin Schwartz）和阿尔伯特·克雷格（Albert Craig）共同讲授的"社会科学11"[即"东亚文明"（East Asian Civilizations），这门课还有一个充满深情的绰号——"稻田"（Rice Paddies）]。

不过，到了20世纪60年代，"通识教育"的知识连贯性与完整性被明显打破。批评者注意到，通识教育课程与院系课程之间的区别越来越模糊。其他人则抨击通识教育的部分课程缺乏学术严谨性。哈佛大学通识教育项目的管理人员发现，越来越难招募到愿意教授本院系之外的大型通识教育课程的年轻教师。

到了20世纪70年代中期，即将就任哈佛大学文理学院院长的亨利·罗索夫斯基（Henry Rosovsky）敦促该学院满足对课程改革的需求。在接下来的一系列激烈辩论中，两位强有力的人物将各方意见结合在一起。其中一位是罗索夫斯基，他是一位对学术政治拥有深刻理解的经济学家；另一位是德里克·博克校长。他们两位都强烈地意识到，哈佛大学的本科生需要一种新的课程安排，这有助于本科生尽快应对他们即将进入且快速变化的职场、学习和服务领域。

经历了近四年的审议与辩论后，哈佛大学的核心课程在 20 世纪 70 年代后期成形。随后，哈佛大学的一年级新生，在来校报到之前，就会通过邮包获悉这些核心课程的基本理念。哈佛大学的本科生会被告知，他们需要接受指导才能实现接受广泛教育的目标；哈佛大学的教职员有责任引导学生获取知识、心智技能并形成良好的思维习惯，这就是哈佛大学毕业典礼致辞中所说的"有资格成为受过教育的人"的显著特征。

核心课程是一个新的出发点。尽管哈佛大学的部分教师强烈主张，应当研究"传统的准则"，而新的课程安排并未基于对名著思想的掌握。核心课程并未规定要获取特定的信息，或者调查特定领域现有的知识。核心课程试图在教职员认为不可或缺的领域，向学生引介主要的"获取知识的方法"。设计核心课程旨在呈现不同类型的知识，探索不同的调查形式，提出不同的分析模式，并找寻不同的价值标准。如果学生没有接触到这些不同方式的"认知"，便不能从哈佛大学毕业。

第一门核心课程出现于 1979—80 学年的课程目录。大部分核心课程都是依据特定的核心课程指南新设的。其中，许多核心课程非常受欢迎。目前，哈佛大学开设了以下具有代表性的核心课程：

• "历史研究 B-53/4"［即"20 世纪的世界大战与社会"（World War and Society in the 20th Century），查尔斯·梅尔（Charles Maier）］。

• "文学艺术 A-41"［即"莎士比亚后期的剧作"（Shakespeare, the Later Plays），玛乔丽·加伯（Marjorie Garber）］。

• "文学艺术 B-51"［即"第一夜：五次首演"（First Nights: Five Performance Premières），托马斯·凯利（Thomas Kelly）］。

• "文学艺术 B-54"［即"室内乐：从莫扎特到拉威尔"（Chamber Music from Mozart to Ravel），罗伯特·莱文（Robert Levin）］。

• "文学艺术 C-14"［即"希腊文明中的英雄概念"（The Concept of the Hero in Greek Civilization），格雷戈里·纳吉（Gregory Nagy）］。

• "文学艺术 C-61"［即"奥古斯都的罗马"（The Rome of Augustus），理查德·塔兰特（Richard Tarrant）］。

• "科学 A-35"［即"宇宙中的物质"（Matter in the Universe），罗伯特·克什纳（Robert Kirshner）］。

• "道德推理 22"［即"正义"（Justice），迈克尔·桑德尔（Michael Sandel）］。

• "社会分析 68"［即"美国城市中的种族、阶级与贫穷"（Race, Class, and

Poverty in Urban America),威廉·朱利叶斯·威尔逊(William Julius Wilson)]。

通常,学生们修读核心课程,是出于求知欲,而非满足哈佛大学的课程要求。对他们而言,核心课程是一个令人振奋且具启发性的创新。但是,从一开始,就有人观点明确地批评核心课程。时至20世纪90年代末,批评者有增无减。哈佛大学的部分教师,尤其是理科教师,从未接受核心课程的基本理念。他们担心,核心课程对科学的"弱化"可能会令有天赋的学生感到厌恶,那些有天赋的学生更喜欢要求不那么严格的大学。哈佛大学的其他教职员宣称,他们可以在本院系教授与核心课程同样的课程,但不喜欢在其他院系上课。

哈佛大学的学生也在抱怨。有些学生认为,学校让他们修读不熟悉领域的课程,使他们颇感烦恼。其他学生批评核心课程"缺乏深度",或是没有采用多元文化的视角。人们常说,核心课程吸收了太多学生,而且教授这些课程的人是那些没有受过良好训练的研究生。最后,部分学生要求核心课程能使他们接触更多的名著。哈佛大学《绯红报》(Crimson)的一篇社论曾直言要"去除核心课程"。

经过定期的委员会审查,新开设课程的部分标准作了修改,同时还修改了规则,允许学生修读符合核心课程要求的院系内课程。2002年秋,哈佛大学文理学院任命了新的院长,该学院随即展开了为期两年的课程评估。无论结果如何,核心课程的部分元素都会保留下来。

相关条目 哈佛学院。

相关网站 www.courses.fas.harvard.edu/_core。

绯　红

绯红(crimson)并不总是哈佛大学的首选颜色。数代哈佛人的文凭,都是用蓝丝带绑住的。1836年,在哈佛学院的二百周年纪念仪式上,装饰品为蓝色和白色。对此,历史学家塞缪尔·埃利奥特·莫里森在《哈佛三百年》一书中解释道:"这可能是中世纪传统的一种延续。在中世纪,每一所文学院都使用蓝色。"

哈佛大学的绯红色,似乎是在1858年的波士顿城市划艇赛(Boston City Regatta)上首次亮相的。时任哈佛学院教师的查尔斯·W.埃利奥特——11年后成为哈佛大学的校长——参加了哈佛大学代表队。后来,埃利奥特写道,他在划艇赛之前,与一位队友一起购买丝巾,作为队员们比赛时独特的头饰。当时,他们选择的布料有着"一种漂亮的红色"。在哈佛大学的档案馆里,保存了埃利奥特当年购买的头巾中的一条,其颜色大多数人都认为是绯红色。

19世纪60年代引入的一种染色即洋红色(magenta),曾一度受到哈佛新组建的棒球俱乐部与部分划艇队员的青睐。不过,在1875年,哈佛大学的多数本科生通过投票,重申了绯红色在哈佛大学的首要地位。当时,哈佛大学的学生刊物《洋红》的编辑们正式将刊物名称改为《绯红》,并宣称"洋红色现在不是,而且……从来都不是哈佛的真正颜色"。

35年之后,A.劳伦斯·洛厄尔就任哈佛大学校长之初,关于确定哈佛大学"真正的颜色"发挥了个人作用。在洛厄尔校长的直接监督下,沃特敦(Watertown)一家干洗公司的染料大师研制出了一种被洛厄尔校长称为"动脉红"(arterial red)的颜色。1910年5月,哈佛大学理事会正式将这种颜色定为哈佛大学的官方颜色。

现在,绯红被广泛使用在如哈佛大学的三角旗、博士袍、领带、橄榄球头盔、田径汗衫等上面。耶鲁大学以类似的方式使用蓝色。不过,这种色彩上的区别并未得到普遍的理解。比如,20世纪90年代中期,美国本田汽车公司(American Honda Motor Company)推出了"哈佛蓝"的车型。

相关条目 档案馆;体育竞技;《绯红报》。

绯红核心会

哈佛园之旅(Tours of Harvard Yard)是哈佛大学"绯红核心会"(Crimson Key Society)的一项专门活动。"绯红核心会"是一个本科生组织。它成立于1948年,主要作为迎接来访的运动队的委员会,招募那些喜欢谈论哈佛大学及其历史的学生去做向导。在每个学期,每天面向公众的观光团,会从霍利奥克中心(Holyoke Center)的信息办公室出发两次;每年凡是参访哈佛大学的官方参观者,均由哈佛大学的典礼办公室(University Marshal's Office)负责安排。如今,哈佛大学招生办公室为潜在的申请者设立观光团,但其中的部分领导者是"绯红核心会"的成员。在"绯红核心会"组织的公众观光团中,国际组织的比重越来越大;部分贵宾观光团采用英语以外的语言。

通常,一年中约有3000名游客在学期内参观哈佛大学;另有12000人参加由"绯红核心会"成员及其他学生志愿者组织的暑期游。参观的地点包括大学堂、纪念堂、哈佛学院的水泵、怀德纳图书馆,以及哈佛大学现存的三座18世纪建筑(马萨诸塞堂、沃兹沃思楼和霍尔顿礼拜堂)。假如观光者没有在约翰·哈佛的塑像前拍照的话,那么观光便不完整了。约翰·哈佛的塑像是新英格兰地区最受欢迎的旅游景点之一。

"绯红核心会"还在新生注册周、"家长周末"(parents' weekends)和聚会周组织参观活动。1986年,时值哈佛大学350周年庆典,该组织出版了一本《哈佛大学指南》,非常实用。

相关条目 招生;哈佛学院的水泵;霍尔顿礼拜堂;约翰·哈佛及其塑像;马萨诸塞堂;纪念堂;沃兹沃思楼;怀德纳图书馆;哈佛园。

相关网站 www.marshal.harvard.edu;www.news.harvard.edu/guide/to_do。

032 — 041

哈佛大学的"春飒舞蹈团"(Chun-Sa Troupe,该校的少数族裔舞蹈团之一)的成员,正在哈佛大学的桑德斯剧院演出。

舞 蹈

就在不久之前,在哈佛大学提及舞蹈,还意味着各学舍举办的正式舞会或是华尔兹之夜。现在这些舞蹈形式仍然存在,通常参加的人也很多。不过,更新形式的舞蹈活动已在哈佛大学吸引了超过600名学生、教师与校友。

由哈佛大学艺术办公室赞助的一个项目提供芭蕾舞、健美、爵士乐、现代舞、普拉提(一种基于解剖学的体能训练系统)、踢踏舞和西非舞蹈,以及即兴表演和编舞等课程。有时,这些课程需要进行公开的演出,因为这是课程的一部分。大部分的公开演出是在前拉德克利夫体育馆内的里曼舞蹈中心(Rieman Dance Center)举行的。学生们在这座中心里练习与表演,偶尔还能参加"向表演者学习"(Learning from Performers)的大师班,向来自保罗·泰勒舞蹈团(Paul Taylor Dance Company)等团体的专业人士学习。另外,哈佛大学有一支交谊舞队。

相关条目 艺术。

相关网站 www.fas.harvard.edu/_dance;www.harvardballroom.org。

院 长

哈佛大学有一个老笑话,所谓院长,就是那些既缺乏成为教授的见识,又缺乏担当校长之职的朋友人脉的人。千万别被这句话给愚弄了。虽然在哈佛大学的等级制度中有诸多高层人士——比如,校长、五位副校长、哈佛大学理事会与监事会的成员——但是,院长在权威性、决策与影响力方面是最为强大的。

哈佛大学的十所研究生院和专业学院,加上哈佛大学文理学院、哈佛学院、延伸教育学院和拉德克利夫学院,都是由院长领导的。院长负责管理院系,有人事任命权;他们控制预算、筹集资金,还制定有关学位、系部、课程和招生方面的政策。的确,在经过广泛协商之后,哈佛大学校长可以自行任命院长,因而院长要"赢得校长的欢心"。因此,在权力关系之中,可能会出现紧张的态势。比如,哈佛大学校长在高等教育方面拥有领导权,副校长则有权执行哈佛大学核心管理机构的政策,但在对各学院至关重要的事务方面,院长在征得院系全体教职员同意的前提下,有权定夺重要的学术问题。

在哈佛大学，各学院院长的形式和数量各不相同，命名也不相同：有副院长、助理院长，有分管行政、招生、发展、财务、经济援助的院长，有分管新生的院长，有分管学术规划的院长，以及有分管平权行动和学生事务的院长。作为哈佛大学迄今为止规模最大的学院，文理学院设立的院长为数最多——大约有 40 位院长。规模较小的学院，可能只有 5—6 位院长。

作为学院最高级别的任命，通常各学院的院长人选，都是在特定的学院中产生的。但哈佛大学医学院是一个例外，医学院的某位教职员曾去了另一所学院，后来又重返医学院担任院长。不过，人们通常会假定，了解一所学院内部情况的人，才是最有资格领导这所学院的。

或许，正因为院长拥有相当大的权力，他们成了学术圈揶揄的对象。在美国的另一所知名大学，有人说，教师的工作是思考，校长的工作是发表演讲，而院长的工作是确保校长不思考且教师不发表演讲。据说，弗吉尼亚大学的一位校长曾收到一封信，信中要求该大学委派一位发言人参加校友俱乐部的会议。根据校友俱乐部的要求，校长不得指派"任何职位低于院长的人"。校长答复说，没有人的职位会比院长更低。与之类似的一个故事说，有人建议哈佛大学校长 A. 劳伦斯·洛厄尔为哈佛俱乐部的一次区域年会委派一位"诙谐的院长"。据称，洛厄尔答复道，他找不出这样的一位院长，但他的两位助理院长倒是呆瓜，他很乐意把这两个人都派去。洛厄尔的继任者詹姆斯·B. 科南特曾在言语间创造了一个新的集体名词，即"对院长的牢骚"（a gripe of deans）。

相关条目 纪律。

口腔医学院

如果按照学生人数来计算，口腔医学院是哈佛大学里最小的专业学院。不过，对于患有牙痛或受到智齿影响的人而言，训练专业的牙医可绝非小事。

哈佛大学的口腔医学院成立于 1867 年。它既是美国第一所基于大学的口腔医学院，又是美国首家与一所大型医学院建立密切联系的口腔医学院。当时，大多数的牙医还属于一个未经专业训练的群体。有时，牙医甚至还兼任理发师或者杂工。哈佛大学的口腔医学院成立后，牙医教育首次利用了一所城市大学的所有学术与科学资源。最初，口腔医学院位于波士顿的马萨诸塞州综合医院（Massachusetts General Hospital）附近，后于 1909 年迁至哈佛大学医学中心

(Harvard Medical Center)的现址。除了确立高标准的专业医疗外,该学院的教职员还引入了一种课程安排,即要求口腔医学专业的学生修读医学专业学生的课程,修读基础科学与病理生理学课程,并参加医院病区和社区卫生中心的临床项目。口腔医学院的博士与博士后项目均以哈佛大学医学院的相应项目为蓝本。

口腔医学院的最大变革始于1991年。当时,该学院的院长宣布,全面修订预科博士的课程,以便使该学院与哈佛大学医学院的"新路径项目"(New Pathway)衔接一致。对此,院长的解释是,新的课程安排"旨在经过四年的培训后,向合格的学生颁发口腔医学博士学位(D.M.D.)。本课程采用问题式学习方法,培养学生批判性思维与解决问题的能力,以提高其在临床诊断、治疗、规划和临床护理等方面的能力。此外,关于口腔医学在概念和技术层面的教学方法,是基于对患者进行全面的护理,而非基于学科或部门的教学方法。与过去的设置一样,研究依然是课程安排中的一个额外部分。在为期四年的学习中,每位学生仅需进行一个研究项目"。

口腔医学院的学生人数刚超过200人时,学院有大约40位全职的教职员,以及将近80位兼职教学或提供指导的教职员。入读该学院须经过严格的筛选与面试。外籍生与少数族裔学生申请很受该学院欢迎。在该学院录取的新生中,大约1/4来自国外,1/3出自少数族群。

如今,牙医的训练必须与当代的医学实践保持同步。由于氟化物在公共供水中的广泛使用,牙医训练中对龋齿和牙齿蛀坏等问题的关注比以前要少得多。与之相反,清洁与预防措施现已成为口腔外科的训练内容,而且是大多数牙医的主要操作环节。哈佛大学口腔医学院当前的课程反映了上述这些发展。除了这些高水平的训练计划,口腔医学院的特点在于强调研究,其研究重点在于嵌体、新材料、流行病学和微生物学等领域。

相关条目 多元化;医学院。
相关网站 www.hsdm.med.harvard.edu。

餐饮服务

哈佛大学在大规模地展开食品的采购与分销业务。平均而言,每个学期哈佛大学剑桥和波士顿校区位于各楼舍的13所餐厅以及12家校内餐厅与餐饮服务点,每天要提供2.5万份餐食。每年哈佛大学要提供约500万份餐食,这还不包括哈佛大学的许多烧烤店和自助餐厅售出的快餐。为了满足哈佛大学的餐饮需求,要配备600多位厨师、服务人员、餐厅服务员、洗碗机操作员与主管。在哈佛,最大的食品配送机构是位于剑桥约翰·F.肯尼迪街的"烹饪支援团"(Culinary Support Group),以及位于哈佛纪念堂的安嫩伯格堂(Annenberg Hall,由肯尼迪街往北步行,仅几分钟路程)。

近年来,哈佛大学的本科生宿舍楼和餐馆翻修了厨房,在翻修期间,"烹饪支援团"代为供应餐食,包括汤、酱汁、腌肉、沙拉拼盘以及其他各种餐食。部分餐食用电动车配送,要穿过连接着哈佛大学沿查尔斯河房舍0.4公里长的隧道网。餐食的配送系统由计算机控制。

安嫩伯格堂于1996年开放,现已成为哈佛餐厅中的一家旗舰店。每天,约有1600名大学一年级学生在此处用餐。1874年,哈佛纪念堂竣工后,其大厅便用作哈佛学院主要的学生食堂;其后,学生们流行四处打牙祭,光顾食堂的人数逐渐变少,因此,学生食堂于1926年关闭。20世纪30年代,每座新建的本科生楼舍都配有餐厅,每家餐厅负责向高年级学生提供餐食。至于哈佛大学的新生,则在昆西街的哈佛联盟(Harvard Union)用餐。现在,哈佛纪念堂依然被用于举办哈佛大学的知名宴会,其中包括每年6月的年度荣誉学位晚宴。基于哈佛大学校友罗杰·安嫩伯格(Roger Annenberg,1962届)的父亲沃尔特·安嫩伯格(Walter Annenberg)的慷慨捐赠,哈佛纪念堂的餐厅于20世纪90年代中期得到了精心的修复,并改名为安嫩伯格堂,以纪念已故的罗杰·安嫩伯格。

在50年前,哈佛大学的餐厅还是传统意义上的餐厅,即学生用餐时,要穿着大衣、打着领带,而饭菜则没多少吸引力。现在着装规范早已不复存在,哈佛大学的每家餐厅都在争着提供各种口味的餐食。在一个月内,哈佛大学各楼舍的餐厅提供的风味餐食包括犹太风味、美国黑人风味、亚洲风味、墨西哥风味、非洲风味和加勒比风味。虽然还是有人会抱怨那种"由机构提供的食物",但大多数学生似乎都对哈佛大学各家餐厅菜单的多样化与质量倍感惊喜。

即便如此,哈佛大学的食堂提供的餐食在丰富程度上也无法与一个世纪前的哈佛大学相媲美。1996年,在安嫩伯格堂举行的就职晚宴上,哈佛大学展示了一份20世纪初哈佛纪念堂的菜单复制品,并将其作为纪念品。在这份菜单里,可以在四种汤中任选其一(包括甲鱼汤);可以品尝到四种鱼,还有牡蛎和蛤蜊;12种烘烤品,其中包括烤羊排;酒炖腰子配上牛肚、甜面包和猪脚;野味佳肴,如草原鸡、芦苇鸟、野鸭、鹌鹑、鹧鸪和伊利湖(Lake Erie)的水鸭等;冷盘是羊羔和牛舌。对于喜爱肉食的人而言，在 20 世纪初的哈佛大学，可以享受到如此雅致的美食。

对于哈佛大学各楼舍及新生食堂供应的食物，烹饪业的专业人士与独立的美食家会定期进行抽样检查。2003 年，哈佛大学餐饮服务公司（Harvard University Dining Services）在美国烹饪联合会（American Culinary Federation）主办的两项比赛中赢得了金牌。同年，哈佛大学餐饮服务公司旗下的绯红餐厅（Crimson Catering）的菜单获得了大奖，并在全美高校膳食服务协会（National Association of College and University Food Services）的本科菜单评比中获得了亚军；此外，还赢得了全美商业传播者协会（National Association of Business Communicators）颁发的"金羽毛奖"（Gold Quill Award），以及《食品管理》（*Food Management*）杂志颁发的"领导力奖"（Leadership Award）。

相关条目 哈佛联盟；学舍；纪念堂；地下。

相关网站 www.dining.harvard.edu。

毕业文凭

直到 19 世纪，哈佛大学的毕业文凭还是一件"自己动手"（do-it-yourself）的事情；毕业生必须让当地的誊写者（engrosser）为其定制毕业文凭，并使用哈佛大学理事会规定的措辞。然后，毕业生再提交定制好的毕业文凭，并附上一笔费用，由校长签字、盖章。1813 年，哈佛大学校长与委员会的诸位成员投票决定，沿用耶鲁大学遵循一个多世纪的做法，用雕版印刷毕业文凭。颁发毕业文凭时，要"依照哈佛大学理事会的要求收取费用"。

哈佛大学的第一份印刷版的毕业文凭是印在仿革羊皮纸上面，并用蜡封着哈佛大学的印章。从那以后，哈佛大学学士学位文凭的设计与模样每隔一段时间就会有所改变。其中，最明显的变化发生在 1860 年、1903 年、1935 年、1961 年和 1962 年[有关哈佛大学学士学位文凭形式变化的详细描述，可以参阅 J. F. 科克利（J. F. Coakley，哈佛大学 1968 届校友）的限量版著作《哈佛学士学位的毕业文凭，1813—2000 年》(*The Harvard B. A. Diploma, 1813—2000*)]。直到 19 世纪 90 年代，哈佛大学的毕业文凭都是由校长亲自签署的。后来，校长的亲笔签名被"摹真签章"（facsimile signature）取代了。20 世纪 30 年代，作为一项节约措施，毕业文凭不再使用羊皮纸，而是用普通纸替代。

1961年，经哈佛大学的教职员投票决定，毕业文凭的用语由拉丁语改为英语，这引发了同年 4 月的"毕业文凭之乱"(diploma riot)。时任哈佛大学校长的内森·普西(Nathan Pusey)是一位古典学者，他暂时放下自己的研究，用拉丁语向示威者发表讲话。按照他的意思，自己既然能批评别人，也可以接受别人的批评。可是，示威者不为所动，且在很大程度上并不理解普西的意思，他们列队并高喊道，"要拉丁文，不要普西"。从美学角度来看，哈佛大学印刷的第一版英语毕业文凭是一次失败的尝试：没有装饰，不再采用传统的横版格式，印刷采用的字体未经修饰，这样的字体常见于普通的办公用纸上。用哈佛大学霍顿图书馆(Houghton Library)负责印刷和图形艺术的馆长菲利普·霍弗(Philip Hofer)的话来说，"(它)看上去就像教职工俱乐部的午餐菜单"。一年之后，这版一无是处的毕业文凭就被时年 78 岁的艺术家鲁道夫·鲁齐卡创作的横版设计文凭取代了。哈佛大学 1961 届毕业生应邀更换其毕业文凭，而新版毕业文凭的确令人印象深刻。鲁齐卡设计的这个版本至今仍在使用，只是毕业文凭上的签名行略有更改。如今，哈佛大学的学士学位文凭印有哈佛大学校长与哈佛学院院长的"摹真签章"，以及毕业生的舍监与共担舍监者的亲笔签名。

在过去的半个世纪里，印刷技术的演变加速并简化了哈佛大学毕业文凭的制作。1918—1960 年，每份学士学位的毕业文凭都出自波士顿的一位钢笔匠小约瑟夫·R. 罗森(Joseph R. Rosen Jr.)之手。从每年秋季到次年的 6 月，罗森埋头工作，每天从早上 4 点一直忙到晚上 10 点，而他休息的地方就是其狭窄办公室里摆着的一张吊床。1961 年，随着毕业文凭英文版的问世，哈佛大学印刷部开始用凸版印刷制作所有的毕业文凭，如此进行了 20 年。在经过一段相对较短时间选用胶版印刷之后，印刷部于 1990 年改用基于计算机的印刷系统。这是一个集成数据处理与高质量静电印刷的复杂程序，只需三天的周末长假，便可以将所有的毕业文凭印好。

相关条目 纹章；毕业典礼。

纪 律

哈佛大学校长爱德华·埃弗里特曾怒气冲冲地说："当我第一次被要求来到这所大学时，我期待自己成为美国最大、最知名教育机构的负责人。但是，我很失望。因为，我发现自己只是一所纪律涣散的学校的副校长。"建校两百年后，哈佛大学的规模还不大,而校长实际上是该校唯一负责管理学生纪律的官员。哈佛学院的许多规定严格且琐碎,作为哈佛大学理事会的代表,校长不得不应对无数有悖于哈佛学院规定的违规行为。这可是一件吃力不讨好的工作,就以埃弗里特校长的三年任期(1846—1849年)为例就足以说明了。

大学生的创造力与实验精神,再加上让前辈们经受考验的诱惑,多年以来相当稳定地保持了下来。不过,如今哈佛大学可以接受的行为标准与学生们所享有的个人自由程度,肯定会让埃弗里特校长大吃一惊。同样令人吃惊的是,哈佛大学精心设计的用于维持秩序与礼仪的机制涉及学校大量人员。

到19世纪最后30多年,学校已经发展到足够大的规模,校长已不能再担任纪律执行者了。1870年,校长办公室成立,分担了新任校长查尔斯·W.埃利奥特许多正式的行政工作,其中就包括执行纪律。此后不久,哈佛大学通过了首批适用于全校的章程。其中一个章程正式规定了各个院系负责在其领域内执行纪律。这种权力可以下放给委员会,从那时起就一直这样做。

在学术层面,最常见的违规行为涉及某些形式的不诚实行为:剽窃、欺骗、欺诈和冒名等。在处理此类违规行为的训诫机制中,哈佛学院的训诫机制是最为复杂和广泛的。在哈佛学院,执行纪律的权力主要属于该学院的管理委员会,这是一个由分管新生的助理院长、各楼舍的资深导师、文理学院的教职人员和高级行政人员共同组成的大型机构。哈佛学院的院长担任该委员会的主席。在每个学年,管理委员会每周都会举行一次会议。该委员会遵循哈佛学院教职员制定的规则,不过,它也可以选择性地援引或偏离历史上的先例,而这些先例可能超出了上述规则。

管理委员会负责处理各种个案,比如,不能令人满意的学业成绩、剽窃、作弊、酗酒、盗窃、蓄意破坏、毒品交易和性侵等。在每次训诫听证会上,分管新生的助理院长或资深导师以口头和书面形式陈述案件的事实,并代表涉嫌个案的学生。学生如果对违规行为撒谎,将对其不利。管理委员会发挥的主要作用在于训导。管理委员会期望学生从接受训导的经历中更全面地理解成熟、责任感和自我管理。该委员会采取了精心设计的预防措施以便保密。接受训导的学生姓名极少被曝光。

管理委员会可以在以下四种措施中选择其一:不采取行动、警告、在限定时间内留校察看,以及劝退。留校察看和强制退学属于比较严厉的惩罚。留校察看意味着,受到处罚的学生,必须特别勤勉认真地对待他的学业成绩和个人行为。劝退的处罚,适用于那些在学业和行为方面有严重问题的学生;休学一年,是一般性的处罚。如果该学生在休学后想要重回哈佛大学,必须证明其在休学期间如何有效地利用了这段时间。

不过,管理委员会未被授权开除或永久开除学生,要实施这两种处罚,都需要经过教职员投票决定。虽然这两种处罚均意味着被哈佛大学退学,但两者有一个关键的区别。假如教职员同意的话,开除并不排除痛改前非的学生最终能够重新入学,而驱逐则意味着该名学生永远不能重回哈佛大学了。有传闻说,凡是被驱逐的学生,哈佛大学会将其姓名从所有记录中删去。其实,哈佛大学教务长的记录从未被销毁。事实上,管理层面的错误,有时会导致已被驱逐的学生姓名出现在哈佛大学的校友名录中。比如,有一个人尽皆知的个案,一位被驱逐学生俨然是哈佛大学校友聚会和区域会晤的常客。

在20世纪六七十年代的剧变之前,哈佛大学的管理委员会被视为神秘而专断,甚至在某些方面类似于历史上的"星室法庭"(Star Chamber,15至17世纪英国知名的司法机构)。接受训诫的学生从未获准亲自现身于管理委员会的会议。管理委员会自认为是仁慈的,是以人道和谨慎的方式作出评判,明显地将学生往好处想。不过,哈佛大学的学生对于该委员会却持不同看法。有人认为,以秘密的方式伸张正义是令人存疑的。这使得整个体系出现了根本性的变化。现在管理委员会已经放宽了限制。学生有权对该委员会的裁决提出申诉。在部分涉及纪律问题的个案中,学生可以选择与该委员会成员见面,并可以让私人顾问一同出席。不过,依然有人抱怨说,管理委员会不允许交叉询问,禁止律师参与该委员会的审议进程,且不听取被调查学生的同学的评判。

为了弥补管理委员会的不足,哈佛大学于1987年成立了"师生司法委员会"(Student-Faculty Judicial Board),旨在处理管理委员会不足以应对的非学术违纪问题。自成立以来,师生司法委员会仅召开过一次会议。

在哈佛大学的每所研究生院和专业学院,都设立了一些处理学生不端行为的正式机制。就读于这些学院的学生,被认为是成熟且负责任的公民。分管行政的院长负责大部分的训诫工作。部分学院由管理委员会实施训诫,部分学院由教职工委员会实施,有时还会吸纳学生加入。

在20世纪60年代后期,哈佛大学曾出现过骚乱,并催生了一份全校范围的权利与责任声明的出台。这份声明的基本前提是,"大学作为一个学术共同体,有一些对其本质而言至关重要的价值观,其中包括言论自由与学术自由、免于个人胁迫和暴力的自由,以及行动的自由"。在那场骚乱中,许多参加抗议的学生与部分富有同情心的教师却严重违背了这些价值观。

性骚扰是一种新近出现的、性质严重的不端行为。与大多数其他的违纪行为不同,性骚扰的定义是十分详尽的。哈佛大学及各个学院对性骚扰作出详细界定,认为其属于人际间的不恰当行为,无论是否只涉及学生,还是涉及老师和学生,或者只涉及老师。许多专业学院都有对人实施性骚扰的官员。通常应对性骚扰的第一种办法是,尝试非正式地解决问题;假如做不到,那就采取正式的举措。由于马萨诸塞州会对强奸与性侵犯采取法律行动,这就使得对性骚扰这一不当行为的处理变得更复杂了。

哈佛大学的教职员可能会因各种不当行为受到纪律处分,如财务上的不当行为、玩忽职守或性骚扰。最常见的解决方案都是非正式的。在某种情况下,美国大学教授协会(American Association of University Professors)可能会进行干预,该协会一向对可能出现的侵犯终身教职的情况非常敏感。哈佛大学对教职员的每一次处分都要确保机密性。哈佛大学总有办法悄无声息地处理令人不愉快的事。

相关条目 院长;校长。

多元化

哈佛大学的招生与经济援助计划、国际化的风气,及其多元化声誉,使哈佛大学成为一个更加多元化的所在。这一多元化的进程得益于以下一些元素:民权、女权主义运动和同性恋运动等强有力的社会运动;1965年美国移民法对移民政策放宽;美国社会人口结构的变化。

早在"多元化"成为一个流行词之前,哈佛大学就以其另类的学生、古怪的教授和校内的大人物,以及对哲学家威廉·詹姆斯(William James)所推崇的所谓"不拘一格"的宽容而闻名。到19世纪末,哈佛学院拥有了所有私立学校之中资金最充足的经济援助计划,并利用经济援助计划组建了越来越多的全国性的学生团体。铁路与水路交通的改善,使得来自美国偏远各州及国外的学生可以来剑桥学习;查尔斯·W.埃利奥特校长曾拒绝提高学费,使得学院能对财力有限的津贴生敞开大门。当时,独立但被视为拥有平等地位的哈佛大学的"附属"的拉德克利夫学院正在推进女性的高等教育。在20世纪的头10年,哈佛大学从全美48个州与全球30个国家招收学生。来自波士顿的一位捐赠者出资1万美元在哈佛大学为来自中国的学生设立了一项奖学金,当时哈佛大学的中国俱乐部有 31 位成员。就在耶鲁大学、普林斯顿大学以及其他精英院校尚未接受非裔美国学生时,哈佛大学就已招收了十余位非裔的美国学生。同期,犹太学生在哈佛大学学生中所占比例已达到 7%,并且还在稳步提升。

在二战后的数年里,哈佛学院的规模与组成发生了显著变化,这要部分归功于《退伍军人权利法》(G. I. Bill of Rights)令数千名美国退伍军人能进入哈佛就学。在这些退伍军人中,许多来自蓝领阶层或农村,他们往往是家中首位接受大学教育的人。其他的转折点出现在 20 世纪六七十年代,当时,哈佛学院与哈佛大学的多所研究生院的招生办公室,为了回应民权运动,提出了旨在增加非裔美国人、西班牙裔/拉丁裔美国人和美国原住民申请人数的招生计划。此外,哈佛大学与拉德克利夫学院的招生办公室的融合,为后续的政策变革铺平了道路,使拉德克利夫学院的女性人数变成了之前的 4 倍。哈佛大学于 1970 年开始实施的平权行动计划增加了所有教师和行政人员中女性和少数族裔的人数。哈佛大学还通过了反歧视的规定,旨在保护大学里曾被边缘化的成员,即少数族裔、残疾人与同性恋。

在 20 世纪 60 年代和 70 年代初,社会经历了动荡,哈佛大学的学生试图通过非传统的服饰(如牛仔裤、夏威夷女装和颜色花哨的短袖套衫)表达自身个性及其对当局的蔑视,而学生的背景也显得越来越"非传统"。1986 年,时任《哈佛杂志》特约编辑的吉姆·哈里森(Jim Harrison)在一篇配图文章中写道:"哈佛园里的面孔展现了多样的种族差异,翻开学生电话簿,看到头一串名字就能感受到这一点——阿莫斯(Aamoth)、阿伦诺夫(Aaronoff)、阿巴蒂(Abati)、阿巴西(Abbasi)、阿贝(Abbey)、阿贝尔(Abel)、阿伯克龙比(Abercrombie)、阿伯斯(Abers)、阿布洛(Ablow)、阿布尼(Abney)、阿布迪(Aboudi)和阿布-赞姆赞姆(Abou-Zamzam)。"更多的非传统学生来到了哈佛大学。这些学生是 1965 年美国的移民法通过后第一代成为美国公民的亚洲人与印第安人的孩子,该法终结了限制远东地区移民长达 40 年的歧视性配额。这些勤奋且富有成就的学生在学术上脱颖而出,而他们的存在也增加了哈佛大学宗教方面的多样性:穆斯林、印度教徒、佛教徒与其他非基督教团体的规模与知名度都在增加。在哈佛大学的各类学术仪式中,譬如毕业生的临别致辞、毕业生告别日(Class Day)和美国大学优等生荣誉学会的毕业生告别会等,开始吸纳来自其他宗教的祈祷文、祷告和赞美诗,比如《古兰经》和《梨俱吠陀》。

现今,在哈佛大学学生中为数最多的少数族裔群体,其身份被归类为"亚洲/太平洋群岛"。近年来,这些少数族裔学生在哈佛学院学生总数中所占比例约为

17%，占哈佛大学学生总数的12%左右。至于被归类为黑人/非西班牙裔群体的学生，其相应所占比例分别为8%和6%；西班牙裔学生相应所占比例为8%和5%；美洲原住民学生均为1%。目前，在哈佛学院，白人/非西班牙裔学生所占比重约为45%，他们在哈佛大学所占比重为41%。

自从喷气式飞机于20世纪50年代问世以来，由全球其他国家来哈佛大学就读的学生人数稳步上升。约有7%的哈佛学院学生，以及大约20%的哈佛大学学生，居住在美国以外。2002—2003学年的数据显示，哈佛大学的加拿大学生为492名学生，在该校的外籍学生中人数最多。中国学生有337人，位列第二，这可能出乎人们的意料。接下来分别是来自韩国（207人）、英国（174人）、日本（134人）、德国（124人）与印度（112人）的学生。在哈佛大学，学生来自将近140个国家。50余个少数族裔社团可以接收本科和研究生会员，包括加勒比俱乐部（Caribbean Club）、香港俱乐部（Hong Kong Club）、爱尔兰文化协会（Irish Cultural Society）、韩裔美国人社群与文化（Korean Americans for Community and Culture）、波斯协会（Persian Society）、菲律宾论坛（Philippine Forum）、罗马尼亚协会（Romanian Society）、拉丁戏剧学会（Teatro Estudiantil Latino）和土耳其文化协会（Turkish Cultural Society）等。

相关条目 阿卜；招生；平权行动；校友；大人物；时尚；哈佛历史上的第一（男士篇）；哈佛历史上的第一（女士篇）；同性恋；"无神的哈佛"；哈佛基金会；国际延伸。

神学院

神学院是哈佛大学历史第二悠久的专业学院（居于哈佛医学院之后），成立于1816年，为基督教事业输送人才。虽然神学院的过去和现在均与宗教宗派无关，但是，其最早的师生大多是一神论者。当前，神学院对自身的定位是，接纳具有不同族裔、文化和宗教背景的人，无论男女都可以在这里研究基督教、犹太教的经文、传统和文献，探究其他世界宗教和价值体系。该学院拥有将近500名学生与40名教职员，其中有犹太教徒、穆斯林、印度教徒和佛教徒。将近60%的神学院学生是女性，将近10%的神学院学生来自美国以外的国家。在神学院的组成部分中，包含世界宗教研究中心与一个女性宗教研究项目。除了每年发行三期的《哈佛神学院公告》（*Harvard Divinity School Bulletin*）外，神学院还出版了两份学术期刊,即《哈佛神学评论》(*Harvard Theological Review*)和《女性主义宗教研究杂志》(*Journal of Feminist Studies in Religion*)。

神学院基本上是哈佛大学所有专业学院中规模最小的,只有约 3.25 亿美元的捐赠(约为哈佛商学院的 1/4)。神学院占有五栋建筑,位于哈佛法学院、科学实验室和博物馆的东北部。虽然神学院依然是大学神学院中的引领者,但它在哈佛大学的地位有时似乎令人生疑。虽说神学院与考古、历史、语言和哲学等领域的其他院系有紧密联系,但是,在哈佛大学的大环境中,要想实现信仰与理性间的契合,并不是一件令人感到惬意的事。因此,多年来,神学院受到了多次评审和重组。事实上,哈佛大学曾经两度想要与神学院脱离关系。

最近的一个例子发生在 20 世纪 40 年代。当时,哈佛大学校长詹姆斯·科南特面临着财务困难、学生士气低落,且有人批评神学院并未处在神学研究的前沿,因而考虑将其移交给欧柏林学院(Oberlin College)。结果,哈佛大学的一个特别委员会建议,展开一项雄心勃勃的筹款活动,以振兴神学院。1953 年,随着科南特的继任者内森·普西的到来,神学院的境况开始好转。普西是一位虔诚的圣公会信徒,因此,他对神学院特别感兴趣,率先助其筹募资金,并扩大和改善该学院的师资队伍。普西做过两次有名的任命,一是授予知名神学家保罗·田立克(Paul Tillich)哈佛大学的教授职位,二是任命知名神学家莱因霍尔德·尼布尔(Reinhold Niebuhr)为哈佛大学的访问教授(为期 2 年)。

从 19 世纪后半叶到相对较近的时期,哈佛大学神学院的牧师培训显然遵循批判性的历史研究。不过,到了 20 世纪 70 年代中期,该学院承诺将男女学生培育成宗教生活和思想领域的领导者,他们将成为牧师、教师或社会活动家。神学院主要设有两个硕士学位项目,其中一个项目针对计划成为牧师的学生,另一个项目则针对那些对宗教有普遍兴趣的学生。此外,神学院还设有一个宗教和神学研究的博士项目。

在神学院为数不多的建筑中,最引人注目的是神学堂(Divinity Hall,建于 1825 年),其建筑风格令人联想到布尔芬奇。直到 19 世纪,神学堂是神学院唯一的建筑,其中包含了学院的教室、礼拜堂、图书馆和宿舍。安多佛堂(Andover Hall,建于 1911 年)是一座新哥特式的灰色花岗岩建筑,俯视着神学院的建筑群;在安多佛堂内,设有教职员和行政办公室、教室和礼拜用的素净色礼拜堂。拥有 50 万册藏书的安多佛—哈佛神学图书馆与哈佛的其他收藏相结合,成为美国规模最大和最强的神学图书馆之一。

2002 年,哈佛大学文理学院中东研究默里·A. 艾伯森(Murray A. Albertson)

教授兼约翰·洛德·奥布莱恩(John Lord O'Brian)神学教授小威廉·A.格雷厄姆(William A. Graham Jr.)被任命为神学院的院长。格雷姆是神学院悠久历史上的诸位院长中的第一位门外汉。

相关条目 哈佛历史上的第一(女士篇);"无神的哈佛"。
相关网站 www.hds.harvard.edu。

辍学者

离开哈佛大学的方式各有不同。通常,毕业被视为一种好的方式。但是,辍学未必就是坏事。许多有才华且后来功成名就的哈佛大学学生,在其获得学位之前便暂时或永久地离开了学校。

"暂停学业"是一种暂时的离开方式。在为期四年的大学学习过程中,约有15%的学生会在某个时点感到筋疲力尽,他们便会选择休学一至两个学期。在他们之中,多数人在重返哈佛时都有了新的动力。自20世纪60年代以来,哈佛大学教务处一直鼓励学生"暂停学业",以消除学术不适。

如果被开除,那将是离开哈佛大学的诸多方式中最不令人开心的。如果一名学生背弃学术义务、违反哈佛大学的规则,或是违反马萨诸塞州的法律,就有可能被哈佛大学开除。但即便如此,许多被哈佛大学开除的学生仍然从事公共事业并有所成就。

哈佛大学最为知名的辍学者可能是微软公司的创始人、董事长兼首席软件工程师威廉·H.盖茨三世(William H. Gates Ⅲ,昵称"比尔·盖茨")。盖茨于1973年就读于哈佛大学。当他还是一名大二学生时,就为第一批个人电脑设计了编程语言。盖茨在大四时离开了哈佛大学,专注于微软,而微软很快便成为高科技领域的巨头,也令盖茨成为全球最富有的人。盖茨与其商业伙伴史蒂文·鲍尔默(Steven Ballmer,哈佛大学1977届校友)一直都对哈佛大学给予慷慨的捐赠。

哈佛大学的另一位知名辍学者是发明家、商人兼博学家埃德温·H.兰德(Edwin H. Land)。兰德于1926年进入哈佛学院,在暂停学业两年后重回哈佛。1932年,为了进行实验和发明,他再度离开哈佛,后来他创立了宝丽来公司(Polaroid Corporation)。该公司凭借宝丽来兰德相机(Polaroid Land Camera)开辟了即时摄影的新领域,而兰德本人最终拥有了500多项美国专利。

与盖茨与兰德不同，美国报业大亨威廉·伦道夫·赫斯特（William Randolph Hearst，与 1886 届一同入学）则受人非议。据说，在大学期间，赫斯特经常参加聚会，很少学习。他曾经负责《哈佛讽刺》的业务。这个年轻又爱开玩笑的家伙曾经在夜壶上刻字，然后将其作为圣诞礼物送给哈佛大学的教职员，收件人很生气。赫斯特最后被开除了。25 年之后，这位实力雄厚的出版商买下了《哈佛讽刺》在奥本山街（Mount Auburn Street）那城堡式的俱乐部会所。所幸，赫斯特年轻时的过激行为，并未影响哈佛大学招生办公室后来录取赫斯特家族的后人。

R. 巴克敏斯特·富勒是一位哲学家、发明家与圆顶建筑的设计者，曾两次从哈佛大学辍学。他曾与 1917 届学生一同入学。哈佛大学的辍学者，光是作家、诗人、歌手和演员，就可以组建一个班，其中包括散文家洛根·皮尔索尔·史密斯（Logan Pearsall Smith，与 1888 届一同入学）、作家兼剧作家和诗人格特鲁德·斯坦（Gertrude Stein，与拉德克利夫学院的 1897 届一同入学）、传奇诗人埃德温·阿灵顿·罗宾逊（Edwin Arlington Robinson，与 1895 届一同入学）、罗伯特·弗罗斯特（与 1901 届一同入学）、华莱士·史蒂文斯（与 1902 届一同入学）、奥格登·纳什（Ogden Nash，与 1924 届一同入学）、与 1939 届一同入学的罗伯特·洛厄尔和德尔莫尔·施瓦茨（Delmore Schwartz）。在那些没有坚持读完的表演艺术家中，有民谣歌手皮特·西格（与 1940 届一同入学）、歌手兼吉他手邦妮·瑞特（Bonnie Raitt，与 1972 届一同入学），以及演员兼编剧马特·达蒙（Matt Damon，与 1992 届一同入学）。

鉴于弗罗斯特、富勒、兰德、洛厄尔以及其他辍学者，即便没有哈佛大学的文凭，也取得了成就，后来哈佛大学授予他们荣誉学位，其他高等学府也如法炮制。1967 年，收到新英格兰学院（New England College）颁发的荣誉法律博士学位（LL. D.），家住新罕布什尔州亨尼克（Henniker）的奥格登·纳什无法抑制地写下了一篇富于个性的自由诗予以回应：

> 我宁愿，如果我敢的话，
> 隐藏我的学术历史，
> 但可怕的真相必然会浮出书面；
> 你看看我，一个哈佛的辍学者。
> 大一那年，我的学习便中止了，
> 但我并未被解聘或留校察看，
> 今天，我依然可以去敲院长的门，

成为一个真正的大二学生。
但我为什么非要辛苦两年或三年,
只是为了得到一个学士学位?
我不想与文人雅士相争,
只是为了获得更多令人觊觎的荣誉。
在新罕布什尔州的家乡,在亨尼克,
哲学家是否与柏拉图或塞内卡人(Seneca,印第安人的一支)一样睿智?
谁敏感的神经变得如此紧张不安?
我与母语的抗争以失败告终,
他们抬举我,把我放在那些比我优秀的人身边,
宣称我将成为一名文学博士。
多么的恰当——我就是从学习字母开始的;
字母表的大部分,我已熟记于心。
由于今年秋天您给予我的荣誉,
我打算深入地挖掘并学习字母表。
您对我这个造作的美国佬一直很好,
感谢您。

相关条目 纪律;荣誉学位;《哈佛讽刺》。

敦巴顿橡树园

对于具有历史意识的人而言,敦巴顿橡树园(Dumbarton Oaks),这个位于美国华盛顿特区的研究中心,会让人想起1944年夏为成立联合国奠定基础的四国会议。对于视觉敏感的人来说,敦巴顿橡树园可能会令人想起乔治敦一处僻静的庄园的壮观景象,它的花园堪称国宝。对于景观设计师和研究古代及后世的学者来说,敦巴顿橡树园是美国无与伦比的藏品。

敦巴顿橡树园的核心是一座建于1800年的历史悠久的宅邸,1919年罗伯特·伍兹·布利斯(Robert Woods Bliss)与其妻子米尔德里德·布利斯(Mildred Bliss)买下了它。布利斯(哈佛大学1900届校友)是一位退休外交官兼收藏家和慈善家,他在1940年将这座宅邸馈赠给了哈佛大学。1962年,布利斯去世时,哈佛大学接收了布利斯的藏品,包括出自前哥伦布时代的墨西哥、中美洲和南美洲

的杰出雕塑和手工艺品，以及布利斯的前哥伦布时代的墨西哥艺术与考古学图书馆的藏品。这些藏品被放在该庄园的一座现代化的翼楼里，这座楼的设计者为哈佛大学1930届校友菲利普·约翰逊（Philip Johnson，1943年又获得哈佛大学建筑学学士学位）。

敦巴顿橡树园的馆藏令来自全球的学者获益，呈现出这些学者在以下三个领域的研究兴趣：

• 拜占庭研究，汇集了公元前5—6世纪至公元16世纪的印刷及其他历史文化资源。

• 前哥伦布时期研究，涵盖中美洲、"中间地区"（Intermediate Area）和安第斯山脉的艺术和考古学，时间跨度至1492年为止，延伸到殖民时代初期。

• 景观研究与园林历史，强调西方世界的经典园林。

对米尔德里德·布利斯来说，敦巴顿橡树园精心设计的花园尤显珍贵，她与景观园艺师比阿特丽克斯·法兰德（Beatrix Farrand）密切合作，扩大并完善了花园（法兰德曾在写给布利斯夫人的信中提道，"回想咱们制作的园艺布丁，多么美好的时光啊"）。她们充分利用了这片土地陡峭的地势，修建了梯田式草坪、装饰性的楼梯、蜿蜒穿过水池的小路、一座铺设鹅卵石的花园，还有小树林。在花园里，阔叶的常绿林、红豆杉、冬青和黄杨木，比比皆是。花园白天向公众开放，这个优雅的栖息之所为人们带来了一场感官盛宴。

二战期间，时任哈佛大学校长的詹姆斯·B.科南特，其任期的一半多时间是在担任美国政府高级科学顾问。因此，他将敦巴顿橡树园作为其在华盛顿的基地。1944年春，科南特将敦巴顿橡树园提供给美国国务卿科德尔·赫尔（Cordell Hull），用作会谈地点，而会谈的主旨在于筹划成立一个替代国际联盟的国际维和组织。1944年8月21日，赫尔在这座庄园的音乐厅召开了为期6周且具有历史意义的会议，英国、苏联、中国和美国的代表共同出席。

相关条目 存于别处的哈佛。

相关网站 www.doaks.org。

042 — 046

位于哈佛法学院附近的八角形火车站[曾改为塞耶餐厅(Thayer Commons)],曾是哈佛大学的一部分,已于1883年被拆除。

教育研究生院

当国家面临有史以来最严重的师资短缺,应当如何产生、培养和留住下一代教师?为不同年龄的学生提供在线与网络教学的最佳方式是什么?这些是哈佛大学教育研究生院(HGSE)正在讨论的紧迫问题。

大多数情况下,教育研究生院算是哈佛大学最小的一所研究生院:从传统意义上说,教育研究生院获得的捐赠是最为微薄的。不过,其校友约 2.2 万人,数量上仅次于商学院和法学院。与大多数研究生院和专业学院截然不同,教育研究生院的设立是试探性的且冗长的。埃利奥特就任哈佛大学校长 5 年之后,哈佛大学于 1869 年设立了暑期学院并招收了许多教师,这些教师希望更多地了解其教授的课程,以及新的教育理论与实践。到了 19 世纪 90 年代,哈佛大学的文理研究生院开展了一个非学位项目,与该大学的其他研究生项目不同,这个非学位项目招收女生。1906 年,文理学院设立了一个"教育部门",该部门于 1920 年在洛厄尔校长的领导下,升格为一所有自主权的教育研究生院,该学院拥有自己的院长、教职员、课程和预算。

可是,新成立的教育研究生院从一开始就面临一些挑战。其中的一个挑战,现在被称为所谓的"任务分散"(mission diffusion)。另一个挑战是有限的财政支持及其必然导致的预算拮据。哈佛大学的其他小学院(比如神学院和设计研究生院)也被类似的困难所困扰。

教育研究生院一直面临着"实践"与"研究"之间不可避免的"二元对立"。学院是否应为公立学校培训教师和其他从业人员?学院应该追求更崇高、更学术的目标,即研究教育原理与学习的生物学根源,同时审视教育管理与公共政策的各种模式吗?随着时间的推移,这种持续的拉扯在某种程度上得到了学院诸位院长的调和,乃至于哈佛大学历任校长的干预。作为洛厄尔校长的继任者,詹姆斯·科南特给予了教育研究生院强有力的支持,因为他坚信,假如所有人无法获得平等的机会,可能会发生巨大社会动荡,而中小学教育是防止发生社会动荡的关键。在科南特校长与一些年轻且志同道合的院长的引领下,教育研究生院不仅成为全美公认的青年教师培训中心,还成为一个全美公认的研究中心,其涉及的研究领域包括学习心理学、学校与城市社区的关系、教育政策形成的政治学,以及在教育学、课程开发和咨询中使用新技术。在可预见的未来,教育研究生院在定位上似乎是兼顾实践与研究,而非两者取其一。

教育研究生院总是拮据是有充分理由的。与商学院和法学院的毕业生相比,教育研究生院的毕业生主要是教师与行政人员,他们很少向哈佛大学捐赠数额可观的礼物或资金。另外,许多人认为,地方、州和联邦政府应负责教师的培训和教育。多年以来,尽管政府向教育研究生院的项目提供的资金是很可观的,但政府提供的资金存在变数且不可预测。考虑到这些因素,教育研究生院的院长组织了一场筹款活动,破纪录地筹得1.11亿美元,确保了该学院在21世纪初数十年的稳定。

目前,教育研究生院招收了1200名学生,其中多数是全日制学生。许多人是教师或行政人员,部分来自社区服务和教育媒体等相关的专业领域。该学院的学生中,大约3/4是女性,近1/4是少数族裔,超过10%来自其他国家。教育研究生院有50名全职教师,他们开设了各种受欢迎的课程,如霍华德·加德纳(Howard Gardner)的"认知与符号发展"(Cognitive and Symbolic Development)和萨拉·劳伦斯—莱特富特(Sara Lawrence-Lightfoot)的"教育社会学:学校文化"(The Sociology of Education: The Culture of Schools)。

教育研究生院提供两个主修学位项目、一个高级课程证书项目,以及其他非学位项目和特殊课程。

相关条目 视觉哈佛。

相关网站 www.gse.harvard.edu。

埃尔姆伍德

哈佛大学的校长就住在埃尔姆伍德(Elmwood),这是一座已建成两个世纪的乔治亚鼎盛时期风格(High Georgian-style)的宅院。埃尔姆伍德靠近奥本山街与埃尔姆伍德街的交汇处,位于哈佛广场以西2.4公里处。1971年,德里克·博克就任哈佛大学校长,将埃尔姆伍德作为其官邸。因为,位于昆西街17号的前校长官邸,偶尔会成为反战抗议活动的焦点。有鉴于此,博克与其妻子西塞拉(Sissela)决定住在埃尔姆伍德,借此保护其年幼的孩子免受潜在骚乱的影响。

埃尔姆伍德有着非凡的历史。1767年,哈佛大学1753届校友托马斯·奥利弗(Thomas Oliver)建了这座宅院。它坐落于一个平缓的斜坡上,可以俯瞰查尔斯河盐碱滩的景色。奥利弗是一位保守党人,其父是一位西印度群岛富有的商人兼业余诗人。奥利弗曾任马萨诸塞州副州长。1774年9月，在美国独立战争爆发前7个月，数千名愤怒的爱国者包围了埃尔姆伍德，并迫使奥利弗辞去马萨诸塞州议会的主席职务。一周之后，奥利弗与其家人离开了埃尔姆伍德，迁往波士顿。1776年，在波士顿被围困期间，大陆军（Continental Army）将这座宅院征用为医院；三年以后，它与剑桥其他保守党人的豪宅一同被没收，并被作为"臭名昭彰的阴谋家"的财产，在拍卖会上出售。

1787年，埃尔姆伍德被转售给哈佛大学1762届校友埃尔布里奇·格里（Elbridge Gerry）。格里是《独立宣言》的签署者之一，曾任马萨诸塞州两任州长以及詹姆斯·麦迪逊（James Madison）政府的副总统。格里的名字，因"不公正划分的选区"（gerrymandering）一词而为人所知，这一政治术语是指为人不齿地重新划分选区（具有讽刺意味的是，格里本人是反对这么做的）。1813年，格里在埃尔姆伍德的书房中宣誓就任美国的副总统，并于次年在任上去世。格里的遗孀于1818年将埃尔姆伍德卖给了波士顿的一位牧师——哈佛大学1800届校友查尔斯·洛厄尔（Charles Lowell）。洛厄尔的次子即诗人詹姆斯·罗素·洛厄尔（James Russell Lowell，哈佛大学1838届校友）就出生在埃尔姆伍德，并在这座宅院里度过了他一生中的大部分时间。

洛厄尔将埃尔姆伍德称为"灵感之源"。他在写给诗人兼小说家托马斯·贝利·奥尔德里奇（Thomas Bailey Aldrich）的信中说："这真是一座令人愉快的老房子，不是吗？"奥尔德里奇曾租住过埃尔姆伍德，当时洛厄尔与其妻子弗朗西斯（Frances）身在欧洲。洛厄尔接着在信中说道："您的手肘，可别撞到屋里的东西。在您意识到之前，这座宅院可能会把您变成一位可怕的保守派。它生来就是保守党，也会像保守派那样死去。您可别太习惯于这样的生活。我常常希望，自己不是在这座宅院里长大的。因为，我在其他任何地方，都不觉得开心了。"当洛厄尔住在埃尔姆伍德时，他欢迎学生们来访，就连年轻的诗人也来此向他求教。在这里，洛厄尔还接待过一系列的文学人物，其中包括查尔斯·狄更斯（Charles Dickens）、威廉·迪恩·豪威尔斯（William Dean Howells）以及洛厄尔的邻居亨利·沃兹沃思·朗费罗，朗费罗还在一首名为《埃尔姆伍德的苍鹭》（*The Herons of Elmwood*）的诗中纪念他对埃尔姆伍德的一次访问。

洛厄尔于1891年逝世。直到1920年，埃尔姆伍德以及与其相邻的大部分土地，仍然是洛厄尔的继承人名下的财产。1920年，考古学家、艺术史学家A. 金斯利·波特（A. Kingsley Porter）成为哈佛大学的美术教授，并在埃尔姆伍德住了5年。1925年，波特买下了这座宅院。波特在埃尔姆伍德的顶层举办研究生研讨会，邀请学生品茶和交谈，并保持了高规格招待的传统。埃尔姆伍德的晚餐总显出贵族式的优雅，遵循往昔，楼下的所有房间都用煤气灯和蜡烛照明。1933年，波特猝然离世后，波特夫人依然向波特的学生与教职员朋友敞开埃尔姆伍德的大门。直至 1962 年波特夫人去世，埃尔姆伍德被留给了哈佛大学。依据波特教授遗嘱中的条款，他的遗赠中还包括一个 10 万美元的信托基金，用作埃尔姆伍德的维护和保养。

哈佛大学理事会将埃尔姆伍德指定为文理学院院长的住所，同时也是举行学院会议和学术会议的场所。经过修缮，时任哈佛大学文理学院院长的富兰克林·L. 福特(Franklin L. Ford)及其家人搬进了埃尔姆伍德，并一直住到 1970 年。这一年，身为历史学家的福特辞去了院长一职，继续其学术研究和教学工作。1971 年，随着德里克·博克校长一家迁入了这座宅院，位于昆西街 17 号的前校长官邸由哈佛大学管理委员会办公室(Office of the Governing Boards)使用。

后来埃尔姆伍德的内部又进行了改造，这次改造的风格采用了埃尔姆伍德初建时期的建筑风格，同时也是为了适应时任哈佛大学校长劳伦斯·萨默斯的活动需要，如举行教职员晚宴、进行大学生讨论，以及与朋友和家人共度时光。

相关条目 校长。

捐　赠

哈佛大学收到的捐赠被形容为一大片水域，周边围着十余位口渴的院长。用更简洁的方式来表述就是，哈佛大学收到的捐赠：

- 是全美规模最大的大学捐赠基金(约 200 亿美元)，是位居亚军的耶鲁大学的捐赠基金的将近 2 倍。
- 在全球非营利机构中排名亚军或季军[最大的非营利机构是罗马天主教会(Roman Catholic Church)，至于哈佛大学的排名是亚军还是季军，这取决于微软股票的价值，以及位于华盛顿州西雅图的比尔及梅琳达·盖茨基金会(Bill & Melinda Gates Foundation)]。
- 为哈佛大学每位注册学生提供超过 100 万美元的资金支持。
- 分设为 10200 个单独的投资单位，其中 85% 以上被限制用于特定学院、项目、院系教席和奖学金等。

- 由哈佛管理公司(一家哈佛大学内部子公司)负责相关事宜。

捐赠的历史是一个非凡的成功故事。几个世纪以来,慷慨的校友、其他个人捐赠者、基金会和公司经常向哈佛大学捐赠。大多数人这样做是为了加强整个机构和/或支持具体的计划。在20世纪中叶,哈佛大学的捐赠额约为2.15亿美元,与耶鲁大学大致相当。在随后的几十年里哈佛大学的资本积累加速了,这在很大程度上要归功于哈佛大学财务主管保罗·卡伯特(Paul Cabot,1949—1966年在任)在投资上的敏锐。自1974年哈佛管理公司成立以来,哈佛大学的捐赠的价值已从10亿多美元增长到超过了十余个发展中国家的国民生产总值。在2003财政年度,其价值又增长了12.5%。

捐赠是哈佛大学年度预算的一项重要来源,为该大学带来了稳定和创新机会。当前,哈佛大学的捐赠收入约占其运营成本的28%,高于学费和赞助研究收入所占的比例。哈佛大学每年获得的捐赠令其获得了所需的资金,使其教职员的薪水和学生的奖学金维持在最高且最具竞争力的水平。

不过,捐赠为预算带来的利好也对哈佛大学的公共关系不利。捐赠基金的规模之大强化了一种老生常谈,即哈佛大学是如此的富有,以至于不需要更多的钱了,校友们应当将他们的博爱善心转向更需要捐赠的慈善事业。许多教职员和其他人也将哈佛大学接受的捐赠视为一种资金来源,可以通过它满足各种的需求。越来越多的评论家抨击捐赠在哈佛大学年度支出中所占的比例太小。当哈佛管理公司的高管年薪被曝光后,换来的是最响亮的怒吼。在好年景里,一位成功的投资经理的薪水和奖金会超过1500万美元,约为哈佛大学校长薪酬的30倍。

有两种误解是不难予以反驳的。对于第一种误解,哈佛大学接受的捐赠,数额的确可观——接近于建造7—8艘核潜艇的成本。但是,哈佛大学要维持作为世界一流大学的地位,必须确保有来自世界一流捐赠的收入水平。如若不然,哈佛大学势必会失去其在人才、设施和学术资源方面的比较优势。此外,依据马萨诸塞州的法令,大部分捐赠的支出都是受到限制的,相关法令明确规定了哈佛大学能对其接受的捐赠做些什么,不能做些什么。

关于第二种误解——增加捐赠在年度支出中所占的百分比——这个问题更加复杂。近年来,哈佛商学院的几位教授曾指出,哈佛大学接受的捐赠,不应成为一种金额不断增加的银行账户;相反,哈佛大学应当审慎地使用捐赠,满足当前的迫切需求,比如,扶助那些财力较弱的专业学院(设计研究生院、神学院和教育研究生院),并支持奖学金等关键项目。对此,哈佛大学理事会的回应是重申其目标,即确保捐赠的支出在好年景和坏年景均保持相对稳定。鉴于经济周期的起伏,这就意味着,每年的捐赠支出比例为捐赠总值的 4%—5%。

诚然,一位干练的哈佛投资经理可以像波士顿红袜队(Boston Red Sox)的棒球强击手曼尼·拉米雷斯(Manny Ramirez)一样出色。不过,在金融、棒球和大多数其他工作领域,人们并不擅长用其技能获取金钱。哈佛管理公司是由哈佛大学的财务主管乔治·帕特南(George Putnam,哈佛大学 1949 届校友,1951 届工商管理硕士)构思和组建的。此外,帕特南还是哈佛大学前校长 A. 劳伦斯·洛厄尔的甥孙。洛厄尔校长并未预见到,哈佛大学会产生第一家从事股票借贷等相对复杂业务的非营利性公司,该公司也是最早利用基于计算机的期权交易、套利、衍生品和风险投资机会的非营利性公司之一。哈佛管理公司还开拓性地向捐赠者提供投资服务,这会给哈佛大学带来具有时延性的收益。在高度专业化的金融领域,要想玩得转,就需要有专业技术,因此,哈佛大学甘愿付给精明的投资经理高薪。如果哈佛大学不这么做,那么这些投资经理中的翘楚可能会去华尔街谋职。

相关条目 人贵自立;筹款。

相关网站 vpf-web.harvard.edu/annualfinancial。

人贵自立

"人贵自立"(Every Tub on Its Own Bottom,即每个浴盆都在自己的盆底上),通用于哈佛大学,其英文缩写为"ETOB"。这句格言最早出现于 19 世纪初,堪称该大学高度分散的财务管理系统的奠基石。

按照哈佛大学的说法,所谓的"浴盆"是一个高级机构单位——如十所学院之一,或者是哈佛大学的核心管理机构。总而言之,哈佛大学有 52 个"浴盆"和无数个小"浴盆"。每个"浴盆"都要自筹资金:准备自己的预算,筹集自己的资金,并保持自身的偿付能力。

尽管哈佛大学没有自己的"中央预算",但有点矛盾的是,学校却设有一个"中央预算办公室"。该办公室负责审查各个"浴盆"拟议的预算,连同审批建议一并提交给哈佛大学理事会。哈佛大学理事会传统上只批准单独的预算,而非整个哈佛大学的总预算。尽管该大学的"中央预算办公室"负责汇编整个大学的数据,但它这么做的目的是提供信息,而非运营。

从理论上讲，哈佛大学的核心管理机构对于任何院系、博物馆或其他机构的偿付能力不承担任何责任。实际上，有时它确实会进行干预。比如，建立一个新的研究所或研究中心，挽救长期陷入财务困境的学院或项目，或者补贴那些无以为继的重要活动。在某些情形下，"中央行政机构"扮演了银行家的角色，即向有需要的院系或机构提供有息贷款。在其他情况下，"中央行政机构"可以从自己的资金中直接拨款。

在哈佛大学，规模较小的学院——设计研究生院、神学院和教育研究生院——最需要获得定期的帮助。与之相比，哈佛商学院的境况则要好得多。尽管哈佛大学的文理学院和医学院获得的捐赠多于商学院，但是商学院的运营单位相对较小，而且商学院有很强的吸引外部资金的能力，尤其是从该学院富有的毕业生与资产雄厚的企业那里获得捐赠。院系对于外部资金（或称"软资金"）的依赖程度是衡量其财务状况的重要指标。来自外部的捐赠和补助金，在哈佛大学文理学院的收入来源中所占比重不足1/3，而美国联邦政府给予的资金约占外部资金的13%。相比之下，哈佛大学公共卫生学院收入的84%来自外部资金，而政府支持占外部资金的43%。总体而言，除非情况已十分严重，否则哈佛大学理事会绝不会轻易干预，而是继续坚守其底线。

"人贵自立"作为一种制度性政策，其发展从未被详细地记录过。这句格言诞生于哈佛大学前校长约翰·桑顿·柯克兰（John Thornton Kirkland，1810—1828年任哈佛大学校长）的任期之内。据说，柯克兰校长拒绝承建一座新建筑，他曾表示："我们的惯例是，每个浴盆都在自己的盆底上。"设立"人贵自立"的制度旨在鼓励主动和自力更生。该制度也促使哈佛大学的各个院系尽可能地自由追求其认为合适的学术目标。"人贵自立"的负面影响是"域内竞争"（territorial jousting），这一不足阻碍了各院系之间的互动，并导致学术工作的重复。此外，"人贵自立"还意味着，哈佛大学的"中央行政机构"的权力远远小于它在其他情况下可能拥有的权力。最后，"人贵自立"制度过于烦琐且官僚主义，内部计费和转账程序烦琐，有时可能会出现看似荒谬的极端个案。如果用金钱来衡量的话，"人贵自立"作为一种实现、维持集体财务责任的手段，它在整体上运作良好。以2002财政年度为例，整个哈佛大学的营运收入为23.57亿美元，支出费用为22.87亿美元，因而账面上显示了将近7000万美元的未划拨盈余。

相关条目 捐赠；筹款。

消失的哈佛

在哈佛大学的历史中，埋藏着一个失落的世界，一些教学实践、秘密社团、研究活动和设施，几乎没有留下任何存在的痕迹。其中，少数短暂存在过，其他的存续了数代。这里介绍其中一些已不存在的东西。

固定的课程(**fixed curriculum**)。在建校后的两个世纪的大部分时间里，哈佛学院的学生都严格按照规定的课程学习。在殖民时代，哈佛学院教授的课程仅限于古代语言（拉丁语、希腊语、希伯来语以及诸如叙利亚语和阿拉米语等东方语言）、亚里士多德的物理学、修辞学和神学。当时，哈佛大学的教学方法强调反复演练与死记硬背。随后，数学和地理学被添加到课程中。至19世纪上半叶，高年级学生还可以学习历史、哲学、法医学和某些现代语言。直到美国内战之后，哈佛大学才开设了更多的选修课程。

对希伯来语的要求(**Hebrew language requirement**)。尽管研究《圣经》是哈佛固定课程安排的一个核心部分，但希伯来语却并非一个受欢迎的科目，少有学生能掌握这门语言。因此，哈佛大学各院系于1755年取消了对希伯来语的要求。

社会等级(**social ranking**)。曾几何时，哈佛大学的学生在教室、祈祷、餐厅和毕业入场仪式中的位次，都是由其父母的社会地位决定的。这种依据社会等级的排序，延续至1769年哈佛大学采用字母系统来排序为止。

五美元的硕士学位(**five-dollar master's degree**)。在两个多世纪的时间里，哈佛学院的所有毕业生，凡经历了三年无指导的学习后，即可获得硕士学位。19世纪初，据说当时获得哈佛大学硕士学位的唯一要求是，"三年内不得入狱且支付五美元"。埃利奥特校长的早期改革举措之一，就是提出了获得硕士学位的要求。哈佛大学历史上最后一个因交易获得的学位于1872年授予。

哈佛支线铁路(**Harvard Branch Railroad Line**)。1848年，希望将其城镇变成波士顿近郊的居民建起了剑桥支线铁路，将其与菲奇堡(Fitchburg)铁路相连。剑桥支线铁路的八角形车站毗邻奥利弗·温德尔·霍姆斯的宅邸，靠近哈佛法学院。当这段铁路在美国内战期间失修时，八角形车站被改建为一家名为赛耶的平价餐厅。这座建筑已于1883年被拆除了。

医学教职员协会(**Med. Fac.**)。作为19世纪发展起来的最负恶名的秘密社团之一，医学教职员协会成立于1818年，主要目的就是恶搞学术团体。从一开始,该协会的成员就在秘密会议上穿戴长到膝盖的短裤和假发,用令人无法理解的"医学讲座"迷惑那些新加入者,并向公众人物颁发写有滑稽的拉丁语引语的荣誉学位,在这些公众人物中,包括哈佛大学校长安德鲁·杰克逊(Andrew Jackson)和马丁·范·布伦(Martin Van Buren),无畏的跳跃者萨姆·帕奇(Sam Patch),以及著名的暹罗双胞胎"昌"(Chang)与"恩"(Eng)。1824年,医学教职员协会向俄国沙皇亚历山大一世(Tsar Alexander I)颁发了荣誉会员证书,这可是一次知名的恶作剧。当时,沙皇认为自己得到了哈佛医学院的认可,作为回应,他回复了一封亲切的感谢信,并送上一箱精工制作的手术器械。1834年,该协会成员在剑桥校区里穿着奇装异服,使其招致教职员的抵制。但是,该协会很快便复苏了,并最终将成为其会员的首要条件设定为,其行为必须足以遭到学校的开除。医学教职员协会的秘密仪式变得越来越怪诞,其恶作剧也更具破坏性。该协会成员很快就利用了炸药这项发明。19世纪后期,哈佛园被零星的爆炸所震动。1901年,巨大的爆炸炸毁了哈佛学院的旧水泵。四年之后,医学教职员协会的一名成员被发现从菲利普斯·布鲁克斯楼窃取了一块青铜纪念牌匾,该协会于是遭到了永久的封禁。

希腊字母兄弟会(Greek-letter fraternities)。在美国内战爆发前十年,数个全美范围的高校兄弟会在哈佛大学设立了分会,它们包括德尔塔·卡帕·宇普西隆(Delta Kappa Upsilon,希腊语大写为 ΔKY)、泽塔·普西(Zeta Psi,希腊语大写为 ZΨ)、普西·宇普西隆(Psi Upsilon,希腊语大写为 ΨY)、西塔·德尔塔·希(Theta Delta Chi,希腊语大写为 ΘΔX)及其他兄弟会。塞缪尔·埃利奥特·莫里森写道:"兄弟会变得如此令人讨厌,以至于院系在1857年废除了它们。"不过,莫里森又说道:"1865年,当哈佛大学撤销禁令时,人们发现,数家兄弟会一直在暗中进行着活动。"比如,成立于19世纪30年代的阿尔法·德尔塔·普西(Alpha Delta Phi)的一家分会,于1865年放弃其章程,成为现在的阿尔法·德尔塔俱乐部(A. D. Club)。泽塔·普西发展为施佩俱乐部(Spee Club)。其他的希腊字母兄弟会[包括泽塔·陶(Zeta Tau),一家专属于犹太人的兄弟会]虽然又坚持了70年,但却未能在二战后幸存下来。如今,哈佛大学里与希腊字母兄弟会存有渊源的组织就剩下了阿尔法·德尔塔俱乐部、德尔菲俱乐部[Delphic Club,始于德尔塔·斐(Delta Phi)的泽塔分会]、仿效希腊的派·伊塔俱乐部(Pi Eta Club,成立于1865年),以及美国大学优等生荣誉学会在哈佛学院的分会(即马萨诸塞州的阿尔法—约塔分会)。

血色星期一(Bloody Monday)。19世纪,哈佛大学的大一学生与大二学生会在每个学年第一个星期一的晚上展开大混战。在混战中,即使黑眼圈、流鼻血和衣服被撕破也不放在心上,偶尔还会出现脑震荡或骨折。这种仪式化的喧闹来自从 19 世纪 20 年代开始的那种粗暴的、无艺术可言且原始的橄榄球比赛,1860 年哈佛大学宣布禁止这种比赛。但是,这并未阻止一、二年级的学生保持这个传统,但他们把橄榄球省去了。埃利奥特在 1869 年就任哈佛大学校长后,便下令停止这种混战。尽管其后的大混战在强度和暴力度方面有所缓减,但是它一直持续到了 1917 年。用一位参与者莫顿·普林斯(Morton Prince,哈佛大学 1875 届校友)博士的话来说,"血色星期一"是"一场荷马式的战斗"。普林斯写道,与他同时代的许多人都"怀着极大的喜悦期待着这一狂欢"。

劳伦斯科学院(Lawrence Scientific School)。这所大型学院由哈佛大学前校长 A. 劳伦斯·洛厄尔的祖父阿伯特·劳伦斯(Abbott Lawrence)创立于 1847 年,旨在提供物理和生命科学的研究生与本科教学。它为现今哈佛大学的大多数科学院系奠定了基础,并培养了大量的教育工作者。在埃利奥特校长的领导下,有关科学和技术的本科教学被转移到了哈佛大学的文理学院。1906 年,劳伦斯科学院被重组为应用科学研究生院(Graduate School of Applied Sciences)。六年后,该学院被解散,当时曾预期哈佛大学会与麻省理工学院合并。但是,法院的判决阻止了这场合并,哈佛大学便开设了一所新的工程学院。工程学院后来作为哈佛大学工程与应用科学部的一部分而存续了下来。

哈佛矿业学院(Harvard School of Mines)。尽管美国内战后的几年对采矿工程师的需求不断增长,但哈佛大学设立的采矿和应用地质学院(School of Mining and Practical Geology)不仅短命,而且入学率很低。该学院成立于 1865 年,聘请了当时全球最知名的一位地质学家兼工程师拉斐尔·庞佩利(Raphael Pumpelly)来担任其明星教员。可是,随着 1874 年入学率降为零,学院最终关闭了。

兽医学院(Veterinary School)。哈佛兽医学院成立于 1882 年,总部设在波士顿。该学院的设施包括一家治疗患病动物的医院、一间解剖室、一座博物馆和一个锻造车间,那些有抱负的兽医在此处学会了钉马掌。该学院还提供免费的临床服务。但是,19 世纪末 20 世纪初,该学院日渐萎缩,并于 1901 年解散。

符合绅士身份的合格成绩是 C(Gentleman's C)。在埃利奥特和洛厄尔主政哈佛时期,懒散的俱乐部成员主导了哈佛大学的社会结构,他们的信条是"符合绅士身份的合格成绩是 C"。那时,如果有人致力于获得更高的成绩,就有可能被人揶揄为"埋头苦读的学生"(greasy grind)。1909 年,在一首写给波士顿哈佛俱乐部吸烟者的即兴诗中,身为法官的罗伯特·格兰特(Robert Grant,哈佛大学

1873届校友,1879年获得法学博士),将哈佛大学各年级"拿到C的人"与"可怜的老学者"作了如下对比:

> 这位学者就在眼前,看上去还不错。不过,事实却是这样的:
> 一个人上大学是为了什么?切实地说,
> 是为了研究人类的本性,获得荣誉学位。
> 那么一个人如何才能把这一点做到最好?平均分只拿C。
> 体格强壮且只拿C的男生!他能独自扬帆顺航。
> 他的哲学是如此美好,就像云雀的晨歌。
> 他的雄心壮志就是可以体面地通过考试,
> 并且在班级里稳居中游。
> 中间路线是最保险的。奥维德(Ovid,古罗马诗人)不就是这样说的吗?
> 他是一位传统派,他应当也知道。
> 只拿C的男生在学术上保持平衡。
> 他介于拿A的人与拿E的人之间。
> "避免留校察看"是他常对后辈说的话,
> 否则学院的一些体育代表队很可能为此而苦恼。
> 老练的学习者会选择让自己的下午都变得自由自在;
> 对于只拿C的男生来说,这是选修课的主要优点。
> 这些便是他在"宝座"上说出的智慧之语,
> 因为只拿C的人拥有大学,并确定了大学的基调。
> 有的人每天用一小时左右的时间忙于课业,
> 然后,慢跑到体育场,或者去校外划船。
> 每次考试他都拿到了最好的成绩,这个世界对天才很宽容;
> 不过这个家伙并不是天才。
> 不过,他通过坚持不懈的努力争取以最高荣誉毕业。
> 他能在哈佛园里过冬,每天挑灯夜读,
> 他从不虚掷光阴,从不挖苦伤人,也很少去城里,
> 他一旦坐下,便会关注课程,不会留意时间的流逝,
> 他不在乎加入俱乐部,或者自己创建一家俱乐部。
> 他选择文学类课程,此类课程会使勤奋好学的学生变得得体。
> 有人认为,跑步或快步疾走就是足够的运动,
> 有人加班加点就是为了赢得某些老奖项,

> 有人在为九球（台球运动的一种玩法）或划船喝彩时，
>
> 有人在贪婪地阅读威廉·詹姆斯教授写的《梅茜的世界》（What Maisie Knew），
>
> 从道德意义上看，有人精力充沛，
>
> 在工业时代，他可真是令人捉摸不透。

经济大萧条和二战给哈佛的大学生活带来了新的严肃性，"符合绅士身份的合格成绩是 C"的说法变得过时了。不过，近年来，"成绩虚高"（grade inflation）的批评者使"符合绅士身份的合格成绩是 B"这一说法有了一定的市场。

社会工作者学校（School for Social Workers）。1904 年，哈佛大学与西蒙斯学院（Simmons College）合作成立了这所学校，但是，哈佛大学与这所学校的联系仅持续了 12 年。作为美国大学层面的第一个社会服务项目之一，这所学校开设了为期一年的课程，提供证书与实际社会工作见习的机会。这所学校对社会服务的志趣与当时哈佛新成立的社会伦理系（Department of Social Ethics，建于 1906 年）是相同的——可以说，这得益于牧师弗朗西斯·格林伍德·皮博迪（Francis Greenwood Peabody）讲授的一门有关当代社会问题（该课程又称"流浪者、醉汉和离婚"）的先驱性课程。皮博迪时任哈佛大学的传教士，也是普卢默基督教道德教授。1916 年，哈佛大学理事会终结了对社会工作者学校的支持，并成立了哈佛大学的社会学系。

"47 工作坊"（47 Workshop）。20 年来，乔治·皮尔斯·贝克教授的"47 工作坊"产生了一批知名的剧作家、演员、戏剧制作人、导演、设计师、评论家和教师。工作坊设在哈佛大学的马萨诸塞堂，是贝克教授于 1905 年开设的"英语 47"（English 47）课程的衍生物。"47 工作坊"成员撰写与制作的戏剧会在拉德克利夫学院的阿加西斯剧院（Agassiz Theater）上演。贝克教授的得意门生包括剧作家 S. N. 贝尔曼（S. N. Behrman）和尤金·奥尼尔（Eugene O'Neill）、景观设计师李·西蒙森（Lee Simonson），以及小说家托马斯·沃尔夫（Thomas Wolfe）。1924 年，工作坊的教室与排练舞台被大火所毁。但是，哈佛大学拒绝为新设施提供资金，也不给予一般性的支持，贝克教授就离开了哈佛大学，前往耶鲁大学，后来他执掌了耶鲁戏剧学院（Yale School of Drama）。

地理学（Geography）。在殖民时期，讲授地理学是哈佛课程安排中的固定部分。到了 19 世纪，地理学被纳入哈佛自然历史系（Department of Natural History，现已不复存在）。其后，地理学又被转移到地质系（Department of Geology），这令当时的许多地质学家感到不满。地理学在 1930 年得到了极大的发展，当时富有的业余探险家亚历山大·汉密尔顿·赖斯（Alexander Hamilton Rice）博士资助建立了一所装备精良的地理探险研究所（附带条件是赖斯担任该研究所的主任）。有关地理学在哈佛大学中的适当位置，相关的学术争论仍在继续。1948年，詹姆斯·科南特校长作出了一项有争议的裁决，终止了地理学的所有课程与研究项目。

女佣（Biddies）。年长的哈佛校友还会记得，依照哈佛本科生的隐语，"女佣"一词是指女服务员（chambermaid）。这个词已经取代了曾在哈佛流行了两个多世纪的"贤妻"（goody，中世纪英语"good-wife"一词的缩写）。起初，家政工作是哈佛大学首任校长纳撒尼尔·伊顿（Nathaniel Eaton）的妻子伊顿夫人工作的一部分。在1639年的一份证言中，她曾为自己的疏忽而感抱歉："学生们在任何时候都会铺床，我面临前所未有的困难，我很抱歉他们也受到连累。"哈佛学院何时聘用首位"贤妻"，已不可考。但是，在18世纪之前，哈佛学院都是由一个人负责管理的。此后，教职工就随着哈佛学院的规模不断壮大。其中爱尔兰移民越来越多，这可以解释从"贤妻"到"女佣"的术语转变。1954年，哈佛出于节约的考量，终结了女佣服务。对此，一位持批评态度的哈佛校友宣称，哈佛已失去了"最后一丝优雅生活的痕迹"。

疲劳实验室（Fatigue Lab）。1927年，哈佛大学的疲劳实验室由生物化学家劳伦斯·J.亨德森（Lawrence J. Henderson）创立。该实验室在海拔、冷热、营养和体育锻炼对身心的影响方面进行了开创性研究。该实验室在剑桥、怀特山脉、内华达沙漠和密西西比三角洲都进行过实验。许多在该实验室接受过培训的年轻且有前途的生理学家，后来在全球开设了自己的实验室。二战期间，该实验室与美国陆军、海军和空军签订了合同，对航空航天领域的人为因素展开了开拓性研究。该实验室于1947年解散。

拉德克利夫学院讲授出版流程的课程（Radcliffe Publishing Procedures Course）。该课程始于1947年，最初是一门暑期速成课程，面向那些在杂志和图书出版界求职的女性。1949年，该课程向男性开放。在接下来的半个世纪里，这门课程帮助了来自全美各院校3500多名有希望从事出版业者走上了职业道路。1999年，拉德克利夫学院合并到哈佛大学后，这门课程被转到哥伦比亚大学的新闻研究生院（Columbia's Graduate School of Journalism）。

标志性建筑（Landmark buildings）。老哈佛学院是哈佛最早的标志性建筑。老哈佛学院建于1642年，是殖民地第一座大学建筑，靠近格雷斯堂（Grays Hall）的现址。学院以伊顿公学（Eton College）为模板，在其E形大楼内设有教室、学院图书馆、餐厅和学生宿舍。但是，这座建筑因年久失修，于 1677 年被废弃。同年，第一座哈佛堂落成。

20 世纪见证了部分与众不同建筑的消逝，而这要归咎于更大规模建筑物的兴建。最先倒下的是戈尔堂，它是一座建于 1844 年的哥特式建筑，用于容纳哈佛大学的图书馆。1913 年，戈尔堂被拆除，取而代之的是哈里·埃尔金斯·怀德纳纪念图书馆。怀德纳纪念图书馆是一座巨大的建筑物，相当于戈尔堂的数倍。阿普尔顿礼拜堂（Appleton Chapel）建于 1858 年，于 1931 年被夷为平地，为其后建造的纪念教堂腾出了空间。海明威体育馆（建于 1878 年）是哈佛诸多建筑中装饰最为精致的建筑物，于 1938 年被拆除，替代它的是一座规模较小的壁球场，依然被称为海明威体育馆。

劳伦斯堂（Lawrence Hall）由现已解散的劳伦斯科学院建于 1873 年，已于 1970 年春被烧毁。当时，劳伦斯堂是哈佛大学教育研究生院的财产。1970 年，在哈佛爆发的抗议示威期间，它被激进的学生和无家可归者占据。亨特堂于 1895 年建成，曾经是福格艺术博物馆的首个安身之处，后于 1973 年被拆除，为哈佛园北面的新生宿舍楼卡纳迪堂（Canaday Hall）腾出空间。

在哈佛大学，有两座建于二战后的建筑物，寿命相对较短。其中，奥尔斯顿·伯尔讲堂（Allston Burr Lecture Hall）是一座建于 1949 年的现代科学教学楼，后于 1979 年被拆除，在原址上建起了萨克勒博物馆。艾肯计算实验室（Aiken Computation Laboratory，建于 1947 年）是哈佛大学培育信息技术的地方，后于 1997 年被拆除，取而代之的是麦克斯韦尔·德沃金实验室（Maxwell Dworkin Laboratory）。

百年凯里·凯奇棒球练习场（Century-old Carey Cage），是建造于哈佛大学战士体育场的首座永久性建筑，于 1997 年被拆除，为一座新的网球中心腾出空间。据说，凯里·凯奇棒球练习场是世界上最古老的专用于棒球练习的场馆，后来被哈佛商学院与哈佛大学校队征用。它的建筑风格独具特色，是哈佛大学唯一的一座半木结构的建筑。

剑桥电子加速器（Cambridge Electron Accelerator）——从技术上讲，它是一个 60 亿电子伏特的电子同步加速器——由哈佛大学与麻省理工学院于 1962 年共同建造。研发它的物理学家所开创的技术，许多被现在的高能碰撞束设施所使用。1973 年停止使用后，剑桥电子加速器实验室变成了高能物理实验室，其中电子加速器被用于治疗癌症。其余设施于 1999 年被拆除，取而代之的是在巨大的地下停车场上建造的新科学建筑。

有一座建筑,虽然不是哈佛大学的楼舍,但是曾在半个世纪里一直被视为哈佛大学的标志性建筑。它就是位于马萨诸塞大道(Massachusetts Avenue)和哈佛街(Harvard Street)交叉路口的一座殖民时期建筑风格的海湾楼(Gulf station)。它建于 1940 年,位于贝克堂(Beck Hall)的旧址,而贝克堂则是 19 世纪末建造的一系列豪华公寓楼中的第一座。海湾楼于 1988 年被拆除,为哈佛广场的旅馆腾出空间。

相关条目 建筑;哈佛学院的水泵;终极俱乐部;火灾;黄金海岸;成绩虚高;存于别处的哈佛;哈佛堂;信息技术;地图;拉德克利夫学院;战士体育场;地下。

047 — 058

哈佛大学的首位女教师是爱丽丝·汉密尔顿（Alice Hamilton）。她于1919年被哈佛大学任命为工业医学（industrial medicine）的助理教授。她是一位社会改革者，也是职业健康这一新领域的先驱。

教职工俱乐部

哈佛大学教职工俱乐部的那幢新乔治亚式建筑就矗立在昆西街,老亨利·詹姆斯(Henry James Sr.)和他显赫的家族曾经在这里居住过。这座建筑于1931年开放,由柯立芝、谢普利、布尔芬奇、阿伯特建筑公司(Coolidge, Shepley, Bulfinch & Abbott)设计,该公司还设计了同期兴建的哈佛大学宿舍楼。1989年,该建筑进行了大规模的翻修。

哈佛大学的许多学术与行政部门都会在教职工俱乐部的二楼活动室举行定期会议。委员会经常在俱乐部边吃午餐边会谈。哈佛大学还在这里进行教职员的招聘面试。俱乐部的许多准成员会在俱乐部三楼的12间卧室中度过一两个晚上。在俱乐部一楼的用餐区有三个独立的房间,房间内设有两人桌、四人桌或六人桌,以及一张"长桌"。这张"长桌"既适合那些无人陪伴的用餐者吃顿快餐,也适合那些喜欢在用餐时与同事轻松说笑的人。俱乐部的地下一层设有哈佛大学最高档的自助餐厅,这家餐厅在早年戏剧海报的装饰下变得熠熠生辉。俱乐部一楼有宽敞明亮的阅览室,可以在餐前或餐后浏览国内外最新期刊。该俱乐部的阅览室、活动室和走廊都装饰着来自哈佛肖像收藏(Harvard Portrait Collection)的画作与档案照片。

作为一个对哈佛大学的教职员及其客人具有共同吸引力的聚会场所,教职工俱乐部需要大量的补贴。与部分大学不同,哈佛大学从未拒绝资助这样的聚会场所——虽然在20世纪70年代,当时哈佛动议的预算削减,的确威胁到了该俱乐部。为了解决这一问题,时任哈佛大学校长的德里克·博克与一群院长时常去教职工俱乐部用午餐。他们总是坐在长桌旁,交流信息与观点,此举打破了有关削减预算的毫无依据的谣言。他们意识到,教职工俱乐部在促进哈佛社区与共治方面具有价值。

在超过一代人的时间里,哈佛大学仅有少数女教师获得有限的权限进入教职工俱乐部,并在特定的餐厅用餐。俱乐部不提供含酒精的饮料,访客必须穿外套打领带。不过,所有这一切早已改变了。现在,不仅哈佛社区的成员可以免费获得教职工俱乐部的会员资格,就连剑桥社区的许多与哈佛大学勉强扯上关系的人也可以进出该俱乐部。俱乐部提供全套酒吧服务。俱乐部的一位老会员说,着装要求已经逐渐消失,以至于"各种能遮住身体的服装基本上都能看到"。

经过内部大规模（造价不菲）的装修，教职工俱乐部一改过去略显杂乱的面貌，变成了一处美观且诱人的所在。该俱乐部的美食也经过了升级，菜单的报价也都还说得过去。俱乐部的部分常客认为，这里提供的午餐和晚餐堪称剑桥最好的平价之选。不过，曾几何时，该俱乐部曾经供应过马肉。在 1943—1944 年冬的战时粮食短缺期间，马肉作为主菜被添加进了菜单，标价为 75 美分。其后，马排长期作为该俱乐部的主食。直到 1983 年，一位新来的法国厨师拒绝用马肉做菜，因为，他认为送到俱乐部的桶装马肉是冷冻的，而非新鲜的马肉。

相关条目 餐饮服务；时尚；肖像收藏。
相关网站 www.hfc.harvard.edu。

《公正的哈佛》

哈佛大学的校歌是由塞缪尔·吉尔曼（Samuel Gilman）创作的《公正的哈佛》。这首歌是吉尔曼为 1836 年 9 月举行的哈佛大学 200 周年校庆而创作的。此后，哈佛大学每逢毕业典礼和许多其他仪式场合，都会吟唱这首歌的第一段和第四段。吉尔曼先生是哈佛大学 1811 届校友，他是南卡罗来纳州查尔斯顿的一神教会（Unitarian Church of Charleston）的牧师。他在创作这首歌时，借用了一首古老的爱尔兰竖琴师弹奏的曲子。当时，这一曲子已为人所知，原唱词中有这样一句："相信我，就算你拥有所有惹人怜爱的芳华魅力。"不过，直到 1836 年的毕业典礼前不久，吉尔曼才将这首歌的词曲融合在一起。在同年的哈佛大学 200 周年校庆典礼上，人们以"深刻而虔诚的热忱"演唱了这首《公正的哈佛》。在次年哈佛大学的毕业典礼上，吉尔曼获得了该校颁发的荣誉学位。

《公正的哈佛》经常遭到应景式的修改，乃至未经授权的修改。比如，哈佛大学的一名毕业生改写了这首歌的第一句歌词，因为，他认为这首歌的头四行歌词不适合在体育赛事上吟唱。近年来，拉德克利夫学院的女性校友与富有同情心的哈佛大学男毕业生表示这首歌的第一句歌词——"公正的哈佛！你的儿子们加入了欢庆的人群"——已经过时了。1997 年，哈佛大学修正了这句歌词，将其正式改为："公正的哈佛！我们加入了欢庆的人群。"说来奇怪，当年吉尔曼在剑桥花园街（Garden Street）12 号的费伊楼（Fay House）东北角的卧室创作了《公正的哈佛》。1885 年，哈佛大学买下了这幢红砖建筑。后来成立的拉德克利夫学院就在这幢楼里。

现将吉尔曼原始版本的《公正的哈佛》的第一段和第四段歌词摘录如下:

公正的哈佛!我们加入了欢庆的人群,
祝福环绕着你。
这些庆典,缘起于过去的时代,
将会延续至后世。
噢,前辈的遗物和文字,
长久以来,令我们记忆犹新,
在他们的荒野中绽放的第一朵花,在他们的夜空里闪烁的星星!
在变革与风暴中,冉冉升起。

再会吧!前途是光明的。
哈佛对学生们的教诲依旧:
思想自由,怀有耐心,
为了正义,勇敢地活下去。
不让那些被青苔所掩盖的错误羁绊你们,
在真实的世界,世事飞逝如梭,
要做光明的使者、爱的承载者,
直到清教徒全部逝去为止。

相关条目 毕业典礼;歌曲与进行曲。

时　尚

据知情人士透露,在哈佛大学的教职员中,巴雷特·温德尔(Barrett Wendell,一战前任哈佛大学的英语教授)曾被选为衣着最好的男士,但他的恃才傲物可是出了名的。据说,对此殊荣,他只是生硬地答复道:"先生,您令我略感荣幸。"

这位衣着整洁美观的教授认为,当时哈佛的时尚还处于低潮期。如今,他已不在了。20世纪70年代初,哈佛大学放宽了对教职工俱乐部的着装要求,这实际上标志着哈佛时尚的终结。诚然,时尚的理念原本会冲撞哈佛大学的清教徒创始人。哈佛大学于1655年发布的规章——希望每位学生都拥有一份该规章——规定:"假如学生留长发……校长有权加以整治。"尽管最初的规章并未对着装作出明确规定,但是,哈佛大学于1734年发布的规章曾作出如下警告：

> 如果任何学生在离开哈佛园或者离开学校时，没有穿戴外套、披风或长袍（除非是出于学校规章允许的理由），他将受到校长或一位导师的处罚，交纳不超过两先令的罚金。假如任何学生被认定穿戴不得体的服饰，那么他将根据违规的性质和程度，接受校长或一名导师的处罚；如果一个男生穿戴女性的服饰，他就要接受学校的公开警告、降级或退学处分。

穿学术袍，是一种对中世纪时尚的回归，是在晚近才被哈佛大学所采用的。塞缪尔·埃利奥特·莫里森在《哈佛三百年》一书中指出，学术袍"可能采用任何鲜艳的颜色，就像18世纪的牛津大学毕业生那样"。依照莫里森的说法，在18世纪后半叶，哈佛大学又出现了另一个着装上的变化：

> 1786年，部分是为了加强权威，部分是为了减少学生在昂贵服饰方面的攀比，哈佛大学理事会严禁学生穿着丝织服饰，并规定学生穿蓝灰色、淡黄色、淡褐色或黑色的制服外套、马甲和裤子，借此将不同年级的学生区分开来：新生制服的袖口上有平针纽扣眼，但没有纽扣；大二学生的制服袖口上有纽扣；大三学生的制服袖口使用廉价的饰扣；大四学生的制服上多处使用饰扣……学生制服禁止使用金色和银色的蕾丝、灯芯绒和包边。学生们厌恶这种制服，尽可能地不穿制服；校方通过令人畏惧的惩戒来强制推行学生制服，在一段时间内，同届学生的着装没有了区别。不过，当时哈佛的蓝灰色燕尾服，剪裁得很像现在的礼服。至于学生的学位袍，在好多年里都是一种时尚。大约在1822年，学生们要穿一件牛津式的灰色外套，"外套的下摆垂到膝盖弯曲处"，外加一件长大衣"搭配不超过两件斗篷"。

1816年，哈佛大学理事会规定，学生可以"在剑桥或哈佛学院的范围内"穿着"晚礼服"（按照莫里森的解释，当时将礼服视为一种休闲装）。然而，任何人都不能只穿衬衫。

在19世纪中期，哈佛大学完全废除了旧式的学生规章。在美国内战后的数十年中，着装问题出现了新的自由度，加之哈佛大学社交俱乐部的扩张，宣告了一个崇尚精致服饰时代的到来，有时这种精致甚至可以说是一种纨绔习气。毕竟，一个人的着装充分说明了他是否适合参加一个高级俱乐部。在19世纪90年代，奥本山街涌现出了豪华装修的"黄金海岸"公寓楼，昂贵服饰的兴起与之类似。在接下来的60年左右的时间里，哈佛大学生的着装标准与礼仪是由哈佛俱乐部成员来界定的，这些俱乐部成员主要来自安多弗（Andover）和埃克塞特（Exeter)的中学,以及"圣格罗特塞克斯"(St. Grottlesex)中学联盟,这些俱乐部成员常常在当时齐名的"安多弗服装店"(Andover Shop)、"普莱诗"(J. Press)或"布鲁克斯兄弟"(Brooks Brothers)购买成套的服装。如果以较低的价格买到款式大致相同的服饰,那些有意节约成本的学生可以在哈佛合作社(Harvard Cooperative Society)买到这样的服饰,或者在"马克斯·基泽百货"(Max Keezer's)购买哈佛俱乐部成员的旧衣服。

与女性穿戴的帽子与服饰那令人眼花缭乱的时尚变化相比,男性服饰的时尚轮转就像是慢动作播放一样。不过,男性服饰还是出现了变化。比如,一战后,高领被淘汰;随着二战的结束,大批退伍军人回到美国,美国政府发放的卡其色裤子取代了灰色的法兰绒裤子,成为当时人们穿裤子的首选。那时,白色的鸭绒裤与马鞍鞋得到了人们的青睐。帽子也经历了同样的蜕变过程。19世纪末20世纪初,虽然哈佛的学生不再像父辈和祖辈那样戴着高顶窄边的礼帽,但是大多数人都拥有高顶且卷帽边的圆顶礼帽,以及一个春夏季戴的草帽。10年之后,帽檐较长,可以遮挡住鼻子的格子高尔夫球帽颇受欢迎。随后把帽子弄得破旧不堪、皱巴巴、脏兮兮的样子被认为很时尚。20世纪20年代,一名穿着考究的大学生将会穿着灰色的洪堡软毡帽,帽檐上绑着一条黑色的窄胶带。20世纪30年代,棕色或绿色的卷檐软呢帽变得流行起来,而硬草帽则时不时地再度复兴。20世纪40年代至50年代,不戴帽子得到了当时社会的认可;到了60年代,女性与男性的帽子所传递的信息变得微弱。在"水瓶座年代"(Age of Aquarius,特指20世纪60年代和70年代),自我表达的新方式由帽子变成了头发。

20世纪最后一次时尚大转变发生在20世纪60年代末。当时,学生中的激进分子要求改变体制,但是,他们真正实现的是一场对时尚与品位的革命。几个世纪以来,文化模式都是由社会中最富有与最杰出的成员设定的。但是,20世纪60年代的意识形态扭转了这一点。如今,服装、演讲、音乐和舞蹈的模式均处于社会天平的另一端。例如,早先的富裕学生在穿着方面与其父辈一样,至于那些不太富裕的学生,通常会尝试融入富裕学生的圈子里。现在,穿着便服成了一句口号。在哈佛大学,部分俱乐部成员可能会坚守传统路线,但是,大批男生拒绝将传统的西装革履作为正统的制服。他们宁愿身穿工人或伐木者的制服:蓝色牛仔裤、运动衫和靴子。无怪乎,在哈佛宿舍楼的餐厅里,过去存在的权力结构做了妥协,而曾经被严格执行的穿西装打领带的规则也被废除了。

在哈佛大学教职工俱乐部以及波士顿和纽约的哈佛俱乐部,穿西装打领带的规则遭遇了更大的阻力。其中,教职工俱乐部征求了其资助者的意见。据其

留言簿显示,穿着十分得体的哈佛教授小约翰·H.芬利(古典主义者与埃利奥特学舍的前任舍监)建议维持现状:

> 利西波斯(Lysippus)和迈伦(Myron)都擅长创作男性塑像,
> 拜伦勋爵(Lord Byron,英国诗人)也经常向人展示
> 他那具有男子气概的喉部。
> 其实,喉部本不值得关注,
> 更妙的办法是,穿上更严实的衣服。

不过,芬利教授的观点引来了哈佛大学的一位博士生佩内洛普·洛朗斯(Penelope Laurans)的尖锐反驳:

> 的确,拜伦的教养令人感到震惊。
> 但是,在哈佛(我没有被误导吧?)
> 我接受的教育让我意识到
> 喉部之外有什么
> 与头脑里有什么相比,根本无足轻重!

最终,哈佛大学教职工俱乐部放宽了对用餐者的着装标准。如今,该俱乐部的细则上写着:"用餐时应穿着得体。"

相关条目 大人物;多元化;教职工俱乐部;终极俱乐部;黄金海岸。

小说中的哈佛

哲学家兼文化评论家乔治·桑塔亚那(George Santayana)曾这样写道:"应该说,哈佛并没有给小说提供好的素材。"桑塔亚那熟知哈佛大学,因为他既是哈佛学院的一名毕业生,又是哈佛大学的一位教职员。不过,他那语焉不详的观点,并未阻止其他人将哈佛大学作为小说的素材。从1844年出版的《波士顿的贝尔,或是在剑桥的竞争对手》(*The Belle of Boston, or, the Rival Students of Cambridge*)到2003年出版的《但丁俱乐部》(*The Dante Club*)和《哈佛园》(*Harvard Yard*),哈佛大学是许多小说和短篇故事的背景。

就像哈佛大学本身一样,以哈佛为素材的小说,也是从细微处起步的。最早的一批小说是篇幅不长的中篇(或短篇)小说,有可预测的情节、充满夸张和修饰风格的"紫文"(purple prose)。其中,《波士顿的贝尔,或者在剑桥的竞争对手》的

时间背景设定在19世纪20年代,为了赢得一位女孩的感情,正直的菲利普·珀西(Philip Percy)与其同学——沉迷酒色的南方人乔治·桑顿(George Thornton)竞争,这位女孩留着"飘逸的长发,脸上散发着爱与美的光芒"。在约瑟夫·霍尔特·英格拉姆(Joseph Holt Ingraham)的《令人厌烦的比尔》(*Bruising Bill*,1845年出版)中,当市镇居民与哈佛大学师生的矛盾达到顶点时爆发了斗殴,哈佛大学的本科生爱德华·卡西迪(Edward Cassidy)的头部被一名叫比尔的印刷学徒工打破了。不过,后来两人和解了。相比之下,马克·西布里·塞弗伦斯(Mark Sibley Severance,哈佛大学1869届校友)的《哈默史密斯:他的哈佛时代》(*Hammersmith: His Harvard Days*,1878年出版)是一部格局更大且色彩斑斓的小说。在这部小说中,掺杂着当时哈佛大学本科生的俚语,以及大学里丰富多彩的橄榄球比赛、赛艇比赛、毕业纪念日(Class Day)和校园恶作剧。该小说以托马斯·休斯(Thomas Hughes)的《牛津大学的汤姆·布朗》(*Tom Brown at Oxford*)为蓝本,当年是一部畅销书。一位当代的评论家说:"休斯先生与塞弗伦斯先生都不是一流的小说家,甚至都不是二流的小说家,但他们是非常成功的历史学家,尤其擅长描写少年时代的经历。"

的确是这样。不论这些早期的故事和小说在文学方面存在哪些缺点,仅从历史的角度来看,它们都很重要,因为它们令我们知晓当时哈佛大学生活的日常细节,而那个时代与我们相隔很远。以笔名蒂姆·威普威(Tim Whippoorwill)出版的《内莉·布朗:学院生活的试炼、诱惑和快乐》(*Nelly Brown: Trials, Temptations and Pleasures of College Life*,1845年出版)描绘了一幅"堕落"的场景:本科生喝香槟、打牌,并违反了学院的规定,在哈佛园里抽烟。第一部由校友创作的哈佛小说是《公正的哈佛:美国大学生活的故事》(*Fair Harvard: A Story of American College Life*,1869年出版),这部小说的作者是哈佛大学1862届校友威廉·塔克·沃什伯恩(William Tucker Washburn)。书中描述了发生在哈佛的一次野蛮且戏谑的仪式、一次发生在屋顶的扰乱教师会议的火药爆炸,甚至还提到了恶名昭彰的医学教职员协会的一次秘密会议。

从19世纪90年代到一战,关于大学恶作剧、浪漫情事和运动竞技壮举的故事——尤其书名里带有"哈佛"——非常流行。在这段时间里,涌现出了不少有关哈佛故事的书,其中包括:哈佛大学1890届校友沃尔德伦·金茨青·波斯特(Waldron Kintzing Post)的小说《哈佛故事》(*Harvard Stories*);埃尔伯特·哈伯德(Elbert Hubbard)的《哈佛的福布斯》(*Forbes of Harvard*);《哈佛插曲》(*Harvard Episodes*)、《新生日记》(*The Diary of a Freshman*)和《海外大二学生》(*Sophomores Abroad*),作者是查尔斯·马科姆·弗兰德劳(Charles Macomb Flandrau,哈佛大学 1895 届校友);雷金纳德·赖特·考夫曼(Reginald Wright Kauffman)的《哈佛的贾维斯》(*Jarvis of Harvard*);《哲学 4》(*Philosophy 4*),作者是欧文·威斯特(Owen Wister,哈佛大学 1882 届校友、哈佛大学 1888 届法学学士);《哈佛伯爵》(*The Count at Harvard*),作者为鲁珀特·萨金特·霍兰德(Rupert Sargent Holland,哈佛大学 1900 届校友);里达·约翰逊·扬(Rida Johnson Young)和吉尔伯特·佩森·科尔曼(Gilbert Payson Coleman)合著的《哈佛的布朗》(*Brown of Harvard*);霍尔沃西·霍尔(Holworthy Hall)的《俄亥俄州纳瓦拉市的亨利和佩珀》(*Henry of Navarre, Ohio and Pepper*)。在上述这些作者中,大多数从哈佛大学毕业不久后便出了书。

部分作家在几乎无拘无束的文学领域里加以探索。比如,《哈佛插曲》虽然也涉及一些恶作剧,但是,它也暗示了同性恋亚文化的存在。早在上一代人的作品《两个大学朋友》(*Two College Friends*,1871 年出版)里,身为哈佛大学 1870 届校友的作者弗雷德里克·W. 洛林(Frederick W. Loring)讲述了美国内战时期的两个大学生奈德(Ned)和汤姆(Tom)的浪漫依恋,他们当时离开哈佛加入联邦军(Union Army)并肩作战。哈佛大学 1895 届校友雪莉·埃弗顿·约翰逊(Shirley Everton Johnson)的《紫玫瑰崇拜》(*The Cult of the Purple Rose*,1902 年出版)描述了一群受奥斯卡·王尔德(Oscar Wilde)和奥布里·比尔兹利(Aubrey Beardsley)启发的唯美主义者。当忧郁达到顶点,其中一个狂热者自杀了。

在一战后的几年里,有关哈佛的小说的产出有所减少,但小说的文学水平却有所提升,对哈佛生活的描述变得更加坦率。《野驴》(*Wild Asses*,1925 年出版)就前所未有地描写了酒和性。这部小说讲述了哈佛大学五位 1923 届毕业生的大学生涯,其中三人是退伍军人。该小说的作者是年轻的詹姆斯 G. 邓顿(James G. Dunton,哈佛大学 1923 届校友),他曾在战争中做过救护车司机。乔治·韦勒(George Weller,哈佛大学 1929 届校友)的小说《不要吃,不是为了爱情》(*Not to Eat, Not for Love*,1933 年出版)经常被誉为哈佛小说中最好的。后来,韦勒成了知名的驻外记者。托马斯·沃尔夫的《时间与河流》(*Of Time and the River*,1935 年出版)、威廉·福克纳的《喧哗与骚动》(1929 年出版)和《押沙龙,押沙龙!》(1936 年出版,押沙龙是《圣经》中大卫王之子)拓展了哈佛小说的序列。威尔斯·刘易斯(Wells Lewis,哈佛大学 1939 届校友)在大四时出版了《他们依然说不》(*They Still Say No*,1939 年出版),讲述了一名为女孩痴狂的哈佛新生;威尔斯是辛克莱·刘易斯(Sinclair Lewis)的儿子,1944 年威尔斯在法国的军事行动中罹难。哈佛大学 1915 届校友 J. P. 马昆德(J. P. Marquand)被誉为他那个时代最成功的小说家。马昆德获普利策奖的小说《已故的乔治·阿普利》(*The Late George Apley*,1937 年出版)讽刺了波士顿吃隔夜冷炙的褊狭。后来,他在《H. M. 普汉先生》(*H. M. Pulham, Esquire*,1941 年出版)中又讽刺了这一点。哈佛大学代表队的运动员是早期哈佛小说中最受欢迎的人物,哈佛大学 1936 届校友罗伯特·史密斯·普莱费尔(Robert Smith Playfair)的小说《绯红之路》(*Crimson Road*,1938 年出版)、《哈佛的富勒》(*Fuller at Harvard*,1939 年出版)和《绯红上校》(*Colonel of the Crimson*,1940 年出版),以及哈佛大学 1911 届校友约翰·R. 突尼斯(John R. Tunis)的小说《铁公爵》(*The Iron Duke*,1938 年出版)和《公爵决断》(*The Duke Decides*,1939 年出版)又让这类主题再度流行起来。这些青少年小说具有清晰的叙述和真实的背景设定。同一时期也涌现出了最早的哈佛题材的侦探小说:哈佛大学 1936 届校友蒂莫西·富勒(Timothy Fuller)的小说《哈佛有桩谋杀案》(*Harvard Has a Homicide*,1936 年出版)及其续集《与谋杀者重聚》(*Reunion with Murder*,1941 年出版)。

二战后,女性作家才开始涉足哈佛题材的小说,标志性的作品是海伦·豪(Helen Howe)的小说《快乐能几回》(*We Happy Few*,1946 年出版)和梅·萨顿(May Sarton)的《伤者至诚》(*Faithful Are the Wounds*,1955 年)。值得一提的是,萨顿小说中的一位主要人物,即在"麦卡锡猎巫行动"中自杀的自由派教授,与 1950 年从波士顿一家酒店的楼上跳下身亡的文史学家 F. O. 马西森(F. O. Matthiessen)十分相似。1953 年,小约翰·菲利普斯·马昆德(John Phillips Marquand Jr. ,哈佛大学 1946 届校友)以"约翰·菲利普斯"(John Phillips)为笔名,出版了小说《第二个最快乐的日子》(*The Second Happiest Day*),这标志着"哈二代"小说家登上了历史舞台。小说的核心章节描述了哈佛大学在二战时的军事化。随着战争与"猎巫行动"成为历史,一些年轻的哈佛作家转向了对爱情的思考。大学恋情(其中,对情欲的描写比以往所有哈佛题材的小说更加露骨)成为一些书的主题或次要情节,其中包括:乔纳森·科佐尔(Jonathan Kozol,哈佛大学 1958 届校友)的小说《罂粟烟》(*Fume of Poppies*,1958 年出版);利奥妮·圣约翰(Leonie St. John)的《爱上了哈佛的腔调》(*Love with a Harvard Accent*,1962 年出版);埃里希·西格尔(Erich Segal,哈佛大学 1958 届校友,1965 届哲学博士)创作的《爱情故事》(*Love Story*,1970 年出版);约翰·杰伊·奥斯本(John Jay Osborn,哈佛大学 1967 届校友、哈佛大学 1970 届法学博士)的《力争上游》(*The Paper Chase*,1971 年出版)。不过,对于这些书,评论家们可能显得有些吹毛求疵。比如,《哈佛校友公报》的一位本科生评论员说《爱上了哈佛的腔调》"令人有些失望,本可以写出一部更有价值的小说,描绘出哈佛大学与拉德克利夫学院学生的生活方式"。其实,这些小说是有销路的,其中,《爱情故事》和《力争上游》还被拍摄成电影,跻身于票房收入最高的电影之列。

随后几年出版的哈佛小说,几乎可以摆满一个 1.5 米高的书架。这些小说包括:爱德华·斯特里特(Edward Streeter,哈佛大学 1914 届校友)的《1917 届的哈姆·马丁》(*Ham Martin, Class of '17*,1971 年出版);彼得·S. 普雷斯科特(Peter S. Prescott,哈佛大学 1957 届校友)的《暗绿色》(*A Darkening Green*,1974 年出版);安东·迈勒(Anton Myrer,哈佛大学 1944 届校友)的《最后的敞篷车》(*The Last Convertible*,1978 年出版);哈佛大学 1951 届校友罗娜·贾菲(Rona Jaffe)的《同学会》(*Class Reunion*,1979 年出版)和《同学会之后》(*After the Reunion*,1985 年出版);《辉煌与困苦:一部关于哈佛的小说》(*Splendor & Misery: A Novel of Harvard*,1983 年出版),作者是费伊·莱文(Faye Levine,哈佛大学 1965 届校友,哈佛大学 1970 届教育学硕士);《毕业班》(*The Class*,1985 年出版),作者是埃里希·西格尔;《约翰·哈佛:六十年代的故事》(*Harvard, John: A Story of the Sixties*,1987 年出版),作者是哈里森·利文斯通(Harrison Livingstone,哈佛大学 1970 届校友);安妮·伯奈斯(Anne Bernays)的《罗密欧教授》(*Professor Romeo*,1988 年出版);约翰·肯尼思·加尔布雷思(John Kenneth Galbraith)的《终身教授》(*A Tenured Professor*,1990 年出版);由一个名为"简·哈佛"(Jane Harvard)的四人团体撰写的《学生团体:一部小说》(*The Student Body: A Novel*,1998 年出版)。

现在,哈佛的犯罪题材小说已经自成一系。继蒂莫西·富勒开创性的侦探小说之后,又有一些此类小说问世。比如,《死后的早晨》(*The Morning After Death*,1966 年出版),该小说是英国诗人 C. 戴·刘易斯(C. Day Lewis)用"尼古拉斯·布莱克"(Nicholas Blake)的笔名创作的 21 部以"斯特兰奇韦"(Strangeways)为主角的系列侦探小说中的倒数第二部;《纪念堂谋杀案》(*The Memorial Hall Murder*,1978 年出版),该小说是简·兰顿(Jane Langton)的霍默·凯利(Homer Kelly)系列侦探小说中的第三部;《死于终身教职》(*Death in a Tenured Position*,1981 年出版),是卡罗琳·G. 海尔布伦(Carolyn G. Heilbrun)以"阿曼达·克罗斯"(Amanda Cross)为笔名创作的 14 部"凯特·范斯勒"(Kate Fansler)系列小说中的第五部;维多利亚·西尔弗(Victoria Silver)的《哈佛大学新生之死》(*Death of a Harvard Freshman*,1984 年出版)与《拉德克利夫学院的室友之死》(*Death of a Radcliffe Roommate*,1986 年出版);约翰·米纳汉(John Minahan)的《哈佛大劫案》(*The Great Harvard Robbery*,1988 年出版);《绯红的阴暗面》(*A Darker Shade of Crimson*,1998 年出版)和《贵族血统》(*Blue Blood*,1999 年出版),作者是帕梅拉·托马斯—格雷厄姆(Pamela Thomas-Graham,哈佛大学 1985 届校友,1989 届工商管理硕士,1989 届法律博士);哈佛大学 1997 届校友马修·珀尔(Matthew Pearl)的《但丁俱乐部》(*Dante Club*,2003 年出版);《哈佛园》(*Harvard Yard*,2003 年出版),作者是威廉·马丁(William Martin,哈佛大学 1972 届校友)。

在此列举部分具有代表性的哈佛小说,有兴趣的读者可从中选几本读一读。

《哈佛插曲》。在这部出版于 1897 年的小说里,查尔斯·弗兰德劳描述了哈佛大学里的势利与游手好闲之徒,他们令哈佛的毕业生感到厌烦,有些人甚至视之为耻辱。弗兰德劳笔下的那七个不太相关的故事,或许难以构成一部真正的小说,不过这并没有关系。

《哲学 4》。欧文·威斯特以其经典之作《弗吉尼亚人》(*The Virginian*)而闻名于世。按照迈克尔·J.哈伯斯塔姆(Michael J. Halberstam,哈佛大学 1953 届校友)在 1969 年出版的一期《美国学者》(*The American Scholar*)中所写的那样,威斯特在《哲学 4》这部抒情且篇幅不长的小说中,恰到好处地描绘了 19 世纪末 20 世纪初哈佛大学俱乐部成员的"填满烟丝的烟斗、显露男子气概的花呢套装,以及未经审视的生活"这些细节。该小说的核心人物是哈佛大学的二年级学生比利(Billy)和伯蒂(Bertie),都是引人关注的肤浅之人。

《不要吃,不是为了爱情》。作者乔治·韦勒在这部小说里讲的是年轻的埃普斯·托德(Epes Todd)的成长故事,不过,他的笔触不仅限于此。在此,再次引用迈克尔·J.哈伯斯塔姆的评论:"韦勒向我们展示了,20 世纪 20 年代的哈佛大学从一所只有少数天才的学生与教授的美国东部高级精修学校(finishing school),转变为一个大批量培养知识分子的机构,却仍有少数哈佛学生显得格格不入。韦勒小说中的哈佛学生并非男孩,而是年轻男士。他们对事物感到怀疑且愤世嫉俗,他们是有趣的。不过,他们就像弗兰德劳小说中穿条子法兰绒的年轻人那样,不在乎自己被教了什么,为什么要接受教导,或是谁来教导他们。"

《哈佛有桩谋杀案》。古怪的哈佛研究生朱庇特·琼斯(Jupiter Jones)在晚上偶然发现辛格(Singer)教授陈尸于哈佛美术系。朱庇特频频发现丑闻,他"将酒的作用发挥到极致并把耗费的精力保持在最低限度"，最终帮助了结了这桩谋杀案。哈佛大学的首位推理小说作家蒂莫西·富勒巧妙地在小说中融入了对20世纪30年代的剑桥的许多精彩描写。

《H. M. 普汉先生》。作者J. P. 马昆德用主人公普汉先生毕业25年后的哈佛大学同学会作为小说的一个点缀。其实，故事说的是，一位保守的波士顿人想要挣脱令人窒息的新英格兰传统，活得自我一点，但最后却以失败告终。

《爱情故事》。这部小说曾经高居美国的畅销书榜长达一年多的时间。不过，《哈佛校友公报》(*Harvard Bulletin*)的一位评论员却表示，该小说只不过是"纯粹的逃避现实……在这部小说里，大学时代是快乐的，女人是纯洁和忠诚的，男人是坚强和敏感的，美国是一个不受社会紧张态势影响的国家"。即便如此，埃里希·西格尔的这本出版于1970年的小说，依然算是一本相当不错的读物。它讲述的是一位哈佛大学的曲棍球明星与一位快要去世的拉德克利夫学院女生之间不幸的爱情故事。

《最后的敞篷车》。小说中的五位哈佛大学的同学，像作者安东·迈勒那样，于1940年作为步兵参加了二战并在战后继续服役。在这部描绘成人历程的小说中，作者刻画的许多人物都经过了巧妙的取材。

《但丁俱乐部》。在这部小说里，哈佛大学1997届毕业生马修·珀尔凭借其想象力，创造出了一个连环杀人犯。这个连环杀人犯从但丁《神曲》的《地狱篇》(*Inferno*)中获得了灵感。但丁作品的译者奥利弗·温德尔·霍姆斯、亨利·沃兹沃思·朗费罗、詹姆斯·罗素·洛厄尔，以及出版商 J. T. 菲尔茨(J. T. Fields)，与一位波士顿警察(非裔美国人)联手将连环杀手绳之以法。

《哈佛园》。该书的情节像是一部惊悚的历史影片：波士顿的珍本书商彼得·法伦(Peter Fallon)追查出了一份莎士比亚戏剧的亲笔手稿的下落，这份手稿由一位吟游诗人留给了尚未成年的约翰·哈佛。这部小说的大部分内容是在历史中展开的，可以说，该小说的作者威廉·马丁(哈佛大学1972届校友)是一位哈佛大学历史的爱好者。

相关条目 好莱坞中的哈佛。

电影档案馆

我时常会想起一些不落俗套的电影,譬如,《长相思》(*Piroschka*)、《幽冥鬼船》(*The Death Ship*)、《一位名叫罗斯玛丽的应召女郎》(*A Call Girl Named Rosemarie*)、《无名的电影》(*Film Without a Title*),以及《黄金甜甜圈的最后时光》(*The Last Days of the Golden Donut*)。假如你没有看过这些非比寻常的电影,你可以在哈佛电影档案馆的放映会上看到它们。如果经典影片更符合您的品味,那么,哈佛电影档案馆也会定期放映大师演绎的经典影片,如英格玛·伯格曼(Ingmar Bergman)、路易斯·布努埃尔(Luis Buñuel)、阿尔弗雷德·希区柯克(Alfred Hitchcock)、约翰·休斯顿(John Huston)、约翰·福特(John Ford)、弗里茨·朗(Fritz Lang)和奥森·威尔斯(Orson Welles)等。

哈佛电影档案馆位于卡彭特视觉艺术中心,它有大约 9000 部电影存放在马萨诸塞州绍斯伯勒(Southborough)的控制气温的金库里。其中,大约有 6000 份电影拷贝,3000 份是录像带的母带、数字影碟或其他视频格式文件。"保存"是电影档案馆的口号:保存稀有的电影,令其免于迅速变质,这是电影制作人兼哈佛大学教师罗伯特·G. 加德纳(Robert G. Gardner,哈佛大学 1948 届校友)于 1979 年创建电影档案馆时赋予其的使命。

电影档案馆的藏品包括电影界最杰出的从业者制作的 35 毫米胶片的故事片拷贝,还有纪录片、实验电影和动画片。电影放映会安排在卡彭特视觉艺术中心地下一层的剧院,或者与电影档案馆相邻的一间放映室。在每个学期和暑假期间,电影档案馆会放映各类电影。借此机会,电影爱好者只需象征性地支付入场费,就可以置身于最先进的投影与环绕声系统,看到自己熟悉或罕见的电影。

近年来,电影档案馆放映的多为国际影片与独立电影。其组织的一系列展览,包括知名导演与演员的回顾展,对重要时期与运动的调查,以及对历史主题和当代问题的深入探究。有时,电影制作人和演员会来哈佛大学介绍自己的作品。作为国际电影档案馆联合会(International Federation of Film Archives)的附属机构,电影档案馆可以从一个拥有 100 多个电影资料库的网络中获取电影拷贝。

电影档案馆的电影,可供哈佛大学从事视觉和环境研究专业的学生进行分析,也可用于哈佛大学的其他本科课程。

相关条目 艺术;布拉特尔剧院;卡彭特中心。
相关网站 www.harvardfilmarchive.org。

终极俱乐部

有些人认为,哈佛大学的本科生"终极"俱乐部是一群势利自负、精英主义与带有性别歧视之人的聚集之地,充斥着男性的喧闹与酗酒狂欢,正如电影《动物之家》(Animal House)所描绘的那样。也有些人较为宽容,将这些俱乐部视为相对无害的避难所,尤其是那些珍视旧式友情的学生的避难所。由于部分终极俱乐部现已向非会员开放,用于聚会和举办舞会,因此,对于那些没有俱乐部会员身份的哈佛大学大学生而言,终极俱乐部似乎比过去更容易让人接受了。

在哈佛大学,终极俱乐部的历史可以追溯至1791年。1791年,坡斯廉俱乐部[Porcellian Club,最初被称为阿尔戈英雄(Argonauts)]成立。有关"终极"(final)这个词,经常被人错解为"决赛"。之所以用"终极"一词,是因为在哈佛大学约有10个最为显贵的俱乐部,它们构成了哈佛大学社会阶梯的最高端,而这一社会阶梯的初级俱乐部是"1770年学会"(Institute of 1770)。等级低于终极俱乐部的是各种"候补"俱乐部,"终极"俱乐部每年会从本科三年级里遴选出12名左右的新会员。与哈佛大学那些不太排外的社交或主题俱乐部[如速食布丁俱乐部、派·伊塔俱乐部,或玉玺学会(Signet Society)]不同,终极俱乐部对会员资格设定了严格的标准:家庭、社会地位和金钱。得益于家庭条件比较好的毕业生的慷慨捐赠,每个终极俱乐部都拥有大量的房舍,这些房舍占据了哈佛广场区域内部分最好的不动产。

对于这些俱乐部内部发生的事情少有人知道。因为,加入俱乐部的信条要求,俱乐部成员应对俱乐部的活动保密。一位俱乐部成员可能会和外人谈论俱乐部里优雅的午餐与晚餐,聊聊俱乐部餐后的白兰地和雪茄,探讨俱乐部内关于文学、道德和政治的正式与非正式辩论。不过,有一种传言称,有时俱乐部会通宵达旦地举行聚会和进行全天候的饮酒比赛。另有传言称,俱乐部的图书馆保存了从本科生课程中精选出的学期论文与考试文件。有人推测,肆无忌惮的俱乐部成员可以复制那些获得A级评分的论文,或者对这些论文加以修改,并改头换面当成自己的论文。

在哈佛大学,所有的俱乐部都秉承了一个传统,即在秋季学期评估那些可能成为俱乐部成员的候选人,之后会举办一场喧闹的"入会晚宴"(initiation dinner)。依照俱乐部的传统,入会费与会员年费适用于那些有足够资金的会员。至于那些在社会地位上可以被俱乐部接纳,但在经济上拮据的候选人,俱乐部还可以提供一些奖学金。

作为一名俱乐部成员,哈佛大学历史学家塞缪尔·埃利奥特·莫里森曾写道:"尽管俱乐部并未为其成员在民主社会的生活做最好的准备,但是,许多俱乐部成员在毕业后都能忠实地为哈佛大学、国家和学术服务。"比如,富兰克林·D. 罗斯福、萨德鲁丁·阿迦汗亲王(Sadruddin Aga Khan)与西弗吉尼亚州参议员杰伊·洛克菲勒(Jay Rockefeller)同属于弗莱俱乐部(Fly Club)。据说,T. S. 艾略特(T. S. Eliot)为其所属的福克斯俱乐部(Fox Club)撰写了题为"致男孩们"的诗文。后来,比尔·盖茨(哈佛大学 1977 届校友)加入了福克斯俱乐部。小 J. P. 摩根(J. P. Morgan Jr.)协助创建了现在的德尔菲俱乐部。约翰·F. 肯尼迪及其兄弟加入了斯佩(Spee)俱乐部。作为哈佛大学最负盛名的俱乐部,坡斯廉俱乐部以往成员的名单,就像是一份波士顿/纽约的"社交界名人录"。奥利弗·温德尔·霍姆斯、西奥多·罗斯福、哈罗德·范德比尔特(Harold Vanderbilt),以及卡伯特(Cabot)、洛厄尔(Lowell)、索顿斯托尔(Saltonstall)和西尔斯(Sears)家族的成员都擅长玩纸牌。

近年来,终极俱乐部的地位与特征已经发生了变化。在 20 世纪 70 年代,学生群体的种族、族裔和阶级结构发生了明显变化,社会地位已成了一个不太重要的凭证;同时,额外的奖学金使更多人有资格成为俱乐部会员。在哈佛大学,俱乐部允许非会员参加俱乐部的周末派对,此举将其变成了规避"马萨诸塞州禁止 21 岁以下人士饮酒的法令"的"避风港"。结果,欢闹的酗酒行为有增无减,而在公众场合酗酒和有伤风化事件也不断增加,导致警察出动。学生多次违反哈佛学院禁止未成年人饮酒的规定,这令哈佛学院的院长与宿舍楼的管理人员大伤脑筋。1984 年是一个转折点。当时,鉴于所有俱乐部都不向女性开放,哈佛学院的管理部门借此切断了这些俱乐部获得哈佛大学服务的权利,比如供暖、供电和电话系统的中央交换机。俱乐部要自行解决这些问题。

在哈佛大学,人员缩减与合并导致终极俱乐部的数量减少至 8 个:位于普林普顿街(Plympton Street)1 号的阿尔法·德尔塔俱乐部;位于林登街(Linden Street)9 号的德尔菲俱乐部;位于霍利奥克广场(Holyoke Place)2 号的弗莱俱乐部;位于约翰·F. 肯尼迪街(JFK Street)44—46 号的福克斯俱乐部;位于霍利奥克街 30 号的猫头鹰(Owl)俱乐部;位于奥本街(Auburn Street)72 号的凤凰 SK(Phoenix-S. K.)俱乐部;位于马萨诸塞大道 1324 号的坡斯廉俱乐部,以及位于奥本山街 76 号的斯佩俱乐部。依照莫里森教授的说法,"1878 年,阿尔法·德尔塔俱乐部购买了自己的楼舍。其后，各家终身俱乐部对其毕业的会员'搜刮'了一番，相继购买了自己的楼舍，而且每幢新房子都比前一幢房子更大且更加豪华"。矗立于奥本山街的6幢乔治亚复兴式风格的俱乐部的红砖楼，融入了风景如画的哈佛"黄金海岸"(Harvard's Gold Coast)，并与附近的洛厄尔学舍及其高耸的钟楼相得益彰。在"黄金海岸"的各幢楼舍中，历史最悠久者当数建于1899年的弗莱俱乐部的楼舍，它那有圆柱的精美门廊，面朝着远离街道之处，显得低调质朴。凤凰SK俱乐部的楼舍与已解散的"易洛魁俱乐部"(Iroquois Club)的楼舍(现为哈佛大学艺术办公室所在地)建于1915年；斯佩俱乐部那方形的新乔治亚式风格的房子的历史，可以追溯至1931年。最具特色的楼舍可能是现已解散的"德尔塔·宇普西隆俱乐部"(D. U. Club)当年所在的楼舍。这幢漂亮的建筑位于邓斯特街(Dunster Street)45号，是"威廉斯堡殖民时代保留区"(Colonial Williamsburg)的一部分。这幢建筑的建筑师是佩里(Perry)、肖(Shaw)和赫伯恩(Hepburn)，他们实际上还是"威廉斯堡殖民时代保留区"(以及后来修建的哈佛大学霍顿图书馆)的设计师。这幢建筑一楼的一部分长期由常春藤联盟的服装商普莱诗租用。

尽管对于遴选女性加入俱乐部的争议此起彼伏，但是，这些终极俱乐部依然是男性的俱乐部。在过去十年左右时间里，哈佛大学涌现出了五家成员均为女性的俱乐部——蜜蜂(Bee)俱乐部、伊西斯(Isis)俱乐部、普勒阿得斯(Pleiades)俱乐部、塞内卡(Seneca)俱乐部和萨布利埃学会(Sabliere Society)。此外，还有三个哈佛大学的女性联谊会。在撰写本书时，这些女性俱乐部尚未拥有自己的房舍，其成员为了举办俱乐部活动，只能借用或租用终极俱乐部、哈佛大学的房舍或者当地饭店的场地。

实质上，哈佛大学的终极俱乐部属于历史的遗迹。目前，这些终极俱乐部的偿付能力与持久力各有不同。终极俱乐部真像是电影《动物之家》描绘的那样吗？许多俱乐部成员认为，这样的标签是对俱乐部的一种轻视。可是，假如《动物之家》的编剧——已故的道格·肯尼(Doug Kenney，哈佛大学1968届校友)并非斯佩俱乐部的主席，那么，他还能创作出这部经典的兄弟会题材的电影吗？

相关条目 黄金海岸；速食布丁秀；《哈佛讽刺》；玉玺学会。

火 灾

像大多数长期存续的机构一样,哈佛大学也曾遭受过火灾的严重损害。其中,损失最大且最引人注目的火灾,发生在1764年(哈佛堂毁于大火)和1956年(火灾吞噬了纪念堂的钟楼)。

历史学家塞缪尔·埃利奥特·莫里森曾将哈佛堂遭遇的那场火灾描述为"哈佛大学历史上最严重的灾难"。那场火灾发生在一月一个寒冷的夜晚。当时正值哈佛大学的寒假期间,为了避开波士顿暴发的天花疫情,马萨诸塞州议会一直在哈佛堂举行会议。在壁炉的炉膛里闷燃的火焰,使哈佛堂的地板梁过热。到了凌晨时分,这幢建筑物就起火了。在猛烈的风雪中,时年75岁的哈佛大学校长爱德华·霍利奥克与马萨诸塞州总督弗朗西斯·伯纳德(Francis Bernard)指挥人们排成长龙以木桶传水救火。可是,他们只是控制住了那些由火花引发的二次火灾。火灾发生时,位于哈佛堂二楼的哈佛大学图书馆——拥有5000册藏书,被视为当时美国最好的学院图书馆——大部分藏书被烧毁,仅有大约400本书由于借出或尚未拆包而得以幸免。同时,哈佛大学也失去了学校大部分最早的记录,以及科学设备、肖像画、动物标本,以及其他博物馆藏品。

1845年,哈佛大学再度遭遇严重的火灾。在这场火灾发生的两年前,哈佛大学修建了一座稀奇古怪的环形建筑,为一幅大型的古雅典全景绘画遮风挡雨。最后,它们都毁于这场大火。在美国内战之后,从1872年的波士顿大火灾开始,哈佛大学多次发生火灾。当时,一听说波士顿的商业区遭到了火灾威胁,时任哈佛大学校长的查尔斯·W.埃利奥特就乘坐马车疾驰到哈佛大学司库在道富银行(State Street)的财务办公室。他将证券与财务记录塞进了毡制旅行包,并将其转移到了剑桥的安全地带。尽管如此,这场大火还是摧毁了哈佛大学在波士顿投资的房产。

1876年1月,位于霍利斯堂顶层的派·伊塔俱乐部的一个壁炉的炉格里掉出了一块燃煤,结果引发了该俱乐部的起居室、剧院和图书馆的火灾。派·伊塔俱乐部是哈佛大学早期成立的兄弟会之一。火灾导致霍利斯堂的屋顶坍塌,而该建筑的房间由于渗水,在1876年的那个学年的余下时间无法供人居住。为了保护哈佛园的其他宿舍楼,哈佛大学在部分宿舍楼安装了砖式防火墙。此举有助于控制三年后在斯托顿堂因煤炭引发的火灾。在1876年1月的那场火灾中,首席消防员是一向值得信赖的哈佛大学看门人奥斯汀·金斯利·琼斯,他破例放下那工作时间过长的花园水泵,在火势最盛之时,敲响了哈佛大学原本用于晨祷的钟。

在1876年1月那场火灾之后的数十年里,严重的火灾毁坏了哈佛园的另一幢宿舍——塞耶堂(Thayer Hall)、哈佛法学院的达内堂(Dane Hall)、哈佛医学院在波士顿新建的一幢楼,以及博伊尔斯顿堂(Boylston Hall)的化学实验室。1899年,哈佛大学的一座尚未完工的宿舍楼被烧毁。相比之下,哈佛大学宿舍遭遇的最严重的火灾,发生于1905年2月。这次火灾再度发生在塞耶堂。在火灾发生的前夕,从壁炉的炉格中掉落的微弱火苗点燃了一位油漆匠的清漆罐。可是,他并未将着火的清漆罐从窗户往外丢,而是想把它放到走廊上。结果,清漆罐中的火焰迫使这位油漆匠脱手,导致走廊起火,空气对流促使火焰沿着楼梯向上一层蔓延。塞耶堂内被困在房间的居住者,为了逃生,顺着早期的逃生绳撤离了房间。幸运的是,无人在这场火灾中罹难。因为塞耶堂内部的隔断,大多是砖砌成的。所以,此次火灾仅在该建筑物的北部入口处蔓延,不过,该建筑北部的所有房间都被烧毁了。除此之外,1911年的大火毁坏了兰德尔堂的餐厅,1924年的大火烧毁了马萨诸塞堂的一部分,1951年的大火毁坏了克拉弗利堂(Claverly Hall)的上部楼层(克拉弗利堂曾在三天内遭遇过两次神秘的火灾,这令人怀疑存在蓄意纵火的可能)。

在20世纪,哈佛大学遭遇的火灾始于1956年9月6日下午。当时,纪念堂的塔楼在进行一项翻新工程时引发了火灾。消防队员从剑桥消防局出发,直接穿过街道,升起一架约30米长的伸缩梯。没想到,水压不足,无法浇到塔楼的顶部。这场大火烧了12个小时。第二天早上,塔楼仅剩下砖结构基座、一些还在闷燃的木材,以及破裂的大钟。究其原因,是一盏无人看管的喷灯引发了这场大火。

在1969年和1970年的"骚乱之春",哈佛大学又经历了一场火灾。当时,反战示威者把书籍、文件和家具点燃,试图焚毁香农堂(Shannon Hall)的一间办公室,因为该办公室于1969年5月被用作哈佛大学为美国海军设立的预备役军官训练团办公室。据一位隶属于预备役军官训练团的官员的说法,这些纵火犯"做了十分糟糕的事,糟糕到连你都替他们感到难过"。一年后的1970年5月,消防员扑灭了一场凌晨发生的大火,但这场大火最终还是烧毁了劳伦斯堂(一座拥有123年历史的建筑,大火发生前被哈佛大学的教育研究生院使用)。哈佛大学原本计划拆除这座毗邻哈佛法学院的破旧建筑。在此次大火发生前不久,激进的学生与街头人士曾将劳伦斯堂视为"自由大学"的总部。

早些时候,严重的火灾几乎总是促使哈佛大学加强预防与防灾措施。比如,在哈佛堂遭遇了那场火灾之后,马萨诸塞湾殖民地议会为哈佛大学购买了一台价值 100 英镑的"消防水泵"(water engine)。霍利斯堂于 1876 年遭遇火灾,促使哈佛园安装了消防用水管。1879 年,斯托顿堂发生火灾后,哈佛大学理事会向剑桥捐赠了价值 3000 美元的化学消防车,这在当时可是一个新奇的事物。在 1905 年塞耶堂发生火灾后,哈佛大学为哈佛园的大型宿舍楼增设了外部的火灾逃生装置。多年来,更严格的消防规范要求哈佛大学为其建筑配备或改造先进的火灾探测系统与灭火系统。

不过,火灾也引发了引人注目的慷慨捐赠。在某些情况下,这些捐赠改善了哈佛大学的建筑,乃至其藏品。比如,由于对哈佛堂的火灾负有责任,马萨诸塞湾殖民地议会支付了新建一幢新楼所需的费用。现在的哈佛堂,就是在那场火灾后两年半才对外开放的。新罕布什尔州出资修复了哈佛大学图书馆;数百名哈佛毕业生将其藏书捐赠给了哈佛;托马斯·霍利斯五世(Thomas Hollis V)——哈佛在 18 世纪的一位重要捐赠者的侄孙,将数千本书从英国运到了哈佛。1899 年,哈佛大学的一座船库被火灾烧毁,纽约的哈佛俱乐部向哈佛大学捐赠了 5 万美元,用于立即修建一座砖结构的新建筑(非木结构建筑)。至于那座毁于大火的船库,也是纽约的哈佛俱乐部资助修建的。马萨诸塞堂遭遇的一场火灾毁坏了该建筑的屋顶、教室、实验室,以及乔治·皮尔斯·贝克教授主持的"47 工作坊"的教室和排练舞台。后来,马萨诸塞堂被重新启用,变成了一幢设有宽敞舒适套房的新生宿舍楼。

不过,纪念堂塔楼的情形与众不同。作为承保人,哈佛大学预留了一笔 31.3 万美元的维修资金,作为将来更换塔楼的预计费用。但是,在那个因延期维护而变得声名狼藉的时代,塔楼的更换被无限期推迟了。直到 1974 年,恰逢纪念堂的百年纪念,预留的维修资金的数目已经增加了一倍多。可是,这笔资金并不仅限于塔楼维修,其中相当一部分资金最终要用于修缮纪念堂的其他部分。所幸,来自哈佛大学校友及其朋友的一系列捐赠和承诺,确保了纪念堂塔楼会在某一天再次矗立于世。1999 年,纪念堂的塔楼终于被修复了,这要归功于哈佛大学的一位最慷慨的捐赠者——凯瑟琳·博格达诺维奇·洛克(Katherine Bogdanovich Loker),她向哈佛大学捐赠了 200 万美元。这座塔楼被修复成了最初的样式,没有再增加装饰——这标志着洛克夫人和他人共同主持的 26 亿美元的哈佛大学筹款活动的顺利完成。修复这座塔楼项目的成本,竟高达 400 万美元。

相关条目 建筑;钟声;钟;消失的哈佛;约翰·哈佛及其塑像;图书馆;纪念堂;塔楼。

大学一年级

或许,不断晋级是一个成功之举;每10名申请就读哈佛大学的申请者中,仅有1人会被录取。哈佛大学注册周会令人警醒。你是高中毕业典礼上致告别词的优秀毕业生吗?在哈佛大学的1650名大学新生中,约有一半人有这样的经历。你参加过三项体育运动,并曾领导一支运动队吗?可以说,你会在哈佛大学遇到各支代表队的"明日之星"。你赢得过智力竞赛吗?要记得向你的新室友问好。他们也会这样做的。

假如您看了哈佛新生名单而心生敬畏的话,那么哈佛新生在学术和课外活动方面的有利机遇,也会令您有相同感受。大多数进入哈佛大学的新生,很快就会发现,大学第一年的安排为他们的自我发现提供最大的选择余地。同时,哈佛大学还为可能需要帮助的人提供安全保障。正如哈佛大学的官方说法,"没有'新生项目',新生自行决定其开始本科学习的水平与速度"。所有的一年级学生,必须参加为时一学期的说明文写作课,并达到哈佛大学对掌握一门外语的要求;除此之外,哈佛大学为新生选课大开方便之门。在课堂之外,许多艺术、公共服务和校内体育方面的课外课程,都是专门为一年级学生开设的。新生组成的学院联队已经成为过去,所有学生均有资格加入哈佛大学的41支校队、许多俱乐部队,并有资格加入哈佛大学250多个学生组织和社会团体中的大部分。

一年级学生必须住校。在哈佛学院,由分管新生的院长办公室组建的以宿舍为单位的小组,关注新生间的密切关系和共同兴趣。这些小组被分配到哈佛园内及周边的17幢宿舍楼。其中,有4幢宿舍楼是哈佛大学具有悠久历史的古老建筑;近年来,所有17幢宿舍楼都相继进行了翻新。每套宿舍内设置的局域网,都可以访问哈佛大学的高速数据网络、在线图书馆信息系统(HOLLIS),并通过互联网访问哈佛大学之外的网络世界。

哈佛园内的宿舍楼被划分为若干单元,称为"入口"或"入口通道"。每个单元由20—40名学生组成,由一位学监负责监督。一般学监由哈佛大学的研究生或大学官员充任。学监住在宿舍楼里,担任学生的学术顾问,同时监督其负责的区域的学生组织的活动。此外,高年级学长也会协助一年级新生适应哈佛大学的生活。所有的哈佛大学新生都在安嫩伯格堂用餐,安嫩伯格堂是纪念堂内经过精心修复的食堂。位于纪念堂地下一层的洛克餐厅(Loker Commons),在非用餐时间提供快餐，还设有台球桌，并可提供视频游戏和上网服务。

通常，新生（与高年级学生）每学期要修读四门课程。有关课程的选择，需要与学术顾问进行密切的协商。对于新生而言，有一项特殊的要求，即需要参加新生研讨会（Freshman Seminar）项目，即一组学生与一位研究某个领域的教职员合作。合作涉及的主题涵盖面比较广，比如，从特殊的"计算圆周率"到一般的"悲剧"、从物质层面的"哈佛森林的研究"到精神层面的"我们孤独么？从科学革命至现代科幻小说中关于外星智慧的观点"。

通常，新生中半数以上具有免修学分的资格，这使他们可以更快地达到获得文学学士学位的要求。不过，只有少数哈佛本科生会选择提前毕业——每年都有部分学生利用免修学分的优势，在其选择的学习领域，攻读四年学制的硕士学位。

在修读课程时遇到困难的新生，可以咨询哈佛大学的"学习顾问部"（Bureau of Study Counsel），这一机构负责提供同伴辅导，以及旨在改善阅读技能、学习习惯与时间管理的课程。哈佛大学的国际办公室（International Office）为外国留学生提供服务。大学健康服务中心（University Health Services）则负责提供心理健康和情感咨询、身体健康和营养项目，以及24小时的医疗服务。

新生一般要在入学当年的年底之前确定其关注的领域。大约在同一时间，新生会被随机分配到哈佛大学的12幢宿舍楼里。在那里，他们将度过三年的本科生活。

在哈佛大学，学习一年的花费不少。比如，一位2003年入学的新生在注册时，需要支付的学费、食宿费等费用已超过了4万美元。幸运的是，哈佛大学提供了9500万美元的财政援助预算，并推行不考虑经济能力的录取政策，这使哈佛学院能够吸引来自所有经济阶层的学生。每年，大约70%的哈佛大学本科生能获得各种形式和组合的经济援助，如奖学金、助学金、贷款和学期兼职；平均每项财政援助项目的价值超过了2.4万美元。这样产生的结果是，一个典型的新生班级中，学生们不仅兴趣广泛、活动丰富、成就多样，而且有不同的社会、地理、种族和宗教背景。

从词汇学角度讲，哈佛的《绯红报》用"第一年"（first year）来形容大学一年级学生，这是很正确的。但是，哈佛学院分管新生的院长办公室、招生办公室和哈佛大学官方发布的记录，均未对"新生"（freshman）与"第一年"这两个术语加以区分。至于曾经流行的"一年级生"（frosh）一词，现在已经基本过时了。

相关条目 招生；核心课程；餐饮服务；学舍；大学健康服务中心。

相关网站 www.fas.harvard.edu/_fdo（新生院长办公室）。

哈佛历史上的第一（男士篇）

谁是哈佛大学的首批毕业生？谁获得了哈佛的第一个荣誉学位？谁是哈佛第一位美国原住民毕业生？谁是第一位非裔美国人毕业生？谁是第一位哲学博士？谁是哈佛学院的首任院长？谁才是美国的首位校长？

1642年，哈佛大学第一个毕业班中的九名学生分别是：托拜厄斯·巴纳德（Tobias Barnard）、塞缪尔·贝林厄姆（Samuel Bellingham）、纳撒尼尔·布鲁斯特（Nathaniel Brewster）、约翰·巴尔克利（John Bulkley）、乔治·唐宁（George Downing）、威廉·哈伯德（William Hubbard）、亨利·索顿斯托尔（Henry Saltonstall）、约翰·威尔逊（John Wilson）和本杰明·伍德布里奇（Benjamin Woodbridge）。他们的大名，至今依然可以在哈佛校友名录（Harvard Alumni Directory）中找到。毕业后，巴尔克利和唐宁成为哈佛大学的首批教员。后来唐宁在英国政坛崭露头角，成为第一位入选英国议会（1654年，在爱丁堡当选）的哈佛毕业生，并于1660年被册封为爵士。索顿斯托尔是哈佛大学首位成为医生的毕业生，他分别于1649年在帕多瓦大学（University of Padua）、于1652年在牛津大学获得医学博士学位。

哈佛大学1650届校友伦纳德·霍尔（Leonard Hoar）是第一位担任哈佛大学校长的哈佛毕业生（1672—1675年在任）。他的前任亨利·邓斯特和查尔斯·昌西均毕业于剑桥大学。

哈佛大学的首位美国原住民毕业生是1665届校友凯莱布·切司哈陶穆克（Caleb Cheeshateaumuck）。他来自玛莎葡萄园岛（Martha's Vineyard）的万帕诺亚格（Wampanoag）部落，就读于哈佛存续时间不长的印第安学院（Indian College），并在毕业后不到一年死于结核病。那时，印第安学院也寿终正寝了。其后，哈佛大学几乎没有录取其他美国原住民学生，直到20世纪后半叶才有所改观。

1690届校友大卫·丹尼森（David Denison）是第一个在战争中罹难的哈佛人。毕业后，他加入了威廉·菲普斯（William Phips）爵士的远征军，并参与袭击了当时还属于法国的加拿大。在这次命运多舛的冒险中，丹尼森被杀，或者可能死于疾病。

第一位在哈佛大学担任讲席教职的学者，是1710届校友爱德华·威格尔斯沃思（Edward Wigglesworth）。当时他是一位年轻的神职人员，由于耳聋无法被派遣去教区。所幸，作为一位有天赋的教师，威格尔斯沃思被任命为霍利斯神学教授（Hollis Professorship of Divinity），该教席职位是伦敦商人兼慈善家托马斯·霍利斯（Thomas Hollis）于1721年出资设立的。

哈佛大学的第一位犹太教师（至少可以说是犹太人教师）是朱达·莫尼斯（Judah Monis，1720届文学硕士）。莫尼斯教授希伯来语近40年。值得一提的是，他在1722年接受哈佛大学的任命前，在大学礼堂举行的一次公开仪式上皈依了基督教。当代的一篇报道称他为"北美第一位犹太裔基督徒"。据尼扎·罗索夫斯基（Nitza Rosovsky）的《犹太人在哈佛大学的经历》（The Jewish Experience at Harvard）推测，到1886年哈佛大学成立250周年之际，"或许有12位犹太人毕业于哈佛"。不过，哈佛大学的第一个犹太人毕业生的身份，是不确定的。杰出的教育家霍勒斯·迈耶·卡伦（Horace Meyer Kallen，哈佛大学1903届校友，哈佛大学1908届哲学博士），可能是第一位在哈佛大学文理学院攻读本科与研究生学位的犹太人。1985年，哈佛大学的经济学教授、前任院长亨利·罗索夫斯基（尼扎·罗索夫斯基的丈夫）成为第一位入选哈佛大学理事会的犹太人。2001年就任校长的劳伦斯·萨默斯是第一位担任哈佛大学校长的犹太人。

本杰明·富兰克林（Benjamin Franklin）于1753年获得哈佛大学的荣誉硕士学位，经常被誉为哈佛大学的第一个荣誉学位获得者。同年，富兰克林被任命为殖民地邮政局的副局长。其后，他带领外交使团前往伦敦，为哈佛图书馆采购书籍，还帮助时任哈佛霍利斯数学和自然哲学教授（Hollis Professor of Mathematics and Natural Philosophy）的约翰·温思罗普（John Winthrop）采购科学仪器。

哈佛大学1755届校友约翰·亚当斯（John Adams）是美国的第一任驻英国大使，也是第一位成为美国总统的哈佛毕业生。亚当斯于1796年当选美国总统，任期一届。第一位担任美国政府内阁职务的哈佛大学校友是蒂姆西·皮克林（Timothy Pickering，哈佛大学1763届校友），曾任亚当斯总统及其前任乔治·华盛顿内阁的国务卿。哈佛大学的第一批美国参议员是1755届校友特里斯特拉姆·多尔顿（Tristram Dalton）和1764届校友凯莱布·斯特朗（Caleb Strong）。他们都来自马萨诸塞州，于1789年成为美国第一届参议院议员。

哈佛大学1767届校友约翰·昆西·亚当斯是约翰·亚当斯之子，他不仅是美国的第6任总统，也是1840年组建的哈佛大学校友会的第一任主席。约翰·

昆西·亚当斯在 70 多岁时当选美国总统，直到 8 年之后去世为止。亚当斯并非唯一兼任哈佛大学校友会主席的美国总统，西奥多·罗斯福在 1880 年也是如此。

哈佛大学文理研究生院成立于 1872 年，并于 1873 年授予了第一批博士学位。当年获得博士学位的是威廉·拜尔利（William Byerly，数学）和查尔斯·惠特尼（Charles Whitney，历史），他们均为哈佛大学 1871 届校友。至于第一位在其他大学获得博士学位的哈佛毕业生，当属哈佛大学 1699 届校友杰里迈亚·达默（Jeremiah Dummer），达默于 1703 年在乌特勒支大学（University of Utrecht）获得了博士学位。

贝弗利·威廉斯（Beverly Williams）于 1847 年申请就读哈佛大学，是第一位被哈佛大学录取的非裔美国人。可是，他在入学之前便死于肺结核。哈佛大学 1870 届校友理查德·T. 格林纳（Richard T. Greener），是哈佛学院的第一个黑人毕业生。格林纳出生于费城，在波士顿长大，在马萨诸塞州安多弗市（Andover）的菲利普斯学院（Phillips Academy）学习了一年。从哈佛大学毕业后，他在南卡罗来纳大学（University of South Carolina）教授哲学和神圣文学。后来，他成为霍华德大学法学院（Howard University Law School）的院长。作为格兰特纪念协会（Grant Memorial Association）的秘书，他筹集资金修建了格兰特墓（Grant's Tomb）。此外，他曾担任过美国驻孟买和海参崴的领事。

哈佛大学最知名的非裔美国毕业生是 1890 届的 W. E. B. 杜波依斯。1895 年，杜波依斯成为第一位获得哈佛大学博士学位的黑人。他的论文题目为《1638—1870 年美国黑奴贸易的废止》（*The Suppression of the African Slave Trade to the United States of America, 1638—1870*）。杜波伊斯是一名教师、学者、编辑、活动家和国际会议的组织者，也是美国全国有色人种协进会（National Association for the Advancement of Colored People）的联合创始人。他毕生致力于解决"20 世纪的种族问题"。随着杜波伊斯逐渐老去，他开始确信，需要对美国的种族主义罪行采取激进的解决方案。因此，他于 1961 年加入了美国共产党，由于对美国种族和谐的前景越来越悲观，他宣布放弃美国公民身份，移民到加纳，并在那里去世，享年 95 岁。杜波依斯去世时，1963 年华盛顿大游行尚未开始——这是他长期为之奋斗的和平革命的一个里程碑事件。

现将其他有关哈佛大学的第一罗列如下，其中一些可以算是琐事：

- 1670 届校友乔治·巴勒斯（George Burroughs）牧师是因巫术而被绞死的第一位校友。1692 年，他在马萨诸塞州的塞勒姆（Salem）被处决。其实，伯勒斯并不是最后一位被绞死的哈佛大学毕业生。1811 届校友约翰·怀特·韦伯斯特（John White Webster），曾任哈佛大学欧文化学与矿物学教授（Erving Professor of Chemistry and Mineralogy），于 1850 年因谋杀 1809 届校友乔治·帕克曼（George Parkman）博士而被处以绞刑。

- 1727 届校友乔纳森·特朗布尔（Jonathan Trumbull）是第一个担任州长（康涅狄格州，1769—1784 年在任）的哈佛大学毕业生。150 年之后，耶鲁大学用其姓氏为其本科学院命名。作为州长，乔纳森·特朗布尔是耶鲁大学理事会的当然成员。
- 1899 届校友詹姆斯·B.康诺利（James B. Connolly）是哈佛大学的第一位奥运奖牌获得者。在 1896 年的第一届现代奥林匹克运动会上，康诺利赢得了三级跳远比赛的金牌。
- 1880 届校友西奥多·罗斯福（哈佛大学 1902 届法学博士）是第一位获得诺贝尔奖的哈佛校友。鉴于他在调解终结日俄战争时发挥的作用，罗斯福于 1904 年被授予诺贝尔和平奖。哈佛大学的欧文化学教授（Erving Professor of Chemistry）西奥多·威廉·理查兹（Theodore William Richards，哈佛大学 1886 届校友，哈佛大学 1888 届哲学博士），是第一位获得诺贝尔奖的哈佛大学教职员。他因精确测定了原子量而获得了 1914 年的诺贝尔化学奖。
- 来自泰国曼谷的拉克塔普拉集·阿卜（哈佛大学 1913 届校友，1914 届哈佛大学文学硕士）的名字，在 1910—1990 年出版的哈佛校友名录的 18 个版本中位列第一。阿卜于 1989 年去世，享年 96 岁。
- 1944 届校友韦恩·约翰逊（Wayne Johnson）是第一位也是唯一一位在耶鲁大学赢得"佩戴校名首字母标志荣誉"的哈佛大学运动员。约翰逊曾在哈佛大学的橄榄球项目中两度获得了在比赛中佩戴哈佛大学校名首字母标志的荣誉。1943 年，他作为一名在耶鲁大学受训的陆战队新兵，在耶鲁大学获得了在比赛中佩戴耶鲁大学校名首字母标志的荣誉。由于二战，哈佛大学和耶鲁大学在 1943 年未能举行橄榄球比赛。
- 1763 届校友约翰·杰弗里斯（John Jeffries）博士是哈佛大学的第一位气球驾驶员。1785 年，他乘气球飞越过英吉利海峡。近两个世纪后，哈佛大学的第一位宇航员哈里森·施密特（Harrison Schmitt，哈佛大学 1964 届博士）参加了美国第六次登月行动，并在月球上停留了创纪录的 75 个小时。宇航员杰弗里·霍夫曼（Jeffrey Hoffman，哈佛大学 1971 届博士）是第一个在外太空行走的哈佛人。1985 年，在执行代号为"STS-51-D"的太空飞行任务中，霍夫曼及其同事不得不穿上太空服,修理并重新启动了一颗出现意外故障的卫星。"为了纪念在哈佛大学度过的五年美好时光",霍夫曼登上航天飞机时,随身带了一面印有哈佛大学纹章的小旗帜。后来,他把这面小旗帜捐赠给了哈佛大学。

相关条目 阿卜;校友;消失的哈佛;美国原住民计划;诺贝尔奖获得者;校长。

哈佛历史上的第一(女士篇)

谁是哈佛大学的第一批女教授?在哈佛学院,第一届有女毕业生的是哪一届?在哈佛医学院,情形如何?在哈佛法学院,情形又如何?谁才是第一位获得哈佛荣誉学位的女性?对这些问题感兴趣的人,未必是激进的女权主义者。不过,在某些情形下,这些问题的答案,对哈佛来说,或许有点尴尬。对于一所标榜为先驱者的大学而言,女性取得这些"第一"的时间似乎出乎意料的晚。

第一位获得哈佛大学理事会任命的女性是威廉敏娜·佩顿·弗莱明(Williamina Paton Fleming),她也是她那个时代最知名的女性天文学家。作为一位国际知名的恒星光谱专家,弗莱明于1898年被任命为哈佛天文台(Harvard Observatory)的天文摄影馆的馆长。在哈佛大学,第一位拥有教授头衔的女性是爱丽丝·汉密尔顿。1919年,她被哈佛大学任命为医学院新成立的工业卫生系的助理教授。哈佛的许多男教授强烈反对这一打破传统的任命,汉密尔顿自己也意识到哈佛大学理事会对这一任命"热情不高"。根据任命条款,汉密尔顿不能使用教职工俱乐部,不能坐在毕业典礼平台上,也不能申请哈佛的足球门票。尽管如此,她的调查和教学彻底改变了职业健康领域。遗憾的是,汉密尔顿于1935年退休时,依然是哈佛的一名助理教授。退休后,她担任了美国劳工部的顾问。她在80岁之前,始终在专业领域保持活跃;90多岁时,她积极抗议美国卷入越南战争。1970年,汉密尔顿去世,享年101岁。1995年,美国邮政局为纪念她发行了一枚通用邮票。

1948年,宪法历史学家海伦·莫德·卡姆(Helen Maud Cam)离开剑桥大学,加入开拓者哈佛大学文理学院。至此,哈佛大学才第一次任命一名女性担任全职教授。卡姆教授在很多方面都是一位开拓者:她定期参加晨祷,这是自1638年哈佛开始晨祷以来第一位这样做的女性。1956年,天文学家塞西莉亚·海伦娜·佩恩-加波施金(Cecilia Helena Payne-Gaposchkin)成为第一位由哈佛大学教职员晋升为全职教授的女性。

哈佛医学院第一位获得终身教职的女性全职教授,是1961年获此任命的精神病学家格蕾特·比布林(Grete Bibring)。1972年,在哈佛法学院,研究国际税务机构的伊丽莎白·安·欧文斯(Elisabeth Ann Owens)成为该学院第一个获得终身教职任命的女性。研究英美文学的海伦·文德勒(Helen Vendler,哈佛大学1960届哲学博士),是第一位获得哈佛大学讲席教授职位的女性,她于1990年被任命为A. 金斯利·波特(A. Kingsley Porter)讲席教授。

20世纪80年代初,女性首次被任命为哈佛大学的研究生院院长。1982年,美国教育历史学家帕特丽夏·阿尔布杰格·格雷厄姆(Patricia Albjerg Graham,前拉德克利夫学院副院长)被任命为哈佛大学教育研究生院的院长;1985年,人类学家萨莉·福尔克·摩尔(Sally Falk Moore)被哈佛大学任命为文理研究生院的院长。第一位被任命为哈佛大学副校长的女性是萨莉·H. 泽克豪泽(Sally H. Zeckhauser),她于1987年成为哈佛大学分管行政的副校长。此前,她曾任哈佛不动产公司(Harvard Real Estate, Inc.,成立于1979年)的董事长。该公司在剑桥、波士顿和奥尔斯顿管理价值超过1亿美元的住宅与商业不动产。1997年,在哈佛大学的五位副校长中,有三位是女性。

1970年,哈佛大学监事会的候选人名单上第一次出现了女性候选人,她是海伦·霍曼斯·吉尔伯特(Helen Homans Gilbert,哈佛大学1936届校友)。吉尔伯特曾经是拉德克利夫学院的一名理事。在1970年的哈佛大学监事会选举中,吉尔伯特在10位候选人中排名第5。在6年之后,她成为哈佛大学监事会第一位担任高级董事会主席的女性。朱迪丝·理查兹·霍普(Judith Richards Hope,哈佛大学1964届法律博士)是首位入选哈佛大学理事会的女性,其任期为1989—2000年。

在向第一位女性授予荣誉学位之前,哈佛大学已向男性授予了2000多个荣誉学位。这一具有里程碑意义的事件发生在1955年,接受哈佛大学荣誉学位的这位女性是海伦·凯勒(Helen Keller,拉德克利夫学院1904届校友)。她也是第一位获得哈佛大学学位的聋哑学生。此后,芭芭拉·沃德(Barbara Ward,亦被称为"杰克逊夫人")也获得了哈佛大学的荣誉学位,并在1957年成为第一位向哈佛大学毕业生致辞的女性。当时,杰克逊夫人担任《经济学人》(*The Economist*)杂志的助理编辑。

在本科层面,哈佛大学于1943年首次批准女学生修读哈佛大学的课程。但是,当时这些女学生正式就读于拉德克利夫学院。直到20世纪70年代初,形势才出现了变化。当时,所谓"名不副实的合并"促使哈佛大学要负责哈佛学院女学生的大部分学术管理。哈佛学院原本是清一色招收男生的机构,它率先实施可行的教育方案,在课堂中容纳了女学生。

然而,哈佛大学主要的研究生院和专业学院在接纳女学生方面却进展缓慢。其中,直到1949年,哈佛医学院才有第一届有女毕业生的毕业班,共有12名女学生毕业。同年,哈佛商学院接受了第一位女性工商管理硕士候选人。1953年,哈佛法学院的第一位女毕业生获得学位。直到1965年,哈佛神学院才开始招收女生。直到1963年,才有女学生获得哈佛大学的哲学博士学位(这一哲学博士与拉德克利夫学院的哲学博士截然不同)。

费伊·莱文(Faye Levine,哈佛大学1965届校友)是首位担任《绯红报》执行编辑的女性。在其后的十几年里,女性几乎在哈佛大学的各个本科组织中都升至领导职位。《哈佛讽刺》杂志也推选丽莎·亨森(Lisa Henson,哈佛大学1982届校友)作为该杂志创刊106年历史上的第一位女社长。

长期以来,"智慧重于美丽"一直是哈佛大学的研究生院和专业学院作出录取决定时考量的一条非正式却被普遍接受的箴言。那么,是否存在"智慧与美丽并重"的情形呢?比如,埃丽卡·哈罗德(Erika Harold)在就读哈佛法学院期间赢得了"伊利诺伊州小姐"的称号。随后她暂时搁置了自己的学业,以便能够参加2002年9月的"美国小姐"选美比赛。在比赛中,她演唱了歌剧《卡门》(Carmen)的一首咏叹调,并在当代文化的问答上表现出色。在揭晓结果的当晚,她走到舞台前方,被加冕为新一届的"美国小姐"。这使得埃丽卡·哈罗德为哈佛大学创造了另一项"第一"的成就。此外,2003年毕业的劳里·B. 格雷(Laurie B. Gray,罗德岛小姐)和南希·A. 雷德(Nancy A. Redd,弗吉尼亚州小姐)一年后进入"美国小姐"决赛前十,在州内和全美比赛中每人获得了超过2万美元的奖金。

相关条目 哈佛历史上的第一(男士篇);拉德克利夫学院;校级教授。

喷 泉

哈佛有一座一流的喷泉:这座喷泉位于哈佛园的北面,在纪念堂和本科生科学中心之间。它将神秘的石头与水蒸气以一种令人愉悦的方式组合在一起。这座喷泉由来自马萨诸塞州西部的 150 块大型石块组成,排列成一个直径约 18 米的略显不对称的圆形。喷泉设有 70 个定时循环的喷嘴,可喷出约 1.5 米高的水雾。当太阳出来时,水雾的折射光会在水雾升起的地平线上产生彩虹。在晚上,这座喷泉会发出光亮;在冬季,喷泉使用低压蒸汽运行。1984 年,匿名捐赠者向哈佛大学捐款,修建了这座卓尔不凡的喷泉。设计者包括哈佛大学设计研究生院的兼职教授彼得·沃克(Peter Walker)及其设在波士顿的 SWA 集团公司。依照沃克的说法,设计者的意图是,创造一种"虽然水雾在水帘的底部,但是水雾不会弄到人身上"的感觉。这种设计"能令人坐着观赏,或是进入喷泉嬉戏一番,甚至在炎热的夏天,也可以沉浸其中"。但是,在这座喷泉落成时,新闻报道仅仅提及它是"一座新颖的喷泉"。最终,人们才知晓,罗伯特·坦纳(Robert Tanner)和格蕾丝·坦纳(Grace Tanner)就是那富有想象力的捐赠者。现在这座喷泉被正式称为"坦纳岩石喷泉"(Tanner Rock Fountain)。

在哈佛大学,还有其他较老旧的喷泉,不过,它们却令人感到失望。比如,在希尔斯图书馆(Hilles Library)和德·古恩茨伯格欧洲研究中心(de Gunzburg Center for European Studies)的庭院内都曾设有喷泉,但这些喷泉鲜有能维持工作状态的。在霍尔沃西堂背后的"1876 届围栏"(Class of 1876 Fence,建于 1910 年)曾设有一座纪念喷泉,但其尺寸很小,且不喷水。在卡纳迪堂附近的"1887—1888 届门"(Classes of 1887—1888 Gate)设有一个马槽大小的水管装置,也不喷水。在威廉·詹姆斯堂前面的两处浅水池,曾为剑桥的年轻人提供了一个夏季泡水的地方。不过,后来这两处浅水池的水被放空,成了垃圾存放处,而后又被填满,改作了花坛。

相关条目 大门;哈佛园。

筹 款

哈佛大学的筹款能力在很大程度上要归功于其校友的忠诚、诸多校友在财富上的成就，以及多年来该大学工作人员与志愿者发展出的招揽捐款的本事。在题为《高等教育编年史》(Chronicle of Higher Education)的年度调查中，在校友捐款和整体筹款方面，哈佛大学一直领先于全美的所有大学。

要达到这种成就，需要组织。在哈佛大学的所有学院中，约有600名员工参与了校友事务与发展工作。这些工作涵盖了一系列日益专业化的领域：巨额捐赠、大额捐赠、企业和基金会捐赠、年度捐赠、计划捐赠、捐赠者关系、通信交流、校友俱乐部及其活动、校友聚会、礼品加工和计算机支持等。近年来，哈佛大学的上述工作每年可以带来超过5亿美元的馈赠与捐赠（包含不限制用途和限制用途两类）。

在校友事务与发展的大框架内，哈佛大学发展办公室（University Development Office，UDO）负责监督和协调哈佛大学各院系、研究中心和相关机构的诸多筹款活动。哈佛学院基金会（Harvard College Fund）成立于1926年，是学校众多筹款平台中最引人注目的。该基金会获得的馈赠与捐赠，占哈佛大学总收入的1/5，其募集方式和组织被广泛效仿。

最初，哈佛学院基金会的骨干由70名班级代表组成，他们游说其同学向哈佛大学进行不限制用途的捐赠，以供文理学院使用。在20世纪30年代末，该基金会已成为哈佛大学首个能在一年内吸引1万名捐赠者的校友基金会。直到1957年，哈佛大学在该年度获得的捐款突破了百万美元大关，捐赠者数量已增加到1.9万人。在其后的岁月里，该基金会的运作变得更加复杂和专业化。比如，用电话联络，辅之以邮件往来。另外，该基金会还启动了一项"毕业生捐赠"项目。不仅如此，该基金会还设了一项"年级捐赠项目"，即捐赠者在保留生活收入的同时向哈佛大学捐赠。此外，该基金会还设立了校友父母基金、企业配比捐赠项目，以及适用于大额捐赠者的"联合捐赠"团体。该基金会的主管们还采取了一种新的校友聚会捐赠形式。1902年，哈佛大学校友的第25次聚会发起了一笔巨额捐赠。此后，每逢第25次校友聚会，校友们便要向母校捐赠，这成了哈佛大学校友的一项传统。但是，直到1949年，校友聚会捐赠才不被计入该基金会的年度统计中。自20世纪70年代以来，该基金会的关注点已经不仅仅限于哈佛大学各届校友的第25次聚会。现在该基金会的主管不仅为那些未聚会的年级设定了年度捐赠目标，还为那些已经聚会50次的年级设定了年度捐赠目标。这一策略取得了惊人的效果。总体而言，年度聚会超过50次的年级，每年捐赠给哈佛大学的款项高达4000万美元。近年来，在哈佛大学某届校友的第66次聚会上，哈佛大学获得了2060万美元的捐赠，这也是当年哈佛大学获得的最大一笔捐赠;哈佛大学某届校友的第 50 次聚会的捐款数额超过了 1800 万美元,也超过了该年级第 25 次聚会的捐款数额(1380 万美元)。

如今,哈佛学院基金会的志愿者已超过 5000 人,有越来越多的女性、少数族裔和本科生加入志愿者行列。有一年,该基金会活跃的志愿者约有 2500 人;超过半数的志愿者参与了该基金会的"电话筹款活动"(phonathon)。游说的目标,不再局限于不受限制的馈赠。1984 年一项信贷规则的变化,使得该基金会可以接受指定特定用途的资本捐赠,如修建特定的建筑、建设图书馆、设立讲席教授职位,或者提供经济援助等。

20 世纪初,哈佛大学在一次筹款活动中获得了 240 万美元的捐赠,使哈佛大学成为全美首家仅在一次活动中就筹集到 100 万美元的高等教育机构,这为其他大学设定了标杆(哈佛大学一直在提升这一标准)。哈佛大学在 20 世纪的最后一次大规模筹款运动,是一次全校范围的筹款,1994 年哈佛大学宣布筹集了 21 亿美元。当时,美国的其他大学也开展了筹集数十亿美元的活动,但是没有一家教育机构能够筹集到 20 亿美元或更多捐款。2000 年,哈佛大学完成了对此次筹款运动的统计,超过 17.4 万名哈佛大学校友与朋友捐赠了 26 亿美元。

至于哈佛大学的下一次大规模筹款运动——几乎可以肯定是其最雄心勃勃的筹款计划——无疑将在哈佛大学完成在奥尔斯顿的地产上建造大量新设施的复杂规划后展开。

相关条目 奥尔斯顿;校友;聚会。

相关网站 www.haa.harvard.edu/hcf(哈佛学院基金会)。

059 — 072

"警卫室"是哈佛大学最小的建筑,但如果基于每平方米的成本来核算,它却是哈佛大学造价最昂贵的建筑。它位于哈佛园的主要车辆入口处,就在约翰斯顿门(Johnston Gate)的后面。

大　门

哈佛园被由砖块与铁栅栏组成的围墙围起来了。这座围墙建于20世纪初，设有26道装饰门，这些装饰门都是由哈佛学院1890—1995年的各届毕业班、俱乐部或个人捐赠建成的。尽管每天有数千人走过这些门，但却很少有人驻足停留，仔细留意这些门的建筑细节，或是读一读门上的铭文。

约翰斯顿门（Johnston Gate，建于1890年）是哈佛园的主要入口，是这些装饰门中年代最久且最精致的。这道门的兴建，归功于一位芝加哥商人塞缪尔·约翰斯顿（Samuel Johnston，哈佛大学1855届校友）遗赠的资金，这也是知名设计师查尔斯·福伦·麦金接受的哈佛大学的第一个设计委托。其后，麦金的建筑公司设计了哈佛联盟、哈佛体育场，以及哈佛医学院与商学院的校园。约翰斯顿门的石柱处于马萨诸塞堂与哈佛堂之间，上面刻有哈佛大学创办的记录，其中包括下面摘自1643年出版的《新英格兰的第一批果子》（New England's First Fruit's）中的一段文字，这也是有关哈佛大学最早的文字：

上帝将我们安全地带到了新英格兰，在这里，我们建造了自己的房屋，为生活提供了必需品，为祷告提供了便利之所，并建立了平民的政府；我们渴望做的和关心的下一件事，就是推进学习，并将学习延续至后代；倘若早先教堂里的牧师有一人是无知的文盲，那么我们的牧师便会因此而蒙尘。

通常哈佛园不让车辆穿行，但是那些负责维修、物流运输和安保的车辆可经由约翰斯顿门进出哈佛园。同时，约翰斯顿门也是哈佛大学首座用高质量的砖建造的建筑，这种砖是为了复制哈佛大学早期建筑所使用的砖而专门定制的，泥瓦匠称之为"哈佛砖"。相比之下，1875届门（建于1900年）更靠近哈佛广场的中心，这道门上铭刻着一句《以赛亚书》（Book of Isaiah）中的训诫："敞开城门，使守信的义民得以进入。"

1857届门（建于1901年）处于雷曼堂（Lehman Hall）与沃兹沃思楼（哈佛园内第二古老的建筑）。经由1857届门，可以从哈佛园走向马萨诸塞大道。这座大门的拉丁文铭文出自贺拉斯（Horace）的一首颂歌："在生命的最后一天到来之前，如果人们团结一致且牢不可破，不因不幸的争吵而与爱人分离，那么他们就是最幸福的。"（Felices ter et amplius, quos inrupta tenet copula nec malis divulsus querimoniis suprema citius solvet amor die.）

麦基恩门（McKean Gate，建于 1901 年）正对着马萨诸塞大道另一侧的坡斯廉俱乐部。麦基恩门由哈佛大学最古老的精英终极俱乐部坡斯廉俱乐部捐赠，因此，大门的拱门上带有该俱乐部的象征——野猪头。该大门以哈佛大学 1794 届校友詹姆斯·麦基恩（James McKean）牧师的名字命名，麦基恩也是坡斯廉俱乐部的创始者[1809—1818 年，还在哈佛大学担任博伊尔斯顿修辞学与演讲学教授（Boylston Professor of Rhetoric and Oratory）]。

经过同样位于马萨诸塞大道的 1890 届门（建于 1901 年），再穿过威格尔斯沃思堂（Wigglesworth Hall）的一道拱门，便可进入哈佛园。1890 届门靠近街道的一侧刻着"进入校园，汲取智慧"（enter to grow in wisdom），校内一侧则刻着"踏出校门，为国为民谋福祉"（depart, better to serve thy country and thy kind）。这两句名言均出自哈佛大学前校长查尔斯·W. 埃利奥特。

1880 届门（建于 1901 年）位于马萨诸塞大道与昆西街拐角处的弧形挡土墙，门上刻有哈佛大学知名校友西奥多·罗斯福和罗伯特·培根（Robert Bacon，美国前国务卿、美国驻法国大使与哈佛学院的研究员）的名字。自 1949 年哈佛大学兴建了拉蒙特图书馆之后，这道大门便一直紧锁。

在哈佛园的另一边，约翰斯顿门以北的地方，是哈佛大学第三古老的建筑——霍尔顿礼拜堂。在这座教堂的前面，矗立着 1870 届门与日晷（建于 1901 年）。1870 届门正对着剑桥公园（Cambridge Common），也是锁着的。1926 年，当莱昂内尔堂（Lionel Hall）和莫厄尔堂（Mower Hall）竣工时，附近的两座大门也被关闭了。在优雅且精致的 1870 届日晷的基座上，铭刻着一句令人难忘的话——"此刻即永恒"（on this moment hangs eternity）。

1876 届门（建于 1900 年）也被称为"霍尔沃西门"（Holworthy Gate），是哈佛园在西北方向的主要出口。通过这道大门，可以进入哈佛大学的音乐大楼（Music Building）、法学院的校园、本科生的科学中心，以及其他科学建筑。1995 年修建的一座大门就在附近，作为哈佛园的纪念围墙修复项目（耗资 230 万美元）的一部分。25 年前，为了给一座新生宿舍楼腾出空间，哈佛大学拆除了亨特堂，在哈佛园的围墙上留下了一个明显的缺口。后来，新建的大门与周边长约 55 米的墙体（由砖块与铁制品构成），使得占地近 9 万平方米的哈佛园的围墙连起来了。这道新建的大门于 1997 年正式投入使用，旨在纪念新生宿舍楼对女生开放 25 周年。在这道大门的石板牌匾上，铭刻了诗人安妮·布拉德斯特里特（Anne Bradstreet，17 世纪居住在剑桥，她是早期哈佛校友的母亲）："我来到这个国度，在这里，我找到了一个新的世界和新的风俗，令我的心飞扬"（I came into this

Country where I found a new World and new manners at which my heart rose)。虽然在设计这道大门时,尚未确定上述铭文所呈现的那种主题,但建筑师迈克尔·泰勒(Michael Teller)非常有先见之明地将早先哈佛园围墙所采用的象征军事主义的装饰性矛尖换成了更为柔和的郁金香。

再往东就是风景如画的1887届门和1888届门(建于1906年),这两道大门是哈佛园唯一成对出现的大门。在昆西街的拐角处,可以看到较晚修建的两道大门:一个是1885届门(建于1914年),面向福格艺术博物馆,通过这道大门便可进入塞弗四方庭院(Sever Quadrangle)。另一个是埃利奥特门(Eliot Gate,建于1936年)。哈佛大学1908届毕业班捐资修建了埃利奥特门,因为他们是查尔斯·W.埃利奥特执掌哈佛大学40年里的最后一届毕业生。曾几何时,埃利奥特门是哈佛大学校长官邸车道的北入口。在这道大门上刻着埃利奥特的传记作者爱德华·科顿(Edward Cotton)的一段话:"他为我们的孩子开辟了一条路。他的某些东西将永远成为我们的一部分。"

达德利门(Dudley Gate,建于1915年)是一座显眼的钟楼,它也是哈佛大学校长官邸车道的南入口。在第二次世界大战后,这道大门与车道一同被拆除。穿过昆西街,经由哈佛大学1901届毕业班捐建的哈洛威尔门(Hallowell Gate,建于1928年),可以通往哈佛联盟[现为巴克人文中心(Barker Center for the Humanities)]。

装饰性的大门是哈佛大学老校园与拉德克利夫学院校园的一部分。比如,在环绕战士体育场的几道大门中,纽厄尔门(Newell Gate)是最有特色的,它是为纪念哈佛大学1894届校友、著名足球运动员与划桨手马歇尔·纽厄尔(Marshall Newell)而建的。纽厄尔门位于拉兹·安德森桥的南边,是步行前往哈佛大学运动场的主要入口。

相关条目 建筑;终极俱乐部;警卫室;霍尔顿礼拜堂;学舍;战士体育场;沃兹沃思楼;哈佛园。

同性恋

与如今的大多数高等教育机构一样,哈佛大学也存在一些基于性取向的群体。对于哈佛大学的本科生而言,基于性取向的主要群体是"双性恋、同性恋、跨性别者与支持者联盟"(Bisexual, Gay, Lesbian, Transgender, and Supporters

Alliance，BGLTSA）。在哈佛大学的研究生院和专业学院，也有类似的协会。对于哈佛大学的校友、教职工而言，类似的协会是"哈佛同性恋核心小组"（Harvard Gay and Lesbian Caucus，HGLC），该协会在美国与外国的许多城市都设有分会，总会员人数超过 2500 人。

早前，很难想象这些正式组织会存在。那时大学社团里的成员如果被同性吸引，必须非常谨慎。因此，有些人将自己的感情隐藏起来。其他人可能会去波士顿的同性恋酒吧或者剑桥的秘密聚会点交友，但他们要很谨慎。因为一旦被曝光，可能就会被人排斥，甚至遭到纪律处分。比如，曾有一个被哈佛大学长期掩藏的惩戒案件。1920 年，哈佛大学的一名大二学生自杀，其后，一个由五名成员组成的行政委员会调查与此相关的同性恋活动，其中涉及几名哈佛学生、一名年轻的哈佛哲学教师，以及一些校外人士。该委员会以"难以形容的粗鄙之举"为由，勒令七名本科生与一名口腔医学院学生离开哈佛大学，并解雇了那名参与同性恋活动的哲学教师。后来，那位口腔医学院学生自杀了；数年后，七名被勒令退学的本科生中也有一人自杀。直到 2002 年，调查记录才被解密。当时，一位富有进取心的哈佛《绯红报》记者推动了该案件的解密，并精心复原了这一案件。

经历了 20 世纪 60 年代的社会与政治动荡之后，人们对同性恋的态度普遍开始发生变化。1969 年，纽约市的"石墙骚乱"（Stonewall Riot）是同性恋运动公开化的标志性事件。此后不久，一个名为"哈佛—拉德克利夫同性恋学生协会"（Harvard-Radcliffe Gay Students Association）的组织宣告成立。该组织的主旨是社交。相比之下，1983 年成立的"哈佛同性恋核心小组"则有明确的政治目的。多年以来，"哈佛同性恋核心小组"成员的游说获得了成效，比如，将性取向纳入哈佛大学的反歧视政策声明之中，将哈佛大学的福利扩展至同性伴侣，还终结了哈佛大学继续参与预备役军官训练团，因为预备役军官训练团公开排斥同性恋和双性恋学生。"哈佛同性恋核心小组"设立了一个基金会，以支持哈佛大学和拉德克利夫学院的同性恋争取权益；建立了一项公共服务奖学金和一个资源中心；出版了一份文学季刊与时事通讯；赞助相关的阅读、讲座和社交活动。另外，核心小组不断呼吁哈佛大学在宿舍楼与新生宿舍中任命同性恋、双性恋或跨性别者做导师与舍监，允许同性恋校友通过选举成为哈佛大学监事会成员与哈佛校友会的董事会成员，并鼓励对同性恋的历史及同性恋关注的问题展开学术研究。核心小组接纳学生作为无表决权的成员。该组织一年一度的晚宴，于每年的毕业典礼日在哈佛联盟举行。

对于哈佛大学的同性恋社群来说，以下事件属于重要的里程碑：1995 年，公开同性恋身份的托马斯·帕里（Thomas Parry，哈佛大学 1974 届校友）当选为哈佛大学校友会董事会的董事；1997 年，公开同性恋身份的希拉·屈尔（Sheila Kuehl，哈佛大学 1978 届法律博士）当选为哈佛大学监事会监事，此前她是加利福尼亚州议会的发言人；1997 年，哈佛大学的纪念教堂宣布可以为同性伴侣举行"承诺仪式"；1998 年，哈佛大学任命了同性伴侣黛安娜·埃克（Diana Eck）教授与多萝西·奥斯汀（Dorothy Austin）牧师担任洛厄尔学舍的舍监。

在哈佛大学和拉德克利夫学院的校友中，在全美范围内走在同性恋权利运动前沿的当数弗兰克·卡梅尼（Frank Kameny，哈佛大学 1956 届哲学博士）。20 世纪 50 年代末，曾任陆军地图服务部天文学者的卡梅尼因性取向被解雇。为此，他提起了第一个同性恋反歧视诉讼。此外，具有代表性的人物还包括马萨诸塞州国会众议员巴尼·弗兰克（Barney Frank，哈佛大学 1961 届校友、1977 届法律博士，美国国会中最具口才的同性恋权利倡导者）、纽约地方法院法官德博拉·巴茨（Deborah Batts，哈佛大学 1969 届校友、1972 届法律博士，1994 年被克林顿总统任命为联邦法官），在撰写本书时，后者仍是美国首位且唯一公开同性恋身份的联邦法官。

相关条目 视觉哈佛；聚会；预备役军官训练团。

相关网站 www.hcs.harvard.edu/_queer（哈佛双性恋、同性恋、跨性别者与支持者联盟）；hglc.org（同性恋核心小组）。

《哈佛大学公报》

要想知道哈佛有哪些新鲜事，有很多种途径，比如，阅读每天出版的《绯红报》、每周发行的《独立报》(*Independent*)或者双月发行的《哈佛杂志》；登录哈佛大学的官网，或者订阅哈佛新闻办公室每日发布的电邮摘要"新闻中的哈佛"（Harvard in the News）。

如果您喜欢每周阅读，那么最全面和权威的媒体就是《哈佛大学公报》(*Harvard University Gazette*)。每个学年，整个哈佛大学的教职员、本科生宿舍及其他地方都会免费收到这份官方出版物；哈佛大学之外的人每年的订购费用是 25 美元（美国之外的订阅年费为 32 美元）。《哈佛大学公报》每年发行 36 期，每周的发行量超过了 3.1 万份。霍利奥克中心的信息办公室可以免费提供《哈佛大学公报》的副本。《哈佛大学公报》每年还会免费向哈佛大学的校友发行两期特刊,重点关注每个学期的大事与报道。

《哈佛大学公报》于1906年首次出版。作为一份发行量小且仅印一面的大开本报纸,它存续了多年,基本上等同于一份学术日历。1969年学生参与抗争行动,传达哈佛大学的观点已被视为十分必要,于是《哈佛大学公报》改为小型报。从那时起,它不断扩版,刊发更为一致的新闻报道与更多的专题文章,改进了报纸布局和排版,还使用了四色插图。

除了报道哈佛大学的重要问题和活动,《哈佛大学公报》还刊载了教职员会议上进行的讨论与投票的摘要、会议记录、教职员的简介、即将到来的活动日历、体育赛事时间表与摘要、"哈佛历史上的这个月"、警察拘捕记录、讣告和"就业机会"(列出了哈佛大学内空缺职位的描述与薪酬等级)。

相关条目 《绯红报》;《哈佛杂志》。

相关网站 www.harvard.edu(哈佛大学主页)。

吉尔伯特与沙利文

在哈佛—拉德克利夫的吉尔伯特与沙利文剧团(Harvard-Radcliffe Gilbert & Sullivan Players)的支持下,"小金凤花"(Little Buttercup)、"南基浦"(Nanki-Poo)、"特勒广场公爵"(Duke of Plaza-Toro)、"杰克·波因特"(Jack Point)、"雷金纳德·邦索恩"(Reginald Bunthorne)、"疯子玛格丽特"(Mad Margaret)以及其他歌剧中的人物,近半个世纪里在阿加西兹剧院(Agassiz Theatre)的舞台上轮番登场。该剧团每年12月初在剑桥的萨瓦斯剧院(Savoyards Theatre)上演一出轻歌剧。可以说,该剧团每年12月份的演出堪称哈佛大学在秋季上座率最高、演出预算最多的演出,且拥有最大的演员阵容、最多的工作人员与管弦乐团。

自1956年以来,吉尔伯特与沙利文剧团的那些富于创造力的制片人一直在重新制作该剧团经典作品中的十余部作品,仅有《泰斯庇斯》(*Thespis*,已经几近失传)与最后合作的作品《大公》(*The Grand Duke*,通常被评为不合格)未被重排。吉尔伯特与沙利文剧团是一个本科生组织,不过,该剧团的部分作品会邀请哈佛校友和/或当地艺术界的专业导演与歌手加盟。当该剧团举办九场巡回演出时,首场演出是要穿晚礼服的。至于巡回演出的最后一场演出,总会熬个通宵,依照该剧团的传统,演员们在舞台上会尽情释放。每隔一段时间,该剧团就会舍弃某个歌剧经典之作。比如,1969年上演的小约翰·施特劳斯(Johann

Strauss Jr.)的《蝙蝠》(*Die Fledermaus*);1993 年改编自查尔斯·狄更斯(Charles Dickens)的小说《艾德温·德鲁德之谜》(*The Mystery of Edwin Drood*)的音乐作品;1999 年上演的乔治·格什温(George Gershwin)和艾拉·格什温(Ira Gershwin)的《我为你歌唱》(*Of Thee I Sing*)。

据说,吉尔伯特与沙利文在哈佛大学的首次演出,是于 1896 年在桑德斯剧院表演的《彭赞斯的海盗》(*The Pirates of Penzance*)的音乐剧版,当时这部轻歌剧已经推出 16 年了。其后,他们也时不时地表演其他歌剧作品。1950 年,温思罗普学舍戏剧协会(Winthrop House Drama Society)推出了年度系列歌剧。该协会的成员于 1956 年组建了哈佛吉尔伯特与沙利文剧团,1991 年则变成哈佛—拉德克利夫吉尔伯特与沙利文剧团。

1960 年以前,吉尔伯特与沙利文剧团一直使用钢琴伴奏。1960 年,洛布戏剧中心的一部作品上演时,使用了管弦乐团伴奏。现在,这支训练有素的管弦乐团已经拥有 50 名成员,训练有素的演奏已成为剧团的音乐优势。1975 年,一部名为《埃欧兰斯》(*Iolanthe*)的歌剧上演时,进行伴奏的管弦乐队的成员包括:克利夫兰管弦乐团(Cleveland Orchestra)前助理指挥克里斯托弗·威尔肯斯(Christopher Wilkens)担任首席双簧管,小提琴家张万钧(Lynn Chang,哈佛大学 1975 届校友,国际帕格尼尼小提琴大赛冠军)担任首席小提琴手,马友友(Yo-Yo Ma,哈佛大学 1976 届校友,著名演奏家)担任首席大提琴手。

相关条目 艺术;音乐。

相关网站 www.hcs.harvard.edu/_hrgsp/。

玻璃花

全球知名的"玻璃花"(Glass Flowers),存放在牛津街(Oxford Street)的自然历史博物馆(Museum of Natural History),是哈佛最受欢迎的两个旅游景点之一,每年预计吸引约 12 万名游客(哈佛另一个最受欢迎的景点是约翰·哈佛雕像)。4000 多个优雅的吹制玻璃模型构成了所谓的"玻璃世界的西斯廷教堂(Sistine Chapel)"。这些玻璃模型精致、美丽,其逼真程度达到了令人惊叹的地步。它们是由德国玻璃吹制工利奥波德·布拉施卡(Leopold Blaschka)和鲁道夫·布拉施卡(Rudolph Blaschka)父子俩在 1887—1936 年制作而成。

"玻璃花"更为正式的名称是"玻璃植物模型收藏品"。观赏者不必期待看到那种令人眼花缭乱的布局或者美丽的花束。每件植物模型都是一个科学标本，清楚地展示在一个玻璃柜中，按照正确的分类顺序，进行标记与编排，代表约850个植物物种。其中，百合、玫瑰、松树、仙人掌和真菌体只是用玻璃制作的园艺样品中的一小部分。有些模型为了展示昆虫授粉、植物繁殖周期和植物病害等植物学基础知识，被放大至实际大小的四倍，甚至更大。

19世纪80年代，哈佛大学植物博物馆(Botanical Museum)的创始人乔治·林肯·古德尔(George Lincoln Goodale)教授委托具有卓越技艺者制作了玻璃模型，借此改进先前用于植物学教学与研究的那种传统却不精确的蜡和混凝纸做成的复制品。在德国德累斯顿市(Dresden)附近的霍斯特维茨(Hosterwitz)村及其周边，布拉施卡家族从事艺术玻璃制作已有四个世纪之久。他们掌握了在玻璃中呈现出色彩的绝妙技术，通过使用油漆、搪瓷制品和动物胶，有时还要使用绕有金属线的电枢作支撑来完成作品。"玻璃花"本身具有美感且有作为教学工具的巨大潜力，被哈佛大学引入后，受到了师生的广泛欢迎。

如今，植物学的教学方法已改变。"玻璃花"看上去更像是一种具有艺术性的珍品，而非一种学习工具。多年来，紫外线照明及观众脚步产生的有害振动，都对这些精致的模型造成了损害。哈佛大学不得不进行大规模且耗资不菲的修复，训练有素的专家预计要花大约1.5万个小时进行修复，其中大部分修复工作要在博物馆外进行。在未来的一段时间内，仅有部分"玻璃花"会在哈佛大学展出，而整个"玻璃花"的馆藏将被清洁与修复。

除了在制作"玻璃花"方面做出的贡献，鲁道夫·布拉施卡还为哈佛大学的比较动物学博物馆(Museum of Comparative Zoology)制作了玻璃模型，其中包括海葵、海参、墨鱼、海蜇、鱿鱼、蛞蝓，以及其他海洋无脊椎动物。

相关条目 约翰·哈佛及其塑像；科学博物馆。

相关网站 www.hmnh.harvard.edu/exhibitions/glassflowers.html。

上帝之地

在老剑桥墓地里，苔藓丛生的墓碑是与哈佛大学的早年岁月相关的现存最古老的遗迹。事实上，墓地的年头还要早于哈佛大学的建立：1635年的一份城镇会议记录中有一项命令，"用围栏将墓地围起来"。如今的剑桥，当年是一个被称为"新镇"(Newtowne)的定居点。至于在此建立一所"学校"或"学院"，差不多是两年后的事了。

可以从靠近哈佛广场中心的剑桥公园对面的花园街进入这块被称为"上帝之地"(God's Acre)的墓地。这座墓地占地大约8000平方米,它的北面是历史悠久的基督教堂(圣公会),南面是"第一教区教堂"(First Parish Church,基督教唯一神教派)。在这里,埋葬着新镇(现在的剑桥)的第一批领导人的遗体,包括一位总督、法官、学者,以及哈佛大学的九位校长——邓斯特、昌西、奥克斯(Urian Oakes)、罗杰斯(John Rogers)、莱弗里特(John Leverett)、沃兹沃思(Benjamin Wadsworth)、霍利奥克、威拉德(Samuel Willard)和韦伯(Samuel Webber)。

这座墓地也是托马斯·谢泼德(Thomas Shepard)的安息之地。谢泼德是他所处的那个时代最具影响力的福音派传教士,也是哈佛大学于1642年成立的监事会的成员。此外,墓地还安葬了哈佛大学的首批印刷工斯蒂芬·达耶(Stephen Daye)和塞缪尔·格林(Samuel Green)、哈佛大学1699届校友乔纳森·贝尔彻(Jonathan Belcher,曾任马萨诸塞州和新罕布什尔州的总督,后来成为新泽西州的总督)、令人敬畏的亨利·弗林特(Henry Flynt,哈佛大学1693届校友,在哈佛大学担任了55年的老师与61年的研究员),以及哈佛大学首位霍利斯神学教授(Hollis Professor of Divinity)爱德华·威格尔斯沃思(哈佛大学1710届校友)。

在美国独立战争第一战的列克星敦与康科德战役中牺牲的14位民兵也被安葬于此。其后,在该墓地形成了一个所谓的"达纳家族之墓",因为,此处不仅安葬了首席大法官弗朗西斯·达纳(Francis Dana,哈佛大学1762届校友)的遗体,还安葬了诗人理查德·亨利·达纳(Richard Henry Dana,哈佛大学1837届校友),以及达纳家族的其他成员,如画家华盛顿·奥尔斯顿(Washington Allston,哈佛大学1800届校友,弗朗西斯·达纳的女婿)。

如今,部分墓碑上的拉丁文铭文几乎难以辨认,但可以确定的是,这些铭文是为了缅怀那些在哈佛大学就读期间去世的年轻人。其中一位是托马斯·斯皮尔(Thomas Spear),他在1723年去世时年仅16岁。诺亚·梅里克(Noah Merrick)和查尔斯·卡特(Charles Cutter)分别于1762年和1779年溺水身亡。哈佛大学前校长爱德华·霍利奥克的儿子约翰·霍利奥克(John Holyoke)于1753年去世,距其获得哈佛大学学位仅2年。

尽管那些年代最为古老的墓碑已受到严重的侵蚀,但其中部分墓碑的厚度却令人惊讶。少数墓碑上刻有"勿忘人终有一死"(*Memento Mori*)和"时光飞逝"(*Fugit Hora*)等拉丁语铭文,还依稀可以看到一个带着翅膀的骷髅图案的轮廓。

在"上帝之地"墓地的每一处,似乎都在提醒访客们:

人终有一死,

我会死去,你也不例外。

相关条目 哈佛历史上的第一(男士篇);哈佛冈;校长。

"无神的哈佛"

从哈佛大学成立之初起,宗教和宗教布道就是师生生活中一种有意义(即使可能有变化)的存在。17世纪,比较多的人遵循清教徒的信仰理念和行为规范,具体体现在如经常祷告并每日诵读《圣经》,以及宗教节日、课程、讲座、语言要求和毕业典礼等方面。毕竟,哈佛大学的首要使命是"推进学习,并将其延续至后代;倘若早先教堂里的牧师有一人是无知的文盲,那么我们的牧师便会因此而蒙尘"。1646年哈佛大学的章程规定:"每个人都应该考虑他生命和学业可能的结局,并认识上帝与耶稣基督是永恒的。"

19世纪晚期,有批评者借用科顿·马瑟(Cotton Mather)在18世纪的措辞即"无神的哈佛"来揶揄哈佛,但实际上哈佛大学与此相差甚远。诚然,1886年,在查尔斯·W.埃利奥特任校长的自由化治校时期,哈佛大学是在全美因宗教而建立的大学中第一个放弃强制性礼拜的。不过,在其后的岁月里,哈佛大学的晨祷、星期天的布道以及宗教课程,依然是其校园生活中不可或缺的一部分。

近数十年来,哈佛学院与部分专业学院掀起了一股宗教浪潮。这种对宗教的全新且深刻的个人关注,主要是受到哈佛学生的兴趣驱使,他们的兴趣不仅涉及所有传统的信仰,而且还涉及主流信仰之外的许多信仰体系。哈佛学院的一位助理院长曾表示,新入学的一年级学生的家长越来越多地询问哈佛宗教方面的信息。他说:"第二个最常被问到的问题是,'哈佛学生在哪里可以找到教堂做礼拜,在哪里可以发现犹太教堂或是寺庙,或者在哪里参加各种宗教仪式?'"至于学生家人最关注的问题,毋庸置疑,就是哈佛能否向学生提供经济资助。

在哈佛大学,种种迹象表明,人们重新燃起了对宗教的兴趣。在入学注册时,越来越多的学生会填写其宗教偏好信息。学生会参加纪念教堂、希勒尔犹太教活动中心、天主教学生中心、伊斯兰教协会,以及哈佛广场附近的其他教堂和中心的宗教活动。哈佛学院修读人数最多的一些课程,是关于《圣经》、基督教伦理、伊斯兰教传播、美国宗教,以及其他宗教话题的课程。许多本科生宿舍楼都有由学生组织和运作的非正式的宗教学习小组。

现在，多样性、多元化和注重各种精神体验，成为哈佛大学宗教生活的特征。这在哈佛大学牧师联合会（United Ministry）的牧师名册中得到了突出体现。该联合会设有将近30个牧师办公室，假如考虑到各种宗教的派系（如东正教以及犹太教的保守派和改革派），那么牧师办公室的数量会更多。哈佛大学为学生提供服务的牧师办公室包括：

巴哈伊学会（Baha'i Association）

美国浸信会［Baptist（American）］

浸信会保守派［Baptist（Conservative）］

美国南方浸信会［Baptist（Southern）］

波士顿—剑桥高等教育牧师会（Boston-Cambridge Ministry in Higher Education）

佛教社区（Buddhist Community）

基督的校园十字军（跨宗派）［Campus Crusade for Christ（interdenominational）］

天主教学生中心/圣保罗教堂（Catholic Student Center/St. Paul's Church）

恰巴德楼（犹太人）［Chabad House（Jewish）］

基督教科学组织（Christian Science Organization）

耶稣基督后期圣徒教会（Church of Jesus Christ of Latter-Day Saints）

美国圣公会（Episcopal）

印度教团契（Hindu Fellowship）

希勒尔基金会（犹太人）［Hillel Foundation（Jewish）］

人道主义派（Humanist）

校园基督徒团契（Intervarsity Christian Fellowship）

伊斯兰教协会（Islamic Society）

路德派校园团契（Lutheran Campus Ministry）

纪念教堂（新教非宗派）［Memorial Church（Protestant nondenominational）］

东正教团契（东正教礼仪）［Orthodox Christian Fellowship（Eastern rites）］

长老教会（Presbyterian）

教友派（贵格会）[Religious Society of Friends (Quakers)]
斯韦登堡教派（Swedenborgian）
一神普救派（Unitarian Universalist）
联合基督教会（公理宗）[United Church of Christ (Congregationalist)]
联合卫理公会（United Methodist）
拜火教协会（Zoroastrian Association）

所有这些牧师办公室都旨在帮助哈佛大学学生处理个人危机与精神或道德问题。许多牧师说，学生们经常来找他们，这些学生表示"我想更好地了解自己的宗教信仰"，或者表示"我需要帮助，以便能在我生命中最重要的方面成长"。除了提供这样的支持，牧师联合会的成员还致力于制定一项非传教性且尊重他人宗教信仰的协作性准则。这意味着，牧师们反对一切形式的宗教骚扰和操纵，并帮助任何可能成为"有害的宗教团体"目标的学生。

哈佛大学宗教景观的显著特色还体现在以下方面：哈佛神学院及其下属的世界宗教研究中心（Center for the Study of World Religions）开展的许多活动；哈佛商学院不限宗派的礼拜堂，其建筑风格令人惊叹；黛安娜·埃克教授的多元主义项目记录了美国日益增长的穆斯林、佛教徒、印度教徒、锡克教徒、耆那教徒（Jain）与索罗亚斯德教徒（Zoroastrian）社群；由神学教授哈维·考克斯（Harvey Cox）、埃克教授、詹姆斯·库格尔（James Kugel）教授，以及担任纪念教堂普西牧师、普卢默基督教道德教授的彼得·J.戈梅斯等人长期讲授广受欢迎的本科生课程。

纪念教堂的晨祷这一传统可以追溯至哈佛大学成立之时，可以被视为宗教存于哈佛大学的象征。每个学期，布道时间为周一至周六的8:45—9:00。无论来自哈佛大学的哪个院系，无论来自哈佛大学校内还是校外，持任何宗教信仰的人，都可以在纪念教堂发表演讲。有时，哈佛大学校长或院长也会在这里发表讲话。

相关条目 神学院；大门；纪念教堂；音乐。
相关网站 www.memorialchurch.harvard.edu。

黄金海岸

"黄金海岸"指的是位于奥本山街的三个宿舍楼群和俱乐部会所群。或许，它已经失去了刚获得这个称号时拥有的一些辉煌。即便如此,它依然是哈佛大学在建筑上引人入胜且引起历史回忆的建筑群。

位于奥本山街北侧的这个宏伟建筑群是在19世纪90年代规划的,被社会与文学评论家亨利·赛德尔·坎比(Henry Seidel Canby)称为"自信时代"的象征。在查尔斯·W.埃利奥特担任哈佛大学校长的头20年(1870—1890年)里,哈佛学院的入学率增加了一倍,可是自1871年以来,哈佛本科生的宿舍却没有增加。正如历史学家塞缪尔·埃利奥特·莫里森所写,"哈佛大学理事会让私人资本负责新增的学生宿舍"。1876—1904年,哈佛大学新建了20座豪华公寓,其中最先建成的是贝克堂,现在是哈佛广场上的一座小客栈所处的位置。1892年,克拉弗利堂建成,开启了奥本山街的潮流。在其后的8年里,达纳楼(Dana Chambers)、伦道夫堂(Randolph Hall)、阿普里楼(Apley Court)、罗素堂(Russell Hall)和威斯特里楼(Westmorly Court)这些冷峻的建筑物遍布"黄金海岸"。1910年,"黄金海岸"又多了一幢俏皮的装饰性建筑,即《哈佛讽刺》杂志所在的城堡式建筑兰蓬大楼,它位于一个面对伦道夫堂的三角地上。

曾经有一段时间,哈佛园的许多宿舍楼缺乏集中供暖,地下室以上的楼层没有管道装置。相比之下,新建的宿舍楼提供了带有私人浴室和蒸汽供暖的套房。有的新宿舍楼还有更多设施:伦道夫堂配有安妮女王时代的塔楼与佛兰德式山墙,拥有自己的四方庭院、网球场和壁球场。威斯特里楼配有镶钻的窗玻璃和橡木护墙板。克拉弗利堂、伦道夫堂和威斯特里楼都设有室内游泳池。这些学生宿舍楼都配有穿制服的门卫,甚至还有管家。对于富裕的学生而言,这里成了他们大学生活的中心。住在这里的本科生,只需要走一两个街区,便可以在其"候补俱乐部"或"终级俱乐部"里用餐。而要到游乐场和船坞,则仅需步行几分钟即可。另有一条隧道将克拉弗利堂与其街对面的兰蓬大楼和弗莱俱乐部连接在一起。当年,富兰克林·罗斯福(哈佛大学1904届校友)与众多富有的新生一样,被吸引到新建成的学生宿舍楼。罗斯福和其在格罗顿(Groton)学校的同窗莱思罗普·布朗(Lathrop Brown)在威斯特里楼一楼套房住了4年[现为亚当斯学舍(Adams House)B-17]。当时,克拉弗利堂的套房令人垂涎,因此,要入住这座宿舍楼,必须要在大一时展开遴选。

依照莫里森教授的说法,"面对如此竞争,哈佛大学理事会并未采取任何措施,为住在哈佛园的学生提供现代化的便利。哈佛学院曾经修建的那些宿舍楼,如缺乏吸引力的科南特楼、珀金斯楼和沃尔特·黑斯廷斯楼与哈佛的新中心距离太远,只有新生、法学专业的学生和研究生才会住在这些老宿舍楼里"。直到

1914年,在A.劳伦斯·洛厄尔担任校长的初期,哈佛大学新建了三幢新生宿舍楼,这才满足了哈佛本科生的住房需求。接下来,哈佛大学在一战期间及战后收购了"黄金海岸"的诸多房产。1916年,哈佛大学用哈佛广场上老旧的学院楼(College House,兼有学生宿舍与临街商店)换得了伦道夫堂。由于一战期间哈佛的入学率下降了35%,新生宿舍楼的入住率也随之降低了,这很快使得那些私营的宿舍楼变得愈发无利可图。时至1920年,哈佛学院以优惠的条件买下了"黄金海岸"的六幢宿舍楼,其中包括克拉弗利堂和威斯特里楼。10年之后,当哈佛大学的住宿房舍系统诞生时,克拉弗利堂转归洛厄尔学舍,用以接纳其他宿舍楼无法安置的学生。威斯特里楼与伦道夫堂则成为亚当斯学舍的组成部分。

在"黄金海岸"最初的七幢学舍中,亚当斯学舍是唯一一幢未遵循乔治亚复兴式风格的房舍。学舍内华丽的内饰令人赏心悦目。该学舍的塔楼入口大厅于1931年建在罗素堂的原址之上,采用了意大利文艺复兴的建筑风格。在主楼梯的锻铁栏杆与火炬灯上方,建有一个复杂而精致的摩尔式圆顶。学舍内的图书馆拥有樱桃木镶板与桶形拱形式天花板。班布里奇·邦廷(Bainbridge Bunting)在《哈佛建筑史》(*Harvard: An Architectural History*)一书中,将该学舍内的餐厅比作"18世纪英国温泉浴场的泵房"。可以说,亚当斯学舍保留了"黄金海岸"的一些优雅气息。

相关条目 建筑;终极俱乐部;学舍;《哈佛讽刺》。

治 理

维护哈佛大学福祉的责任,归属于两个不同的管理机构,即哈佛大学监事会与理事会,它们的历史均可追溯至17世纪。相比之下,理事会有更大的权力。自1650年理事会成立以来,监事会的法定职责一直未予明确。尽管如此,凭借其种种特性,监事会为哈佛大学已经服务了超过三个半世纪的时间。

监事会。"光荣且应受尊敬的监事委员会"(Honorable and Reverend Board of Overseers)是一个古老的术语,至今仍在一些正式场合使用,但其内涵不时会发生变化。自1865年以来,哈佛大学监事会一直由30名当选的监事组成。从广义上讲,监事会的职责包括:监督哈佛大学的工作,以确保大学履行其作为学习场所的义务;向哈佛大学提供意见与建议;准许哈佛大学理事会的某些举措。长期以来,校外专家委员会一直是监事会履行职责的主要手段。现在,约有60

个校外专家委员会分布在哈佛大学的所有学院、文理学院的系部、图书馆系统，以及其他各种隶属于哈佛大学的实体。

监事会成员任期6年。其中五位是每年从哈佛大学校友会的一个委员会提名的候选人中选出的。除了那些获得哈佛大学任命的人之外，所有在哈佛大学获得学位的人均有资格投票。现在有资格投票者的人数超过了20万；一般情况下，投票率介于15%至20%之间。

监事会的成立，可以追溯至1642年马萨诸塞湾殖民地议会的一项法案。依据该法案，监事会取代了1637年成立的一个负责管理哈佛大学成立事宜的监察委员会。设立监事会，旨在管理运营中的哈佛大学。当时，监事会有22名成员，包括马萨诸塞湾殖民地总督和副总督、殖民地的治安官，剑桥、波士顿和四个周边城镇的牧师，以及哈佛大学校长。法案中并未使用过"监事"这个词，但是它出现在了1650年哈佛大学的章程中。

通常监事会每年召开五次会议。监事会的大部分事务由其常设委员会处理。在这个常设委员会里，监事会的成员与哈佛大学的行政部门及各院系的代表展开互动。监事会行使的建议权和准许权在遴选哈佛大学校长或者哈佛大学理事会成员时有很大的作用。

理事会。哈佛大学理事会相比监事会规模较小。作为北美历史最为悠久的特许法人，自1650年以来，它几乎保留了相同的组织形式。理事会有七名成员，包括哈佛大学校长、财务主管，以及一个由五人组成的永久机构，任期不限。当前，理事会还积极参与了哈佛大学的日常管理工作。实际上，理事会是一个多元化的行政部门，兼具董事会的职能。随着哈佛大学行政部门的变迁，哈佛大学理事会越来越少参与大学的日常事务。可以说，"多元化的行政部门"这一称谓已越来越不适用于理事会了。

哈佛大学理事会有很大的权力。哈佛大学所有的财产（包括捐赠）都归于理事会名下。每个学院最终都要听命于理事会。在哈佛大学，所有学位都由校长和理事会成员正式投票确定，人事任命权也由校长和理事会行使。至于投资和预算事宜，以及哈佛大学资产的处置，从技术上讲，也属于理事会的职权范畴，但对捐赠的监督属于哈佛管理公司及其董事会的直接责任。

鉴于哈佛大学监事会无法有效地处理大学的日常事务，哈佛大学理事会应运而生。在17世纪中期的马萨诸塞州，哈佛大学设立监事会可是一项重大任务。除了校长之外，几乎没有一位监事会成员。哈佛大学理事会于1650年宣告成立时，马萨诸塞州常设法院曾试图让哈佛大学获得像剑桥大学和牛津大学一样的自治权。可是,监事会的存在使哈佛大学在组织结构上与所谓的"英国模式"不同。

每年,哈佛大学理事会大约召开 11 次会议,通常每次会议约耗时 5 小时。此外,理事会在每年夏季会举行为期两天的务虚会。哈佛大学校长负责主持理事会的会议。理事会要处理的事务包括:预算分析、筹款、确定学费水平,以及处理其他经济问题;资本项目审查;投资和捐赠;长期财务规划。哈佛大学各学院的院长和相关负责人要定期进行书面和口头的报告。哈佛大学理事会最重要的职责之一,就是在哈佛大学监事会的建议与许可下,甄选哈佛大学的校长。可以说,理事会是哈佛大学校长可以信赖的决策咨询人。从更广泛的意义上讲,理事会通过补充和扩大校长的实力进一步巩固了自身的地位。

18 世纪末以前,哈佛大学理事会都是从教职员中吸纳新成员。此后,理事会的成员主要来自法律与金融行业。哈佛大学理事会的首位女性成员是朱迪丝·理查兹·霍普(哈佛大学 1964 届法律博士),她于 1989 年加入该理事会,任期至 2000 年。截至 2004 年,哈佛大学理事会的成员包括一位公司首席执行官、一位管理咨询公司的高级合伙人、一位历史学家与前任哈佛大学校长、一位曾任美国国务院首席法务官的律师、一位美国国会预算办公室的前主任(现任一家非营利政策研究所的主席),还有一位曾任美国前财政部部长(劳伦斯·萨默斯,2001—2006 年任哈佛大学校长)秘书的高管。哈佛大学理事会中有一名女性和一名少数族裔;有三位理事是哈佛大学的毕业生;只有萨默斯校长一人来自剑桥/波士顿地区。

相关条目 人贵自立;哈佛历史上的第一(女士篇);校长。

成绩虚高

有关"成绩虚高"(grade inflation),您会听到关于其成因的不同理论,以及如何应对的不同看法。不过,人们普遍认为,哈佛大学的成绩虚高已成为一种普遍存在的现象。实际上,这一现象比许多其他选拔性的院校更为严重。

自 20 世纪 40 年代中期以来,在哈佛大学,以优异成绩毕业的毕业生的比例稳步上升。在 20 世纪 40 年代,仅有不到 1/3 的学生能以最优异成绩(summa cum laude)、极优等成绩(magna cum laude)或优等成绩(cum laude)毕业。时至 2001 年,91% 的毕业生创纪录地获得了优异成绩。相比之下,耶鲁大学与普林斯顿大学的可比数据分别为 51% 和 41%。难道哈佛大学的学生真的有那么聪明吗？或者耶鲁大学和普林斯顿大学设定了更高的标准？无论答案是什么，值得注意的是，曾经从 A 到 F 的评分范围，如今被缩小到了 A 与 B 之间，而且哈佛大学学生得到的 A 比 B 更多：以 2001 年为例，48% 的哈佛大学本科生的成绩是 A 或 A-，而 40% 的学生的成绩在 B 的分值范围内。

成绩虚高是一个全美范围存在的问题。多年以来，教师对此一直感到担忧。1996 年，当哈佛大学以最优异成绩毕业的学生总数从 79 人增至 115 人时，文理学院将最优异成绩毕业的学生所占比例限制在毕业班的 5%（约为 85 人）。2001 年秋，文理学院负责本科生教育的院长曾经传达了学院委员会的意见："成绩虚高已经成为一个严重的问题……应该采取措施来解决这个问题。"这位院长公布的数据确认了一个已经被人们认定的事实：人文学科的成绩"明显高于"自然科学与社会科学。于是文理学院很快制定规定，旨在加强评分标准，实现不同学术部门之间的一致性，并限制院系内以优异成绩毕业名额的分配。

就在新规定生效之前，学校管理人员报告说，成绩虚高的趋势可能已达到顶峰。在 2001—2002 学年，哈佛大学文理学院学生的平均成绩比上一年略有下降，这是数十年来的头一回。

哈佛大学部分教师与多数学生都认为，由于每年哈佛学院的入学竞争日益激烈，就读于哈佛大学的学生的能力不断提升，自然会推高平均成绩。可是，耶鲁大学和普林斯顿大学的录取流程同样具有选拔性，是什么导致这些大学中获得优异成绩的学生比例比哈佛大学小得多呢？不管怎么说，许多哈佛大学的教师都怀疑如今哈佛大学的学生比过去几代学生更聪明或更有成就。

一般认为，成绩虚高是 20 世纪 60 年代的产物。支持这种观点的人认为，在越南战争期间，哈佛大学的许多教师放宽了评分标准，以便男学生不会因为成绩而缓服兵役。实际上，20 世纪 60 年代末似乎是哈佛大学成绩虚高史上的一个决定性时刻：1969 年，哈佛大学录取新生的平均学术能力评估测试（SAT）成绩下降，但是，学生们获得 A 至 B 区间成绩的比例增加了 10%。近来班级与系部平均规模的缩减（这本身是件好事）也是导致成绩虚高的因素。上述分管本科教育的院长公布的数据显示，随着班级规模的减小，成绩趋于提升（"这是教师与学生密切接触后意想不到但可以理解的结果"）。

无论根本原因究竟是什么，可能成绩虚高最终会趋于式微。但是，给予 91% 的毕业生优异成绩确实引发了人们对哈佛学院学术标准严格性的质疑。在吉尔伯特与沙利文剧团上演的《威尼斯船夫》（*The Gondoliers*）中，大检察官唐·阿尔罕布拉·德尔·博莱罗(Don Alhambra del Bolero)的以下这段唱词挺有道理："简而言之,无论你是谁,你都会同意这个结论:假如每个人都是大人物,那么就没有大人物了!"

相关条目 招生;吉尔伯特与沙利文;常春藤联盟。

哈佛大学文理研究生院

在许多方面,哈佛大学都位列第一且历史最为悠久。不过,在研究生教育方面,哈佛大学要屈居耶鲁大学与约翰·霍普金斯大学之后。全美首位博士由耶鲁大学于1861年授予。而哈佛大学授予的首个博士学位,则是在10多年之后。1873年,威廉·拜尔利(William Byerly)获得了哈佛大学首个博士学位(数学博士)。尽管哈佛大学于1872年建立了一个小型的研究生部,但直到1889—1990学年,哈佛大学才像耶鲁大学和约翰·霍普金斯大学那样成立了一个像样的研究生院,即哈佛大学文理研究生院的前身。

如今,哈佛大学文理研究生院招收了3200多名攻读高级学位的学生,其中多数是攻读哲学博士学位与文学硕士学位。文理研究生院设立了53个专业方向,包括人类学、东亚语言和文明、物理学和社会学等。

哈佛大学于1872年设立了研究生部,这体现了时任哈佛大学校长的查尔斯·W.埃利奥特的远见卓识。在埃利奥特执掌哈佛大学初期,他意识到,假如哈佛大学没有一个可以授予高级学位的学院或者项目,那么哈佛大学将永远无法与欧洲那些伟大的大学(特别是德国的大学)相提并论。不出所料,埃利奥特的这一想法和建议立马激起了反对之声。有些人针对埃利奥特这一提议的成本提出批评,认为哈佛大学尚无足够的资金支持本科生教育,新设研究生院将不可避免地削弱本科生教育。不过,埃利奥特校长宣称,研究生院"将会增强哈佛大学的实力。只要教师的主要职责还是'育人',那么,教授所追求的目标就不应逾越'育人'这一点。有了研究生可教,教授们会在自己的专业上无限深入下去,这是最佳的教学所必需的"。

总体而言,每年哈佛大学文理研究生院会收到超过1万份申请,其中大约11%的申请人会被录取。很大一部分研究生能够获得某种形式的经济援助。与本科生相比,研究生在经济上被视为"自立",哈佛大学在给予其经济援助时,通常不会考虑研究生父母的经济情况。近年来,文理研究生院用于财政援助的年度预算(包括非限制性资金与限制性资金)已达到惊人的3000万美元。这还不包括来自外部机构的超过1400万美元的赞助资金。作为嘉赏,越来越多的人向最具潜力的研究生提供所谓的优秀学生奖学金。还有一些奖学金适用于少数族裔学生与特殊类别的学生。文理研究生院的管理层为其学生群体的多样性而感到自豪,其中国际学生占了很大比重(现在已超过文理研究生院学生总数的25%)。

在人文社会科学领域,通常研究生需要修读为时两年的课程,每学期要上四门课程,然后,在本科生课程中担任助教的同时,开始研究自己的博士论文。研究生通常会申请并获得旅行奖学金,以便到国外学习。至于他们获得博士学位所需的时间,依据不同领域的要求而有所区别,可能需要5年或6年,也可能需要8年或10年。在需要具备多种语言能力的领域,获得博士学位的时间可能会更长。依照新近的改革建议,当研究生满足获得学位的要求时,还会受到时间上的限制,比如,哈佛法学院的法律博士(J. D.)需要3年,而哈佛商学院的工商管理硕士需要2年。

大多数的科学课程都是在实验室完成的,学生们在资深教师的监督下进行实验与研究。在化学、物理或生物学等领域完成博士学位通常需要4—5年。不同于人文社科领域,要完成科学领域的博士学位论文,学生有时要组成团队进行实验,然后在共同撰写的期刊文章中发表他们的研究成果。

不过,哈佛大学研究生承担的沉重本科生教学负担一直是一个敏感的问题。有人声称,哈佛大学不仅利用了研究生,还剥夺了本科生与资深教师之间的深入交流。据说,在耶鲁大学和普林斯顿大学,本科生课程大多是由正规的教师教授的,而不是研究生。对此,哈佛大学的回答是,哈佛大学研究生只是负责教授大型课程的一部分。所谓大型课程,是指大批本科生先参加资深教师的讲座,然后由年轻、热情的助教带领15—18名学生进行密集学习。几乎所有的哈佛大学研究生都有机会通过参加德里克·博克教学中心(Derek Bok Center for Teaching and Learning)开设的课程来提高其教学技能。德里克·博克教学中心的相关项目包括课程录像、资深顾问辅导,以及微观教学评估(让教员提供为时五分钟的教学单元录像,然后点评其优势和不足)。

对于那些必须长时间工作的年轻男女来说,研究生的生活十分不易,因为,他们追求的研究,似乎远离"现实世界"中的问题。成绩造成的压力、与同龄人的隐性或公开的竞争、浸透着适者生存理念的氛围,以及看上去忧心忡忡的学院导师(其实未必如此),往往会导致研究生的焦虑和离群。由此导致的一个悲剧性的征兆是哈佛大学与其他大学研究生自杀的发生率。对此,哈佛大学文理研究生院的管理部门回应说,通过大学健康服务中心提供咨询,并审查该咨询系统的有效性。

相关条目 院长;多元化;哈佛历史上的第一(男士篇);哈佛历史上的第一(女士篇);"救生筏";大学健康服务中心。

相关网站 www.gsas.harvard.edu。

哈佛大学设计研究生院

使建筑师、景观设计师和城市规划师能适应快速变化的环境,是一项复杂的任务。哈佛大学设计研究生院(Graduate School of Design,GSD)必须应对像全球化这样的大趋势、不断发展的技术(比如计算器辅助设计)、新材料和建筑方法的应用,以及环境责任方面的政治与经济要求。所有这些因素催生了一种令人振奋的知识环境,同时也形成了一种极具挑战性的环境,需要设计研究生院能够容纳来自不同学科的不同观点与信息。

哈佛大学设计研究生院能授予三个不同但相关领域的学位。专业学位课程有助于毕业生进入建筑、景观设计和城市规划实务部门;至于学士后专业学位(post-professional degree)课程,可以满足相关从业人员的需要;博士学位课程则为学生提供了研究的机会和奖学金,为未来的教学提供了储备人才,并有助于推进设计专业人士的工作。

除了上述这些学位课程,哈佛大学设计研究生院还资助了一系列其他教学与研究项目和中心:

- 洛布奖学金项目(Loeb Fellowship Program),每年有 9—12 名处于职业生涯中期的专业人士在哈佛大学进行独立学习。
- 高管教育项目(Executive Education Program),为高级管理人员和执业设计师提供定制的课程。
- 职业发现项目(Career Discovery Program),一个为期 6 周的暑期项目,帮助年轻的专业人士寻找职业机会。
- 设计信息中心(Center for Design Informatics)。
- 城市发展研究中心(Center for Urban Development Studies)。
- 住房研究联合中心(Joint Center for Housing Studies)。
- 房地产学术倡议(Real Estate Academic Initiative)。

- 技术与环境中心(Center for Technology and Environment)。

哈佛大学设计研究生院拥有近100名教师,包括来自全球各地的访问学者,有550多名研究生在读。教师多为来自各自领域的领先从业者,他们与客户、融资机构和政治人物打交道的日常经验,令其教学平添了权威性和可信度。

哈佛大学设计研究生院成立于1936年,是哈佛大学各个专业学院中第二年轻的学院,仅次于肯尼迪政府学院(Kennedy School of Government)。然而,设计研究生院的缘起,可以追溯到1874年。当时,查尔斯·埃利奥特·诺顿(Charles Eliot Norton)教授在其讲授的美术课程中加入了建筑史的内容。后来,哈佛大学本科生可以攻读建筑学理学学士学位;得益于小弗雷德里克·劳·奥姆斯特德(Frederick Law Olmsted Jr.)和查尔斯·埃利奥特·诺顿等人的努力,哈佛大学设立了景观设计研究领域。最终,哈佛大学文理学院将这些学位项目转入了研究生层次。1936年,詹姆斯·科南特校长整合了哈佛大学在建筑、景观设计和城市规划方面的资源,组建了设计研究生院。首任院长是约瑟夫·赫德纳特(Joseph Hudnut),他是科南特校长从哥伦比亚大学建筑学院聘请来的。

赫德纳特是一位坚定的现代主义者。他就任哈佛大学设计研究生院院长后的首批举措之一就是,任命知名的德国包豪斯学校的改革者瓦尔特·格罗皮乌斯担任建筑系系主任;随后,格罗皮乌斯又引进了另一位知名的现代主义者马塞尔·布鲁尔(Marcel Breuer)。正是这些国际风格的代表改变了设计研究生院的定位,培养出了建筑界的许多重量级人物,如菲利普·约翰逊、爱德华·拉华比·巴恩斯(Edward Larrabee Barnes,哈佛大学1938届校友)、贝聿铭(I. M. Pei)和保罗·鲁道夫(Paul Rudolph)。设计研究生院被誉为前卫建筑和设计的主要据点,它也因引入"工作室"(studio)的做法而闻名。所谓"工作室",是一种围绕学生群组的协作努力、结构化的项目任务与跨学科的技术而构建的创新教学方法。

西班牙裔的美国现代主义者约瑟夫·路易斯·塞特于1953年接替赫德纳特担任设计研究生院的院长。其间,设计研究生院加强了对城市环境的关注,重建了城市规划系,并建立了全美首个城市设计学位项目。近来,设计研究生院推出了负责任的"土地与房地产开发"课程,并与肯尼迪政府学院合作开设了联合课程与学位项目。此外,设计研究生院还与文理学院密切合作,为本科生提供有关建筑环境的课程。

相关条目 肯尼迪政府学院。

相关网站 www.gsd.harvard.edu。

"大盐皿"及其他文物

哈佛大学最古老的银盘被称为"大盐皿"(Great Salt)。"大盐皿"在伦敦制造,1638年由伊丽莎白·格洛弗(Elizabeth Glover)带到新英格兰。三年之后,伊丽莎白与哈佛大学首任校长亨利·邓斯特结婚。可是,婚后两年,邓斯特夫人便去世了。她的兄弟将"大盐皿"送给了哈佛大学。

"大盐皿"是一个形状奇特的盐皿,其表面有一条中空的槽和三个带有涡卷装饰的尖头。在那个盐被视为一种相对昂贵且有价值商品的时代,一个优雅的盐皿会被放置在餐桌的上首。"大盐皿"被赠送给哈佛大学之后,它总是被错误地放在一边,因为它那凸起的尖头被误认为盐皿的腿。依照这方面的权威塞缪尔·埃利奥特·莫里森教授的说法,"'大盐皿'上的三个尖头或花饰,并不是盐皿的腿,而是用来挂住餐巾的"。可是,现在人们普遍认为,这三个尖头或花饰是用来支撑一盘水果的。

"大盐皿"是哈佛大学收藏的八件具有历史意义的银器之一,被严密保管着。在这八件银器中,有一件名为"斯托顿杯"(Stoughton Cup),由波士顿的银匠约翰·科尼(John Coney)为马萨诸塞州副总督威廉·斯托顿(William Stoughton,哈佛大学1650届校友)制作。这件银器于1701年哈佛大学毕业典礼上被赠送给了当时即将离任的英克里斯·马瑟(Increase Mather)校长。另一件银器是名为"霍利奥克杯"(Holyoke Cup)的酒汤杯,它曾经被哈佛大学校长爱德华·霍利奥克(1737—1769年在任)拥有,故而得名。还有一件美观悦目的银器名为"邓斯特大酒杯"(Dunster Tankard)。这件银器上刻有英文首字母H. D.,因此,它曾被认为属于前校长亨利·邓斯特。实际上,它是在1659年邓斯特去世80年后制作的。

哈佛大学珍藏的一些文物仅在哈佛大学校长的就职典礼和其他节日性场合才会对外展示,具体包括:

- 1650年经马萨诸塞湾殖民地议会认可的哈佛大学章程,由此建立了西半球现存最古老的法人。
- 哈佛大学记录第一册(1639—1795)。
- 哈佛大学校长的座椅,几乎呈三角形,座椅上还存留着树瘤。这张座椅是由清教徒时代的一位匿名设计师精心制作的。自1737年以来,哈佛大学的每位校长都会在就职典礼上使用它。
- 盒装的哈佛大学印章（1843 年、1885 年）。
- 超大款的哈佛大学钥匙，钥匙圈上所刻铭文为"虔诚之心"（with a pious mind）。它是由威廉·戈登·斯特恩斯（William Gordon Stearns，哈佛大学 1824 届校友）为爱德华·埃弗里特于 1846 年的就职典礼而赠送的。

上述文件、印章和钥匙都存放在哈佛大学档案馆。至于哈佛大学校长的座椅与部分银器，通常在福格艺术博物馆展出；在每年的哈佛大学毕业典礼上，校长会使用这把座椅。其余一些银器则被保存在福格艺术博物馆的金库里。

相关条目 档案馆。

警卫室

哈佛大学最小的建筑是一间新维多利亚式建筑风格的守卫室，它约有 1 平方米，高约 3 米，就在哈佛大学的约翰斯顿门以内。这间守卫室被称为"警卫室"，于 1983 年建成，共耗资 5.7 万美元。其实，超过一半的投资被用于相邻地带的修复和景观美化；警卫室属于小型的木结构建筑，其建造成本为 2.1 万美元，或每平方米约 78 美元。

这间守卫室是用来为驻守在此，负责管理哈佛园主要入口车辆交通的警卫遮风挡雨的。在剑桥历史委员会（Cambridge Historical Commission）决定对哈佛园及其建筑进行改建前，在同一个地方曾有另一座与警卫室大小类似的建筑。格雷厄姆·冈德联合公司（Graham Gund Associates）的建筑公司在格雷厄姆·冈德（Graham Gund，哈佛大学 1968 届建筑学硕士，哈佛大学 1969 届城市设计硕士）领导下，曾经提出了 100 种有关警卫室的设计方案，最后找到了一种完全符合剑桥历史委员会的方案。

最后，警卫室为哈佛园增添了一种快乐和谐的氛围。这间守卫室的拱形窗户与附近的哈佛堂遥相呼应；其墙壁使用了约 180 米外哈佛纪念教堂那坚固柱子的浅棕色阴影。警卫室的墙壁采用了凸起的钻石图案设计，不适合张贴装饰画。为了挫败那些可能会在夜间对警卫室打主意的恶作剧者，它的房基嵌入了花岗石中。

相关条目 建筑；大门；哈佛园。

073 — 093

  1893年,在速食布丁秀中上演的《是哈姆雷特,还是小伙子、幽灵和老处女》(*Hamlet, or the Sport, the Spook and the Spinster*)。这是现存时间最早的速食布丁秀的照片。

《哈佛之声》

对于那些胸怀文学抱负的哈佛大学本科生而言，《哈佛之声》（Advocate）往往是一个重要的跳板。这份刊物的历史可以追溯至1866年。它不仅是哈佛大学现存历史最悠久的出版物，也是"全美历史最悠久的大学文学与艺术评论"。《哈佛之声》的历任社长包括诸多文学名人，如诗人华莱士·史蒂文斯（哈佛大学1901届校友）、康拉德·艾肯（Conrad Aiken，哈佛大学1911届校友），后来成为有影响力的评论家的马尔科姆·考利（Malcolm Cowley，哈佛大学1919届校友）、詹姆斯·阿吉（James Agee，哈佛大学1932届校友），以及《纽约书评》（New York Review of Books）的创始人A.惠特尼·埃尔斯沃思（A. Whitney Ellsworth，哈佛大学1957届校友）。不过，在《哈佛之声》的前任社长中，也有人并未从事文学事业，如伟大的法学家勒尼德·汉德（Learned Hand，哈佛大学1893届校友）、古典学者且长期担任埃利奥特学舍舍监的小约翰·H.芬利，以及曾经公开美国五角大楼文件的经济学家与军事战略家丹尼尔·埃尔斯伯格（Daniel Ellsberg，哈佛大学1952届校友，哈佛大学1963届博士）。此外，前社长詹姆斯·劳克林（James Laughlin，哈佛大学1936届校友）后来成为一位颇具开拓性的出版商，并作为文学编辑获得了"珀伽索斯"（Pegasus）的荣誉称号，与他获得同一称号的还包括诗人罗伯特·布莱（Robert Bly，哈佛大学1949届校友）和唐纳德·霍尔（Donald Hall，哈佛大学1950届校友）。

许多名人在其本科阶段都曾为《哈佛之声》撰写过稿件，其中包括埃德温·阿灵顿·罗宾逊、T. S. 艾略特、E. E. 卡明斯（E. E. Cummings）、罗伯特·菲茨杰拉德（Robert Fitzgerald）、霍华德·内梅罗夫（Howard Nemerov）、诺曼·梅勒（Norman Mailer）和艾德丽安·里奇（Adrienne Rich）。此外，西奥多·罗斯福、富兰克林·罗斯福、约翰·里德（John Reed）和伦纳德·伯恩斯坦（Leonard Bernstein）也曾这样做过。从他们的部分信件与回忆录中可以看出，当《哈佛之声》录用了他们的一首诗或短篇小说时，他们会感到非常自豪。《哈佛之声》还刊载过许多知名作家的作品，其中包括威廉·S.巴勒斯（William S. Burroughs，哈佛大学1936届校友）、亨利·米勒（Henry Miller）、玛丽安·摩尔（Marianne Moore）、埃兹拉·庞德（Ezra Pound）、斯蒂芬·斯彭德爵士（Sir Stephen Spender）、理查德·威尔伯（Richard Wilbur）和威廉·卡洛斯·威廉斯（William Carlos Williams)。

《哈佛之声》每年出版四期，每期的内容包括短篇小说、诗歌、文学和艺术批评、摄影以及对艺术界知名人物的采访。该杂志可以登载广告，每份杂志售价5美元，一年的订阅费用为25美元。该杂志的编辑部成员和负责业务的成员合计约为50名哈佛大学本科生。

《哈佛之声》设有一个理事会，由该杂志的前工作人员组成，理事会的主席是律师兼小说家路易斯·贝格利（Louis Begley，哈佛大学1954届校友，哈佛大学1959届法学学士）。理事会根据需要，协助解决该杂志的财务与行政问题。此前，该杂志曾在资金管理方面出现问题，并与其位于南街（South Street）22号的办公地的房东哈佛大学房地产办公室的关系陷入困境，有人曾提议该杂志停止出版。此时，理事会前来"救援"，恢复了稳定局面。现在，《哈佛之声》依然是一本由学生运营的出版物，致力于延续其文学和艺术创作的传统。

相关条目 艺术。

相关网站 www.hcs.harvard.edu/_advocate。

哈佛学院

在常见的措辞中，"哈佛学院"（Harvard College）代表了哈佛大学历史最悠久的组成部分：文理学院。不过，令人困惑的是，哈佛大学的主要管理机构——哈佛大学理事会，其成员在法律上被视为哈佛学院的院长与理事。可以说，"哈佛学院"这一古老的称呼非常准确地表明了该学院就是哈佛大学地理和精神上的中心。哈佛学院的核心是哈佛园及其30多幢建筑，坐落在一块被17世纪定居者称为"牛栏街"（Cow-yard Row）的地块及其周边。

1636年秋，美国第一所英语大学由马萨诸塞湾殖民地议会建立，两年之后开始蹒跚起步。最初，这所学院仅有十余位学生与一位舍监纳撒尼尔·伊顿（Nathaniel Eaton，被人称为专横的"暴徒"）。该学院开课数周之后，附近的查尔斯敦（Charlestown）有一位年轻的清教徒牧师约翰·哈佛离世，他将自己的一半遗产与400多本藏书遗赠给了这所羽翼未丰的学院。当时，这所学院只是被人们称为"位于剑桥的学院"。1639年，马萨诸塞湾殖民地议会投票表决，"之前在剑桥设立的这所学院，应被称为哈佛学院"。

如今，哈佛学院的男女学生合计约为6650名，他们来自全美的50个州和全球的6大洲,涵盖了不同的社会经济地位、种族和宗教背景,这是任何与之类似的机构所无法超越的。哈佛学院的校友人数已超过了8万人。从历史上看,校友们持续参与哈佛学院的发展过程,比如,在哈佛设立教席、支持哈佛的经济资助项目、为哈佛吸引"非同一般"的申请者、支持哈佛的本科生组织与团队,以及维修并扩建哈佛学院的实体等。多年以来,校友通过不同的渠道,协助监督和管理哈佛学院的事务。其中,有的校友作为哈佛大学监事会的成员,通过监事会下设的校外专家委员会和哈佛校友会下设的委员会发挥自己的作用;有的校友作为哈佛招生办公室的志愿面试官。衡量校友对于母校感情的一个指标是哈佛学院基金会(成立于1926年)的成就。近年来,该基金会每年获得的捐赠高达1亿美元,并且每年都会刷新记录。

自1890年以来,哈佛学院一直是哈佛大学文理学院的一部分。尽管哈佛学院与拉德克利夫学院联合为女性提供"男女同校"式的教育,但在20世纪70年代以前,哈佛学院只招收男生。70年代,两所学院的住宿和课程辅导系统合并,其招生办公室合二为一,并采取了一项未来入学机会平等的政策。1999年,拉德克利夫学院与哈佛学院完全合并。现在,在哈佛学院的学生中,几乎有一半是女性。

相关条目 招生;校友;多元化;筹款;治理;学舍;约翰·哈佛及其塑像;拉德克利夫学院;哈佛园。

相关网站 www.college.harvard.edu。

《绯红报》

《绯红报》(*Crimson*)是哈佛大学唯一的一份日报。在哈佛大学,有许多份本科生的报纸与杂志,如《独立》(*Independent*)、《当代》(*Current*)、《多样与卓越》(*Diversity & Distinction*)、《观点》(*Perspective*)和《出色》(*Salient*)等。依据一项近期的统计,在哈佛大学官方认可的226个学生组织中,有26个学生组织有出版物。不过,在刊发频率、报道的综合性、社论的尖锐性,以及有胆识的特辑等方面,这些出版物均无法与《绯红报》相提并论。

在哈佛社群里,许多成员的一天都是从阅读《绯红报》开始的。作为"剑桥唯一一份在早餐餐桌上阅读的日报",《绯红报》的读者人数预计为1万人。《绯红报》会被免费分发到哈佛本科生的宿舍楼,其他读者则必须订阅,或是在剑桥当地的报摊上买上一份《绯红报》,或是浏览《绯红报》的网络版。据《绯红报》网络版宣称,其每周的点击量超过了100万次。

已故的戴维·里斯曼(David Riesman)教授曾任哈佛《绯红报》的编辑。他将这份报纸视为"美国最好的本科生报纸"。不过,哈佛大学的部分教职员与管理人员则有不同意见;少数人认为自己被《绯红报》曲解了,以至于读这份报纸的时候,他们有一种被灼伤的感觉,因此,他们不再接受《绯红报》记者的采访。尽管如此,保持新闻的客观性,依然是《绯红报》的目标。

《绯红报》诞生于1873年1月24日。当时,它是一份名为《洋红报》(*The Magenta*)的双周刊。在这份报纸的首期上,赫然印着一句格言——"我不追求高深莫测,而是要让更多人读到"(I won't philosophize and will be read)。1875年,这份报纸更名。当时,哈佛大学运动队采用绯红色作为其官方颜色。曾有一段时间,这份报纸仅被用于记录哈佛学院非官方的活动。后来,《绯红报》的版面以体育报道为主。渐渐地,《绯红报》成为一份提供全方位服务的报纸,其中包括评论版、艺术版、不同政治派别的作家专栏,以及表达《绯红报》编辑的多数意见与不同观点的社论版。自1925年以来,《绯红报》还刊载过哈佛学院的课程机密指南,该指南秉笔直书,有时候还带有讽刺的意味。

依照《绯红报》的说法,哈佛的所有学生都可以成为该报的编辑与业务人员。尽管这份报纸可能并不能为哈佛赚得大笔的利润,但是,在大多数的情况下,它都会给该报的高级编辑们带来相当可观的回报。比如,《绯红报》的工作经历,已帮助无数曾在此工作过的哈佛学生在"现实世界"中谋得了其在媒体界的职位。这一说法出自《绯红报》理事会的一位前主席在该报开设的专栏。在《纽约时报》(*New York Times*)、《华盛顿邮报》(*Washington Post*)、《洛杉矶时报》(*Los Angeles Times*)和《新共和》(*New Republic*)、经常会刊载署名为《绯红报》前专栏作家的文章,或者同步刊载其专栏文章。在《绯红报》早期成员中,不乏在新闻界或公共生活中获得杰出成就者:富兰克林·D. 罗斯福、沃尔特·李普曼(Walter Lippmann,哈佛大学1910届校友)、约瑟夫·艾尔索普(Joseph Alsop,哈佛大学1932届校友)、戴维·洛克菲勒(David Rockefeller,哈佛大学1936届校友)、西奥多·H. 怀特(Theodore H. White,哈佛大学1938届校友),以及约翰·F. 肯尼迪。

在全美历史最悠久的学院报纸中,《绯红报》排名第二,仅次于《耶鲁每日新闻》(*Yale Daily News*)。《绯红报》的总部是位于普林普顿街(Plympton Street)14号的一座新殖民主义风格的砖楼,建于1915年。

相关条目《绯红报》;《哈佛大学公报》;哈佛学院。

相关网站 www.thecrimson.com。

存于别处的哈佛

　　哈佛大学的下辖区域远远超出了剑桥市的范围。比如,哈佛商学院与战士体育场体育综合设施就位于查尔斯河对面的奥尔斯顿。如今,哈佛大学在奥尔斯顿拥有的土地面积约为 137 万平方米,远远多于其在剑桥所占有的 89 万平方米。哈佛大学奥尔顿斯校区未来将主要用于学术目的。自 1810 年以来,哈佛医学院一直位于波士顿,哈佛口腔医学院与公共卫生学院也在波士顿。在距离哈佛医学院校园以南 3 公里的牙买加平原,自 1872 年以来是阿诺德植物园(哈佛大学园艺和植物学研究场所)的田园绿地所在地。现在,在战士体育场和哈佛商学院上游 3 公里处的沃特敦有一座美国的旧军火库,现在也属于哈佛大学所有。哈佛大学于 2001 年以 1.62 亿美元买下了这座旧军火库,并进行了装修,以接纳哈佛商学院的出版部门与其他"租户"。

　　哈佛大学比较动物学博物馆的康科德试验站(Concord Field Station)占地约 303 万平方米,跨越了剑桥市郊区的康科德(Concord)、卡莱尔(Carlisle)和贝德福德(Bedford)。哈佛大学储藏书库(Harvard Depository)位于剑桥市以西 40 公里的绍斯伯勒,它存储了哈佛大学图书馆系统 60% 以上的馆藏。与之邻近的马尔伯勒(Marlborough)是哈佛医学院的一个"前沿阵地"——新英格兰灵长类动物研究中心(New England Primate Research Center)。由此再往西,到了彼得沙姆(Petersham),哈佛在那里有一片占地约 1011 公顷的森林。这片森林包括菲利普斯顿(Phillipston)、罗亚尔斯顿(Royalston)和汉密尔顿(Hamilton)的部分区域。

　　哈佛大学拥有一座位于马萨诸塞州什鲁斯伯里(Shrewsbury)的房子,它建于 1727 年,曾经是美国独立战争时大陆军首任总司令阿蒂马斯·沃德(哈佛大学 1748 届校友)的宅邸。现在,它是一座博物馆。在缅因州,哈佛大学的成员可以在基特里点(Kittery Point)的威廉·迪安·豪威尔斯纪念楼(William Dean Howells Memorial House)与东北港一个岛屿上的肯德尔楼(Kendall House)进行学术或娱乐活动。在康涅狄格州的莱迪亚德(Ledyard),有一个名为"红顶"(Red Top)的占地约 8 万平方米的庄园,是哈佛大学为了在每年的泰晤士河赛艇比赛中对抗耶鲁大学,专为男子队设立的训练区。哈佛大学的赛艇队成员于 1881 年买下了这座庄园。

哈佛大学还有三个研究中心在更远的地方：位于华盛顿特区的希腊研究中心(Center for Hellenic Studies)、敦巴顿橡树园研究图书馆与收藏库，以及位于佛罗伦萨郊外塔蒂别墅(Villa I Tatti)的意大利文艺复兴研究中心(Center for Italian Renaissance Studies)。哈佛商学院在加利福尼亚州的硅谷、布宜诺斯艾利斯、圣保罗、香港、东京和巴黎均设有办事处。位于土耳其西部的萨迪斯(Sardis)古城是哈佛大学领导下的一个考古勘探点。

早些时候，哈佛大学在国外还设有其他的"前哨站"。1889年，哈佛大学在秘鲁的利马(Lima)附近的一座小山上建造了哈佛天文台，后来这座小山更名为"哈佛山"(Mount Harvard)。后来天文台的设备很快被转移到了秘鲁的阿雷基帕(Arequipa)。1927年，该天文站迁移到了南非的布隆方丹(Bloemfontein)，哈佛大学的天文学家在那里工作，直到20世纪50年代哈佛大学终止对该天文台的资助。此外，在20世纪20年代，哈佛医学院曾设有一所热带医学院(School of Tropical Medicine)，并在巴拿马运河区(Panama Canal Zone)和古巴的索莱达(Soledad)设有研究站。

哈佛之名还出现在一些与哈佛大学并无正式联系的地方。比如，在马萨诸塞州、伊利诺伊州、爱荷华州、内布拉斯加州和爱达荷州都有名为"哈佛"的城镇。其中，历史最悠久的当属马萨诸塞州的哈佛市。该市建立于1732年，由乔赛亚·威拉德(Josiah Willard，哈佛大学1698届校友)命名。他的父亲塞缪尔·威拉德(Samuel Willard)曾于1701—1707年担任哈佛大学的代理校长；他的孙子约瑟夫·威拉德(Joseph Willard)于1781—1804年担任哈佛大学校长。这个名为哈佛的城镇位于剑桥市西北约40公里处，人口为5000人，其中包括哈佛大学的部分教职员。哈佛—史密松森天体物理中心(Harvard-Smithsonian Center for Astrophysics)的橡树岭天文台(Oak Ridge Observatory)就在那里。

在伊利诺伊州有一个主营乳制品的哈佛市。该市建于1856年，由一个名为艾尔(E. G. Ayer)的人以其故乡马萨诸塞州的哈佛市而命名。17年之后，在内布拉斯加州设立了哈佛市，盛产谷物。爱荷华州的哈佛市初建于1879年，最初名为"格兰维尔"(Grainville)。可是，后来发现爱荷华州已经有一个格兰维尔市了，于是，它被改名为"哈佛市"。爱达荷州的哈佛市于1906年设立，隶属于该州的拉塔县(Latah County)。值得一提的是，拉塔县共有8个以大学命名的城镇，其中包括普林斯顿、耶鲁、斯坦福和瓦萨(Vassar)。

海拔约4395米的哈佛山(请不要将其与利马附近的一座山峰相混淆)是科罗拉多州的第三高峰。哈佛山比附近的普林斯顿山(Mount Princeton)高67米，比耶鲁山(Mount Yale)高 68 米。在阿拉斯加州的威廉王子湾(Prince William Sound)附近有名为哈佛和拉德克利夫的冰川,还有其他名为阿默斯特(Amherst)、布林茅尔(Bryn Mawr)、达特茅斯(Dartmouth)、拉斐特(Lafayette)、史密斯(Smith)、韦尔斯利(Wellesley)和威廉姆斯(Williams)的冰川。哈佛冰川长度超过了 37 公里,而拉德克利夫冰川更陡峭且长度较短。

由于有许多教育机构试图将"哈佛"之名用于商业用途,因此,哈佛大学的技术和商标许可办公室(Office for Technology and Trademark Licensing)采取了坚决的行动。不过,某些对"哈佛"之名的使用被视为无冒犯之意。比如,将斯坦福大学描述为"美国西部的哈佛",通常被视为对这两所大学的称赞。莱斯大学(Rice University)有时被称为"美国西南部的哈佛"。在美国南部,杜克大学(Duke University)与埃默里大学(Emory University)还在争执谁才是"美国南部的哈佛"。尼科尔斯州立大学(Nicholls State University)的 T 恤上印着"路易斯安那州的哈佛"的字样。不过,千万别搞错:真的只有一个哈佛大学。

相关条目 奥尔斯顿;阿诺德植物园;商学院;口腔医学院;敦巴顿橡树园;消失的哈佛;哈佛森林;图书馆;医学院;天文台;萨迪斯;公共卫生学院;战士体育场;商标保护和技术转让;塔蒂别墅。

哈佛森林

哈佛森林位于马萨诸塞州的彼得沙姆镇(Petersham)外,其主体部分占地约 1214 万平方米,其中包括森林、池塘、湿地和多样化的种植园。这是一块远离哈佛广场的哈佛大学的"飞地"。所幸,哈佛森林距离哈佛大学不算太远。从剑桥市出发,沿着 2 号公路(Route 2)往西走约 104 公里就到了。

在彼得沙姆镇这一典型的新英格兰社区里,设有与哈佛森林相关的办公室、实验室、温室、博物馆与研讨空间。通常,这里的研究项目侧重于生态与保护,尤其关注新英格兰地区中部森林的历史与演变。具体而言,研究涉及土壤与森林用地概念的发展、温带和热带树木的生物学、森林生态与经济学,以及生态系统动力学。费希尔博物馆(Fisher Museum)以哈佛森林的首任主管理查德·费希尔(Richard Fisher)命名,馆内收藏了 23 个三维立体模型。每个模型都呈现出了新英格兰中部森林的某一面。在彼得沙姆镇,共有 40 余名专业人士和支持人员。至于哈佛森林的附属部分,包括马萨诸塞州汉米尔顿(Hamilton)的并未毗连的松树、铁杉和针叶树种植园,以及新罕布什尔州西南部的毗斯迦(Pisgah)原始森林。

1907年,哈佛森林的土地所有者们将其转让给了哈佛大学。相邻所有者的进一步馈赠简化了哈佛森林的边界问题,使进出这片森林有了确定的通道。哈佛森林是全美最古老的示范区和造林研究实验室。

哈佛森林负责哈佛大学文理学院的林业方面的研究生课程。老师们还在各个院系开设相关课程,如有机体和进化生物学(Organismic and Evolutionary Biology)、地球和行星科学(Earth and Planetary Sciences),以及新生研讨会项目(Freshman Seminar Program)。这片森林的运营资金来自捐赠以及政府、私人基金会的资助。

相关条目 阿诺德植物园;存于别处的哈佛。

相关网站 harvardforest.fas.harvard.edu。

哈佛基金会

在民权运动的推动下,非裔美国人在以白人为主的教育机构中的入学人数,在20世纪70年代翻了一番。1971—1976年,哈佛大学授予了300多名黑人毕业生学位,超过了19世纪毕业于哈佛大学的黑人毕业生的人数。不过,招录更多的黑人学生并不能确保所有人都能获得令人满意的教育体验。即使是那些在学术和社会上最为成功的人士,也经常说他们觉得自己曾经身在哈佛,却不属于哈佛。对于那些有过种族隔离或部分种族隔离经历的人来说,大学似乎成了一个陌生的地方。20世纪70年代末,哈佛大学的黑人学生要求校方效法布朗大学、普林斯顿大学、斯坦福大学、塔夫茨大学和耶鲁大学等机构,资助设立一个第三世界中心。

时任哈佛大学校长的德里克·博克任命了一个由哈佛大学学生和教职员组成的委员会,旨在权衡创建一个多元文化中心的利与弊。该委员会的主席是彼得·J.戈梅斯牧师(哈佛大学1968届神学学士,哈佛纪念教堂的牧师兼任哈佛大学的普卢默基督教道德教授)。为了避免第三世界中心被视为一个少数族裔成员的避风港,该委员会的报告提出了一个替代方案,即设立一个基金会,以便通过文化互动促进种族间的理解。尽管设立第三世界中心的倡导者反对该委员会的这一计划,但博克校长批准了这一计划,并任命哈佛医学院的一位教授小S.

艾伦·康特尔博士（Dr. S. Allen Counter, Jr.）主管哈佛大学跨文化和种族关系基金会（Harvard Foundation for Intercultural and Race Relations）。

早先，该基金会在大学堂的一个小房间里办公。基金会的主管康特尔是一位非裔的美国神经科学家，他曾在非洲、亚洲和南美洲实地工作过，是一位非常有毅力的组织者。他与哈佛大学的本科生密切合作，在哈佛大学开设了系列讲座、论坛和文化课程。其中，一个名为"文化节奏"（Cultural Rhythms）的全校范围的表演与美食节很快就成为哈佛大学的年度盛事。

现在，该基金会在哈佛大学的塞耶堂设有办公空间。该基金会持续赞助电影与系列讲座，举办关于种族研究与在科学、工程领域促进少数族裔和妇女发展的年会，并每年邀请常春藤联盟高校参加"五月五日节"（西班牙语为"*Cinco de Mayo*"）的庆祝活动。近年来，该基金会邀请的演讲嘉宾来自各行各业，其中包括联合国的三位秘书长、演员成龙（Jackie Chan）、安迪·加西亚（Andy Garcia）、吉米·史密茨（Jimmy Smits）和丹泽尔·华盛顿（Denzel Washington），德斯蒙德·图图（Desmond Tutu）大主教，以及美国纳瓦霍族保留地最高法院的诸位法官。

相关条目 平权行动；多元化。

相关网站 www.fas.harvard.edu/~harvfoun。

哈佛堂

现在为人们所知的哈佛堂于 1766 年开放，一直是哈佛大学举行讲座与上课的地方。它是哈佛大学第五座历史最悠久的建筑物，建在早期两幢哈佛堂的旧址之上。这座庄严的红砖建筑有着引人注目的白色圆顶（哈佛大学的钟曾悬挂于此），矗立在哈佛大学最初的四方庭院的北侧，面对着哈佛大学现存最古老的建筑物——马萨诸塞堂。

在哈佛历史上，第一幢哈佛堂，也被称为"老学院"（Old College），于 1638 年夏天开始动工，但是直到 1642 年才竣工。依照当初出版的一本小册子的说法，"老学院"是一幢木制建筑，设有山墙、天窗和屋顶塔楼。"如果在荒野中，它显得太华丽了。可是，对于一所学院而言，它又令人感觉太简陋了。……所幸，它有一个不错的大厅、舒适的书房和一座齐全的图书馆。"然而，"老学院"竣工仅五年，时任哈佛大学校长的亨利·邓斯特便哀叹道："屋顶、墙壁和地基每年都在腐烂。"另据 1679 年的一份报道,"老学院"的"部分建筑已坍塌了"。余下的部分后来也被拆除了,取而代之的是另一个哈佛堂,于 1677 年竣工。它用砖砌成,融合了中世纪与文艺复兴时期的建筑特色。与第一幢哈佛堂一样,当时哈佛大学的教室、小教堂、图书馆、食堂和寝室都设在这幢楼里。直到 1764 年 1 月 24 日的一场暴风雨,第二幢哈佛堂毁于火灾之中。这场灾难性的火灾还烧毁了哈佛大学图书馆的 5000 册藏书。

遭遇火灾之后,一直于学校放假期间在哈佛堂开会的马萨诸塞湾殖民地议会投票决定拨款修建第三幢哈佛堂,由马萨诸塞州总督弗朗西斯·伯纳德负责设计,耗时两年时间完工。第三幢哈佛堂也设有一座小教堂、图书馆和食堂,却没有为哈佛的学生或教师提供宿舍,因此成为全美首幢专门用于学术用途的大学建筑。在这幢建筑的二楼,是哈佛首座博物馆。依据 19 世纪哈佛大学的一位图书管理员的描述,这座博物馆"收藏了用酒精浸制的爬行动物标本、塞入填充物的野兽和鸟类的剥制标本,以及五花八门的令人好奇的藏品,它们虽然在全美的统计中引人注目,但却让管理员劳心劳力"。在哈佛堂内挂满了画作,图书馆里有许多木制品,食堂也装饰得非常华丽。班布里奇·邦廷在其著作《哈佛建筑史》中将这幢建筑誉为"布尔芬奇(Bulfinch,首位在美国本土出生的专业建筑师,美国国会大厦的设计者)之前美国大学最精致的建筑,尽管它的重要性一直被建筑史学家所忽视"。

1815 年,哈佛堂内的小教堂与用餐区被转移到了大学堂,哈佛堂的一楼便被改建为教室、一间"矿物学陈列室"和实验室,而整个二楼被移交给了哈佛大学图书馆。后来,哈佛堂增设的部分建筑明显地改变了这幢建筑的布局。比如,1842 年新建了一个中庭。1870 年,为了给哈佛大学的科学院系提供讲座和图书馆空间,中庭的两侧增设了高达一层楼的建筑。这种布局改变一方面体现了建筑师的善解人意,另一方面也尊重了该建筑物最初的完整性;负责改变布局的建筑师是韦尔·布伦特(Ware Brunt)和范·布伦特(Van Brunt),他们还负责设计了哈佛的纪念堂与韦尔德堂(Weld Hall)。1968 年,哈佛堂内部进行了大规模的重建,以符合当时更为严格的消防安全要求。这项重建工作也考虑到了这座精美的老建筑的 18 世纪特征。

现在哈佛堂这座历史悠久的建筑已实现了设施的更新,如设置了舒适的座位。同时,教室里配有视频与音频设备。

相关条目 建筑;钟声;消失的哈佛;火灾;图书馆;科学博物馆。

哈佛英雄

哈佛大学在许多场合尊崇其杰出的学生或教职员。自 20 世纪 90 年代中期以来，哈佛大学正式授予其认定的杰出教职员"哈佛英雄"（Harvard Heroes）的荣誉称号，以此彰显他们的成就。这些"哈佛英雄"效力于哈佛大学的一系列办公室与单位：

校友事务与发展办公室（Alumni Affairs and Development）
阿诺德植物园（Arnold Arboretum）
教职工俱乐部（Faculty Club）
财务管理部（Financial Administration）
政府、社区和公共事务部（Government, Community, and Public Affairs）
《哈佛杂志》（Harvard Magazine）
哈佛大学出版社（Harvard University Press）
人力资源部（Human Resources）
校长办公室（Office of the President）
规划和房地产部（Planning and Real Estate）
哈佛大学餐饮服务部（University Dining Services）
哈佛大学健康服务中心（University Health Services）
哈佛大学信息系统（University Information Systems）
哈佛大学图书馆（University Library）
哈佛大学运营服务部（University Operations Services）
哈佛大学警察局（University Police Department）

每年的 6 月中旬，在大多数学生与教师离校后，哈佛大学校园显得相对安静，这时上述这些核心行政单位的近千名成员会汇聚于桑德斯剧院，庆祝新一届"哈佛英雄"取得的成就。这些核心行政单位可以遴选个人——在某些情况下，也可以遴选团队——成为新一届的"哈佛英雄"。仪式简短又欢乐，包括精心制作的获奖者介绍、获奖者面容与声音的视频拼贴，以及哈佛大学校长的祝词。庆祝活动的尾声是在安嫩伯格堂举办的招待会，由"哈佛英雄全明星车库乐队"（Harvard Heroes All-Star Garage Band）负责演奏。

正如劳伦斯·萨默斯校长在一次仪式上所说,"哈佛大学不会忘记那些长期效力、表现良好且内敛的人,正是他们使哈佛大学成为一个运转良好、公平和有人性化的地方"。

相关条目 《哈佛大学公报》;郊游与客栈计划。

哈佛冈

哈佛大学最不为人知的"前哨"之一是在剑桥久负盛名的奥本山公墓(Mount Auburn Cemetery)的"紫红之路"(Amaranth Path)和"玫瑰小径"(Rose Path)交界处的一个平缓高地。哈佛大学理事会于1833年买下了这座山丘,作为那些没有家族墓地的哈佛教师、校友或学生的墓地。现在,差不多有40人被安葬于此。

在那些被安葬于哈佛冈的人之中,首先值得铭记的是约翰·胡克·阿什蒙(John Hooker Ashmun,哈佛大学1818届校友)。阿什蒙生前是哈佛大学的罗亚尔法学教授(Royall Professor of Law),于1833年逝世。在哈佛冈上,有两个石棺型墓碑,阿什蒙的遗体被葬在其中一个墓碑之下。另一个石棺型墓碑是用来缅怀哈佛大学第14任校长约翰·桑顿·柯克兰,其遗体实际上是葬在奥克斯利斯路(Oxalis Path)的洛奇(Lodge)家族墓地里。在阿什蒙和柯克兰逝世后的数十年里,哈佛冈竖立的墓碑是为了纪念在美国内战中罹难的亨利·莱曼·帕滕(Henry Lyman Patten,哈佛大学1858届校友),1880年获得哈佛大学荣誉学位后不久去世的纳沙泰尔伯爵(Count Neuchâtel)刘易斯·弗朗索瓦·德·波塔雷斯(Louis François de Pourtalés),研究古希腊、拜占庭时期希腊和现代希腊的哈佛大学教授伊万杰利诺斯·阿波斯托利季斯·索福克勒斯,以及哈佛法学院的首任院长克里斯托弗·哥伦布·兰德尔(Christopher Columbus Langdell)。

除了那些被安葬于19世纪的人物,哈佛冈近年来又迎来了一批新的加入者,他们是曾为哈佛大学效力的教职员或行政人员,这使哈佛冈成为一个特别适宜的归葬地。这些人包括威廉·阿尔弗雷德〔William Alfred,哈佛大学的洛厄尔人文荣誉教授(Lowell Professor of the Humanities Emeritus)〕、卡尔·W.多伊奇(Karl W. Deutsch,哈佛大学政府学院教授)、小查尔斯·A.迪特马斯(哈佛大学光荣的钟表守护者)、阿奇·C.埃普斯三世(Archie C. Epps III,教务长)、内森·I.哈金斯(Nathan I. Huggins,哈佛大学教授,主要研究非裔美国人)、约翰·R.马昆德(John R. Marquand,哈佛大学1963届文学硕士,哈佛大学文理学院秘书)、罗伯特·诺齐克(Robert Nozick,哈佛大学教授),以及 W. C. 伯里斯·扬(W. C. Burriss Young,哈佛大学 1955 届校友,哈佛大学 1956 届文学硕士,分管新生的副院长)。

如果要安葬在哈佛冈,需要获得哈佛大学理事会的批准。由于墓地的空间越来越少,如今只能埋葬火化后的遗骸。从哈佛冈可以俯瞰哈佛大学的美景,如纪念堂、威廉·詹姆斯堂、查尔斯河畔的塔楼,以及远处的哈佛体育场。哈佛冈上有一座竖立于 1996 年的雄伟墓碑,其铭文是:"我的一生就像赛跑,我喜欢观看赛跑。——约翰·梅斯菲尔德(John Masefield),哈佛大学 1918 届文学博士。"这段墓志铭继续写道:"这块平静之地,是哈佛大学校长与哈佛大学理事会的诸位成员于 1833 年为哈佛大家庭的成员谋得的。在他们的长眠之地,依然可以看到他们所爱的哈佛。"

相关条目 时钟;上帝之地;存于别处的哈佛。

相关网站 www.mountauburn.org。

《哈佛杂志》

《哈佛杂志》(*Harvard Magazine*)是双月刊,发行量为 23 万份。一个多世纪以来,该杂志几易其名,最后定名为《哈佛杂志》,存续至今。该杂志刊载的是与哈佛相关的人撰写的有关哈佛的事,而该杂志的读者也与哈佛有关。可以说,该杂志的内容非常有限制性。然而,《哈佛杂志》绝非哈佛大学管理层的一份内部刊物,也不是一份只有上年纪的哈佛校友才感兴趣的刊物。这在一定程度上是因为哈佛大学拥有许多国际知名的教师,学生来自全球各地,且其研究项目在大多数领域居于世界前沿。因此,该杂志的文章几乎总是吸引"广大读者"。

通常,每期《哈佛杂志》都涵盖了毕业班情况、校友和教职员的讣告,以及深深打上哈佛烙印的名为"哈佛学院的水泵"(The College Pump)、"浏览者"(The Browser)和"约翰·哈佛的日志"(John Harvard's Journal)的常规专栏。不过,该杂志也会刊载广大读者感兴趣的文章。近年来该杂志刊载过以下文章:《从纳粹手中拯救文化》(Saving Culture from the Nazis)、《心灵、大脑和行为》(Mind, Brain, and Behavior)、《一场精彩的小战争》[A Splendid Little War,讲的是哈佛大学三位最杰出的校友即亨利·卡博特·洛奇(Henry Cabot Lodge)、威廉·伦道夫·赫斯特和西奥多·罗斯福在美西战争(Spanish-American War)的前夕发挥的关键作用]、《民主的前景》(Democracy's Prospects,一场关于美国机构治理问题的专题讨论),以及《常春藤联盟体育竞技的专业化》(The Professionalization of Ivy League Sports)。

至少有三篇封面文章吸引了全美读者的关注,《哈佛杂志》因此收到了数十封来信。其中,有一篇封面文章认为,牛津伯爵才是莎士比亚戏剧的真正作者。另一篇封面文章对西斯廷教堂屋顶的修复方式提出了批评。第三篇封面文章的作者是哈佛大学的一位同性恋校友,他在文中描述了他在哈佛大学的不愉快经历。这篇文章使《哈佛杂志》的读者来信装满了信箱。其中,部分读者来信源自于作者的性取向,部分读者对哈佛大学录取了作者这样的学生而感到愤怒,还有一些读者则谴责其他作家对同性恋缺乏宽容。

《哈佛杂志》继承了丰厚的遗产。1898 年,该杂志初创,原名《哈佛公报》(*Harvard Bulletin*),实行付费订阅。当时,它对哈佛学院面临的诸多有争议的问题表达了独立的见解。1910 年,该杂志更名为《哈佛校友公报》。1973 年,该杂志改为现名。此后不久,考虑到出版杂志的经济成本的变化,该杂志从月刊改为双月刊,同时放弃了付费订阅的政策,并与哈佛大学的行政管理部门合作,将免费寄送的范围扩大至哈佛大学的大多数校友与官员。为了确保《哈佛杂志》继续保持其编辑的独立性,该杂志的编辑与业务人员制定了一项有效的志愿支持项目。换而言之,该杂志约 1/3 的收入来自读者的捐款,广告收入与哈佛大学的资金支持用以支付余下的运营成本。

自 1936 年以来,《哈佛杂志》的常规专栏一直是由本科生负责撰写的。这里的"本科生"作者是通过竞争遴选产生的,其中,许多人后来成了出色的职业新闻工作者。其中,最为知名的是前《纽约时报》专栏作家 J. 安东尼·刘易斯(J. Anthony Lewis,哈佛大学 1948 届校友)、《新闻周刊》专栏作家罗伯特·J. 萨缪尔森(Robert J. Samuelson,哈佛大学 1967 届校友)、在线杂志《石板》(*Slate*)及《交火》节目(Crossfire,美国夜间时事辩论电视节目)的小组成员迈克尔·金斯利(Michael Kinsley,哈佛大学 1972 届校友)、散文家兼《美国学者》(*The American Scholar*)的编辑安妮·法迪曼(Anne Fadiman,哈佛大学 1974 届校友)、《纽约时报》记者戴维·桑格(David Sanger,哈佛大学 1982 届校友),以及自由撰稿人兼评论家亚当·古德哈特(Adam Goodheart,哈佛大学 1992 届校友)。

在杂志新闻这一领域,《哈佛杂志》的声誉很高。作为其他大学同行出版物效法的对象,《哈佛杂志》正迈着轻快的步伐,继续前行。

相关条目 校友;同性恋。

相关网站 www.harvardmagazine.com。

"哈佛邻里"

新人可能会感觉哈佛对他们不太热情。多年以来,哈佛一直保留了那种所谓真正意义上的波士顿人的风格,部分来自非新英格兰地区(波士顿是新英格兰地区最大的城市。——译者注)的人也已经适应了波士顿上层阶级的习惯。众所周知,在哈佛,要想跻身那些有历史且稳固的团体,如哈佛教职工俱乐部的核心以及学术院系、社交俱乐部或者(特别是)私人午餐会或用餐小团体的内部圈子,是十分困难的。

"哈佛邻里"(Harvard Neighbors)是一个志愿者组织,旨在将上述那种令人生寒的场景变得活跃起来。该组织成立于1894年,最初是一个由哈佛教职员的妻子们组建的名为"大学茶协会"(College Teas Association)的团体。现在,该组织对所有哈佛教职员工及其配偶或伴侣开放。它的使命是在哈佛的新老教职员之间营造一种集体归属感。除了举办一系列的讲座、午餐会、茶会、展览和家庭出游外,"哈佛邻里"还赞助了许多兴趣小组的聚会,具体包括以下方面:

艺术的奇遇(Adventures in Art)
五点之后(After Five)
午桥(Afternoon Bridge)
艺术、创意和意图(Art, Creativity, and Meaning)
读书小组(Bookgroups)
电影爱好者联合会(Cinephiles Unite)
国际妇女共同体(A Community of International Women)
创意刺绣(Creative Needleworks)
英语会话(English Conversation)
婴幼儿游戏组(Infant and Toddler Playgroup)
简·奥斯汀读书会(Jane Austen Reading Group)
日本文化(Japanese Culture)
编织与钩针编织(Knitting and Crocheting)
语言会话(德语、意大利语和日语)[Language Conversations (German, Italian, Japanese)]
缝聚会(Quilting Bee)

自传文学(Self-guided Autobiography)

网球(Tennis)

水彩研习班(Watercolor Workshops)

女性赞美诗(Women's Chorale)

瑜伽(Yoga)

"哈佛邻里"的办公室位于昆西街17号的地下室,这里也是哈佛大学管理委员会的所在地。"哈佛邻里"的会费是象征性交纳的。在"哈佛邻里"的前身"大学茶协会"成立时,就声明其目的在于"促进哈佛大学女生以最佳的方式进行交往"。如今,"哈佛邻里"将那些来自哈佛大学不同部门的男女汇聚在一起,通过提供服务、开展项目,使多元化的大学变得不那么复杂,并将哈佛的边缘区块整合成一个真正的社区。

相关条目 剑桥/波士顿。

相关网站 www.neighbors.harvard.edu。

哈佛学生服务社

成立哈佛学生服务社(Harvard Student Agencies,HSA)的动机缘于1957年,当时哈佛学院出现了两个问题。第一个问题是学费上涨,导致奖学金无法完全覆盖学费,使得学生需要另外筹集资金。第二个问题是许多野心勃勃的大学生在其宿舍里经营着小规模的生意。这已危及哈佛大学的不动产免税政策。必须找到一些方法,让那些经营小生意的学生赚到钱,以便支付不断上涨的学费。鉴于此,建立一个为学生经营生意提供服务组织的理念诞生了,这既符合哈佛规定,也可能使这些学生获利。

根据章程,哈佛学生服务社的目标是,"为了学生的利益而监督(学生的)企业……帮助那些需要经济援助来支付其教育费用的学生,为他们提供有报酬就业的机会……为社员提供从业经验"。

差不多半个世纪之后,哈佛学生服务社不仅为800多名哈佛学生创造了工作机会,还拥有一批长期的工作人员,每年提供创业培训、指导和持续运营方面的服务。总体而言,哈佛学生服务社每年的收入高达600万美元。该组织为哈佛下辖区域及其他社区提供了许多有价值的服务,其中包括:

- 出租各种设备:微型冰箱、冰箱、电视、录像机、风扇和电话等。

- 经营一家清洁服务机构,提供洗衣、家庭日用织品租赁、干洗和衬衫方面的服务。
- 为学生的私人物品提供夏季储存服务。
- 经营一家为学生提供临时工作的职业介绍所〔有意的申请人可以参加一门特别的调酒课程,修完这门课程的学生——每月多达50人——可以获得所谓的"调酒博士"(Doctor of Mixology)学位〕。
- 零售带有哈佛大学纹章的物品。
- 为哈佛外部的商业客户提供经哈佛大学授权的直接面向哈佛学生的促销广告。
- 组织哈佛大学的校友、教师和企业赞助商,协助哈佛学生制订商业计划与职业发展规划。

哈佛学生服务社的"我们出发吧"(Let's Go)丛书已经出版了60多种旅行指南。其中,部分用法语和包括波兰语在内的其他语言出版。可以说,该系列丛书是哈佛学生服务社最大的业务。该丛书针对的是"新一代的旅行者,即旅行预算少的学生群体"。事实证明,该丛书受到各类旅行者的欢迎。"我们出发吧"丛书注重旅行的地理多样性,涉及欧洲、中国、埃及、中东、秘鲁、厄瓜多尔、以色列和美国西南部。同时,该丛书还出版了城市旅游指南,如阿姆斯特丹、巴塞罗那、波士顿、纽约、伦敦、巴黎、布拉格、旧金山以及旅行者青睐的其他城市。该丛书的每本书都会和读者分享当地最时尚的后街咖啡馆、最好的平价餐厅、最便宜的旅馆(并非廉价且脏的低级旅馆),以及最棒的海滩。哈佛学生服务社还出版了《哈佛大学非官方生活指南》(Unofficial Guide to Life at Harvard)、《哈佛大学职业周指南》(The Harvard Guide to Career Week),以及《入学指南》(The Guide to Getting In,旨在介绍如何被高等学府录取)。"我们出发吧"丛书每年都会出版新书,您可以在哈佛学生服务社的网站上看到这些新书。

相关网站 www.letsgo.com;www.hsa.net。

哈佛联盟

建于1901年的哈佛联盟是一座漂亮的乔治亚复兴式建筑,其占地面积堪比一个街区。该中心现已成为哈佛大学巴克人文中心(1997年投入使用)的核心。哈佛联盟是由哈佛大学的一位重要捐赠者亨利·李·希金森少校(Major Henry

Lee Higginson，哈佛大学1855届文学硕士）出资设立的。1882年，希金森少校把哈佛联盟设想为一个"团契之家"（house of fellowship），提供给那些负担不起加入"黄金海岸"的社交俱乐部的哈佛学生。当希金森少校提议捐赠15万美元用于建造哈佛联盟时，美西战争即将结束，因此，这笔捐赠被哈佛指定为纪念在这场战争中捐躯的11名哈佛校友。他们的名字被铭刻在哈佛联盟那庄园式的客厅入口处，其中最后一个名字是哈佛大学1882届校友谢尔曼·霍尔（Sherman Hoar），他就是丹尼尔·切斯特·弗伦奇（Daniel Chester French）创作约翰·哈佛的塑像时的模特。在活动中心的楼下，可以看到一门甲板炮，它是从美国的"哈佛号"巡洋舰（U.S.S. Harvard）上拆卸下来的。

哈佛联盟设有餐厅、会议室、图书馆，以及用于舞蹈和娱乐的场所。不过，在建成后的几年内，其会员数量开始减少。30年之后，当哈佛的学舍系统建成时，"无拘无束"的哈佛高年级学生可以在其居住的宿舍楼的食堂吃到像哈佛联盟餐厅一样丰盛的食物，而哈佛联盟则成为哈佛新生的用餐和聚会场所。1996年，哈佛纪念堂之前的餐厅被重新装修为哈佛新生的食堂。在传统主义者的抗议声中，哈佛联盟进行了改造，为哈佛的人文学科领域的学术部门设立了办公室与教室。

哈佛联盟的这次转型将之前分散的系部汇集在一起。但是，这样做的代价是，对中心宏伟的内部空间作了分隔，这是麦金、米德和怀特建筑事务所的一个杰作，该事务所还设计了哈佛大学体育馆、哈佛医学院的校园，以及纽约市的哈佛俱乐部（该俱乐部在建筑风格上与哈佛联盟有密切关系）。如今哈佛联盟的外观一如既往地威严，其内部保留了枝形吊灯，装饰吊灯的鹿角是由忠诚的校友西奥多·罗斯福猎获的。尽管如此，许多了解哈佛联盟早期情形的人士都认为，该中心已失去了一些珍贵的东西。

相关条目 餐饮服务；消失的哈佛；黄金海岸；约翰·哈佛及其塑像；纪念堂。

哈佛大学出版社

无论是想了解波士顿体育史和穆格合成器（Moog synthesizer），还是想了解诺斯替教（gnosticism，初期基督教的一派）和沃尔特·本杰明（Walter Benjamin），哈佛大学出版社位于哈佛广场的展示厅都是一个人随意浏览和聊天的好地方。哈佛大学许多著名教师的名字与面孔会出现在橱窗里展示的漂亮书封上,这些书的作者本人也会经常顺道过来,在货品齐全的书架上翻阅书籍,买走一两本特价书。

早在 1643 年,哈佛大学就开始从事印刷业。当时,哈佛大学的首任校长亨利·邓斯特从妻子伊丽莎白·格洛弗(Elizabeth Glover)那里获得了印刷机、印版和纸张。直到 1913 年,哈佛大学理事会才建立了一个被称为哈佛大学出版社的实体。20 世纪 30 年代,哈佛大学出版社发展成为一家不限于学术出版的机构,它不仅出版高度专业化的学术书籍,还出版适合普罗大众的书籍。现在,该出版社依然秉承这一特色。

20 世纪 70 年代,哈佛大学出版社的社长亚瑟·J. 罗森塔尔〔Arthur J. Rosenthal,基础书籍出版社(Basic Books)的创始人〕不断推出科学与心理学领域的新书,并扩大了平装书的数量,使出版社走出了财政危机。其他许多大学出版社很快就模仿这一成功策略。哈佛大学出版社出版的许多书,其影响力已经远远超出了查尔斯河两岸的地理范畴,比如卡罗尔·吉利根(Carol Gilligan)的《不同的声音》(*In a Different Voice*,销售量超过 60 万册)和 E. O. 威尔逊(E. O. Wilson)的《社会生物学》(*Sociobiology*)。

1990 年,之前效力于牛津大学出版社(美国)的威廉·P. 西斯勒(William P. Sisler)接任了哈佛大学出版社社长。当时,全球市场正在迅速变化,出版社需要进行新的调整。随着网上书店的兴起,实体连锁书店的实力日益增强,许多独立书店倒闭,学术著作势衰,加之多媒体的影响力,哈佛大学出版社及其商业伙伴都必须在新的世纪为了生存而重塑自我。为此,哈佛大学出版社与麻省理工学院和耶鲁大学合作,成立了一个最先进的配送中心——"三字母"(Triliteral),为其在全球的顾客提供最高水准的服务;哈佛大学出版社还与"巅峰装订公司"(Acme Bookbinding)合作开创了一个按需印刷(print-on-demand)项目,旨在为顾客提供那些早已绝版的重要著作的原版,如亚当斯家族(包括约翰·亚当斯、约翰·昆西·亚当斯等)的论文和拉尔夫·沃尔多·爱默生的作品。哈佛大学出版社是最早采用全球定价的大学出版社之一,加之其在编辑和制作方面的创新,使其有能力在一个季度内将时效性强的图书推向市场。

1949 年,依照小沃尔德伦·菲尼克斯·贝尔纳普(Waldron Phoenix Belknap Jr.)的遗赠,建立了隶属于哈佛大学出版社的贝尔纳普出版社(Belknap Press)。贝尔纳普出版社"致力于出版那些具有长期重要性、在学术和物质生产方面卓越的书籍,不论它们是否有利可图"。作为一家知名的出版社,贝尔纳普出版社近年来出版了以下著作:《近古:后古典时期的世界指南》(*Late Antiquity: A Guide* to the Postclassical World）、《哈佛非裔美国人历史指南》（The Harvard Guide to African-American History）、《哈佛音乐词典》（The Harvard Dictionary of Music）、《哈佛妇女健康指南》（The Harvard Guide to Women's Health）、《肯尼迪的录音带》（The Kennedy Tapes）、《艾米莉·狄金森的诗》（The Poems of Emily Dickinson）、海伦·文德勒的《莎士比亚十四行诗的艺术》（The Art of Shakespeare's Sonnets）、T. M. 斯坎伦（T. M. Scanlon）的《我们彼此负有什么义务》（What We Owe to Each Other），以及斯蒂芬·杰伊·古尔德（Stephen Jay Gould）的《进化论的结构》（The Structure of Evolutionary Theory）。

相关条目 演讲；泽弗希腊字体。

相关网站 www.hup.harvard.edu。

速食布丁秀

速食布丁剧场，曾经是哈佛大学最早的社交俱乐部之一的戏剧组织，自诩为全美最古老的戏剧组织。一年一度的速食布丁秀最大的特色是演员男扮女装，在舞台上站成一排跳踢腿舞，并用直白的言语即兴表演。这样的演出可以追溯至1844年。当年，有一名叫作莱缪尔·海沃德（Lemuel Hayward）的哈佛学生，编排并主演了一部名为《浮夸的富廖索》（Bombastes Furioso）的英语滑稽剧。

速食布丁俱乐部成立于1795年。该俱乐部的章程规定，俱乐部的会议保密，在乔治·华盛顿的生日当天要进行一场爱国演说，"成员应依照姓氏的字母顺序，为每次会议提供一锅速食布丁（玉米粉、水、盐的混合物与牛奶或糖蜜一起食用）"。在布丁俱乐部创建后的初期，其成员用诗歌朗诵、演说和歌曲互相取悦。1800年，他们开始举行模拟的戏剧试验。直到1844年，年轻的海沃德提出一个想法，即上演一部戏剧，而非进行戏剧试验。当时，该俱乐部的部分成员扮演戏剧中的女性角色（这违反了当时哈佛大学的一项规定，即学生如果"穿着女性的服装，他应被处以公开警告、降级或开除处分"），这作为一种传统就此诞生了。

1855年，布丁俱乐部以音乐剧的方式演绎了亨利·菲尔丁（Henry Fielding）仿英雄体史诗悲剧《大拇指将军汤姆》（Tom Thumb），开辟了新的天地。19世纪60年代中期，布丁俱乐部的剧作家开始创作自己的剧本，不久就开始了公演。1882年，当时还是大四学生的作家欧文·威斯特重新编排了《蒂朵和埃涅阿斯》

(*Dido and Aeneas*),大获成功。这部戏剧在波士顿、纽约和费城上演,其票房收入为霍利奥克街12号的一家新俱乐部提供了资金。自1888年对外开放以来,每年冬天布丁俱乐部的舞台都会上演原创的音乐喜剧(在20世纪40年代第二次世界大战期间的两年一度停演)。2000年,哈佛大学收购了布丁俱乐部的会所,不过,该项收购的条款允许速食布丁剧场存续下去。2003年,速食布丁俱乐部在花园街2号的一所前哈佛大学的大楼内找到了新的办公场所。也就是说,速食布丁秀与布丁俱乐部一段时间内在行政上是分离的。

多年来,速食布丁秀一直是那些想在百老汇和好莱坞取得成功的哈佛本科生的进身之阶,其中包括罗伯特·本奇利(Robert Benchley,哈佛大学1912届校友)、罗伯特·舍伍德(Robert Sherwood,哈佛大学1918届校友)、艾伦·杰伊·勒纳(Alan Jay Lerner,哈佛大学1940届校友)和杰克·莱蒙(Jack Lemmon,哈佛大学1947届校友)。速食布丁秀上演的那些激发男性荷尔蒙的戏剧,以其诲淫的幽默、恶毒的双关语和荒谬的剧情为标志。就连以下一些戏剧角色的名字也带有这样的特征,比如,贝莱·博顿斯[Belle Bottoms,"Bottoms"另有"臀部"之意,她的女儿是奥菲莉娅(Ophelia)]、马克西米利安·巴克斯(Maximillian Bucks,"Bucks"的另一个意思是"雄鹿")、威利·克拉克尔(Willy Cracker,"Cracker"有"饼干"的意思)、焦万纳·丹斯(Giovanna Dance,"Dance"更为人熟知的意思是"舞蹈")、梅尔·奥德拉马(Mel O'Drama,"Drama"的含义是"戏剧")、哈伊姆·皮斯托夫(Chaim Pistove,"Pistove"在阿尔巴尼亚语中有"枪"的意思)、阿曼达·普利斯密(Amanda Pleaseme,"Pleaseme"是"取悦我"的意思)、伊万·E.雷克辛尼(Ivan E. Rexionne,"Rexionne"有"地区"之意)、哈尔·E.托西斯(Hal E. Tosis,"Tosis"有"口臭"之意)、索尼娅·瓦比奇(Sonya Vabitzsch,"Vabitzsch"是"bitch"的谐音),以及柯蒂斯·因特鲁帕斯(Curtis Interruptus,"Interruptus"的意思是"打扰我们")。近来在速食布丁秀上演的剧目名含有双关语,如《着魔的路易斯安那》(*Bewitched Bayou*)、《留住你的万神殿》(*Keep Your Pantheon*)、《一千个克隆人》(*A Thousand Clones*)、《女巫与名流》(*Witch and Famous*)、《酋长之间》(*Between the Sheiks*)、《为所欲为的圣人》(*Saint Misbehavin'*)、《沙皇诞生》(*A Tsar Is Born*)、《回忆的尖牙》(*Fangs for the Memories*),以及《美好的来世》(*It's a Wonderful Afterlife*)等。

哈佛大学的所有本科生都有资格参加速食布丁秀。现在,速食布丁秀的导演、布景、服装设计以及大部分舞台表演主要由专业人士负责,但是演员阵容依然全是男性且均为业余演员。不过,在过去的数十年里,速食布丁秀已吸纳女性,协助后台工作、管理前台,甚至撰写剧本。每年,速食布丁秀在剑桥市、纽约市和百慕大群岛举办40多场演出,总共吸引了1万至1.2万名观众。为了引起观众的关注,速食布丁剧场每年会将布丁锅的复制品颁发给年度最佳艺人。近年来,获得该项殊荣的演员包括:哈里森·福特(Harrison Ford)、朱迪·福斯特(Jodie Foster)、安杰丽卡·休斯顿(Anjelica Huston)、保罗·纽曼(Paul Newman)、萨拉·杰西卡·帕克(Sarah Jessica Parker)、朱莉娅·罗伯茨(Julia Roberts)、苏珊·萨兰登(Susan Sarandon)、布鲁斯·威利斯(Bruce Willis),还有导演马丁·斯科塞斯(Martin Scorsese)。

相关条目 艺术;终极俱乐部;吉尔伯特与沙利文。

希勒尔

在二战即将结束时,哈佛大学的犹太教师与学生组建了一个社区服务与项目中心。由于犹太学生并不多,所以,最初参与的人数较少。据说,仅有四人参加了该中心的第一次会议。不过,二战后,犹太学生在哈佛学院和研究生院所占的比例大幅增长。这个名为"希勒尔"(Hillel)的社区中心原先位于马萨诸塞大道,后来搬到了哈佛大学神学党附近的布莱恩特街(Bryant Street)。相比之下,新址虽然与旧址离得远,但空间却变大了。直到20世纪60年代末,越来越多的犹太学生更加公开地回归犹太传统,以呼应其在本科和研究生阶段为了自我认同所作出的努力。有鉴于此,希勒尔为犹太学生创造了更多做礼拜的机会,提供更多按照犹太教规定制作的食品,开设更多的讲座、学习小组,还创建了垒球队与其他项目。

与其他高校中设立的大多数"希勒尔"组织不同,哈佛希勒尔并未被界定为犹太教的某个分支。在犹太教拉比本-锡安·戈尔德(Ben-Zion Gold)的引领下,哈佛希勒尔欢迎所有教派的犹太人,包括那些对古老的东正教传统持怀疑态度的犹太人。这使得哈佛希勒尔的支持者规模不断壮大,从而凸显出其空间不足问题。

20世纪90年代,由于许多家族的慷慨捐赠,特别是来自拉布斯家族(Rabbs)、里斯曼家族(Riesmans)和利佩尔家族(Lippers)的捐赠,哈佛大学在奥本山街、靠近查尔斯河沿岸宿舍楼的地方建立了一个新中心。这座引人注目的建筑由以色列建筑师摩西·萨夫迪(Moshe Safdie)设计,以哈佛大学经济学教授兼文理学院前任院长亨利·罗索夫斯基的名字命名。哈佛大学的"里斯曼哈佛希勒尔中心"(Riesman Center for Harvard Hillel)也坐落在这座新建筑里。这家新建的中心设有用于礼拜的空间、会议室、餐饮设施和自习室,吸引了数以百计的犹太学生。萨夫迪了解哈佛的犹太人社区的流动性,设计了多种用途的房间。

正如其使命宣言所强调的那样,现在的哈佛希勒尔"关注学生积极和自觉地选择成为犹太人,探索犹太传统与他们生活的相关性……并为犹太人社区和全世界贡献自己的力量与远见"。从某种意义上说,哈佛希勒尔已成为美国犹太人生活的一个缩影,它是一个多元化、开放、宽容、深切尊重学习,并让人充满自信的地方。

相关条目 建筑;哈佛历史上的第一(男士篇);"无神的哈佛"。

相关网站 www.hillel.harvard.edu。

霍尔顿礼拜堂

班布里奇·邦廷在其著作《哈佛建筑史》中写道:"霍尔顿礼拜堂(Holden Chapel)是哈佛用途最广的建筑。"尽管当初建立哈佛大学是为了培训牧师,但是在一个世纪后的1744年,哈佛大学才建起了一座独立的教堂,即霍尔顿礼拜堂。不过,这座独立教堂建成后还不到一代人的时间,依照邦廷的说法,"它就不再被用于宗教用途了"。这是因为,随着1766年哈佛堂的开放,哈佛的祈祷布道转移到了哈佛堂一楼的一座规模更大的教堂。至于规模小一些但却很优雅的霍尔顿礼拜堂,则先后被用作军事营房、消防站和回收木材的储藏室。1783—1810年,霍尔顿礼拜堂成了哈佛大学新成立的医学院的所在地。1850年,经历多年废弃的霍尔顿礼拜堂被改造为演讲厅,其地下一层被改建为博物馆。1870年,演讲厅新设了一个舞台,用于戏剧表演与学生演讲。此外,哈佛大学还在这里举办讲座和音乐课程。后来,霍尔顿礼拜堂又成为哈佛合唱团和拉德克利夫合唱团的所在地。至今,这些团体依然在此排练。

最初,一位知名的英国异见人士的遗孀简·霍尔顿(Jane Holden)捐赠了400英镑给哈佛,用于修建霍尔顿礼拜堂。她的丈夫是英国议会议员兼英格兰银行的董事。这座建筑一直是乔治亚式鼎盛时期风格的建筑瑰宝。它的装饰华丽,在设计比例和规模上虽小但却显得很庄严,在哈佛诸多建筑中给人耳目一新的感觉。像18世纪哈佛大学的其他建筑一样,霍尔顿礼拜堂面向西方,远离现在被称为"旧园"的地方。在教堂入口的山墙上,霍尔顿夫人的盾形纹章被放置在雕刻精美的花样装饰上。由于大多数来这座教堂的人都是从哈佛园过来的,因此,1880年,哈佛大学决定在该教堂的东墙上打开一个新的入口,并将教堂的西门封住。20世纪20年代,该教堂东面山墙上又放置了一个复制的霍尔顿夫人的盾形纹章。

霍尔顿礼拜堂占据了一个四方庭院的北侧,其他三个面向分别是霍利斯堂、哈佛堂和莱昂内尔堂。在19世纪,霍尔顿礼拜堂所在的区域及其上曾经种植的一棵大榆树,是当时哈佛大学在毕业典礼周举行名为"酒神节的毕业纪念日"(Bacchanalian Class Day)仪式的集结点。

相关条目 建筑;大门;哈佛堂。

好莱坞中的哈佛

无论口碑好坏,经典的哈佛电影或许就是1969年上映的《爱情故事》(*Love Story*),这部电影改编自埃里希·西格尔(哈佛大学1958届校友,哈佛大学1965届哲学博士)的同名畅销小说。这是一部甜蜜感人的电影,曾获七项奥斯卡奖提名。影片描绘了瑞安·奥尼尔(Ryan O'Neal)饰演的来自上流社会的冰球明星奥利弗·巴雷特四世(Oliver Barrett IV)与艾丽·麦古奥(Ali MacGraw)饰演的来自蓝领家庭的拉德克利夫学院音乐专业学生珍妮·卡维莱里(Jenny Cavilleri)的大学生涯。影片叙述了他们在哈佛园、课堂上、床笫间的欢愉,最后结婚,但是珍妮却身患绝症。影片的对白中有一句常被戏仿的台词,即"爱意味着永远不必说抱歉"。每当这部电影在哈佛的新生周放映时,它总是会引发观众愉快的笑声和轻率的评论。在《爱情故事》上映三年后,取材自哈佛法学院的电影《力争上游》(*The Paper Chase*)开始拍摄,这部电影更精彩,哈佛广场常年放映。

其实,早在派拉蒙电影公司(Paramount Pictures)拍摄《爱情故事》与20世纪福克斯电影公司(20th Century Fox)拍摄《力争上游》之前,好莱坞就已开始在哈佛发掘素材了。总共有二十多部质量参差不齐的电影以哈佛大学的人物作为主角,或是以哈佛大学为场景。在此,本书对这些电影进行快速回顾,并给予评级(最高评级为四星):

★★★ 1909年的戏剧《哈佛的布朗》(*Brown of Harvard*)于1917年被改

编成电影。9年后,耶鲁大学毕业的唐纳德·奥格登·斯图尔特(Donald Ogden Stewart)改编后重拍了这部电影。在这一版本中,威廉·海恩斯(William Haines)扮演讨厌的主人公布朗(Brown),他与好学的麦克安德鲁斯[McAndrews,由小弗朗西斯·X. 布什曼(Francis X. Bushman Jr.)饰演]争夺体育竞技的桂冠以及一位教授女儿的青睐。这是约翰·韦恩(John Wayne)在其电影生涯中的首次亮相,他在片中扮演一位不知名的足球运动员。影片的取景地点是哈佛广场、怀德纳图书馆、纪念堂、速食布丁俱乐部和哈佛体育场。这部默片无疑是早期哈佛电影中最好的一部。

★★ 1922年,除了演员罗斯科·阿巴克尔(Roscoe Arbuckle)那轰动一时的过失杀人审判之外,美国还上映了两部与哈佛相关的电影。在罗基特电影公司(Rockett Film Corporation)拍摄的电影《追上莉齐》(*Keeping Up with Lizzie*)中,年轻的哈佛毕业生丹·佩蒂格鲁[Dan Pettigrew,由爱德华·赫恩(Edward Hearn)饰演]因揭露了一桩试图骗取有极强事业心的莉齐·亨肖(Lizzie Henshaw)嫁妆的骗局而赢得了她的芳心。在派拉蒙公司出品的《年轻的拉贾》(*The Young Rajah*)中,鲁道夫·瓦伦蒂诺(Rudolph Valentino)扮演一名年轻的印度王子。他在哈佛成为一名明星运动员,并爱上了一位名叫莫莉·卡伯特[Molly Cabot,由旺达·霍利(Wanda Hawley)饰演]的婆罗门女士。

★★ 其他以哈佛人为主角的早期电影包括:《与生俱来的权利》[*Birthright*,米考斯电影公司(Micheaux Film Corporation)1924年出品],片中彼得·赛纳(Peter Siner)是一名理想主义的哈佛大学黑人毕业生,他在美国南部城镇遭遇偏见与暴力;《永远之后》[*Forever After*,第一国家影业公司(First National)1926年出品],片中劳埃德·休斯(Lloyd Hughes)扮演一名受伤的退伍军人,由于其不善于规划的父亲在经济上受挫,他被迫离开了哈佛大学;《为了迈克的爱》(*For the Love of Mike*,第一国家影业公司1927年出品),由弗兰克·卡普拉(Frank Capra)导演,本·里昂(Ben Lyon)和克劳德特·科尔伯特(Claudette Colbert)主演,片中有一段关于哈佛—耶鲁赛艇比赛的近距离连续镜头。

★★ 在弗兰克·卡普拉执导的有声电影《飞行》[*Flight*,哥伦比亚电影公司(Columbia)1929年出品]中,左撇子菲尔普斯[Phelps,由拉尔夫·格雷夫斯(Ralph Graves)饰演]在哈佛—耶鲁的一场比赛中失利。后来,他加入了美国海军陆战队,并被派往尼加拉瓜去平息当地的起义。菲尔普斯在尼加拉瓜的丛林里迷了路,他的朋友威廉姆斯[Williams,由杰克·霍尔特(Jack Holt)饰演]救了他,并让他追到了他们都喜欢的女孩。

★★★金·维多(King Vidor)的《富家子的婚姻》[H. M. Pulham, Esq, 米高梅电影公司(MGM)1941年出品]忠实地改编自J. P. 马昆德(J. P. Marquand)1941年的畅销书。和小说一样,电影故事情节以倒叙的方式展开。片中,保守古板的波士顿银行家哈利·普尔汉姆[Harry Pulham,由罗伯特·杨(Robert Young)饰演]返回哈佛大学参加25周年同学聚会,并为此撰写了一篇文章。海蒂·拉玛(Hedy Lamarr)饰演一名来自爱荷华州带有维也纳口音的职场女孩,她吸引着哈利·普尔汉姆,令他几乎灵魂出窍。这部电影的演员阵容强大,包括查尔斯·科本(Charles Coburn)、博尼塔·格兰维尔(Bonita Granville)、露丝·赫西(Ruth Hussey)、范·赫夫林(Van Heflin),以及首次参演电影并饰演了一个小角色的艾娃·加德纳(Ava Gardner)。

★★ 在美国参加二战之前的最后一部与哈佛有关的电影是《哈佛,我来了》(Harvard, Here I Come, 哥伦比亚电影公司1941年出品),前世界轻量级拳击冠军马克斯·罗森布鲁姆(Max Rosenbloom)在片中饰演一个可造之才,他赢得了哈佛大学的体育奖学金,但在学术上却表现一般。罗森布鲁姆于1939年退役,将演艺作为其第二职业,其后拍摄了20多部电影。

★★★ 鲍勃·霍普(Bob Hope)主演的《脂粉双枪侠之子》[Son of Paleface, 派拉蒙电影公司1952年出品],这部电影是电影《脂粉双枪侠》(The Paleface,1948年出品)的续集,再度使用了哈佛和好莱坞元素。霍普在片中饰演了一名没多少经验的哈佛大学毕业生,他为了继承权而前往美国西部,却遭遇了一大堆债务,并遇到了简·罗素(Jane Russell)饰演的角色。在罗伊·罗杰斯(Roy Rogers)饰演的罗伊·巴顿(Roy Barton)和他的马"扳机"(Trigger)的帮助下,霍普战胜了逆境。

★★《龙凤斗智》(The Thomas Crown Affair, 米高梅电影公司1968年出品)是20世纪60年代一部具有代表性的犯罪题材电影,由著名编剧艾伦·楚斯曼(Alan Trustman,哈佛大学1952届校友,哈佛大学1955届法律博士)改编自他自己的小说。片中,史蒂夫·麦奎因(Steve McQueen)饰演一位富有且在哈佛大学受过教育的千万富翁,他为了消遣,竟然策划抢劫银行。费·唐娜薇(Faye Dunaway)饰演的保险调查员却情不自禁地爱上了他。在一场香艳的国际象棋比赛中,他们的恋情得到了升温。这部电影于1999年重拍(中文名为《偷天游戏》或《天罗地网》。——译者注),由皮尔斯·布鲁斯南(Pierce Brosnan)和蕾妮·罗素(Rene Russo)领衔主演。不过,重拍时没有国际象棋的桥段,感觉还是像一部20世纪60年代的电影。

★★★ 电影《力争上游》（20世纪福克斯电影公司1973年出品）取得票房成功后，制作方又制作了一部电视情景喜剧。本片改编自约翰·杰伊·奥斯本（哈佛大学1967届校友，哈佛大学1970届法律博士）的小说，奥斯本本人也是编剧之一。依照改编后的剧本，蒂莫西·博顿斯（Timothy Bottoms）饰演的哈佛法学院的大一学生在专横的金斯菲尔德（Kingsfield）教授［约翰·豪斯曼（John Houseman）饰演］的管教下备受煎熬，与此同时，他与金斯菲尔德教授的女儿［林赛·瓦格纳（Lindsay Wagner）饰演］产生了恋情。真实再现的学生对教授的揶揄，加上感人的爱情戏，为这部电影加分不少。不过，这部电影最大的亮点在于约翰·豪斯曼奥斯卡级的精彩表演。他饰演的金斯菲尔德教授那种冷酷无情、严厉且学究式的课堂做派，以一种令人难以忘怀的方式展现了旧式的教学方法（现在早已过时）。

★ 1978年，派拉蒙电影公司发行了《奥利弗的故事》（*Oliver's Story*，又称《爱情故事续集》，希望能延续《爱情故事》的成功）。片中，瑞安·奥尼尔仍未走出丧妻之痛，后来他爱上了一个与自己同样富有的女人［坎迪斯·伯根（Candice Bergen）饰演］。雷·米兰德（Ray Milland）在本片中再度饰演奥利弗势利的父亲。本片并未取得预想的效果，在观影过程中，部分观众竟然睡着了。

★★ 20世纪70年代末，有两部电影拍摄于哈佛大学医学区，即《昏迷》［*Coma*，米高梅电影公司/联美电影公司（United Artists）1978年出品］和《上帝之家》（*The House of God*，联合电影公司1979年出品）。电影《昏迷》改编自罗宾·库克（Robin Cook）1977年出版的同名小说，当时库克正在哈佛大学肯尼迪政府学院读书。这部电影的导演是多产作家兼编剧迈克尔·克莱顿（Michael Crichton，哈佛大学1964届校友，哈佛大学1969届医学博士）。后来，克莱顿创作了电视剧《急诊室的故事》（*ER*）。在电影《昏迷》中，吉纳维芙·布约德（Geneviève Bujold）扮演的哈佛医学院学生苏珊·惠勒（Susan Wheeler）想要查明"波士顿纪念医院"（Boston Memorial）里患有轻微疾病的病人陷入不可逆转的昏迷状态的原因。这部电影的演员还包括饰演苏珊导师的理查德·威德马克（Richard Widmark），以及饰演富有同情心的苏珊同学的迈克尔·道格拉斯（Michael Douglas）。电影《上帝之家》从未被商业发行，其名称［与哈佛大学附属的贝斯以色列医院（Beth Israel Hospital）有关］和曲折的情节取自史蒂芬·伯格曼（Stephen Bergman，哈佛大学1970届医学博士）于1978年用笔名塞缪尔·谢姆（Samuel Shem）撰写的小说。虽然这本小说在全球的销量已达近200万册，但是电影中关于医院实习生过度劳累且纵欲过度的描写过于夸张，大部分的黑色幽默也没有产生预期的效果。

★★《朋友的小圈子》(A Small Circle of Friends,联美电影公司1980年出品)是导演罗伯·科恩(Rob Cohen,哈佛大学1977届校友)的处女作。当时,科恩是美国电影界的"新贵"之一。这部电影拍摄于剑桥和洛杉矶,追踪了三名哈佛大学学生在动荡的20世纪60年代的相互交织的生活。本片由布拉德·戴维斯(Brad Davis)、詹姆森·帕克(Jameson Parker)、凯伦·阿兰(Karen Allen)和谢莉·朗(Shelley Long)领衔主演,尽管他们看上去有点显老。导演科恩可能脑海中想拍一部剑桥版的弗朗索瓦·特吕弗(François Truffaut)的经典影片《朱尔与吉姆》(Jules et Jim,1962年出品),不过评论家们并未看出两片的相似之处,对《朋友的小圈子》评价不高。

★★《灵魂人》[Soul Man,新世界电影公司(New World)1986年出品]是继1924年上映的电影《与生俱来的权利》之后又一部与哈佛大学有关、关注种族主题的电影。片中,有志向的哈佛大学申请人马克·沃森[Mark Watson,由 C.托马斯·豪威尔(C. Thomas Howell)饰演]为了获得哈佛大学为非裔美国学生保留的奖学金,通过使用美黑药丸让自己的皮肤变黑。詹姆斯·厄尔·琼斯(James Earl Jones)扮演法律课老师班克斯教授(Professor Banks),而后来参演知名电视剧集《宋飞正传》(Seinfeld)的朱莉娅·刘易斯-德雷福斯(Julia Louis-Dreyfus)也在这部电影中出镜。当时,被低估的豪威尔的搞笑表演,令人想起了史蒂夫·旺德(Stevie Wonder)以及被称为"王子"的艺术家普林斯·罗杰·尼尔森(Prince Rogers Nelson)。虽说这是一部无厘头的喜剧,但比人们预想的更加有趣,在处理种族话题时并未令人感到不快。

★★★《豪门孽债》[Reversal of Fortune,又称《命运的逆转》,华纳兄弟(Warner Brothers)1990年出品]是一部独特的电影:与哈佛相关,而且并非纯虚构。这部电影改编自哈佛大学费利克斯·法兰克福特法学教授艾伦·德肖维茨的一本书,其核心人物是出生于丹麦的社交名流克劳斯·冯·布洛(Claus von Bulow)。布洛在20世纪80年代中期曾两次因谋杀其妻子桑妮(Sunny)未遂而受审。片中,杰里米·艾恩斯(Jeremy Irons)饰演布洛,格伦·克洛斯(Glenn Close)饰演桑妮,罗恩·西尔弗(Ron Silver)饰演德肖维茨的辩方顾问。艾伦·德肖维茨的儿子埃隆·德肖维茨(Elon Dershowitz)担任本片的联合制片人。

★★★《糖衣陷阱》[The Firm,马洛电影公司(Malofilm)1993年出品]的票房总收入超过了2.6亿美元,是与哈佛大学相关的电影中最成功的一部商业片。本片改编自约翰·格里森姆(John Grisham)的畅销书。汤姆·克鲁斯(Tom

Cruise)饰演毕业于哈佛法学院的米奇·麦克迪尔(Mitch McDeere),无意中加入了得克萨斯州孟菲斯的一家有问题的律师事务所。为了挫败从事不正当交易的老板,并躲避凶狠的联邦调查局特工,米奇利用在哈佛学到的知识制订了一个精妙的计划。本片的演员阵容强大,包括吉恩·哈克曼(Gene Hackman)、珍妮·特里普里霍恩(Jeanne Tripplehorn)、霍利·亨特(Holly Hunter)、戴维·斯特雷泽恩(David Strathairn)和威尔福德·布里姆利(Wilford Brimley)。

★★★ 《正当防卫》(Just Cause)和《律政俏佳人》(Legally Blonde)这两部电影也与哈佛法学院有关。在电影《正当防卫》(华纳兄弟 1995 年出品)中,肖恩·康纳利(Sean Connery)扮演一位已多年不打官司的哈佛大学法学教授,他为了帮助一名被判犯有强奸罪/谋杀罪的佛罗里达州的黑人[布莱尔·安德伍德(Blair Underwood)饰演]而重回法庭。片中,令人敬畏的劳伦斯·菲什伯恩(Laurence Fishburne)饰演一位总在嚼雪茄的治安官,而乔治·普林顿(George Plimpton,哈佛大学 1948 届校友)扮演一个非常出彩的小角色。这部电影或许应该得到更多的关注。不过《律政俏佳人》(米高梅电影公司/联美电影公司 2001 年出品)则不同,这部电影的情节是可以预测的,而且里面有过多的揶揄金发女郎的笑话。片中,被哈佛法学院录取的预科生华纳·亨廷顿三世[Warner Huntington III,由马修·戴维斯(Matthew Davis)饰演]抛弃了美丽、金发碧眼且朝气蓬勃的艾丽·伍兹[Elle Woods,由瑞茜·威瑟斯彭(Reese Witherspoon)饰演],并与前女友[塞尔玛·布莱尔(Selma Blair)饰演]复合。为了赢回华纳,艾丽决心就读于哈佛法学院。在其他人说出"艾伦·德肖维茨"的名字之前,艾丽仿佛就已掌握了一桩名人谋杀案的关键。

★★ 影片《乞丐博士》(With Honors,华纳兄弟 1994 年出品)的剧情与哈佛园有关,但算作与哈佛相关的电影显得有些牵强附会。片中,乔·佩西(Joe Pesci)饰演西蒙,一个无家可归的人,睡在哈佛大学的一个锅炉房里。佩西捡到了哈佛大学的一位笨拙、自恋的高年级学生蒙蒂[Monty,由布兰登·弗雷泽(Brendan Fraser)饰演]遗失的毕业论文。西蒙拿着这篇论文,与蒙蒂逐页地换取有用的东西,两人之间由此形成了一种原本不太可能存在的友谊。所有身处 20 世纪 90 年代的论文作者肯定都会在自己的电脑硬盘上保存一份论文副本。不过,这似乎并未令本片的编剧或导演阿莱克·凯西西恩(Alek Keshishian,哈佛大学 1986 届校友)感到困扰,他因毕业论文优异而以最优成绩在哈佛毕业。本片的故事灵感源于戴蒙·佩因(Damon Paine)的真实经历,佩因无家可归,被萨克拉门托街(Sacramento Street)的达德利学舍(Dudley House,哈佛首家合作社式的学舍）收留。他的生活即便说不上悲惨，也是没什么意思的。

★★★ 尽管拍摄地点是麻省理工学院，但是《心灵捕手》[Good Will Hunting，米拉麦克斯影业公司（Miramax）1997 年出品]依然被列入与哈佛有关的电影。这部电影获得了奥斯卡最佳编剧奖，剧本是由本片主演马特·达蒙（哈佛大学 1992 届校友）和本·阿弗莱克（Ben Affleck）共同创作的。片中，来自南波士顿的好斗的年轻清洁工威尔·亨廷（Will Hunting）是一位没有受过教育的数学天才，相较于贝叶斯分析（Bayesian analysis），他更喜欢在酒吧里斗殴。罗宾·威廉姆斯（Robin Williams）饰演威尔的心理治疗师，他凭此角色获得了奥斯卡最佳男配角奖；明妮·德里弗（Minnie Driver）在片中扮演来自英国的医学预科生斯凯拉（Skylar），她的帮助使威尔变得更成熟。乔治·普林顿也在片中短暂亮相，饰演一名心理学家。这部电影获得了九项奥斯卡奖提名，全球票房收入超过了 2.3 亿美元。

★ 晚近上映的三部电影——《High 到哈佛》（How High）、《哈佛人》（Harvard Man）和《偷钱上哈佛》（Stealing Harvard）——将以哈佛为题材的电影的水准推向了新低。在令人错愕的青春片《High 到哈佛》[环球影业（Universal）2001 年出品]中，说唱艺人迈瑟德·曼（Method Man）和雷德曼（Redman）分别饰演史坦顿岛（Staten Island）的"瘾君子"塞拉斯（Silas）和贾马尔（Jamal）。他们吸食了具有超自然力量的大麻，结果他们在美国学术能力评估测验（SAT）中取得了优异成绩，并被称为天才。糊涂的亨特利（Huntley）校长为了增进哈佛大学本科生的多元化，录取了这两个人。两人在哈佛度过了一个学期的纸醉金迷的生活，直到他们藏匿的大麻耗尽了。接下来他们竟然转向了盗墓。依照一位言辞比较宽容的批评家的说法，《High 到哈佛》这部电影"让《律政俏佳人》看起来都像是普雷斯顿·斯特奇斯（Preston Sturges，美国知名剧作家）的杰作"。

《哈佛人》[牛仔电影公司（Cowboy Pictures）2002 年出品]也涉及使用毒品的问题。这部电影的主角艾伦·詹森[Alan Jensen，由阿德里安·格雷尼尔（Adrian Grenier）饰演]在哈佛大学主修哲学兼任篮球队的队长。他被波士顿学院（Boston College）性感的啦啦队队长同时也是一名黑手党头目的女儿[萨拉·米歇尔·盖拉（Sarah Michelle Gellar）饰演]诱惑，与其哲学教授[乔伊·劳伦·亚当斯（Joey Lauren Adams）饰演]合作，在参加哈佛对决达特茅斯学院的关键比赛时，吸食了迷幻药。艾伦原本想在比赛中"放水"，结果把事情搞砸了。他必须智胜拉拉队长及其父亲，还有联邦调查局的探员。这样的剧情就像是《篮球梦》（Hoop Dreams）遇见了《糖衣陷阱》？这部电影在多伦多和剑桥拍摄了三周，斥资 550 万美元。创作《哈佛人》的正是哈佛大学的男士：导演兼编剧詹姆斯·托贝克(James Toback,哈佛大学 1966 届校友)、制片人迈克尔·梅勒（Michael Mailer,哈佛大学 1987 届校友,哈佛大学 1943 届校友诺曼·梅勒的儿子)。

在荒谬可笑的电影《偷钱上哈佛》(哥伦比亚电影公司 2002 年出品)中,杰森·李(Jason Lee)饰演天真的约翰·普卢默(John Plummer)。普卢默曾经向自己的侄女诺琳[Noreen,塔米·布兰查德(Tammy Blanchard)饰演]许诺,假如她能被大学录取,那么他会提供相应的支持。结果,诺琳被哈佛大学录取了,需要支付 29879 美元的学费。这时候,约翰向其傻傻的朋友达夫[Duff,由并不太搞笑的汤姆·格林(Tom Green)饰演]求助,他们为了筹集学费犯了轻罪。这部电影的制片人(没有哈佛背景)曾经很纠结这部憨傻电影应该取什么名字,是叫《你承诺过》(You Promised)、《盗窃斯坦福》(Stealing Stanford),还是叫《请叫我叔叔》(Say Uncle)。其实,最为合适的片名应该是《阿呆与阿瓜》(Dumb and Dumber),但这部电影早已上映了。

★《我的忧郁青春》(Prozac Nation,米拉麦克斯影业公司 2001 年出品)改编自哈佛大学 1989 届校友伊丽莎白·沃策尔(Elizabeth Wurtzel)的自传体小说,讲述了她大一时的崩溃以及服用抗抑郁剂成瘾的经历。哈佛大学 1997 届校友高尔特·尼德霍夫(Galt Niederhoffer)共同编写制作了这部沉闷且涉及毒品的电影。在美国,该电影被评为限制级,因为片中含有"粗话、涉及毒品的内容、性/裸露,以及一些令人不安的画面"。克里斯蒂娜·里奇(Christina Ricci)饰演片中那位冷漠无情的女传记作者。

有一部好莱坞电影,虽未提及哈佛大学,却在哈佛人的心中占有一席之地,这部电影就是《卡萨布兰卡》(Casablanca,华纳兄弟 1942 年出品)。这部由亨弗莱·鲍嘉(Humphrey Bogart)和英格丽·褒曼(Ingrid Bergman)联袂主演的经典之作,赢得了近三代哈佛学生的青睐。每到学期末的考试周,布拉特尔剧院会定期放映这部电影。对于哈佛毕业生而言,仅有少数人没有看过这部能莫名舒缓压力的经典影片。

除了极少数例外,哈佛大学禁止在校内拍摄商业电影。因此,电影制片人会选择去限制较少的大学拍摄所谓的"哈佛场景"。比如,《力争上游》和《律政俏佳人》就是在南加州大学拍摄的。至于《蒙娜丽莎的微笑》[Mona Lisa Smile,哥伦比亚三星电影公司(Columbia Tristar)2003 年出品],由朱莉娅·罗伯茨饰演卫斯理学院的一位美术教授,在 1953 年左右参访哈佛大学,实际拍摄地点包括了卫斯理学院、哥伦比亚大学和耶鲁大学。至于片中所谓的哈佛大学怀德纳图书馆,是由耶鲁大学的威德纳·斯特林图书馆(Sterling Library)替代的。

从政策上说,哈佛大学教务处与技术和商标许可办公室并不反对在电影中使用哈佛之名,他们认为观众应该能够辨别虚构的内容与事实。

相关条目 布拉特尔剧院;视觉哈佛;电影档案馆;商标保护和技术转让。

荣誉学位

哈佛大学每年会授予超过6000个学位,同时也会颁发少数荣誉学位。从类别上说,"课程学位"包括从1642年开始就授予的学士学位,到2001年批准授予的口腔医学生物科学博士学位。二战之前,哈佛大学可以授予大约30个单独的高级学位;如今,这一数字已经增长到160多个。

在每年毕业典礼的高潮环节,大约十余位知名人士按顺序从讲台上的座椅上起立,接受哈佛大学校长颁发的荣誉学位,继而接受现场观众的掌声。世界领袖、学者、科学家、人文主义者、各类艺术家、法学家、商界领袖、教育工作者、演艺人员,以及那些在全球陷入困境的地方默默地付出但未获得很多人认可的几乎不为人所知的"精神领袖",在长达两个半世纪的时间里,都可能成为哈佛大学荣誉学位的获得者。

那么,谁来遴选这些获得哈佛大学荣誉学位的人?遴选的过程如何?标准是什么?每年,哈佛大学都会邀请哈佛的老师、学生、工作人员和校友提名获得荣誉学位的候选人。候选人名单会被提交给由哈佛大学理事会选定的理事、哈佛大学监事会和资深教职员组成的一个委员会。这个委员会定期举行会议,为两年后的毕业典礼拟订一份荣誉学位候选人名单。该委员会的建议必须获得哈佛大学理事会与监事会全体成员的批准。哈佛大学校长可以提名或否决提名,从而对这一遴选过程产生相当大的影响。

该委员会的审议是秘密和复杂的,而且往往也被认为具有政治性。委员们尽可能使荣誉学位获得者更加多样化,涉及不同学术领域、公共生活领域、性别、种族、国籍、政见和公众认可度等。讨论常常很激烈,有时也会像华盛顿式的讨价还价那样解决纷争。该委员会的主席通常由哈佛大学理事会的资深成员担任,他负责主持委员会的讨论。

委员会作出授予荣誉学位决定时,须遵守哈佛有关授予和接受荣誉的特别规定。例如,哈佛大学只会授予亲自出席的人荣誉学位。哈佛大学有时会在非毕业季授予荣誉学位,那是因为被授予对象只有在其他时间会在剑桥。这种情况包括英国首相温斯顿·丘吉尔(Winston Churchill)、南非总统纳尔逊·曼德拉(Nelson Mandela)分别于 1943 年 9 月、1998 年 9 月接受哈佛大学荣誉学位。1936 年,在哈佛大学 300 周年校庆上,哈佛大学在非毕业季授予了至少 62 个荣誉学位。试想一下,如果一项仪式上要为这么多的人宣读颁奖词,真是令人头皮发麻。不过,正如一位评论家指出的那样,从未有一个学术平台,能够承载如此之多的世界级知识领袖。对于在非毕业季授予荣誉学位,哈佛大学的理由很明显:被授予对象的杰出表现,加之他们繁忙的日程安排,以及在他们的有生之年表彰他们的强烈愿望。

另外,谁获得荣誉学位,要到毕业典礼那天才会正式公布。候选人对其未决的荣誉要保持沉默,即使记者(尤其是来自哈佛《绯红报》的记者)要求确认,哈佛大学也建议候选人不表态。尽管偶尔会出现消息泄露,但这种保密要求基本上是被遵守的。

不过,每年获得荣誉学位的人士中,有一人的身份通常会在毕业典礼前两个月左右被提前披露。这个人就是被指定在毕业典礼当日下午的校友会聚会的发言人。哈佛大学校友会的官员会从授予荣誉学位的名单中选出一人,邀请其届时发表演讲。在毕业典礼前一天举办的正式晚宴上,以及在毕业典礼当天的典礼官欢迎宴会(Chief Marshal's Spread)上,这位发言人要代表所有被授予荣誉学位者致辞。哈佛大学有史以来最知名的毕业典礼演讲之一,就是时任国务卿的乔治·C. 马歇尔于 1947 年概述欧洲经济复苏计划。在其后的半个世纪里,其他在毕业典礼上亮相的演讲者包括:1965 年美国驻联合国代表阿德莱·E. 史蒂文森(Adlai E. Stevenson)、1978 年俄国小说家亚历山大·索尔仁尼琴、1983 年墨西哥作家兼外交官卡洛斯·富恩特斯(Carlos Fuentes)、1990 年德意志联邦共和国总理赫尔穆特·科尔(Helmut Kohl),以及 1995 年捷克共和国总统瓦茨拉夫·哈维尔(Václav Havel)。

1753 年,哈佛大学将其首个荣誉学位授予了本杰明·富兰克林。随后,哈佛大学于 1773 年授予数学家约翰·温思罗普荣誉学位,1776 年授予乔治·华盛顿荣誉学位。此后,许多协力建设美利坚合众国的伟大人物都获得了哈佛大学授予的荣誉学位,包括:约翰·亚当斯、拉斐特侯爵(Marquis de Lafayette)、托马斯·杰斐逊(Thomas Jefferson)、约翰·杰伊(John Jay)、塞缪尔·亚当斯(Samuel Adams)、亚历山大·汉密尔顿(Alexander Hamilton)和约翰·汉考克(John

Hancock)。两个多世纪以来,哈佛大学已经向 14 位美国总统颁发了荣誉学位,有时早在其当选美国总统之前便已授予该荣誉学位,如时任纽约州州长的富兰克林·D. 罗斯福(1929 年获得荣誉学位)、德怀特·D. 艾森豪威尔(Dwight D. Eisenhower,1946 年获得荣誉学位)、时任马萨诸塞州参议员的约翰·F. 肯尼迪(1956 年获得荣誉学位)。1986 年,哈佛大学曾经考虑在校庆 350 周年时授予罗纳德·里根(Ronald Reagan)荣誉学位,但是,当时政治因素占了上风,最后哈佛大学打消了这个想法。

在哈佛大学历史上,首位获得荣誉学位的女性是拉德克利夫学院 1904 届校友海伦·亚当斯·凯勒,她于 1955 年获此殊荣。当时,哈佛大学为她准备的得奖评语是:"她从一个寂静、黑暗的世界给我们带来了光明和声音,我们的生活因她的信仰和榜样而更加丰富。"不过,并非哈佛大学授予的每个荣誉学位都会赢得好评。比如,哈佛大学于 1938 年授予沃尔特·迪士尼(Walt Disney)荣誉学位,结果该大学的官员收到了许多抗议信(抗议的理由是,迪士尼只是一名为儿童制作电影的好莱坞漫画家)。此后,哈佛大学于 1968 年授予伊朗国王穆罕默德·礼萨·巴列维(Mohammed Reza Pahlavi)荣誉学位,于 1989 年授予巴基斯坦总理贝娜齐尔·布托(Benazir Bhutto,哈佛大学 1975 届校友)荣誉学位。哈佛大学授予荣誉学位不久,他们两人便在本国陷入政治不利境地。如今,哈佛大学对于授予现任政治领导人或有争议的人物荣誉学位持谨慎的态度。通常,哈佛大学授予的荣誉学位很少被候选人拒绝,除非是因为健康原因。不过,也有值得注意的例外,比如让-保罗·萨特(Jean-Paul Sartre)、英格玛·贝格曼(Ingmar Bergman)、凯瑟琳·赫本(Katherine Hepburn)和泰德·威廉斯(Ted Williams)。

相关条目 毕业典礼;多元化;哈佛历史上的第一(男士篇);哈佛历史上的第一(女士篇)。

霍顿图书馆

对于查尔斯·W. 埃利奥特校长来说,怀德纳图书馆是"大学的心脏"。而霍顿图书馆也有其重要地位,有哈佛的现任教师就把它比作为"哈佛大学的诺克斯堡"(Fort Knox of Harvard,诺克斯堡是美联储的金库所在地)。作为一座珍本和手稿图书馆,霍顿图书馆是哈佛大学保存其最珍贵馆藏的大本营,包括罕见的第一版书籍、古老的插图书籍,以及无价的手稿。

只要举出霍顿图书馆的部分手稿和第一版书籍,你脑海中就会浮现那些在西方文明中具有重要地位的人物的名字:伽利略(Galileo)、塞缪尔·约翰逊(Samuel Johnson)、约翰·济慈(John Keats)、珀西·雪莱(Percy Shelley)、安托万-洛朗·德·拉瓦锡(Antoine-Laurent de Lavoisier)、亚历山大·普希金(Aleksandr Pushkin)、爱默生、梭罗(Thoreau)、纳撒尼尔·霍桑(Nathaniel Hawthorne)、赫尔曼·梅尔维尔(Herman Melville)、艾米莉·狄金森(Emily Dickinson)、艾米·洛厄尔(Amy Lowell)、奥利弗·温德尔·霍姆斯、威廉·詹姆斯和托洛茨基(Leon Trotsky)。霍顿图书馆藏品的独特之处在于藏品的完整性以及该图书馆对作者所处社会环境的特别关注。比如,霍顿图书馆不仅拥有大约一半的现存济慈作品手稿,还拥有济慈文学圈中许多人的手稿与书籍,乃至济慈注释的莎士比亚戏剧和诗歌副本。同样地,霍顿图书馆拥有梅尔维尔的部分作品手稿,几乎所有他的书籍的第一版,以及他作过边注的莎士比亚作品。

霍顿图书馆还有 20 世纪的文学人物们留下的一箱箱手稿、草稿、信件、照片及其他值得纪念的东西。假如有学者要研究埃德温·阿灵顿·罗宾逊、T. S. 艾略特、罗伯特·弗罗斯特、贝托尔特·布莱希特(Bertolt Brecht)、德尔莫尔·施瓦茨、狄兰·托马斯(Dylan Thomas)、弗拉基米尔·纳博科夫(Vladimir Nabokov)或约翰·厄普代克,那么他或她必须来霍顿图书馆,因为这里的研究资料是别的地方所没有的。

霍顿图书馆还拥有与其印刷与平面艺术系(Department of Printing and Graphic Arts)相关的专业馆藏、伍德伯里诗歌室(Woodberry Poetry Room)、哈佛戏剧典藏(Harvard Theatre Collection)、西奥多·罗斯福典藏(Theodore Roosevelt Collection)和哈里·埃尔金斯·怀德纳纪念典藏(Harry Elkins Widener Memorial Collection)。但是,在这些馆藏中,霍顿图书馆秘藏了部分藏品,比如,15 世纪内文由泥金装饰的手抄本、过去四个世纪的罕见的建筑图纸、印刷和排版史上具有价值的代表性样本、银版照片、早期版画和照片,以及诗人阅读其作品的录音和录像档案。

霍顿图书馆于 1942 年开放,它得益于阿瑟·霍顿(Arthur Houghton)的馈赠。阿瑟是一位年轻、爱读书且富有的哈佛大学毕业生,来自纽约州北部靠玻璃器皿发家的家庭。阿瑟外出旅行时总会带上一两本书,最后他把自己的许多藏书捐给了霍顿图书馆。从初创之时直到现在,霍顿图书馆一直得益于富有才华的主管和馆长的领导,如威廉·杰克逊(William Jackson)、威廉·H. 邦德(William H. Bond)、菲利普·霍弗、罗德尼·丹尼斯(Rodney Dennis)和埃莉诺·加维(Eleanor Garvey)。他们都是行家里手,品味高雅,拥有非凡的能力,为霍顿图书馆的馆藏增添了许多有价值的书籍与手稿。

霍顿图书馆是哈佛大学最后修建的一座采用新乔治亚式风格的传统红砖建筑。它靠近哈佛园的中心,与类似的图书馆紧挨着。霍顿图书馆的馆长安排轮流展出馆内的藏品。无论何时,哈佛大学的教师、研究生、访问学者和本科生都可以同处于该图书馆的阅览室,做着各自的事情。无论是成长中的学者,还是已经成名的学者,似乎都高兴能够(非常小心地)将自己(戴着手套)的双手放在无价的原始手稿和珍本书籍上。

相关条目 建筑;图书馆;Z级书橱。

相关网站 hcl.harvard.edu/houghton。

学 舍

在耶鲁大学,学舍(houses)被称为"住宿学院"(colleges)。在其他许多大学,学舍则被称为集体宿舍或住宿楼。对于哈佛来说,学舍分布在12个新乔治亚式风格和现代风格的建筑群中。大多数的哈佛高年级本科生,在这些学舍里用餐、休息和学习。他们在这里组织校内的体育竞技活动,并参与社会、文化和社区服务活动。如果说在哈佛学院的经历有什么独特之处,那就是学舍生活。

哈佛的9个学舍位于查尔斯河畔或邻近区域,它们分别是亚当斯学舍、邓斯特学舍、埃利奥特学舍、柯克兰学舍(Kirkland House)、莱弗里特学舍(Leverett House)、洛厄尔学舍、马瑟学舍、昆西学舍(Quincy House)和温思罗普学舍(Winthrop House)。在哈佛广场北面的拉德克利夫四方庭院(Radcliffe Quadrangle)的周围建有三幢学舍,分别为卡伯特学舍、柯里尔学舍和福兹海默学舍。其实,还有第13个学舍——达德利学舍,这里住着哈佛大学120多名非住校的本科生,以及哈佛大学文理学院的所有研究生。达德利学舍的"总部"是雷曼堂,从这里可以俯瞰哈佛广场。

尽管哈佛大学于1930年建立了学舍系统,但早在1871年就有人提出用寄宿学院接纳学生。多年来,对于学舍一直存在争论与普遍的不满,由此导致哈佛学生在剑桥市寻找自己的住所。最富有的学生聚集在奥本山街的"黄金海岸",而较为拮据的学生与少数族裔学生则寄身于哈佛广场以外的廉价住宅。在1909年成为哈佛大学校长之前,A.劳伦斯·洛厄尔就设想在哈佛学院内新建新的住宅小区,效法牛津大学和剑桥大学的模式。1907年,洛厄尔曾对耶鲁大学的访客说:"我们想要的,是一系列的学院,每个学院都是全国性的和民主的,它们是整个大学的一个缩影。"

不过,洛厄尔实际想要做更多事。他希望,在未来的学舍规划中嵌入一些重大的教育改革。这意味着为每个学舍安排住宿导师,并提供辅导教学和图书馆的空间。洛厄尔的理想是学生实现"自我教育",把学生而不是课程作为学习的基本单元,让具有不同背景和兴趣的学生相互学习,就像从课堂教学中学到的一样多。在洛厄尔看来,这种互动只能在住宿学院中进行。

20世纪20年代,洛厄尔为自己的计划寻求外部资助,但是收效甚微。不过,1929年1月,他获得了超过1100万美元的捐赠,用于资助哈佛的七所本科生学院。有关洛厄尔如何成功筹款,有各种版本的传说。有证据表明,耶鲁大学毕业生爱德华·哈克尼斯(Edward Harkness)原本打算资助母校在纽黑文建立住宿学院,但学校迟迟不予同意。于是,1928年秋,哈克尼斯致电洛厄尔,双方一拍即合。考虑到普林斯顿大学前校长伍德罗·威尔逊一直是这种学院制度的倡导者,《耶鲁记录》(The Yale Record)将这一结果形容为,"哈佛用耶鲁的钱,实现了普林斯顿的计划"。

在洛厄尔校长任内的初期,哈佛新建了四座新乔治亚式风格的新生宿舍楼,这些宿舍楼确定了柯克兰学舍、温思罗普学舍和莱弗里特学舍的主要建筑元素。过去两幢位于"黄金海岸"的宿舍楼,为亚当斯学舍的组成部分提供了借鉴。洛厄尔学舍、埃利奥特学舍、邓斯特学舍和亚当斯学舍,都是从平地修建起来的。建筑师是查尔斯·A.柯立芝(哈佛大学1881届校友),他还设计过洛厄尔任校长期间新建的新生宿舍、哈佛医学院的四方庭院、哈佛法学院的兰德尔堂和斯坦福大学的校园。在设计查尔斯河畔的学舍时,柯立芝将其设计成新乔治亚式风格的红砖新生学舍。部分评论家认为,这些房子的建筑外观缺乏独创性。不过,历史学家沃尔特·缪尔·怀特希尔(Walter Muir Whitehill)则称赞洛厄尔学舍是"创造性的折中主义的杰作"。这种褒奖可以扩展至查尔斯河畔的其他几个学舍。

上述七个学舍在20世纪30年代初开放。昆西学舍于1958年新建,毗邻洛厄尔学舍和莱弗里特学舍。一年后竣工的12层的莱弗里特塔楼是哈佛大学首次采用高层设计的"实验品",与之前的那些新乔治亚式风格学舍大相径庭。1971年,21层的马瑟学舍在邓斯特学舍的另一侧拔地而起。同年,哈佛大学和拉德克利夫学院达成了一项协议,将查尔斯河畔的宿舍楼开放给女生使用,并将拉德克利夫四方庭院的三个住宿中心合并到了哈佛大学的学舍系统里。至此，哈佛的学舍总数为12个。

哈佛学院的许多行政功能都被委派给了这些学舍。在学舍里，所有人都由舍监和共同舍监（通常会配有）引领，舍监通常是哈佛大学的终身教职员或高级管理人员。舍监负责设定学舍生活的标准与基调。在舍监之下还设有奥尔斯顿·伯尔高级导师（Allston Burr Senior Tutor，他们是哈佛大学各学院负责行政的院长，也负责授课）、20多名常驻导师（resident tutor，他们多数为哈佛大学的研究生，以提供建议、咨询、指导和其他形式的帮助）。在哈佛大学，学生与导师的比例约为20∶1。各学舍的办公室保存了居住于此的300—400名学生的记录。导师负责为奖学金申请者与就读专业学院的候选人提供咨询并为其写推荐信。在其他多数大学，这一职能归属于院长办公室。

餐厅是学舍公共生活的中心。按照英式学院的模式，学舍内的所有餐厅都设有初级公共休息室（Junior Common Room）和高级公共休息室（Senior Common Room）。学生们在初级公共休息室中举行公议和进行社交活动，教职员定期在高级公共休息室讨论学舍的事务，偶尔也会讨论其他同事的研究和教学。学舍还为艺术、电影和戏剧社团，室内乐和歌剧团体，出版物，公共服务项目，以及校内的体育团队提供场所。每年有300多个学舍团队参与大约850场比赛与近30项不同运动的锦标赛。比如，"施特劳斯杯"的比赛总是很激烈，每年哈佛大学会向最佳优胜的学舍颁奖。

早些时候，各学舍的舍监负责梳理新生申请者的名单，从中选择他们想要接纳的即将升入大学二年级的学生。在遴选的过程中，面试中获得的信息起到了重要的作用。这最终导致了哈佛学生对各学舍产生了刻板印象。比如，埃利奥特学舍被称为"大学预科生之家"，温思罗普学舍是"运动员之家"，亚当斯学舍被视为"艺术家之家"，洛厄尔学舍则被誉为"知识分子之家"。在某种程度上，这些印象是符合现实的。在大多数情况下，每个学舍都有自己的价值观，甚至标榜其特定的归属感。曾有一段时间，哈佛学院院长办公室试图对学生来自哪里、以前就读的学校、主修领域等设限，促使各学舍的人员构成更为多样化。不过，到了1972年，在哈佛大学，变革与平均主义的风潮来势汹汹。结果，哈佛建立了一个更公平的系统，学舍的舍监放弃了遴选权，而学生根据自己的喜好对12个学舍进行排名。后来，哈佛学舍的排名系统被优化，不过，部分学舍却依然保持传统，少数学舍则拥有不成比例的少数族裔学生和学生运动员。在20世纪90年代中期，哈佛大学的管理人员最终通过努力解决了可能颠覆学舍计划的问题，这曾经是洛厄尔校长所担心的：学舍系统至少在某种程度上导致学生按自己兴趣和背景实现"自我隔离"(self-segregation)。这个问题的应对之策是（目前在某些方面依然存在争议）基于计算机的完全的"随机化"。这样一来，哈佛的学生与舍监均无法表达其个人偏好。哈佛新设计的计算机程序只关注一个参数，即性别，从而确保每个学舍的学生组成，与哈佛大学整体学生的组成非常相似。

值得强调的是，一年级学生在过渡到学舍生活之前仍然有选择的权利。每年3月，一年级学生可以选择与不同性别的好友一同申请宿舍楼，人数上限为8人。因此，好友们可以一起再待3年。这种"组队"式申请，要经过计算机的筛选。尽管学生们无法表达其偏好，但大多数本科生都乐于接受计算机为其分配的宿舍楼。

虽然哈佛大学的课程改革反反复复，但学舍系统的发明与完善却是哈佛大学历史上最具深远意义的创新。正如哈佛大学一位院长所说，这一系统堪称哈佛大学这顶皇冠上的一颗12克拉的宝石。

相关条目 奥尔斯顿；建筑；体育竞技；查尔斯河；黄金海岸。

094 — 099

约翰·哈佛的雕像,是由丹尼尔·切斯特·弗伦奇(Daniel Chester French)用青铜铸成的,并于1884年揭幕。不过,雕像与约翰·哈佛本人并无相似之处,因为弗伦奇是以当时刚从哈佛大学毕业的谢尔曼·霍尔(Sherman Hoar)为原型进行创作的。

信息技术

信息技术推动了先进的研究,开辟了新的教学机会,使哈佛大学的社群紧密相连,并加快了哈佛的生活节奏。早在二战期间,哈佛大学就开始了计算机革命;在其后的半个世纪里,信息技术深刻地影响了哈佛大学的各个方面。

1944年,霍华德·艾肯教授的"马克一号"全自动化循序控制计算器(Mark I Automatic Sequence Controlled Calculator)的问世,是信息技术史上的一个里程碑事件。"马克一号"是在美国国际商用机器公司(IBM)的帮助下,基于IBM的穿孔卡技术构建而成。"马克一号"长约15米,重达5吨,在进行简单的乘法运算时,需要花费3—5秒。它很快便过时了,取而代之的是艾肯教授设计的"马克二号"(全部由继电器式计算器组成),以及带有电子元件的第三代和第四代计算机。艾肯教授于1952年开设了哈佛大学的第一门计算机科学的课程。时至20世纪60年代,工程与应用科学已成为哈佛大学发展最快的领域。尽管哈佛大学设立了一个信息技术办公室(Office for Information Technology,OIT)来协调规划和运作信息技术,但哈佛大学的信息处理技术以典型分散的方式发展,各个学院和系部都在研发自己的信息处理平台和数据库。直到20世纪80年代后期,哈佛校内在使用的不同的内部网络有十多个。信息技术办公室依照学院信息技术委员会的指令,计划并组装了一个高速数据网络,并与新的大容量电话系统捆绑在一起。这个耗资3000万美元的项目于20世纪90年代中期完成,使用了长约1.6万公里的铜缆和光纤电缆,将哈佛的宿舍楼、教师办公室与教室连接起来。该项目支持电子邮件与电子公告板、文件传输、人际通信,以及基于计算机的教学计划。1993年,哈佛园的诸多建筑物都与这一网络连接,1997届的毕业生成为哈佛历史上首届通过网络相互联系的毕业生。哈佛的新生只要将其电脑与墙上的插孔相连接,便可以与同学、老师,或大约1500万名计算机用户进行实时的联系,继而通过互联网与全球相连。

日益强大的计算机,加上互联网的全球影响力及其在信息收集方面的非凡能力,对每个学术领域的研究都产生了催化效应,缩短了产生与评估新发现所需的时间。同时,连通性也重塑了哈佛的教学计划。哈佛的学生可以将作业发送到电子"投递箱",并接收教师回复的电子邮件。哈佛的教职员可以将其办公时间网络化,而学习小组可以在网络上展开合作。在五年之内,哈佛大学文理学院的 1000 多门课程均开设了自己的网站,其中,许多课程还为交互式学习项目提供了多媒体"课件"。

信息技术为哈佛履行其教学使命提供了一个新的维度。借助互联网,哈佛大学的延伸教育学院能够提供"远程教育"课程,可供全球各地的学生观看。凡是注册的学生(包括波士顿地区的学生),可以选择在哈佛大学校内听课,或者选择在线观看。修读远程教育课程的学生与校内学生完成相同的课程,可以获得相同的学分。在哈佛大学的诸多研究生院和专业学院中,商学院、教育研究生院、法学院和医学院资助开设了越来越多的交互式学习项目。

现在,哈佛大学的许多图书馆、博物馆和相关收藏都提供了可检索的数据库且可在线展示。比如,人们可以从哈佛校友会的门户网站上下载一系列与哈佛主题相关的视频。哈佛大学校友会还发布名为《哈佛月刊》的电子通讯,而哈佛大学新闻办公室负责每日发送电子邮件摘要。哈佛大学所有网站的入口是 www.harvard.edu。

哈佛大学的所有学院都设有其计算机支持单位,便于协助学生、教师和工作人员。哈佛大学信息系统(UIS)相当于哈佛大学的中央信息技术办公室,其下设的培训和发展中心提供文字处理、数据库设计和管理、网页设计、计算机图形、桌面出版等课程。对于哈佛大学社群之外的人士,哈佛大学延伸教育学院开设了范围广泛的夜班课程,其中包括计算机编程、系统管理、网络、数据库开发与多媒体等。

在本科阶段,计算机科学是哈佛大学的 41 个主修领域之一。这个规模虽小但在不断发展的项目拥有 10 余名教员,通常招收约 75 名主修学生。有的教职员将计算机研究与其他领域(如经济学、语言学、数学、物理学或心理学)相结合。哈佛大学的计算器科学和电气工程设施现在都设在最先进的麦克斯韦·德沃金楼(Maxwell Dworkin Building)内。这座大楼于 1999 年投入使用,资金来自微软高管比尔·盖茨和史蒂文·鲍尔默(Steven Ballmer)捐赠的 2000 万美元,他们均为哈佛大学 1977 届校友。这座大楼是以两位捐赠者的母亲——玛丽·麦克斯韦·盖茨(Mary Maxwell Gates)和比阿特丽斯·德沃金·鲍尔默(Beatrice Dworkin Ballmer)的名字命名的,哈佛学生又称它为"麦克斯·多克斯楼"。这幢引人注目的建筑矗立在哈佛法学院附近,其原址为艾肯计算实验室,哈佛大学的信息技术正是在这个实验室培育起来的。当年,盖茨还是哈佛大学的一名大二学生,曾在这个实验室里不分日夜地为第一代个人计算机编写编程语言。

相关条目 继续教育;辍学者;《哈佛大学公报》;虚拟的哈佛。

相关网站 www.digital.harvard.edu；www.harvard.edu；www.haa.harvard.edu/ath；www.harvard.edu/infotech。

国际延伸

哈佛大学越来越国际化了。现在,哈佛近 1/5 的全日制学生来自美国以外的国家和地区。尽管哈佛学院的外籍学生的比例徘徊在 8% 左右,但是,哈佛的部分研究生院和专业学院,如设计研究生院、政府学院和公共卫生学院,其外籍学生的比例已超过了 1/3。哈佛大学有 2500 多名博士后研究员和来自国外的访问学者,其中相当一部分集中在医学领域。没有其他学术机构在这方面能与哈佛相媲美。如今,哈佛几乎是在全球范围内招揽人才。

哈佛大学的许多研究中心都专注于全球的不同区域。在哈佛的研究生与本科阶段,具有国际导向的课程可谓比比皆是。比如,"外国文化"是哈佛本科核心课程涉及的主要领域之一。哈佛大学文理学院开设了大约 54 门外语教学课程,包括阿拉伯语、亚美尼亚语、克罗地亚语、塞尔维亚语、捷克语、埃塞俄比亚语、蒙古语、尼泊尔语、巴利语、波斯语、波兰语、葡萄牙语、梵语、斯瓦希里语、泰语、藏语、土耳其语、乌克兰语、乌尔都—印地语、乌兹别克语和越南语。过去哈佛本科生在国外学习的机会相对有限,现在哈佛大学设有国际项目办公室(Office of International Programs)和校外学习常设委员会(Standing Committee on Out-of-Residence Study),它们都在努力扩大哈佛本科生在国外学习的机会。时任文理学院院长的柯伟林(William C. Kirby)在给教职员的一封信中写道:"虽然教学的确是哈佛学院的核心工作,但是学生未必都要局限于在马萨诸塞州的剑桥市接受所有的教育。"

居住在美国以外国家和地区的哈佛校友,可以说是哈佛社群中发展最快的分支。预计在不久的将来,这一分支的总人数将达到 4 万人。最新版的哈佛校友名录显示,哈佛大学的校友分布在全球 184 个国家。其中,约有 70 个国家设立了哈佛俱乐部。哈佛校友最为集中的国家依次为英国、加拿大、法国、日本和德国。这 5 个国家都设有哈佛俱乐部。此外,哈佛大学在以下国家也设立了哈佛俱乐部:保加利亚、克罗地亚、埃及、芬兰、印度尼西亚、以色列、巴基斯坦、秘鲁、沙特阿拉伯和乌克兰等。在这些国家与其他国家,哈佛大学的研究生院及专业学院的校友占多数。目前,在欧洲的哈佛校友依然在哈佛的国际校友中占有最大的比重（将近40%），但环太平洋区域的哈佛校友所占比重也已接近20%，而且正在快速地增长。总体而言，在过去的1/4世纪里，在日本、中国、新加坡、马来西亚和韩国的哈佛校友增加了将近5倍。

虽然哈佛大学的大多数研究中心和项目都设在剑桥，但是，哈佛大学文艺复兴研究中心却位于意大利佛罗伦萨郊外的塔蒂别墅。另外，哈佛大学还赞助位于土耳其西部萨迪斯的一个考古项目。为了帮助在海外工作的研究人员，哈佛商学院在阿根廷、巴西、法国、中国香港地区和日本均设有办事处。

显然哈佛大学的国际元素日益增强，但它依然是一所美国大学。对于这一点，哈佛大学往届校长与现任校长时常会加以重申。该大学之所以能吸引国际学生，在一定程度上是因为它代表了美国，同时它的传统植根于美国的生活。不过，哈佛大学的国际学生数量的增长，可能会在未来逐渐放缓。每年的招生规模缺乏弹性，而且哈佛录取的外国学生越多，就意味着美国学生申请就读哈佛的机会减少。可以说，就哈佛大学整体而言，20%可能是国际学生在哈佛学生总数中所占比重的上限。

相关条目 阿卜；商学院；核心课程；存于别处的哈佛；科学博物馆；萨迪斯；塔蒂别墅。

常春藤联盟

《纽约先驱论坛报》(New York Herald Tribune)的体育记者斯坦利·伍德沃德(Stanley Woodward)曾用"常春藤大学"(ivy colleges)一词来描述美国的九所高校——布朗大学、哥伦比亚大学、康奈尔大学、达特茅斯学院、哈佛大学、宾夕法尼亚大学、普林斯顿大学、西点军校和耶鲁大学。这九所高校都支持橄榄球运动，长期致力于体育竞赛，而且其校园建筑的外墙总是被常春藤覆盖。伍德沃德提出"常春藤大学"一词，距离常春藤联盟于1933年秋正式组织联赛，还有十多年的时间。直到1935年2月，美联社(Associated Press)的体育编辑艾伦·古尔德(Alan Gould)才首次使用"常春藤联盟"这一称谓。

考虑到大学橄榄球的专业化，"常春藤联盟"的八所高校的校长于1945年会面并签署了《常春藤团体协议》(Ivy Group Agreement，当时西点军校的代表未出席)。校长们认为，橄榄球项目应当"与学术生活的主要目的相称"，因而取消了体育奖学金，承诺保持经济援助和资格认定的共同标准，并成立了一个常设委员会,其成员包括这八所高校负责体育竞技的主管。1952 年,"常春藤团体"通过投票取消了春季的橄榄球训练,并禁止举办季后赛;两年后,团体成员同意,将其政策拓展到所有校际体育赛事,并宣布正式启动常春藤联盟的橄榄球比赛。至于该联盟的橄榄球循环赛,则始于 1956 年秋。

在随后的数十年里,常春藤团体为女性团队设计了正式的项目。同时,它不太情愿地接受了全美大学体育协会(National Collegiate Athletic Association)的裁决,允许新生有资格参加大学校队。此外,常春藤团体在一定程度上恢复了春季的橄榄球训练(也属于情非得已),并采用了一种"学术指数",即将学生运动员的录取标准与高校学生的整体平均成绩挂钩。

尽管常春藤联盟的标准相对严格,不过,上述八所高校还是成功吸引了那些有造诣的学生运动员,并实现了高水平的竞争。目前,普林斯顿大学拥有联盟所有体育赛事中为数最多的联赛冠军,紧随其后的是哈佛大学。接下来,按降序排列分别为:宾夕法尼亚大学、耶鲁大学、康奈尔大学、达特茅斯学院、布朗大学和哥伦比亚大学。参与常春藤联盟赛事的前学生运动员已经在其专业领域以及商业、娱乐、政治领域崭露头角,也有人在职业体育方面脱颖而出。在最近的一个赛季中,共有 9 名前常春藤联盟的球员,名列美国国家橄榄球联盟(National Football League)的花名册。

常春藤团体——现在的正式名称为"常春藤团体董事会"(Council of Ivy Group Presidents)——在新泽西州的普林斯顿市设有办公室。"常春藤联盟"现已成为八所高校的简称,或多或少被用来形容一种可被接受的精英主义,以及一种保守且干练的着装风格。因此,它可以作为形容词,比如说,"在我看来,那个人不像是常春藤的"。

相关条目 体育竞技。

相关网站 www.ivyleaguesports.com。

爵士乐

直到 20 世纪 70 年代,爵士乐才在哈佛大学流行起来。的确,在 20 世纪 20 年代和 30 年代,哈佛学院的许多俱乐部成员都是狂热的爵士乐粉丝。在他们的"胜利牌"(Victrola)老式留声机上,毕克斯·拜德贝克(Bix Beiderbecke)和杰克·蒂加登(Jack Teagarden)的黑胶 78 转唱片(即唱片每分钟转 78 转)会被听到磨穿为止。另外,作曲家约翰尼·格林(Johnny Green,哈佛大学1929届校友)谱写的《身体与灵魂》(Body and Soul),于1939年被次中音萨克斯管演奏家科尔曼·霍金斯(Coleman Hawkins)录制成曲,该曲成为史上最受欢迎的爵士乐作品之一;贝西伯爵(Count Basie)和吉米·拉欣(Jimmy Rushing)在20世纪40年代初录制的唱片《哈佛蓝调》[Harvard Blues,乔治·弗雷泽(George Frazier,哈佛大学1932届校友)作词],不时会被人们再次说起。无独有偶,一个名为"绯红踢踏舞"(Crimson Stompers)的芝加哥风格的迪克西兰(Dixieland,传统爵士乐)乐队——由拉里·伊奈特(Larry Eanet,哈佛大学1952届校友)领导并吹奏长号,伊奈特的同学比尔·邓纳姆(Bill Dunham)和沃尔特·吉福德(Walt Gifford)分别演奏钢琴和打鼓——在20世纪50年代初,使剑桥—波士顿的爵士乐活跃了起来。不过,在爵士乐时代的前半个世纪里,出自哈佛大学的爵士乐演奏者并不多,虽然哈佛大学也培养了一些重要的作曲家,但直到1969年,弗雷德里克·热夫斯基(Frederick Rzewski,哈佛大学1958届校友)创作了一首名为《巴汝奇绵羊》(Les Moutons des Panurge)的轻快的爵士—加麦兰(jazz-gamelan)乐曲,人们才开始关注与爵士乐相关的习语。

后来,事态开始出现变化。1971年,被哈佛大学任命为乐队主管的托马斯·埃弗里特(Thomas Everett)惊讶地发现,哈佛大学竟然没有任何有组织的爵士乐活动。埃弗里特曾作为一名低音长号手,与一些爵士乐团合作过,因此,埃弗里特召集了足够多的"班底"在亚当斯学舍的舞会上演奏,其中包括萨克斯手、小号手、能弹奏电贝斯的苏萨大号手、吉他手和鼓手。根据埃弗里特的回忆,那场演出像是一场灾难,所幸,他的乐队成员团结一心,并吸引了像斯蒂芬·萨克斯(Stephen Sacks,哈佛大学1975届校友)等人加入乐队。值得一提的是,斯蒂芬·萨克斯是哈佛大学历史上第一个撰写与爵士相关的毕业论文的人,该篇论文谈论的是现代爵士乐发展史上的一位重要开拓者查理·帕克(Charlie Parker)。后来,萨克斯成为一位研究音乐的专家。在哈佛学院的巡回联谊会中,在其他学院的一些特殊场合,以及1974年在桑德斯剧院举办的一场令人难忘的免费音乐会上,都能看到哈佛爵士乐队的身影。时至今日,联谊会中,在哈佛大学仍有两支活跃的爵士乐团,即星期日乐队(Sunday Band)和周一乐队(Monday Band)。

在哈佛,爵士乐队的兴起,恰逢哈佛大学艺术办公室(Office for the Arts,OFA)的成立。通过"向表演者学习"项目、"爵士大师"系列,以及艺术奖学金和课程补贴项目,艺术办公室将知名的爵士乐艺术家吸引到哈佛,并支持校内爵士乐队的活动。在艺术办公室与哈佛大学非裔美国人研究系（Department of Afro-American Studies）的合作下，埃弗里特教授开设了名为"爵士传统"的课程。1980年，艺术办公室举办了首届爵士大师音乐会，向钢琴家比尔·埃文斯（Bill Evans）和约翰·刘易斯（John Lewis）致敬。刘易斯曾经是"现代爵士乐四重奏"（Modern Jazz Quartet）乐团的创始成员。他受托创作了一首名为《哈佛之门》（The Gates of Harvard）的曲子，并由"比尔·埃文斯三重奏"（Bill Evans Trio）乐团和哈佛爵士乐团（Harvard Jazz Orchestra）首演。"爵士大师"系列后来还把班尼·卡特（Benny Carter）、格里·马利根（Gerry Mulligan）、克拉克·特里（Clark Terry）和J. J. 约翰逊（J. J. Johnson）等爵士大师请到了哈佛。

现在，爵士乐已在哈佛学院的课程中占有一席之地。比如，钢琴家、莫扎特学者、罗宾逊人文学科教授罗伯特·莱文（Robert Levin，哈佛大学1967届校友）在开设了一门颇受欢迎的关于室内音乐的核心课程后，又开设了关于爵士乐和摇摆乐时代的核心课程。英格丽·蒙森（Ingrid Monson）曾是一名爵士乐小号手，现在担任哈佛大学昆西·琼斯非裔美国人音乐的讲席教授，这是由哈佛大学的音乐系、非裔美国人研究系共同任命的。她在哈佛大学也有一门核心课程"说点什么：从音乐风格、感性和社会对话的角度来谈爵士乐"。哈佛大学希尔斯图书馆的莫尔斯音乐收藏（Morse Musical Collection）收录了以爵士音乐家为主题的研讨会、采访和表演的视听资料，为那些研究爵士乐相关课题的哈佛师生提供了研究资源。

爵士乐在哈佛大学生活中日益普及的另一个标志是：在爵士乐界有很多声名鹊起的年轻校友。他们当中有小号手、作曲家、指挥家和编曲家鲍勃·梅里尔（Bob Merrill，哈佛大学1981届校友），他曾在速食布丁俱乐部创立"布丁爵士乐"系列节目；次中音萨克斯管演奏家、作曲家唐·布雷登（Don Braden，哈佛大学1985届校友）；萨克斯管演奏家安东·施瓦茨（Anton Schwartz，哈佛大学1989届校友）和乔舒亚·雷德曼（Joshua Redman，哈佛大学1991届校友）；歌手萨拉·拉扎勒斯（Sara Lazarus，哈佛大学1984届校友），她也吹奏次中音萨克斯管。近年来，波士顿的哈佛俱乐部曾赞助过"二月爵士乐队音乐节"（February Combo Jazz Fest），哈佛大学的学生也参与了此次音乐节的表演。哈佛大学在授予荣誉学位时，也愈发关注爵士音乐家。哈佛大学已在毕业典礼日向多位爵士音乐家颁发了荣誉学位，并赢得了经久不绝的掌声。这些获得哈佛荣誉学位的爵士乐音乐家包括：班尼·古德曼（Benny Goodman，1984年）、埃拉·菲茨杰拉德（Ella Fitzgerald，1990年）、班尼·卡特（Benny Carter，1994年）和昆西·琼斯

(Quincy Jones,1997年)。

相关条目 艺术;音乐。

相关网站 www.digitas.harvard.edu/_jazzband。

约翰·哈佛及其塑像

真实的约翰·哈佛是鲜为人知的。他的肖像没有流传下来,他生命中的重要细节人们不得而知。查找不到有关他乘船抵达新英格兰的记录。我们也不知道,他在1638年早逝(享年30岁)之前究竟病了多久。我们所知的,他是美国第一所大学的首位捐赠者。他去世后,依照马萨诸塞湾殖民地议会的决定,这所建在剑桥的学院获得了哈佛遗赠的一半财产及其收藏的图书,应被称为"哈佛学院"。

约翰·哈佛于1607年出生于距离伦敦桥不远的南华克区(Southwark)。约翰的父亲是一名屠夫,其母亲的家族来自埃文河畔的斯特拉特福(Stratford-up-on-Avon)。他的外祖父也是一位屠夫,同时还是酒馆老板和自耕农。约翰外祖父家的老宅位于斯特拉特福的大街上,那是一幢伊丽莎白时代的半木结构建筑,现在作为一座博物馆。约翰父母亲的两个家族都比较富裕,而且与显贵人物多有来往。有人猜测,身处伦敦的哈佛家族认识威廉·莎士比亚并看过他的戏剧。

年轻的约翰在南华克的圣救主文法学校(St. Saviour's Grammar School)接受教育。在这所学校,他研习语法、古典文学和《圣经》。当约翰17岁时,哈佛家族在两个月内遭受了五次悲剧性的打击,他的四位兄弟姐妹和父亲先后死于一场瘟疫。20岁时,约翰决定成为牧师,他就读于剑桥大学伊曼纽尔学院(Emmanuel College)。当时,伊曼纽尔学院聚集了很多清教徒。1632年,约翰获得了文学学士学位,三年后获得了文学硕士学位。后来他与同学的妹妹安·萨德勒(Ann Sadler)结婚,并于1637年夏与妻子一同移居到马萨诸塞湾殖民地。当时,他们结婚刚满一年不久。约翰从母亲那里获得了一笔不算多的遗产,他将这笔遗产的大部分用于买书,并将这些书带到了马萨诸塞湾殖民地。

哈佛一家定居在查尔斯敦(Charlestown),在那里,约翰开始担任牧师兼教师。他的同乡们对他评价很高。约翰是个博学的人,还拥有一个引人注目的私人图书馆。当时,要在新镇(即现在的剑桥市)的旷野建立一所学院的建议引起了他的兴趣。可是,他却在1638年夏死于肺结核。虽然约翰生前没有留下任何书面的遗嘱，但是他的确希望将自己的一半财产即779英镑12先令2便士以及400多本藏书，捐给离查尔斯敦不远的那所新建的学院。依照哈佛大学知名历史学家塞缪尔·埃利奥特·莫里森在《哈佛学院的建立》(The Founding of Harvard College，出版于1936年)中写道：约翰·哈佛"牺牲了相对惬意和安全的生活，为建立一个让人们过上美好生活的新英格兰而做出自己的贡献。约翰·哈佛的这一举动使他的名字获得了荣耀，更使后世之人得到真正美好的东西。它超越了新英格兰那些比他更有天赋和杰出的创始者付出的所有努力"。

在哈佛大学，约翰·哈佛的那座被拍摄过无数次的铜像是由丹尼尔·切斯特·弗伦奇于1884年铸成的。实质上，这座铜像是弗伦奇凭借想象创作出来的。这座铜像是一位名为塞缪尔·J. 布里奇(Samuel J. Bridge)的波士顿老商人送给哈佛学院的礼物，布里奇也是哈佛学院的长期捐赠者。时任哈佛大学校长的查尔斯·W. 埃利奥特曾对这一馈赠持保留态度，并指出"既没有其肖像，又缺乏记录或回忆，这样制作出来的塑像是十分值得怀疑的。这样的塑像可能会令人对历史真相产生困惑和混淆，使后世的人无法确定什么才是真实的，什么是虚构的"。

不过，当看到弗伦奇正在创作的塑像时，埃利奥特开始动摇了。埃利奥特对弗伦奇的父亲说："它使人感动，就像是一个贤德的象征。"弗伦奇本人的解释是："在寻找那些早年来到新英格兰海岸的人时，我选择用他们的直系后代作为我创作塑像脸部的模特。"弗伦奇的模特是哈佛大学1882届校友谢尔曼·霍尔。弗伦奇认为，"霍尔身上所拥有的，正好是我所想要的东西。当然，我不会把这座塑像做得跟霍尔本人一模一样"。最初，这座塑像位于哈佛纪念堂之外。当它揭幕时，《纽约时报》的一位评论家推测，假如约翰·哈佛本人"看到自己能有幸被弗伦奇先生这样一位雕塑家做成塑像并供人怀念，他肯定会露出高兴的微笑……这座塑像是铸造工艺的一次胜利，塑像的面部轮廓和人物造型制作完美，使其成为一件非常引人注目且令人难忘的艺术品"。

1923年，这座塑像被转移到哈佛的大学堂前的现址，这在一定程度上归功于弗伦奇本人的敦促。此时，这位艺术家已经完成了美国最伟大的公共雕塑——林肯纪念堂(Lincoln Memorial)中亚伯拉罕·林肯(Abraham Lincoln)那雄伟的坐像。

约翰·哈佛的塑像是新英格兰地区最受摄影者青睐的景点之一，在哈佛的旅游景点中唯一能与其相媲美的，只有自然历史博物馆里的玻璃花。在约翰·哈佛塑像的花岗岩基座的两侧，分别刻有类似于哈佛大学的官方印章与剑桥大学伊曼纽尔学院的印章。基座的铭文上写道:约翰·哈佛,创始人,1638年。导游喜欢把这座塑像称为"存有三个谎言的塑像":其一,塑像的脸部并非取自约翰·哈佛的真实肖像;其二,约翰·哈佛并未创办哈佛学院;其三,哈佛真正的建校年份是1636年。

约翰·哈佛塑像的左脚脚趾已被路人磨得闪闪发亮。据说,摸这座塑像的左脚脚趾可以带来好运。有时候,游客和哈佛学生会爬到约翰·哈佛塑像上拍照留念。在万圣节时,曾有人把一个南瓜放在约翰·哈佛的头上。在哈佛大学与达特茅斯学院(位于新罕布什尔州的汉诺威)的一场橄榄球比赛前夕,来自汉诺威的暴徒居然把这座塑像漆成了绿色;在哈佛大学与耶鲁大学(位于康涅狄格州的纽黑文)的一场比赛前夕,来自纽黑文的暴徒竟将这座塑像漆成了蓝色。尽管遭受这样的侮辱,约翰·哈佛塑像依然无畏地向西凝视。1940年,《哈佛校友公报》刊登了戴维·T. W. 麦考德(哈佛大学1921届校友)的一首经典的四行诗,这首诗把握住了弗伦奇创作的这座雕塑所体现的那种不屈不挠的精神:

"是你吗,约翰·哈佛?"
我对他的塑像说。
"是的——那就是我",约翰回答道,
"在你死后,那依然是我。"

相关条目 玻璃花;图书馆;雕像与纪念碑。

肯尼迪政府学院

尽管肯尼迪政府学院已成立40余年,但它在哈佛大学依然算是一个小字辈。在人们眼中,该学院就像孩子一样,生机勃勃,快速成长,具有令人振奋的活力。在成长过程中,我们很清楚地看到,学院新建筑、新项目和新教员不断出现,入学人数不断增加,预算也变得更多。不过,这种扩张的迹象目前已经放缓了。学院已经削减了部分项目,裁撤了部分工作人员。这使得肯尼迪政府学院越来越像哈佛大学的其他专业学院。

肯尼迪政府学院约有800名学生,教师人数(算上初级与资深教职员,以及接受联合任命的教职员)超过了90人。该学院的一年制在职公共管理硕士(MPA)有约210名学生,两年制的公共政策硕士(MPP)有200名学生。全球的许多重要政治人物都曾在该学院主楼中庭的"小约翰·F. 肯尼迪论坛"[John F.

Kennedy Jr. Forum,最初被称为"阿科论坛"(ARCO Forum),其创始捐赠者为美国大西洋里奇菲尔德石油公司(Atlantic Richfield Company,ARCO,又称"阿科公司")。——译者注]发表过演讲。肯尼迪政府学院的活动集中在一座设计精巧且由四幢建筑构成的四方庭院里,这座四方庭院就在约翰·F.肯尼迪街旁边,靠近哈佛广场的中心。

那么,肯尼迪政府学院是如何创立的?哈佛大学前校长德里克·博克见证了学院发展的大部分历程,他说,学院的成立"有很多运气的成分,可以说是百年难遇"。这首先要归功于20世纪60年代中期的时代精神。肯尼迪执政时期的思潮使得为政府服务成为学生和教师的一种理想,因此,进行严格的公共服务培训似乎已是学术上的当务之急。与此同时,哈佛大学拥有一支非凡的资深教师队伍,他们拥有显要的政府服务背景,并与美国政府保持着紧密的联系。这些人包括:约翰·T.邓洛普(John T. Dunlop)、托马斯·谢林(Thomas Schelling)、理查德·诺伊施塔特(Richard Neustadt)、霍华德·雷法(Howard Raiffa)、唐·K.普赖斯(Don K. Price)和米尔顿·卡茨(Milton Katz)等。他们非正式地讨论着扩大现有公共管理研究生院(Graduate School of Public Administration)的可能性。公共管理研究生院成立于1936年,是一所资金不足的小学院,由前纽约州国会众议员卢修斯·N.利陶尔(Lucius N. Littauer,哈佛大学1878届校友)捐资建立。

促使肯尼迪政府学院成立的另一个因素是,约翰·肯尼迪总统于1963年遇刺身亡。早在1962年,约翰·肯尼迪总统曾考虑在剑桥甄选地址建造他的图书馆和博物馆。尽管哈佛大学很多教职员很敬佩肯尼迪总统,但是,考虑到可能会加剧交通拥堵,他们以及剑桥居民都反对在哈佛广场附近选址。最终,肯尼迪总统图书馆和博物馆建在了波士顿港的哥伦比亚角(Columbia Point)。它们于1979年对外开放。与此同时,哈佛广场附近的查尔斯河地块可以使用了,过去这里是一个地铁堆场。由于达成了政治交易,哈佛大学也筹集到了资金,万事俱备,终于可以为新的学院提供一个安身之处了,而新学院靠近哈佛学院。

在肯尼迪政府学院的初创阶段,高层领导与各个层面的重大决策是至关重要的。哈佛大学的前校长普西和博克都认为肯尼迪政府学院应该建成为一所能够满足社会对公共服务水平和诚信需求的学院。年轻的哈佛大学政治学教授格雷厄姆·T.艾利森(Graham T. Allison,哈佛大学1962届校友,哈佛大学1968届哲学博士)被任命为肯尼迪政府学院的首任院长。作为院长,艾利森之所以留名于世,是因为他不仅吸引高水平的教师加盟,还积极地为学院的建筑、项目和捐赠基金筹集资金。尽管存有一些争议,该学院大多数的重大政策问题在早期就得到了有效解决。曾有人提议,将肯尼迪政府学院与哈佛商学院合并(像耶鲁大学和斯坦福大学那样),但是这一提议被断然拒绝了。肯尼迪政府学院欢迎来自哈佛大学其他学院联合任命的教师。尽管该学院多次遭到"偏向自由派"的指控,比如,耶鲁大学校友乔治·H.W.布什曾在1988年的总统竞选活动中,指责其民主党的竞选对手迈克尔·杜卡基思(Michael Dukakis)从"哈佛园的'精品店'"中获取指点,似乎是在影射肯尼迪政府学院,但该学院依然会邀请带有不同政治观点的教师与演讲者。

另一个关键性决定是肯尼迪政府学院在早期作出的,即学院需要设法吸引来自全球各地的学生与教师。如今,该学院大约45%的学生来自海外,而且大部分课程都有强烈的国际视野。

学院赞助设立了十多个研究中心、更多的研究机构和研究项目(其中部分取消了之后又启动),以及十多个行政培训项目和特殊的短期培训项目。这些中心包括:

贝尔弗科学与国际事务中心(Belfer Center for Science and International Affairs)

卡尔人权政策中心(Carr Center for Human Rights Policy)

商业和政府中心(Center for Business and Government)

国际发展中心(Center for International Development)

公共领导中心(Center for Public Leadership)

豪泽非营利组织中心(Hauser Center for Nonprofit Organizations)

肖恩斯坦新闻、政治和公共政策中心(Shorenstein Center on the Press, Politics, and Public Policy)

住房研究联合中心(Joint Center for Housing Studies)

陶布曼州和地方政府中心(Taubman Center for State and Local Government)

维纳社会政策中心(Wiener Center for Social Policy)

上述中心资助的研究课题集中在能源、技术创新、非洲发展面临的挑战、环境和自然资源管理,以及妇女和公共政策等方面。学院还设有许多奖学金项目,其中四个最知名的奖学金项目分别是:梅森研究员项目(Mason Fellows Program,面向发展中国家的官员和专业人士)、赫弗南访问研究员项目(Heffernan Visiting Fellows Program,邀请杰出的公务员在学院进行短期访学)、韦克斯纳研究员项目(Wexner Fellows Program,针对以色列的年轻政府官员与非政府官员),以及麦克洛伊学者项目(McCloy Scholars Program,面向德国商业和公共管理领域的年轻专业人士)。

肯尼迪政府学院下设政治研究所(Institute of Politics,IOP),于1966年成立,是一个以学生为中心(在某种程度上也是由学生运作)的机构,旨在鼓励哈佛学生投身于政治与公共服务。该研究所的另一个目标是加强学者与政治团体之间的联系。在该研究所,研究小组、研讨会、特别会议、辩论,以及重要政治领导人的演讲均着眼于当前问题。所有参加过政治研究所或小约翰·F.肯尼迪论坛活动的人都会感觉到,当谈到哈佛的政治时,肯尼迪政府学院就是一个好例子。

相关条目 国际延伸;地下。

相关网站 www.ksg.harvard.edu。

100 — 105

  本图中的建筑是《哈佛讽刺》所在的俏皮俱乐部。这是一座 16 世纪佛兰德城堡的微缩版。1966 年,《哈佛讽刺》颁给娜塔莉·伍德(Natalie Wood)"最差女演员奖",为此特意将俱乐部作了一番装饰。

拉蒙特图书馆

有时,拉蒙特图书馆被哈佛学生称为"悲叹"(Lament)图书馆。可是,作为哈佛大学于1949年启用的首座现代化建筑,这座图书馆并没有什么值得悲叹的。拉蒙特图书馆是柯立芝、谢普利、布尔芬奇、阿伯特建筑公司的作品,该公司还设计了哈佛学院的宿舍楼。从外观来看,拉蒙特图书馆就像一个相对乏味的所谓"国际风格"的作品。尽管该图书馆简洁的红砖墙和白色装饰让人很容易与哈佛的老建筑联系起来,但是它那四四方方的外形并不能从建筑学的角度说明其与哈佛老建筑的关系。相比之下,拉蒙特图书馆的内饰则另有一番景象:引人入胜,通风良好,大量使用了亚麻色木材和玻璃,辅之以自然光线,颇有启发。位于馆内第五层的伍德伯里诗歌室是芬兰建筑师阿尔瓦尔·阿尔托(Alvar Aalto)用斯堪的纳维亚风格精心撰写的一篇"散文",即使今天看来也很有现代感。

作为全球首座独立的本科生图书馆,拉蒙特图书馆拥有近19万册藏书,以及供1100位用户使用的凹室与阅览室椅子。该图书馆与位于拉德克利夫四方庭院的希尔斯图书馆合作,收藏了哈佛大学人文和社会科学课程所需的大部分书籍;加博图书馆(Cabot Library)则为哈佛大学本科生提供自然科学领域的服务。拉蒙特图书馆的馆藏包括大量视频(主要为纪录片与故事片),以及可流通的光盘。

拉蒙特图书馆位于哈佛园的东南角,坐落在一个斜坡上,之前是历史悠久的达纳—帕尔默楼(Dana-Palmer House)的所在地。建立拉蒙特图书馆的部分资金来自哈佛大学1892届校友托马斯·W.拉蒙特(Thomas W. Lamont)捐赠的150万美元,拉蒙特曾任J.P.摩根公司(J.P. Morgan & Co.)的董事会主席与哈佛大学理事会成员。拉蒙特图书馆的全部建造成本为250万美元。1967年以前,该图书馆仅限男生使用。

除了伍德伯里诗歌室,拉蒙特图书馆还在第五层设有法恩斯沃思室(Farnsworth Room),专门用于休闲阅读;馆内第六层设有一个语言资源中心;第三层与第五层都设有电子学习设施;地下一层有政府文件和微缩物品收藏室与残疾学生中心。拉蒙特图书馆通过地下隧道,与半下沉式的普西图书馆和怀德纳图书馆相连。

相关条目 建筑;图书馆;地下。

相关网站 www.hcl.harvard.edu/lamont。

《哈佛讽刺》

《哈佛讽刺》杂志的网站宣称其为"世界上最早的幽默杂志"。该杂志创刊于1876年，模仿的是英国的一份名为《笨拙》(Punch)的杂志。1992年，《笨拙》杂志在创刊151年时宣告停刊，《哈佛讽刺》更有底气说出上述那句话。为了留下珍贵瞬间，《哈佛讽刺》编辑专程飞到伦敦，与即将停刊的《笨拙》杂志的工作人员共进了告别晚餐。

早期《哈佛讽刺》发表了一些刚刚崭露头角的作家的作品，比如哈佛大学1882届校友欧文·威斯特、1886届校友乔治·桑塔亚那，以及1912届校友罗伯特·本奇利。本奇利与漫画家格鲁亚斯·威廉斯(Gluyas Williams，哈佛大学1911届校友)一样，是为数不多真正以幽默大师而闻名的人。在被哈佛学院开除前，威廉·伦道夫·赫斯特(哈佛大学1886届校友)曾做过《哈佛讽刺》的业务经理。在《哈佛讽刺》杂志的青涩时期，其幽默风格就像是杂耍表演，比如："您最近洗澡了吗？""没有，我错过了什么？"在本奇利做主编期间，《哈佛杂志》出了一期搞怪模仿主题。以后，恶搞各期《绯红报》成了《哈佛讽刺》杂志的基本内容；恶搞、玩噱头，特别是在所谓的"恶搞周"，《哈佛讽刺》持续不断地为哈佛大学提供各种笑料。

每年，《哈佛讽刺》杂志不定期出版大约5期，每份杂志售价为4美元，其内容涵盖了各类故事、漫画、讽刺、诗歌与搞怪模仿。对于该杂志的成员而言，它绝不仅是一份出版物。《哈佛讽刺》杂志的总部是一座有趣且与众不同的袖珍城堡，与杂志一直所做的讽刺写作可谓气质一致。该城堡建于1909年，位于奥本山街与弓街(Bow Street)之间，其设计者是埃德蒙·马奇·惠尔赖特，建筑风格则是效法16世纪的佛兰德式建筑。惠尔赖特是哈佛大学1876届校友，以及《哈佛讽刺》杂志的创始人之一。后来，他成为波士顿的城市建筑师，设计了朗费罗桥和拉兹·安德森桥。赫斯特为兴建这座城堡买单，而波士顿艺术赞助人伊莎贝拉·斯图尔特·加德纳(Isabella Stewart Gardner)向这座城堡捐赠了古董，并建议惠尔赖特添置其他珍品。在这座城堡的内墙上，有大约7000块荷兰代尔夫特(Delft)的瓷砖。据说，这是在荷兰之外使用这种瓷砖最多的建筑。不过，只有《哈佛讽刺》杂志的成员与临时访客可以获准进入这座城堡。

多年来,《哈佛讽刺》杂志经历了各种转变。比如,年轻的马克思主义者约翰·里德(哈佛大学 1910 届校友)在担任杂志编辑时摒弃了那些内容猥琐的低俗闹剧与哈佛自身的笑料,更中意社会讽刺与言辞尖刻的政治评论。后来,该杂志的风格与内容受到了新兴的《纽约客》(New Yorker)杂志的影响:以刊载短篇小说、时而诙谐时而尖锐的漫画和期望显得很老练的插画为特色。在 20 世纪 30 年代末,《哈佛讽刺》杂志的编辑们推出了年度"最差电影",盘点了那些看上去很烂但有趣的电影。

《哈佛讽刺》杂志曾经恶搞过许多知名的刊物,诸如《文学文摘》(Literary Digest)、《大都会》(Cosmopolitan)、《淑女》(Mademoiselle)、《纽约客》、《新闻周刊》(Newsweek)、《人物》(People)、《花花公子》(Playboy),以及《今日美国》(USA Today),就连《哈佛校友公报》也未曾幸免。在罗伯特·本奇利担任主编时,他最先恶搞的是一本名为《生活》(Life)的幽默杂志。当时,这本杂志由哈佛大学 1877 届校友爱德华·S. 马丁(Edward S. Martin)做主编。值得注意的是,马丁也是《哈佛讽刺》杂志的一位创刊编辑。在 1935 年恶搞《时尚先生》(Esquire)的一期,《哈佛讽刺》用一幅全彩的人体艺术画作为封面,标题为"衣着得体的新娘该穿什么"。结果,这一期被波士顿的邮政部门查禁了。

20 世纪 60 年代末,《哈佛讽刺》杂志的编辑们出现了分流,部分编辑致力于出版书籍,而其他编辑则将该杂志变成了一份全国性的刊物。他们出版过恶搞托尔金(Tolkien)著作的《无聊的戒指》(Bored of the Rings)。不过,《〈哈佛讽刺〉的大学录取指南》(Harvard Lampoon's Guide to College Admissions)倒是一本畅销书。1969 年,经验丰富的亨利·比尔德(Henry Beard,哈佛大学 1967 届校友)、罗伯·霍夫曼(Rob Hoffman,哈佛大学 1969 届校友)和道格·肯尼(Doug Kenney,哈佛大学 1968 届校友)创立了《国家讽刺》(National Lampoon)杂志,该杂志后来为其母刊《哈佛讽刺》杂志赚得了丰厚的版税。到了 20 世纪七八十年代,《国家讽刺》杂志是美国各大学校园内最受欢迎的刊物,其发行量最高时达到了 85 万份。道格·肯尼还参与创作了 1978 年的热门电影《动物屋》(Animal House),该电影是美国票房最高的喜剧电影之一。如今,《国家讽刺》是在《哈佛讽刺》许可下运营[《哈佛讽刺》杂志拥有"讽刺"(Lampoon)这一注册商标——这是一个相对罕见的例子,即一家公司成功将一个英文单词注册为商标]。

在《哈佛讽刺》杂志的工作经历,帮助许多年轻的哈佛校友在影视领域找到了报酬颇丰的工作。在《周六夜现场》(Saturday Night Live)、《宋飞正传》和《辛普森一家》(The Simpsons)等经久不衰的电视节目的编剧里,有《哈佛讽刺》杂志的工作经历一直都有很强的竞争力。《辛普森一家》的现任执行制片人阿尔·让(Al Jean)是哈佛大学 1981 届校友。多年以来,这个节目的编剧中,有二十多人曾经是《哈佛讽刺》杂志的成员。哈佛大学 1974 届校友詹姆斯·唐尼(James Downey)曾担任《周六夜现场》的首席编剧好多年,现在哈佛大学 1994 届校友丹尼斯·麦克尼古拉斯(Dennis McNicholas)是该节目的联合首席编剧,麦克尼古拉斯的工作人员中至少有五名最近方毕业的《哈佛讽刺》杂志前成员。

在前几代哈佛校友中,有一些人的幽默使《哈佛讽刺》杂志的内容有很强的感染力。比如,艾略特·理查森(Elliot Richardson,哈佛大学 1941 届校友,1944 届法学学士,后来成为外交官与总统内阁成员)、乔治·普林顿(哈佛大学 1948 届校友,作家兼演员)、弗雷德·格温(Fred Gwynne,哈佛大学 1951 届校友,演员),以及约翰·厄普代克(哈佛大学 1954 届校友,小说家、评论家兼诗人)。可能令人惊奇的是,理查森、格温和厄普代克在加入《哈佛讽刺》杂志期间是有名的漫画家。新近一些有《哈佛讽刺》杂志经历的名人有:柯南·奥布莱恩[Conan O'Brien,哈佛大学 1985 届校友,曾为《周六夜现场》编剧,其后在美国国家广播公司(NBC)主持一档名为《柯南·奥布莱恩深夜秀》(Late Night with Conan O'Brien)的节目]、安迪·博罗维茨(Andy Borowitz,哈佛大学 1980 届校友,其作品常见于《纽约客》杂志)、汤姆·沃纳(Tom Werner,哈佛大学 1971 届校友,电视制片人,波士顿红袜队的共同所有者),以及丽萨·亨森(哈佛大学 1982 届校友,《哈佛讽刺》杂志的首任女董事长,现为好莱坞的电影制片人)。

相关条目 黄金海岸;《绯红报》。

相关网站 www.harvardlampoon.com。

法学院

每年,在法学院的毕业典礼上,哈佛大学校长都会向 700 余名法学专业毕业生说这样一句话:你们都已准备好"去建立更好的法律制度,以保证我们的自由"(20 世纪 80 年代之前,这一段话中一直用的是"人"而不是"我们")。这是一个令人难忘的时刻。

法学院是哈佛大学非常重要的专业学院之一。学院拥有 1800 多名全日制学生、80 名全职教授(以及众多讲师与兼职老师)、17 个研究项目与丰厚的捐赠,这些都使它在哈佛大学独树一帜。过去,美国法学界的数位巨擘曾在法学院任教,其中包括小奥利弗·温德尔·霍姆斯、路易斯·D. 布兰代斯(Louis D. Brandeis)、费利克斯·法兰克福特和约瑟夫·斯托里(Joseph Story)。在法学院的历届院长中,不乏杰出人士,比如,首任院长克里斯托弗·哥伦布·兰德尔,以及罗斯科·庞德(Roscoe Pound)、欧文·格里斯沃尔德(Erwin Griswold)和德里克·博克。2004年年初,美国联邦最高法院的九位大法官中,有五位曾就读于哈佛法学院:斯蒂芬·布雷耶(Stephen Breyer,哈佛大学1964届法学学士)、露丝·巴德·金斯伯格(Ruth Bader Ginsburg,哈佛大学1958届校友)、安东尼·肯尼迪(哈佛大学1961届法学学士)、安东宁·斯卡利亚(Antonin Scalia,哈佛大学1960届法学学士),以及戴维·苏特(David Souter,哈佛大学1961届校友,哈佛大学1966届法学学士)。

法学院曾任和现任的许多老师都在其专业领域出版了专著,如研究信托的奥斯汀·斯科特(Austin Scott)、研究遗产税与规划的詹姆斯·卡斯纳(James Casner)、研究证券监管的刘易斯·罗思(Louis Loss)、研究合同法的塞缪尔·威利斯顿(Samuel Williston)、研究反垄断法的菲利普·阿里达(Phillip Areeda)、研究谈判和冲突解决的罗杰·费舍尔(Roger Fisher),以及研究宪法的劳伦斯·特赖布(Laurence Tribe)。

哈佛法学院成立于1817年,是北美第一所法学类教育机构。学院初建之时仅有两位教授、六名学生。到了1826年,哈佛法律图书馆藏有584册图书。当时,法学院开设的课程非常实用,但是其对盎格鲁-撒克逊普通法方面的贡献十分有限。过了好几十年,法学院才能与欧洲那些历史悠久的法学院相媲美。

在过去的两个世纪里,不论是在学生和老师的数量和来源、课程与图书馆藏书方面,还是在接受捐赠的增长方面,法学院经历快速变革。1899年,法学院的教职员投票决定录取一名女生,但是哈佛大学理事会否决了这一决定。直到1950年,该学院才开始招收女生。如今,法学院的女生已占各班学生人数的45%左右,而且越来越多的高级与初级教师都是女性,其中包括2003年被任命为法学院院长的埃琳娜·卡根(Elena Kagan)教授。二战结束以前,法学院的大多数学生来自美国东部的沿海地区,仅有少数学生来自美国之外。现在法学院的学生来自全美50个州与全球100多个国家。学院开设了260多门课程,其图书馆的馆藏超过200万本书籍与手稿。在撰写本书时,法学院正在进行4亿美元的筹款活动,预计在21世纪的头10年,法学院获得的捐赠将达到10亿美元。

就学生来说,法学院最核心的是为期三年的法学第一专业学位(J.D.),攻读该学位的学生人数约为 1600 人。相比之下，攻读法学硕士学位（U. M.）与法学博士学位（S. J. D.）的学生人数要少得多。许多小说、回忆录、电影和电视节目都试图描绘哈佛法学院一年级学生的生活。其中，最为精彩、生动的当属 1973 年上映的电影《力争上游》，约翰·豪斯曼在片中饰演令人生畏的金斯菲尔德教授。在金斯菲尔德教授的课堂上，师生展开了一系列犀利的智斗，金斯菲尔德教授坚持认为："你们带着一脑袋糨糊来这里，毕业离开时要像律师一样思考。"近年来，法学院在保持其一贯严谨的学术态度的同时努力减少学术的情绪压力，如减少必修课程的数量，那种苏格拉底式的智力角逐在法学院一二年级课程中已有所减少。不过，智力对抗、"冷不防提问"（即随机选择一名学生来回答一个尖锐的问题），以及交叉询问学生的观点，依然是法学院许多教授使用的教学方法。

法学院一年级的生活有时堪比海军陆战队的新兵训练，所幸，学生感受到的恐慌是暂时的。除了完成课程作业外，许多法学院学生还利用机会从事各种公共服务工作。大多数学生毕业前要么在某个志愿组织工作，要么在法学院的"法律诊所"课上获得学分。此外，许多学生还在法学期刊工作。哈佛法学院有十种法学期刊，其中最知名的应该是《哈佛法律评论》（*Harvard Law Review*）。这份由学生运营的期刊，通过选举遴选其成员，每年 11 月至第二年 6 月，每月出版一期，发行量为 8000 份。还有一些学生帮助举办"哈佛法学院论坛"（Harvard Law School Forum），邀请众多领域的杰出演讲者举行讲座。法学院每年都会举行艾姆斯（Ames）模拟法庭比赛。这项由学生进行的模拟法庭比赛已经举行了近一个世纪。在外聘的评委面前，学生们针对现实的案例进行分析和辩论。最后一轮通常由资深的联邦法官（有时会是美国最高法院的大法官）裁断，法庭实况会通过互联网向全球观众放送。

以下是哈佛法学院研究中心和相关项目，从中我们可以看出学院正在研究哪些问题：

- 伯克曼互联网与社会中心（Berkman Center for Internet and Society）
- 民权项目（Civil Rights Project）
- 东亚法律研究项目（East Asian Legal Studies Program）
- 欧洲法律研究中心（European Law Research Center）
- 税收和财政政策研究基金（Fund for Tax and Fiscal Policy Research）
- 历史项目（History Project）
- 人权项目（Human Rights Program）
- 国际税务项目（International Tax Program）

- 伊斯兰法律研究项目(Islamic Legal Studies Program)
- 奥林法律、经济和商业中心(Olin Center for Law, Economics, and Business)
- 劳动和工作生活项目(Labor and Worklife Program)
- 公司治理项目(Program on Corporate Governance)
- 实证法律研究项目(Program on Empirical Legal Studies)
- 国际金融体系项目(Program on International Financial Systems)
- 谈判项目(Program on Negotiation)
- 法律职业项目(Program on the Legal Profession)
- 转型时期的正义项目(Project on Justice in Times of Transition)

埃琳娜·卡根任法学院院长时,首要任务就是"加强与法律实务界的联系,多年以来,所有法学院都与法律实务界有些疏离"。卡根认为,"在法律实务越来越趋向商业化和市场化的情况下",各家法学院即执着于成为"学术高地"。卡根本人有在律师事务所与联邦政府工作的经历,她曾在 20 世纪 90 年代末担任白宫顾问,这有助于她引领法学院加强与法律实务界的联系。

相关条目 好莱坞中的哈佛;国际延伸;公共服务;视觉哈佛。
相关网站 www.law.harvard.edu。

演 讲

人们对哈佛大学有很多种描述,其中一种无疑是贴切的,即哈佛大学是一个"谈话之所"。所谓的谈话涵盖了对话、辩论、小组报告、圆桌讨论、午餐研讨会、午夜漫谈会、辅导、分组讨论与讲座。在哈佛,几乎每个人都会在某个场合表达见解或者发表演讲。

哈佛大学总是能吸引美国国内与国际知名的演讲者参加哈佛举办的众多论坛与系列讲座。这些系列讲座有一点特殊之处,即通常以杰出的哈佛人物命名。不同的系列讲座,演讲的频率各有不同。讲座一般由教职员委员会管理,委员会负责挑选演讲者与安排活动。在哈佛,各学院与许多系部举办的系列讲座合计有 100 多个。在此,列出部分最引人关注的系列讲座:

- 戈德金系列讲座(Godkin Lectures)。该系列讲座始于 1903 年,旨在纪念《国家》杂志(The Nation)的主编与出版人埃德温·L. 戈德金(Edwin L. Godkin)。这一系列讲座邀请美国与全球知名人士就"自由政府的基本要素与公民义务"主题进行演讲。目前,该系列讲座由肯尼迪政府学院负责管理。过去,其曾经邀请的演讲者包括:前美国驻联合国代表阿德莱·E.史蒂文森、美国发展心理学家和精神分析学家埃利克·埃里克森(Erik Erikson)、美国社会学家和政治家丹尼尔·帕特里克·莫伊尼汉(Daniel Patrick Moynihan)、美国儿科外科医生和公共卫生官员C.埃弗里特·库普(C. Everett Koop)和联合国前秘书长科菲·安南(Kofi Annan)。

• 查尔斯·埃利奥特·诺顿系列讲座(Charles Eliot Norton Lectures)。这个享誉盛名的系列讲座始于1925年,为了纪念一位1874—1898年在哈佛大学任教的著名美术教授。该系列讲座邀请的演讲嘉宾来自"富有诗意表达"的领域,如语言、音乐、美术和建筑。其中,知名的演讲嘉宾包括:诗人T. S.艾略特、诗人罗伯特·弗罗斯特、作曲家伊戈尔·斯特拉文斯基(Igor Stravinsky)、作曲家伦纳德·伯恩斯坦、小说家桑顿·怀尔德(Thornton Wilder)、作家诺思罗普·弗赖伊(Northrop Frye)、文学评论家海伦·L.加德纳(Helen L. Gardner)、画家弗兰克·斯特拉(Frank Stella)、文学评论家哈罗德·布卢姆(Harold Bloom)、作家纳丁·戈迪默(Nadine Gordimer)、文学批评家和散文家乔治·斯坦纳(George Steiner)。

• 小奥利弗·温德尔·霍姆斯系列讲座(Oliver Wendell Holmes Jr. Lectures)。得益于霍姆斯遗产中的一笔捐赠,该系列讲座于1941年由哈佛法学院举行,其邀请的演讲者包括:法学家勒尼德·汉德、美国联邦最高法院大法官威廉·J.布伦南(William J. Brennan)、斯蒂芬·布雷耶、法学家罗纳德·德沃金(Ronald Dworkin)和凯斯·桑斯坦(Cass Sunstein)。

• 达德利系列讲座(Dudleian Lectures)。这是迄今为止哈佛历史最悠久的系列讲座,以保罗·达德利法官(Judge Paul Dudley)的名字命名,由哈佛神学院负责管理。首次讲座可以追溯至1755年,演讲者是时任哈佛大学校长的爱德华·霍利奥克,他的演讲主题是"自然宗教的证明"(The Proof of Natural Religion)。该系列讲座的其他演讲者包括:神学家威廉·埃勒里·钱宁(William Ellery Channing)、哲学家威廉·欧内斯特·霍金(William Ernest Hocking)、神学家保罗·田立克、神学家莱因霍尔德·尼布尔和米兰红衣主教卡洛·马蒂尼(Carlo Martini)。

• 威廉·E.梅西爵士系列讲座(William E. Massey Sr. Lectures)。该系列讲座由一位匿名捐赠者发起,以纪念威廉·E.梅西爵士这位弗吉尼亚州的商人与慈善家。讲座的重点在于美国文明史。该系列讲座的杰出演讲者包括：美国短篇小说作家尤多拉·韦尔蒂(Eudora Welty)、美国非裔女作家托尼·莫里森(Toni Morrison)、美国小说家戈尔·维达尔(Gore Vidal)、美国华裔女作家汤婷婷(Maxine Hong Kingston)、美国犹太裔小说家 E. L. 多克托罗(E. L. Doctorow)、美国作家和历史学家约翰·迪莫斯(John Demos)。

• 内森·I. 哈金斯系列讲座(Nathan I. Huggins Lectures)。该系列讲座由 W. E. B. 杜波依斯非裔美国人研究所(W. E. B. Du Bois Institute for Afro-American Research)赞助设立。近年来，应邀的演讲者包括：美国民权理论家拉妮·吉尼尔(Lani Guinier，哈佛大学 1971 届校友)、美国历史学家戴维·布里翁·戴维斯(David Brion Davis)和美国历史学家托马斯·C. 霍尔特(Thomas C. Holt)等。

在哈佛，大部分的系列讲座对于言论自由有一定的要求。比如，要求有争议的演讲者在演讲后回答问题，并禁止抗议者扰乱演讲。尤其是在肯尼迪政府学院，经常会在演讲中出现引起争议的政治观点，演讲者与观众总是严格遵守规则，确保演讲者与抗议者的言论自由。哈佛大学的许多系列讲座在略作修改或略加扩展后，由哈佛大学出版社出版。

相关条目 哈佛大学出版社。

相关网站 www.hup.harvard.edu。

图书馆

哈佛大学图书馆最早建于 1638 年，如今可能是全球最大且最好的研究型大学图书馆。当年，年轻的牧师约翰·哈佛刚在查尔斯敦附近定居，他将自己的 400 多本书——主要是神学方面的书——赠给了在剑桥市新成立的学院（即哈佛学院）。1723 年，哈佛大学图书馆做的第一本图书编目显示，其藏书已增至 3500 册。可是，1764 年冬，图书馆所在的老哈佛堂毁于火灾，仅有 404 册书籍未被烧毁。在约翰·哈佛捐赠的书中，仅有一本留了下来，即约翰·董那门(John Downame)的《基督教的战争》(*Christian Warfare*)，因为火灾发生时，这本书已被借出且逾期未还。所幸，人们积极响应哈佛大学的捐款呼吁，哈佛大学很快就恢复了馆藏量。目前，哈佛大学图书馆的馆藏书籍超过了 1400 万册，这不包括馆藏的手稿、缩微胶卷、乐谱、录音资料、视频收藏品，以及数百万份"小资料"

(ephemera),或 50 万张地图与图表。这在很大程度上要感谢人们不断地捐赠图书和收藏品、捐赠资金,以及其他限定赠予。

实际上,哈佛大学图书馆是由近百个独立图书馆组成的,哈佛大学各研究生院、专业学院、研究中心、博物馆、学术机构和宿舍楼都有自己的图书馆,且有专门的工作人员与馆藏。由哈佛大学文理学院负责维护的哈佛学院图书馆,本身就是一个由 11 个图书馆组成的综合型图书馆,其馆藏数量超过 900 万册。其中,哈里·埃尔金斯·怀德纳纪念图书馆是规模最大的。怀德纳图书馆与哈佛大学许多其他图书馆一样,其馆藏对符合资格的用户开放。一般而言,任何与哈佛大学有关的人,都可以使用哈佛大学的图书馆。

作为一个分散机构中的核心行政单位,哈佛大学图书馆努力协调、商议与加强其能提供的多种资源。哈佛大学图书馆发起了一个名为"霍利斯"(HOLLIS)的在线目录项目,可供任何上网的人检索查阅。为了解决其空间不足问题,哈佛大学图书馆在马萨诸塞州的绍斯伯勒建了一个超大的仓库,这个仓库可以在一天内将检索到的书籍送到剑桥或波士顿。哈佛大学图书馆特别关注的一个问题是,如何保存和保护图书馆的资料。这项艰巨的任务需要的开支,主要出自哈佛大学各个院系与其他用户向哈佛大学图书馆支付的费用及其分摊的费用。

除了 11 个主要图书馆外,哈佛大学图书馆还有 21 个院系图书馆、24 个专业研究与办公图书馆。作为哈佛园标志性图书馆,怀德纳图书馆非常重视人文科学与社会科学的研究资料。利陶尔图书馆(Littauer Library)拥有哈佛大学在经济学和政府研究方面的主要馆藏。哈佛燕京图书馆(Harvard-Yenching Library)则是亚洲以外最大的东亚研究方面的学术图书馆。在哈佛,致力于美术与音乐的院系图书馆也很杰出,还配有杰出的戏剧和诗歌收藏。至于哈佛的科学收藏,散布于哈佛的 10 余家图书馆,其中规模最大的是为本科生和研究生服务的综合性科学图书馆卡伯特(Cabot)图书馆,此外还有植物学图书馆、恩斯特·迈尔图书馆(Ernst Mayr Library,自然历史),以及托泽图书馆(Tozzer Library,人类学)。

哈佛本科生使用的两个图书馆,即哈佛大学的拉蒙特图书馆和拉德克利夫学院的希尔斯图书馆建于 20 世纪中期,各有近 20 万册藏书。最初,希尔斯图书馆不仅为拉德克利夫学院的学生提供服务,还为哈佛园以北的卡伯特学舍、柯里尔学舍和福兹海默学舍的学生提供服务。至于那 10 个位于查尔斯河沿岸的学舍,其中图书馆的馆藏介于 1 万册至 2 万册之间。

哈佛大学图书馆的大部分珍贵书籍与手稿都存放在霍顿图书馆,该馆毗邻怀德纳图书馆和拉蒙特图书馆。半下沉式的内森·马什·普西图书馆于1976年完工，该馆通过地下通道与怀德纳图书馆和拉蒙特图书馆相连。普西图书馆内设有哈佛戏剧典藏、哈佛地图收藏（Harvard Map Collection）、大学档案馆、怀德纳图书馆部分放不下的馆藏，以及哈佛教职员办公室。

在哈佛各个学院的资助下，其研究生院和专业学院也拥有自己的图书馆，这些图书馆向相应学院的院长负责。这些图书馆获得的支持力度有多大，要取决于相应学院的资金实力（包括不受限资金和限定用途的资金），以及院长的志趣和优先处理事项。

在哈佛大学图书馆，可以看到各式各样的藏书票，它们见证了几代爱书人对哈佛的慷慨。早期，哈佛大学图书馆最大的捐赠者是伦敦的霍利斯家族的成员——他们都是富裕的商人、专业人士与宗教异见者，他们希望帮助哈佛成为一个能接纳所有宗教派别的典范。通过捐赠书籍、设立哈佛大学首个永久性图书基金、设立两个教授教席，以及将"哈佛在线图书馆信息系统"（Harvard Online Library Information System）的首字母缩写为"霍利斯"（HOLLIS），霍利斯家族的善行一直延续下去。

除了要不断地保存好那些易碎、破损，有时甚至是被蹂躏的书籍，哈佛大学图书馆图书管理员还要努力应对图书馆的空间不足问题。19世纪30年代末，哈佛大学的藏书已增至4万册，超过了位于哈佛堂二楼图书馆的藏书容量。于是，哈佛大学修建了首座专用于图书馆的建筑戈尔堂，这是一座哥特式建筑，其设计灵感来自剑桥大学国王学院礼拜堂。修建戈尔堂时，哈佛预计它可在未来的75年，为哈佛存放足够多的图书。可是，戈尔堂建成20年不到，书架就已经摆满了书，不得不增设新的翼楼。1913年，戈尔堂及其翼楼被夷为平地，以给后来新建的巨型怀德纳图书馆腾出空间。当时，哈佛学院图书馆已拥有50万册馆藏，其中，仅怀德纳图书馆的馆藏就增加了10倍以上。

面对不断涌现的新书、期刊和非印刷媒体中的信息，现在的图书管理员不能再像他们的前辈那样期望收集所有值得收藏的东西。互联网资源的无限且可扩展性使得获取、检索和使用信息和新理念变得至关重要。最终界面将如何实现？换而言之，互联网如何将数十亿字的资料数字化以便存储？杜威十进制图书分类法（Dewey Decimal System）与谷歌（Google）如何携手合作？究竟由谁来制定议程？这些问题的答案，目前尚不清楚。

相关条目 建筑；火灾；存于别处的哈佛；哈佛堂；霍顿图书馆；约翰·哈佛及其塑像；拉蒙特图书馆；地图；拉德克利夫学院；地下；怀德纳图书馆。

相关网站 lib.harvard.edu。

"救生筏"

与其他地方一样,在哈佛大学,有时好人也会遭遇可怕的事。危及生命的疾病或死亡,可能会在无预警的情况下发生,继而扰乱哈佛的师生及其亲朋的生活。发生这样的事,震惊与痛苦是难免的。该怎么办才好呢?

对于哈佛这个共同体的成员而言,可以通过"救生筏"(Life Roft)由哈佛大学健康服务中心支持的临时团体获得富有同情心与训练有素的顾问的帮助。"救生筏"每周举行一次午间会议。如遇紧急情况,"救生筏"会通过个人咨询或电话处理问题。讨论是保密且免费的。与他人交谈,可以减轻孤单无依的心理压力,使被扰乱的生活恢复常态。

相关条目 大学健康服务中心。

相关网站 www.huhs.harvard.edu。

106 — 110

哈佛纪念教堂音乐祭:库姆巴合唱团(Kuumba Singers)的一场假日音乐会。

地　图

在美国,哈佛大学的地图收藏历史最悠久,规模也最大,收集了诸多地图、地图集、地理草图、地球仪与天体仪,以及制图参考资料等。哈佛大学会有地图收藏,背后有一段关于积极收购、机构分散和重新整合的故事。

1818年,一位德国历史学家将其收藏的一万幅美国地图卖给了哈佛大学。这些地图成为哈佛图书馆地图收藏的核心部分,而这一收藏的数量与质量在其后的一个半世纪中均有所增长。至于哈佛地图收藏的其他藏品,则形成于哈佛的地理系(Department of Geography)与哈佛地理探索研究所(Harvard Institute of Geographical Exploration),这两处的地图收藏一度是并行增长的。1948年,时任哈佛大学校长的詹姆斯·科南特宣布了一项有争议的举措,即废除地理系与地理探索研究所。当时,修读哈佛地理系课程的学生人数减少,该系的教职员也没什么成果,甚至不再关注地理学领域,这些都明显表明哈佛的地理系在趋向衰落。在科南特校长看来,地理学是一门更适合小学与中学的学科。

批评者认为,随着美国卷入冷战,并与全球各国的联系愈发密切,哈佛大学理应加强其在地理学、地形学、土地勘探和制图方面的教学与研究。但是,科南特校长并未改变决定。地理系废除后,其遗留的部分被转移给了地质系、历史系和政府系。至于地理系的大量地图藏品,则被移交给怀德纳图书馆的地图典藏。

得益于这些收藏以及随后的收购,目前哈佛的地图收藏包括超过40万幅的单幅地图与挂图、6000部地图集(包括多种语言的文本)、5000部地理参考书,以及许多地球仪与天体仪。有两件无价之宝出自16世纪地理学家杰拉德·墨卡托(Gerard Mercator)的精心制作。其中,一个保存完好的地球仪可追溯至1541年;另一个则是1551年制造的天体仪,它基于托勒密(Ptolemaic)星系,但也反映出了哥白尼约在1543年提出的理论。两件宝贝都经过精心的修复,并被永久展出。

哈佛的地图收藏收录了各式各样的地图,有的非常古老,有的不太老旧,有的则是全新的,还有计算机化的地图与交互式的数字地图。这一地图收藏有三大亮点:一是15—17世纪地理大发现时代的地图;二是有安全意识的国家如朝鲜、中国和土耳其等,以及内亚(inner Asia)、太平洋群岛、北极和南极等偏远地区的地图;三是当代主题的地图,如涉及交通量、洪水暴发、直升机航线、天然气管道、放置危险废弃物的场所、地震活动,甚至是小型啤酒厂。计算机化的地理信息系统使收藏的使用者能够依据犯罪发生率、居民收入中位数或死因统计数据等创建自己定制的地图。从许多方面来说，哈佛的地图收藏已成为一个数据博物馆与计算机实验室。

相关条目 消失的哈佛；图书馆。

相关网站 www.hcl.harvard.edu/maps。

医学院

在波士顿的朗伍德医学区（Longwood Medical Area），五座宏伟的大理石建筑构成了美国第三所历史最为悠久的医学院的建筑群核心。与哈佛大学的其他学院相比，哈佛医学院至少具有以下五个与众不同的属性：

- 哈佛医学院成立于 18 世纪后期，比哈佛大学其他专业学院早了一代人。
- 医学院与哈佛的中心位置距离较远。
- 尽管医学院招收的学生较少，但该学院的实习生、住院医生、博士后研究员、有表决权的教师和教职员总计有将近 1.6 万人，远远多于哈佛大学其他学院。
- 医学院攻读专业博士学位（M.D.）的人可能是哈佛大学里种族最多元化的（几乎一半是非白种人），同时来自其他国家的访问学者也是哈佛大学最多的（超过 1100 人）。
- 医学院与波士顿地区约 18 个机构共同进行研究、教学和临床活动。医学院跨学科学习和教学的风气和风格是独特而复杂的。

总体而言，医学院的规模比哈佛的"医学教育计划"（Program in Medical Education）大得多。"医学教育计划"是一个为期四年的医学专业博士学位（M.D.）项目，已招收了大约 730 名学生。该计划构成了医学院学生的教育经历的核心。此外，另有 475 人攻读医学院的学术型博士学位（Ph.D.），其中部分人就读于哈佛—麻省理工健康科学与技术部（Harvard-MIT Health Sciences and Technology Division），该部门重点研究作为现代医学基础的分子科学。

哈佛医学院的入学竞争激烈。每年有将近 2000 人竞争大约 190 个名额（包括牙科医学、健康科学与技术等专业）。在被录取的学生里，大约一半是女性。在最终的遴选过程中，学生的背景、种族、肤色、国籍、年龄和兴趣等多样性因素发挥着重要作用。依据医学院的招生公告，"哈佛医学院有很强烈的共识，即学生群体的多样性可以提升医生的教育水平"。

20世纪80年代中期,教师们开始对传统课程进行彻底的改革。由此产生的"新路径项目"(New Pathway Program)提供了一种新颖的培训模式,旨在带动终身学习,以及对先进医疗程序和信息技术的深入了解。在医学院,所有学生不仅要学习生物医学和临床科学的基础知识,还要学习人际交往的技巧,这将有助于学生成为有爱心的医生。

一年级学生以小组为单位,检查患者、分析问题、借助图书馆和基于计算机的资源探究相关研究,并培养独立学习的习惯,以便更加聪慧。"新路径项目"的一个指导原则是重视医患关系;此外,还要了解医疗保健和预防医学的社会背景,意识到加速生物科学各个领域的进展所产生的治疗方法存在的非凡前景。

在医学院,每名学生被随机分配到四个学术团体中的一个。30名健康科学与技术专业的学生则属于第五个学术社团。分组形塑了学生的教育经历。每名学生除了接受一位导师的指导,还要接受副导师、教育工作者、高级研究员、助教、指导医师和顾问的指导。学术社团的成员可以共享教室、辅导教材、实验室与学习空间,最终形成一个紧密结合的团队,一起工作和学习。那些体验过"新路径项目"的"沉浸式"方法的学生,时常会感到疲惫,有时甚至不堪重负。不过,很少有人抱怨医学院在课程或教学方面的不足。

经过两年的强化课程学习,哈佛医学院的三年级学生开始在内科、外科、儿科和妇产科实习。在第四年,学生们会在神经病学、精神病学和放射学等较高级领域实习,并参与实验室与实地研究。许多人还会参加高级生物医学项目,该项目会举办研讨会,讨论基础科学与临床实践之间的关系。部分学生经由该项目转向了医院和实验室的专业研究项目。

哈佛医学院的附属医院和机构包括:
- 贝斯以色列女执事医疗中心(Beth Israel Deaconess Medical Center)
- 布莱根妇女医院(Brigham and Women's Hospital)
- 剑桥市医院(Cambridge Hospital)
- 血液研究中心(Center for Blood Research)
- 波士顿儿童医院(Boston Children's Hospital)
- 达纳—法伯癌症研究所(Dana-Farber Cancer Institute)
- 布罗克顿/西罗克斯伯里退伍军人事务部医疗中心(DVA Medical Center, Brockton/West Roxbury)
- 哈佛朝圣者医疗保健院(Harvard Pilgrim Health Care)
- 乔斯林糖尿病中心(Joslin Diabetes Center)

- 贝克法官儿童诊疗中心(Judge Baker Children's Center)
- 马萨诸塞州眼耳医院(Massachusetts Eye and Ear Infirmary)
- 马萨诸塞州总医院(Massachusetts General Hospital)
- 马萨诸塞州心理健康中心(Massachusetts Mental Health Center)
- 麦克莱恩医院(McLean Hospital)
- 奥本山医院(Mount Auburn Hospital)
- 舍本斯眼科研究所(Schepens Eye Research Institute)
- 斯波尔丁康复医院(Spaulding Rehabilitation Hospital)
- 哈佛大学健康服务中心(University Health Services)

哈佛医学院成立于1782年,一开始是在哈佛堂的地下室,一年后搬到了霍尔顿礼拜堂。由于波士顿的医生和病人多于剑桥市,因此,医学院又于1810年转移到剑桥市。当前的医学院校区建于1906年。在医学院的白色大理石建筑中,有四座建筑的设计相同,不过其内部功能却不同。这些建筑都是由谢普利、鲁坦和柯立芝公司设计的。同期,该公司还设计了哈佛法学院的兰德尔堂。

相关条目 口腔医学院;哈佛历史上的第一(女士篇);霍尔顿礼拜堂;公共卫生学院;沃伦博物馆。

相关网站 www.hms.harvard.edu。

纪念教堂

纪念教堂及其高耸的塔楼,位于哈佛园的中心位置,正对着怀德纳图书馆。正如长期担任纪念教堂牧师的彼得·J.戈梅斯教授观察到的那样,无论是从地理位置上还是从象征意义上说,纪念教堂都应该是哈佛大学的中心。戈梅斯先生认为:"教堂的定位提醒我们,假如没有精神层面的培养,教育就没有什么意义;教育的目的从来不是简单事实的积累,而是将学习嵌入人的思想、心灵、身体和精神。"

据说,哈佛大学最早的学生是在房间里祈祷的。1744年建成的霍尔顿礼拜堂是哈佛首座独立的礼拜场所;后来,哈佛在大学堂二楼的教堂(现在的教职员室)举行祈祷,其后又改在阿普尔顿礼拜堂(现已被哈佛的纪念教堂所占据)举行。一战结束后,时任哈佛校长的A.劳伦斯·洛厄尔决定新建一座教堂,以纪念哈佛大学在战争中的死难者。得益于哈佛校友的捐助(围绕着设计方案进行了长时间的争论),纪念教堂于1932年11月11日停战日(Armistice Day)建成。

纪念教堂采用了殖民时期建筑风格的设计,由柯立芝、谢普利设计,他们公司还设计了哈佛同期兴建的学舍。纪念教堂的外观与怀德纳图书馆庄严且肃穆的外墙相呼应,有两个多立克柱廊式门廊,顶部是一个优雅的高达51米的钟楼与尖顶。作为纪念教堂的普西牧师与哈佛大学普卢默基督教道德教授,戈梅斯先生喜欢引用霍华德·芒福德·琼斯(Howard Mumford Jones)教授对这座建筑的描述:"上半部分感觉像是艾米莉·狄金森(美国最伟大的诗人之一),下半部分则是纯粹的梅·韦斯特(Mae West,美国知名女演员)。"在纪念教堂内,光线透过绚丽的拱形窗户,映照着宽敞的教堂中殿。这座可容纳1200人的教堂,以其木工质量而闻名,令人想起美国新教的礼拜堂所散发的那种精神。

纪念教堂的耳堂由雕塑家约瑟夫·科莱蒂(Joseph Coletti)设计,建筑风格冷峻,显然不同于纪念教堂的其他部分。在耳堂的大理石墙壁上,赫然铭刻着罹难于一战的373位哈佛人的名字。在墙上的一条装饰带上,镌刻有洛厄尔校长的题词:"尽管面对光明的未来的召唤,但他们依然情愿为我们与我们的盟友献出自己的生命与最美好的希望,我们要学习他们的勇气,用自己的生命为他人创造一个更加美好的世界。"在耳堂的中心,是马尔维娜·霍夫曼(Malvina Hoffman)创作的题为"牺牲"(the Sacrifice)的雕塑,这座坟冢式的雕塑描绘了一位女子正在为一位战死的骑士哀悼。1880年,霍夫曼受罗伯特·培根(哈佛大学1880届校友)的遗孀委托,用法国卡昂的大理石雕琢成了这座雕塑,以纪念她在战争中牺牲的丈夫以及其他罹难的哈佛人。

在纪念教堂南墙乳白色的大理石块上,铭刻着在二战中罹难的697名哈佛校友、学生与教职员的名字。在纪念教堂北墙的石板上,镌刻了罹难于朝鲜战争和越南战争中约40名哈佛人的名字。在一块铜牌上,还刻有在一战中为德国战死的四位哈佛毕业生的名字,上面有拉丁文铭文:"哈佛没有忘记她的儿子们,他们为了自己的祖国,倒戈相向并献出了生命,1914—1918。"最近新增了一块牌匾,旨在纪念三位拉德克利夫学院的校友,她们在一战中作为护士而牺牲。

从实质上讲,纪念教堂是属于新教的,但是不限于某个教派;在哈佛,其他主要信仰在哈佛广场附近设有各自的礼拜场所。不过,鉴于纪念教堂被人们视为哈佛传统的宝库,因此,信仰其他宗教的哈佛人经常在纪念教堂举行婚礼、追悼会或确定恋爱关系的"承诺仪式"。因此,纪念教堂成了一个真正具有普适意义的地方，向所有人敞开大门。此外，纪念教堂也时常举办合唱音乐会与学术系列讲座。每年六月，纪念教堂南门廊前面的平台，便会成为演练哈佛毕业典礼的场地。

纪念教堂有一批忠实的拥趸，其中包括学生、教师和大波士顿地区的居民。每个周日，教堂的布道从上午11点开始，它延续了"高阶布道"的传统，主持布道的不仅限于常驻的神职人员（最为知名的是戈梅斯先生本人），还邀请世界级的宗教领袖主持布道，其中包括保罗·田立克、莱茵霍尔德·尼布尔、小马丁·路德·金（Martin Luther King Jr.）和汉斯·昆（Hans Küng），还有坎特伯雷大主教、红衣主教、犹太教的拉比（犹太教的神职人员），以及非西方信仰的宗教领袖等。位于纪念教堂东端的阿普尔顿礼拜堂继承了晨祷的古老传统，在每个学期的平日里举行为时15分钟的晨祷。

纪念教堂以激励人心的管风琴音乐与令人愉悦的合唱而闻名。每到周日，哈佛大学合唱团（University Choir）会表演巴赫的圣咏曲，或者演奏由亨德尔（Handel）、莫扎特、勃拉姆斯、斯坦福（Stanford）和近代作曲家谱写的圣歌。在哈佛大学的管风琴手与唱诗班指挥名单上是一长串杰出人物的名字，最早是1862年的约翰·诺尔斯·佩因（John Knowles Paine）。后来，佩因成为美国首位音乐教授。1967年，一部配有4500支音管的管风琴取代了纪念教堂最初使用的乐器。它由查尔斯·B.菲斯克（Charles B. Fisk，哈佛大学1949届校友）打造，音色鲜明，是20世纪美国最大的管风琴。

尽管纪念教堂并非哈佛大学的老建筑，但是该教堂的建筑结构的某一部分，却来自比哈佛学院更为古老的建筑物。在纪念教堂的主入口附近有一面墙，嵌入这面墙的一块石头来自圣救主教堂（St. Saviour's Church），这座教堂靠近伦敦的南华克大教堂（Southwark Cathedral），约翰·哈佛于1607年11月29日在那里受洗。

相关条目 建筑；钟声；毕业典礼；"无神的哈佛"；约翰·哈佛及其塑像；霍尔顿礼拜堂；学舍；音乐。

相关网站 www.memorialchurch.harvard.edu。

纪念堂

令人记忆犹新的是，亨利·詹姆斯（Henry James）曾将哈佛纪念堂描绘为一座"伟大的用砖砌成的英灵殿","给予逝者桂冠、生者晚宴"。詹姆斯曾在小说《波士顿人》(The Bostonians)中,从密西西比州律师巴兹尔·兰塞姆(Basil Ransom)的视角,对哈佛纪念堂做过如下描述:

> 这座华丽的漫顶式建筑是他见过的最好的建筑……他觉得,这座建筑使用了相当多的砖块,有扶墙、回廊和角楼,有专门的用途,并在建筑外面刻了字,他好像从未见过与之类似的建筑;尽管它看上去并不老旧,但却显得很有意义;它覆盖了一大片区域,在冬日里显得格外宏伟庄严。

现在,纪念堂依然存在。假如哈佛有一座独特的标志性建筑,那么这座建筑便是纪念堂。这座巨大的建筑在哈佛大学的北面,位于一个被称为"三角洲"的三角形地块上。纪念堂建有扶墙与角楼、高耸的塔楼(在1956年的火灾中遭受了毁灭性的打击,近年得以重建),屋顶上有杂色斑驳的石板瓦。纪念堂是一座多用途的建筑,有一个巨大且华丽的食堂,大一学生每天都在这里用餐。纪念堂还有一个具有古典美的礼堂,哈佛经常在这里举办讲座与音乐会。

早先,纪念堂曾被设想为一座纪念碑,用以缅怀在美国内战中为联邦事业献出生命的哈佛人。在内战结束后的三年里,一群哈佛校友筹集了超过35万美元的资金,用以建设纪念堂,该金额大约为当时哈佛大学获得的捐赠的1/6。依照哈佛大学1802届校友查尔斯·桑德斯(Charles Sanders)的5万美元遗赠,要为哈佛兴建一座"大厅或剧院",这笔遗赠增加了纪念堂筹款的数量。纪念堂的大厅与纪念耳堂,于1874年竣工;至于桑德斯剧院——纪念堂东端的一座多边形礼堂,于两年后开放。纪念堂的塔楼于1878年完工,之后,纪念堂被移交给了哈佛大学。

负责设计纪念堂的建筑师,是经过竞争遴选出来的,他们分别是哈佛大学1852届校友威廉·韦尔(William Ware)与1854届校友亨利·范·布伦特(Henry van Brunt)。受到所谓"拉斯金哥特式"(Ruskinian Gothic)建筑风格的强烈影响,这两位建筑师的设计在规模和造型上都采用大教堂的建筑模式。不过,布伦特认为,纪念堂采用这种形式,"纯粹出于偶然,并没有掺杂任何情感上的意思"。这两位年轻的建筑师大量地借鉴了英国的建筑典范。支撑纪念堂大厅屋顶的桁架结构的锤梁,类似于伦敦的威斯敏斯特大厅(Westminster Hall)。桑德斯剧院的设计灵感,源自克里斯托弗·雷恩(Christopher Wren)设计的牛津大学的谢尔登剧院(Sheldonian Theatre)。在纪念堂的大厅与桑德斯剧院之间,是该建筑物的精神核心,即崇高的纪念耳堂。耳堂采用木质的圆拱,每一边都配有大型的镶嵌玻璃"玫瑰窗",就像大教堂里的耳堂。在耳堂的墙上,贴着一块块牌子,牌子上记录了 136 名在战争中罹难校友与学生的名字及其罹难的地点；在这些牌子的上方，刻有拉丁文的铭文，这些铭文出自《圣经》、普劳图斯（Plautus）、西塞罗、贺拉斯、奥维德（Ovid）和培根（Bacon）。

纪念堂曾经是它所处时代最大的学术建筑。在 1897 年，纪念堂钟楼的屋顶被一个更为精致的建筑设计所取代，新的钟楼屋顶可以容纳四座钟，这是哈佛大学 1872 届校友馈赠给母校的礼物。纪念堂的大厅装饰着挂毯、肖像画与大理石半身像，俨然成为一个旅游胜地。在 19 世纪后期，大厅那宽敞的窗户安上了具有纪念意义的彩色玻璃，这是 1844 届至 1880 届校友赠送的。这些窗户是诸多设计师、制造商的杰作，展示了技术的力量，堪称一座美国彩色玻璃的视觉博物馆。其中，约翰·拉·法格（John La Farge）设计的"战斗之窗"（Battle Window）描绘了古代的战士，而莎拉·怀曼·惠特曼（Sarah Wyman Whitman）设计的"荣誉与和平"（Honor and Peace）是最引人注目的作品。

直到 1925 年，纪念堂的大厅一直是哈佛学院的主要餐饮场所。1876—1922 年，哈佛大学每年都在桑德斯剧院举行毕业典礼。不过，其后的岁月里，纪念堂失去了往日的光彩。1956 年，纪念堂的塔楼被烧毁，而哈佛的管理层却明显不愿意重建塔楼。最终，经历数十年的忽视之后，纪念堂的部分建筑在 20 世纪 80 年代后期开始翻新，耗资 5000 万美元。

纪念堂大厅修复项目是由出版商兼慈善家沃尔特·安嫩伯格出资进行的。经过修复，这座大厅恢复了原有的餐厅，现在供哈佛大学的新生使用。如今，纪念堂大厅更名为"罗杰厅"，以沃尔特·安嫩伯格的儿子罗杰·安嫩伯格（哈佛大学 1962 届校友）的名字命名；同时，纪念堂南墙上一扇未完工的窗户也将被用来纪念罗杰·安嫩伯格。得益于凯瑟琳·博格达诺维奇·洛克的一笔价值 1000 万美元的捐赠，纪念堂的地下一层——原先是布满灰尘的本科生组织与哈佛学院部分管理员的办公室——变成了一座设有快餐服务与其他附属设施的学生中心。洛克夫人还捐款 200 万美元，旨在帮助纪念堂重修被烧毁的塔楼。1999 年夏天，当一座新的尖塔悬挂到位时，纪念堂的修复工作就完成了。

作为美国唯一现存的拉斯金哥特式建筑，哈佛纪念堂理应在美国的《国家史迹名录》（National Register of Historic Places）中占据一席之地。更重要的是，纪念堂在哈佛社区的日常生活中发挥着重要作用。

相关条目 建筑；钟声；餐饮服务；火灾；桑德斯剧院；塔楼。

相关网站 www.fas.harvard.edu/_memhall。

音　乐

如今，哈佛的音乐风格或许不太适合创建哈佛的清教徒们，因为他们很少使用乐器，除了吟唱简单的赞美诗之外，他们几乎容不下其他任何形式的音乐。不过，音乐在当前哈佛生活中已是一件稀松平常的事。学生们成群结队地前往桑德斯剧院、佩因堂（Paine Hall）、霍顿图书馆、宿舍楼、哈佛附近的朗伊音乐学院（Longy School of Music）与波士顿交响音乐厅等地举办的音乐会与独奏会，或充当观众，或参与演奏。学生们不仅在教职员的家里演奏四重奏，还物色排练场所，在那里练习或与朋友们一同演奏。学生们在学习时，喜欢听哈佛大学广播电台（WHRB）播放的音乐。即使在上课的路上，他们也会戴着耳机。

哈佛大学的主要合唱团——哈佛合唱团、大学音乐社、拉德克利夫合唱团、大学合唱团和毕业典礼合唱团——传承的声乐传统至少可以追溯至1771年。当时，一个名为"哈佛学院的年轻绅士"（young gentlemen of the College）的合唱团，在欢迎马萨诸塞湾殖民地总督托马斯·哈钦森（Thomas Hutchinson）的正式招待会上演唱了一首赞美诗。哈佛合唱团成立于1858年，是美国最古老的大学合唱团。一战前，得益于阿奇博尔德·T. 戴维森（Archibald T. Davison，哈佛大学1906届校友、1908届博士）的领导，哈佛合唱团开始从"大学歌曲"过渡到更为严肃的音乐。1912年，哈佛合唱团的男性成员首次与拉德克利夫合唱团的成员合作，共同吟唱颂歌。1917年，这个组合成为首个与波士顿交响乐团（Boston Symphony）合作的大学合唱团。1921年夏，哈佛合唱团在法国、瑞士和意大利举行了为期七周的巡回演出，被称为"颇具规模的大学团体首次与欧洲艺术碰撞"。1954年，哈佛合唱团与拉德克利夫合唱团共同举行了首次全国巡回演出，1956年进行了欧洲访问演出，1961年进行了全球巡演。从1917年到20世纪70年代中期，哈佛合唱团每年都要与波士顿交响乐团展开合作。这些表演活动稳固了这两个艺术团体的良好声誉。

在哈佛，首屈一指的器乐团体，当属哈佛—拉德克利夫管弦乐团（Harvard-Radcliffe Orchestra）——其前身是成立于1808年的"缪斯女神会"（Pierian Sodality）乐队——以及知名且不羁的哈佛大学乐队（Harvard University Band）。作为哈佛本科生五弦琴俱乐部的衍生物，哈佛大学乐队成立于1919年，发明了所谓的"散乱风格"，现已成为常春藤联盟高校行进乐队的惯用手法。哈佛大学乐队以其1927年推出的巨大的低音鼓和美妙的声音而闻名。隶属于该乐队的哈佛管乐团（Harvard Wind Ensemble），举办了演奏当代管乐作品的音乐会，其演奏的作品包括八重奏和交响乐团的作品。哈佛的其他器乐团体包括巴赫协会（Bach Society）和莫扎特协会（Mozart Society）的管弦乐团、巴洛克室内管弦乐团（Baroque Chamber Orchestra）、哈佛流行交响乐团（Harvard Pops Orchestra）、布拉特尔街室内演奏乐团（Brattle Street Chamber Players）、周日与周一爵士乐队（Sunday and Monday Jazz Bands）。此外，哈佛还有两个打击乐团，即哈佛大学鼓乐团（Harvard University Drummers）和韩国学生组建的鼓乐团"韩之心神"（Han Ma-Eum）。

每年，可敬的吉尔伯特与沙利文剧团都会上演两部歌剧。哈佛学院还会以正式或非正式的方式，组织一定数量的家庭歌剧、室内音乐、摇滚音乐和合唱表演。在每个学年开始时，成立时间较久的团体会举行试镜。不过，排练要耗费大量的时间（每周至少需要三小时，有时会更多），而表演也是很花时间的（通常每周需要四五个小时，且常常是在周末）。通常，团体成员会支付一定的费用作为会费和团体开销的费用，有时还要帮助筹款。

成为某些团体成员后，有机会在全美和国外进行巡回演出。比如，哈佛—拉德克利夫管弦乐团拥有近百名成员，他们曾在欧洲、俄罗斯、东南亚和拉丁美洲进行过夏季巡演。再比如，哈佛大学最古老的无伴奏合唱团——鳄鱼合唱团（Krokodiloes），以及女子乐团"拉德克利夫音调"（Radcliffe Pitches），曾联手在夏季举行了为期六周的全球巡回演出。根据一份宣传资料的介绍，鳄鱼合唱团的12位身穿燕尾服的歌手已经在全球六大洲演唱过。哈佛的其他无伴奏合唱团包括"回呼"（Callbacks）、"琴汤尼"（Din and Tonics）、"堕落天使"（Fallen Angels）、"库姆巴合唱团"（Kuumba Singers）、"低调"（LowKeys）、"赞美诗"（Mizmor Shir，取自希伯来语）、"名人"（Noteables）、"正合时宜"（Opportunes）、"施工中"（Under Construction）和"真理之声"（Veritones）。

从专业级别来看，哈佛大学的桑德斯剧院与音乐系的约翰·诺尔斯·佩因音乐厅（设有437个座位）经常被当地或巡演的管弦乐团或室内乐团使用。哈佛大学音乐系负责"布洛杰特驻校艺术家项目"（Blodgett Artist-in-Residence）。近年来，该项目将新世界四重奏（New World Quartet）、门德尔松四重奏（Mendelssohn Quartet）和应氏弦乐四重奏（Ying String Quartet）带到哈佛，定期在霍顿图书馆、佩因堂和各学舍举行音乐会。哈佛大学的艺术办公室赞助了一个爵士乐艺术家驻校项目，引进了小号手戴夫·道格拉斯（Dave Douglas）和打击乐手马克斯·罗奇(Max Roach)等作为客座艺术家。霍顿图书馆的四分之一世纪室内乐系列已经展示了许多知名乐团与独奏家,其中包括应氏弦乐四重奏、博罗梅奥(Borromeo)弦乐四重奏、吕底亚(Lydian)弦乐四重奏和梅洛斯(Melos)弦乐四重奏;钢琴家马尔科姆·比尔森(Malcolm Bilson)和罗伯特·莱文;吉他手埃利奥特·菲斯克(Eliot Fisk)和霍普金森·史密斯(Hopkinson Smith);以及男中音克里斯托弗伦·野村(Christopheren Nomura)。

除了哈佛大学合唱团每日与周日布道时奉上的合唱外,纪念教堂还赞助在其普西室厅举办室内音乐会。纪念教堂每周会在阿道弗斯·布施堂举办"周四午餐时间系列音乐会",邀请国际知名的管风琴师在弗伦特罗普(Flentrop)风琴上演奏。

哈佛大学的音乐系为本科生和研究生开设了音乐史、音乐理论、作曲、民族音乐学、爵士乐和世界音乐等音乐课程。同时还提供指挥、管弦乐、室内乐表演与古乐演奏等学分课程。在哈佛大学,音乐学习的主要资源位于埃达·库恩·洛布音乐图书馆(Eda Kuhn Loeb Music Library),该馆拥有超过16万本书和乐谱,以及超过6万张唱片。位于希尔斯图书馆顶层的莫尔斯音乐图书馆(Morse Music Library)是哈佛本科音乐课程的媒体中心;除了馆藏书籍外,莫尔斯音乐图书馆的藏品还包括大约6000份乐谱,超过7000份录音,以及1500份DVD、CD、密纹唱片和卡带格式的录像。

许多后来获得国际声誉的音乐家放弃了在音乐学院的学习,而选择哈佛大学与剑桥/波士顿的文化环境提供的更广博的体验。这些成名的音乐家包括:作曲家维吉尔·汤姆森(Virgil Thomson,哈佛大学1922届校友)、埃利奥特·卡特(Elliott Carter,哈佛大学1930届校友,1970届音乐学博士)、约翰·亚当斯(哈佛大学1969届校友);指挥家兼作曲家伦纳德·伯恩斯坦(哈佛大学1939届校友);大键琴演奏家伊戈尔·基普尼斯(Igor Kipnis,哈佛大学1952届校友);钢琴家厄休拉·奥本斯(Ursula Oppens,哈佛大学1965届校友)和罗伯特·莱文(Robert Levin,哈佛大学1968届校友);大提琴家马友友(哈佛大学1976届校友);爵士小号手鲍勃·梅里尔(哈佛大学1981届校友);爵士萨克斯管演奏家乔舒亚·雷德曼(哈佛大学1991届校友)。虽然哈佛大学或许还没有被认为是摇滚音乐家的"孵化器",但校友中已经有多位与知名的摇滚乐团合作过,包括杰里·哈里森[Jerry Harrison,哈佛大学1971届校友,与"传声头像"乐队(Talking Heads)]、汤姆·莫雷洛[Tom Morello,哈佛大学1986届校友,与"暴力反抗机器"乐队(Rage Against the Machine)],以及里弗斯·科莫[Rivers Cuomo,哈佛大学 1998 届校友,"威瑟"乐队(Weezer)]。

相关条目 阿道弗斯·布施堂;艺术;吉尔伯特与沙利文;霍顿图书馆;爵士乐;纪念教堂;桑德斯剧院;歌曲与进行曲;哈佛大学广播电台。

相关网站 www.fas.harvard.edu/_ofa(艺术办公室);www.music.fas.harvard.edu(音乐系)。

111 — 113

诺贝尔奖获得者、化学家达德利·赫施巴赫（Dudley Herschbach）用哈佛学院的水泵,向学生们展示为什么亚里士多德和伽利略会对水力学的某些方面感到困惑。

美国原住民计划

在建校后不久,哈佛大学与美国原住民的关系就呈现出循环往复的态势。1650年的哈佛学院章程明确承诺,确保"这个国家的英国和印第安青年获得知识与信仰上的教育"。哈佛大学首任校长亨利·邓斯特致力于践行这一承诺:他要求哈佛成为"印第安人的牛津(大学)、新英国人的剑桥(大学)"。结果,哈佛在哈佛园的周边兴建了一所印第安学院(Indian College),其位置就在如今马萨诸塞堂附近。

无疑,邓斯特校长这么做的动机,是要使"异教徒"皈依基督。不过,他也希望能借此使哈佛学院步履维艰的筹款活动恢复生机。邓斯特校长注意到,伦敦与其他地方的潜在捐助者已准备好且愿意为印第安人的教育和皈依提供资金。

不久,哈佛学院就有五位印第安人登记入学。尽管他们中多数因疾病而早逝,但有一位来自万帕诺亚格部落(Wampanoag Tribe)名为凯莱布·切沙希托蒙克(Caleb Cheeshahteaumuck)的学生于1665年毕业,从而成为哈佛历史上首位美国原住民校友。大约在同一时间,学校印刷厂印制了北美的第一部《圣经》——传教士约翰·埃利奥特(John Eliot)翻译成阿尔冈昆语(Algonquian,一种北美印第安语)的《圣经》。

可是,哈佛学院与印第安文化之间的这种良性互动却并未持久。1698年,破败的印第安学院被拆除。在其后的270年里,美国原住民在哈佛大学变得罕见。时至20世纪70年代,随着种族与民族群体对其根源与传统的兴趣日益增强,美国原住民计划应运而生,该计划旨在"培养美国的原住民,以便能够担当学校的领导职务"。越来越多的美国原住民在哈佛获得了学位,其中包括作家、行政人员、负责印第安人教育的主管和部落首领,以及负责印第安人事务的助理国务卿。1990年,随着哈佛大学的美国原住民计划的确立,该大学对美国原住民的焦点再次发生了变化。美国原住民计划的使命在于,在诸多学科领域——教育、法律、医学、公共卫生、商业和政府——培养美国原住民的领导地位。该计划正在蓬勃发展中。

哈佛的人类学系、教育研究生院、肯尼迪政府学院与法学院开设了与美国原住民相关的课程。美国原住民计划赞助了一系列的知识与社交活动,其中包括系列电影、论坛、每月聚餐、一年一度的"帕瓦节"与艺术展览。此外,美国原住民计划还管理一项覆盖哈佛全校范围的招聘计划,旨在推进美国原住民的专业培训与就业机会。

相关条目 平权行动;多元化;哈佛大学出版社。

相关网站 www.ksg.harvard.edu/hunap。

尼曼学者

哈佛的许多奖学金项目规模小且相对不为人知。"尼曼新闻奖学金"(Nieman Fellowships for Journalism)则是远近皆知,或许是因为媒体人擅长传播新闻吧。

20世纪30年代中期,《密尔沃基报》(*Milwaukee Journal*)创办人卢修斯·尼曼(Lucius Nieman)的遗孀阿格尼丝·沃尔·尼曼(Agnes Wahl Nieman)为了纪念亡夫,向哈佛捐赠了100万美元。这笔捐赠要用来"提升新闻品质,教育新闻精英"。时任哈佛校长的詹姆斯·B.科南特面临抉择,是要建立一所新闻学院,还是要推出一个不同类型的项目。他对这两种选择均持怀疑态度。在与出版商、编辑和教师协商后,科南特校长提出了一项为记者设立的奖学金计划,"让报纸记者有一年的时间来哈佛深造"。阿格尼丝·沃尔·尼曼捐赠的部分款项还被用于资助新闻日报微缩胶片收藏。

杰出文学家阿奇博尔德·麦克利什(Archibald MacLeish)担任了尼曼奖学金的评审人。1939年,在309名申请人中遴选出了10人成为第一届尼曼奖学金获得者。科南特校长致辞时说:"这里就是哈佛大学。要承受得住。"他鼓励获得尼曼奖学金的人士去探索哈佛的方方面面,修读各学院的各种课程,使用哈佛的各个图书馆,与各位教授交谈。该项奖学金计划很快就赢得了赞誉。

多年以来,尼曼基金会将女性、外国记者和从事非印刷媒体的专业人士增补为"事业中期研究员"。目前,每年该基金会在大约250名申请人中,遴选出约20人。在获得该项奖学金的人士中不乏杰出的记者,包括:《大西洋月刊》(*Atlantic Monthly*)前编辑罗伯特·曼宁(Robert Manning,1946年尼曼学者);《纽约时报》前专栏作家J.安东尼·刘易斯(1957年尼曼学者);罗伯特·摩西(Robert Moses)和林登·约翰逊(Lyndon Johnson)的传记作者罗伯特·卡洛(Robert Caro,1966年尼曼学者);《波士顿环球报》的专栏作家埃伦·古德曼(Ellen Goodman,1974年尼曼学者);南非一所新闻培训中心前主任杰雷林·埃丁斯

(Jerelyn Eddings,1985 年尼曼学者);专栏作家、《德梅因纪事报》(*Des Moines Register*)前编辑、《华盛顿邮报》前特派员吉内瓦·奥弗霍尔泽(Geneva Overholser,1986 年尼曼学者);《纽约时报》前驻外记者克里斯·赫奇斯(Chris Hedges,1999 年尼曼学者)。

尼曼基金会的总部设在沃尔特·李普曼楼(Walter Lippmann House)。这座乔治亚式风格的建筑位于弗朗西斯大道(Francis Avenue),于 1979 年被尼曼基金会收购,并更名为沃尔特·李普曼楼。沃尔特·李普曼是哈佛大学 1910 届校友,并于 1944 年获得哈佛大学的荣誉文学博士学位,被誉为 20 世纪美国最知名的记者之一。尼曼学者每周至少聚会两次,共同聆听客座讲师的讲座,并讨论时下热点问题。许多尼曼学者认为,这是他们在哈佛大学里最具激励作用的时光。

相关网站 www.nieman.harvard.edu。

诺贝尔奖获得者

从 1901 年至今,一所大学的教职员和毕业生成为诺贝尔奖获得者,已成为衡量大学体制卓越性的一种标准。哈佛大学究竟有多少位诺贝尔奖获得者?总数上与学术竞争对手相比情况如何?

这一问题的答案,部分取决于如何计算哈佛的诺贝尔奖获得者。即是否应将哈佛所有现任与前任教职员都涵盖在内?是否计算那些已经去世的人,如物理学家珀西·布里奇曼(Percy Bridgman)或者生物化学家乔治·沃尔德(George Wald)?离开哈佛去了长岛冷泉实验室(Cold Spring Laboratory)的分子生物学家詹姆斯·D. 沃森(James D. Watson)算不算?离开哈佛后在得克萨斯大学任教的物理学家史蒂芬·温伯格(Steven Weinberg)算不算?离开哈佛后出任斯坦福大学商学院院长的经济学家 A. 迈克尔·斯彭斯(A. Michael Spence)呢?至于那些非哈佛教职员的诺贝尔奖获得者,如西奥多·罗斯福(哈佛大学 1880 届校友,1906 年获得诺贝尔和平奖)或者 T. S. 艾略特(哈佛大学 1910 届校友,1948 年获得诺贝尔文学奖),是否也应计算在内?

诺贝尔奖的授奖领域包括化学、生理学或医学、物理学、文学、和平与经济学(始于 1968 年)。在撰写本书时,哈佛大学约有 40 位现任或前任的教职员获得了诺贝尔奖。其中,首位获得诺贝尔奖的哈佛教职员是西奥多·理查兹(哈佛前校长詹姆斯·B.科南特的岳父）。理查兹于 1914 年因其在原子量方面的贡献而获得了诺贝尔化学奖。20 年之后，哈佛又有一人获得了诺贝尔奖。从 20 世纪 30 年代初到 21 世纪初，哈佛有 14 位教职员获得了诺贝尔生理学或医学奖，9 位获得了诺贝尔物理学奖，5 位获得了诺贝尔化学奖，6 位获得了诺贝尔经济学奖，还有 3 位获得了诺贝尔和平奖［包括时任美国公谊服务委员会（American Friends Service Committee）主席的亨利·吉百利（Henry Cadbury）、致力于中东停战谈判的拉尔夫·邦奇（Ralph Bunche），以及社会责任医生协会（Physicians for Social Responsibility）的创始人之一伯纳德·劳恩（Bernard Lown）］。

1995 年的诺贝尔文学奖颁给了时任哈佛大学"拉尔夫·沃尔多·爱默生驻校诗人"（Ralph Waldo Emerson Poet in Residence）的谢默斯·希尼（Seamus Heaney）。其实，诺贝尔和平奖与文学奖可能不是哈佛大学的强项。哈佛大学的经济学家赢得的诺贝尔奖才是最多的。自 1971 年以来，哈佛大学经济系已有 6 位现任或前任教职员获得了诺贝尔奖。喜欢探究细节的人会发现：正如新闻故事经常描绘的那样，这些经济学家获得的奖项并非"诺贝尔经济学奖"。该奖项的确切名称是"瑞典中央银行纪念阿尔弗雷德·诺贝尔经济学奖"（Bank of Sweden Prize in Economic Sciences in Memory of Alfred Nobel）。

相比之下，在诺贝尔奖获得者的数量上，剑桥大学依然是全球的引领者，大约有 80 位诺贝尔奖获得者。在美国的众多大学中，芝加哥大学宣称其诺贝尔奖得主超过了 70 名，哥伦比亚大学与麻省理工学院紧随其后，其诺贝尔奖获得者约为 60 名。接下来是哈佛大学，紧随其后的是普林斯顿大学、康奈尔大学、约翰·霍普金斯大学、加州理工学院和斯坦福大学。至于耶鲁大学，由于其诺贝尔奖获得者尚不足 10 位，还算不上是哈佛大学的竞争者。

相关网站 www.nobel.se。

114 — 116

  1929年,哈佛天文台的工作人员上演了一出名为《天文台围裙》(Observatory Pinafore)的滑稽剧,模仿当时的喜剧《皮纳福号军舰》(H. M. S. Pinafore)。天文学家塞西莉亚·佩恩[Cecilia Payne,后来改名为塞西莉亚·佩恩-加波施金(Cecilia Payne-Gaposchkin),左起第二位]在剧中扮演约瑟芬(Josephine)。

天文台

剑桥时而多云的天气并不总是有利于探索天空。不过,位于剑桥市花园街60号天文台山的哈佛大学天文台(Harvard College Observatory)仍然是一处备受欢迎的观星之所,每个月的第三个星期四都有观星的机会。在可以观星的夜晚,哈佛—史密松森天体物理中心会向公众提供免费的讲座,天气好的话还可以让他们透过天文台屋顶的望远镜观看星空。如果天公作美,游客可以借助天文台的9英寸克拉克折射望远镜以及三个便携式的8英寸折射望远镜,近距离地观察土星、木星或猎户座大星云等。通常,参加观星者多达200余人,许多人都觉得观星是一种令人敬畏的体验。

哈佛大学天文台成立于1839年,为哈佛大学文理学院天文系的师生提供研究设施。该天文台与史密松森天体物理中心共同组建了哈佛—史密松森天体物理中心,吸纳了300多位从事天体物理研究的科学家。这些科学家率先研发了用于地面和太空观测站的仪器,几乎覆盖了整个电磁频谱。

在哈佛—史密松森天体物理中心位于哈佛大学校内的橡树岭天文台(Oak Ridge Observatory),天文学家正在探寻其他恒星周围存在行星的证据,以及来自外星生物的信号。在哈佛大学本科生科学中心的八楼,有一个小规模但装备精良的天文台,主要供学生使用。

在20世纪上半叶,哈佛大学的天文台曾先后在秘鲁与南非进行过观测。

相关条目 存于别处的哈佛。

相关网站 cfa-www.harvard.edu;cfa-www.harvard.edu/hco/。

巡视官

哈佛大学曾爆发过一系列抗议活动,旨在确保哈佛大学低收入工人的"最低工资"。其后,哈佛大学校长劳伦斯·萨默斯于2002年夏宣布,将任命一名巡视官(Ombuds)来解决学术纠纷、劳资冲突、歧视以及类似问题。2003年年初,萨默斯校长任命克洛斯科学研究教授(Clowes Research Professor of Science)亨利·埃伦赖希(Henry Ehrenreich)为哈佛大学首任巡视官。同时,莉迪娅·卡明斯

(Lydia Cummings)受命协助埃伦赖希，卡明斯是一位专业的调解员，在哈佛大学拥有 24 年的管理资历。

作为一名物理学家，埃伦赖希自 1963 年以来就一直任教于哈佛大学。新成立的巡视官办公室向哈佛大学教务长汇报工作，同时独立于哈佛大学任何具体的行政机构。埃伦赖希说，巡视官办公室的工作是补充而不是替代那些解决学校各院系与员工不满的现有机制。虽说巡视官办公室是新设立的，但自 1991 年以来，位于哈佛大学医学区的专业学院都有一位巡视官。哈佛大学的巡视官主持一个覆盖全校的巡视委员会，该委员会旨在为那些在各学院负责巡视或担当相应职责的人提供讨论的场合和一定的资源。

相关网站　www.universityombuds.harvard.edu。

郊游与客栈计划

郊游与客栈计划的名称简洁明了。该计划旨在为哈佛教职员工参加各种休闲和娱乐活动提供折扣票价，包括红袜队的比赛、其他体育赛事、音乐会、博物馆、电影和戏剧以及主题公园。此外，该计划还提供各类省钱的优惠券和特别折扣，涉及旅行和住宿、餐馆、服务和商品。该计划推送的各类活动，详见哈佛大学人力资源办公室出版的《哈佛社区资源》（*Harvard Community Resource*）。

1976 年推出的这项计划表明，哈佛大学对其员工的福祉与工作满意度日益关注，也是对支持员工成立工会的成功运动迟来的回应。当时，在分管行政的副校长萨莉·H. 泽克豪泽（首位被任命为哈佛大学高层的女性）的领导下，哈佛大学的人事办公室变得更加人性化，制订了帮助员工平衡工作与个人责任的计划。学校还聘请了专业顾问为儿童保育与老人护理提供指导和转诊推荐，协助员工管理其个人和家庭问题，并帮助员工解决职场问题。得益于泽克豪泽及其下属的工作，哈佛大学的员工可以在交响音乐厅或芬威公园（Fenway Park）度过一个轻松的夜晚，这会对其家庭生活和职场表现产生有益的影响。

相关网站　atwork.harvard.edu/perks。

117 — 122

三位哈佛大学校长的合影:詹姆斯·B.科南特(1933—1953年在任)、内森·马什·普西(1953—1971年在任)和德里克·博克(1971—1991年在任)。这张合影拍摄于1971年,堪称自1861年以来,哈佛大学首张两位以上的哈佛大学校长同框的照片。

菲利普斯·布鲁克斯楼

一代又一代的哈佛学生通过志愿者工作——往往是长时间工作,一直到深夜——在菲利普斯·布鲁克斯楼协会(Phillips Brooks House Association,PBHA)组织与协调的公共服务项目中,丰富了自己的教育经历。这些项目对哈佛所有的本科生与研究生开放,每年的参与者约占所有本科生的1/3。在此,列举部分公共服务项目:

- 在无家可归者收容所提供帮助
- 辅导监狱中的囚犯
- 将英语作为第二语言进行教学
- 指导剑桥市与波士顿地区的青年
- 提供扫盲培训
- 帮助老年人、住院病人、失聪者、家庭暴力受害者、难民家庭,为贫困儿童开设夏令营,并参加其他一些服务活动

菲利普斯·布鲁克斯楼(Phillips Brooks House)是一座位于哈佛园西北角的大型砖砌建筑。为了帮助哈佛学生找到适合自己的公共服务工作,哈佛公共服务网络(Harvard Public Service Network)帮助想成为志愿者的学生探寻各种选项,并挑选适合的项目。在菲利普斯·布鲁克斯楼还没有像"房舍与邻里发展"(House and Neighborhood Development,HAND)这样的团体的办公室,该组织支持哈佛宿舍楼附近区域的当地项目。在菲利普斯·布鲁克斯楼,学生与管理人员的士气一直很高。当许多哈佛校友回顾其在菲利普斯·布鲁克斯楼协会的岁月时,都觉得那是他们在哈佛大学生活中最精彩的部分。

菲利普斯·布鲁克斯楼建于20世纪初,以知名传教士菲利普斯·布鲁克斯(Phillips Brooks,哈佛大学1855届校友)的名字来命名。作为波士顿科普利广场(Copley Square)三一教堂的牧师,布鲁克斯借助其讲道坛,传播社会福音并支持反奴隶制运动。他还写过赞美诗和颂歌,其中最知名的一首是《美哉,小伯利恒》(O Little Town of Bethlehem)。布鲁克斯与哈佛有很深的渊源,他曾在哈佛担任过两届的监事,是传教士委员会(Board of Preachers)的成员、晨祷的引领者,以及哈佛学生的顾问,布鲁克斯大力鼓励学生们进行宗教活动。他于1893年逝世,此前他曾建议,"在哈佛学院之内建造一座新建筑,供各个宗教团体使

用"。不久，哈佛校友与学生们就接受了他的这一建议，并用他的名字来命名这座新建的社会服务建筑和协会，以寄托对他的怀念。菲利普斯·布鲁克斯楼于1900年开放使用。

最初，菲利普斯·布鲁克斯楼协会旨在宣传"基督徒的善行"，后来逐渐向更为世俗化的方向发展。这促进了怀有不同信仰与信念的哈佛学生的参与。在第一次世界大战期间，协会志愿者与红十字会密切合作。在大萧条时期，协会志愿者加入了帮助失业者和穷人组织。在第二次世界大战中，许多哈佛学生在医院工作，并协助出售战争债券。据说，在20世纪60年代，时任美国总统约翰·F.肯尼迪以该协会设计的"坦噶尼喀项目"（Project Tanganyika）作为"和平队"的模板。之后，该协会的诸多项目成为国民服务队[National Service Corps，现为"美国志愿队"（AmeriCorps）]的典范。

不过，到了20世纪60年代末和70年代，参与菲利普斯·布鲁克斯楼协会活动的人数减少了。因为，反战抗议与政治异议，使理想主义主导的传统主流发生了偏移。20世纪80年代出现了转机，当时学生们表现出了新的热情与奉献精神。在其后的数十年里，志愿者们已恢复并重申了菲利普斯·布鲁克斯的精神。如今菲利普斯·布鲁克斯楼协会的项目，正在以前所未有的速度蓬勃发展。

相关条目 公共服务。

相关网站 www.pbha.org。

肖像收藏

哈佛的肖像收藏收录了1200多件油画、雕塑和草图，它们体现了从美国独立战争前至今新英格兰对肖像画的品位。这一收藏的藏品分散于整个哈佛大学。在大多数情况下，这些藏品的主角都是哈佛历史上的杰出人物：从英克里斯·马瑟至德里克·博克的历任校长、院长、教职员、捐助者，以及杰出校友。从美学角度上讲，这一收藏的特殊优势在于，展示美国殖民时期的油画与19世纪美国的雕塑。其中，具有代表性的画家包括：约翰·辛格尔顿·科普利（John Singleton Copley）、约翰·特朗布尔（John Trumbull）、吉尔伯特·斯图尔特（Gilbert Stuart）、威廉·莫里斯·亨特（William Morris Hunt）、莉拉·卡伯特·佩里（Lilla Cabot Perry）、约翰·辛格·萨金特（John Singer Sargent）、约瑟夫·德坎普（Joseph DeCamp）、查尔斯·霍普金森（Charles Hopkinson）、埃伦·埃米特·

兰德(Ellen Emmet Rand)和加德纳·考克斯(Gardner Cox)。在该收藏中,具有代表性的雕塑家包括霍雷肖·格里诺(Horatio Greenough)、威廉·韦特莫尔·斯托里(William Wetmore Story)、埃德莫尼亚·刘易斯(Edmonia Lewis)、奥古斯塔斯·圣高登斯(Augustus Saint-Gaudens)、弗兰克·杜韦内克(Frank Duveneck)、丹尼尔·切斯特·弗伦奇,以及沃克·汉考克(Walker Hancock)。

据说,哈佛学院于1680年收藏了第一幅肖像画。当时,哈佛大学理事会委托英国清教徒兼神学家威廉·埃姆斯(William Ames)绘制了一幅画作。在1764年哈佛堂遭遇的那场火灾里,这幅肖像画与无法计数的其他画作一同被焚毁。火灾之后,哈佛大学理事会聘请当时只有20多岁的约翰·辛格尔顿·科普利(北美殖民地时期最知名的画家)为学校的三位捐赠者画了全身画像,他们是托马斯·霍利斯、尼古拉斯·博伊尔斯顿(Nicholas Boylston)和托马斯·汉考克(Thomas Hancock)。这些画像都悬挂在后来新建的哈佛堂里。至于哈佛的肖像收藏中最早收录的肖像塑像,是英国的查塔姆伯爵威廉·皮特(William Pitt, Earl of Chatham)的半身石膏塑像。这座塑像是本杰明·富兰克林于1769年赠送给哈佛的。

在查尔斯河两岸哈佛大学的100多座建筑物中,都可以看到哈佛的肖像收藏收录的肖像画。不过,这些肖像画最为集中的地方是大学堂内的"教员室"(Faculty Room)。目前,在这间历史悠久的房间里陈列了大约30幅油画与15尊半身塑像,跨越了三个多世纪。其中,年代最早的一幅画作,可以追溯至大约1700年,是一位匿名艺术家为哈佛大学斯托顿堂的首位捐赠者威廉·斯托顿绘制的温暖色调的肖像画。另一幅早期作品经X射线分析后呈现出了一种诡异的现象:表面上看,这幅画作的主角是哈佛大学前校长本杰明·沃兹沃思(1725—1737年在任)。但是,在这幅画的下面,还隐藏着另一位男子的肖像画,他戴着一条飘逸的围巾,这种围巾曾在1690年左右成为一种风尚。该收藏年代较近的藏品是贾森·博尔丁(Jason Bouldin)于1996年创作的哈佛大学前校长德里克·博克(1971—1991年在任)的肖像画。为了表明这幅画是在博克校长任满后创作的,博尔丁特意在画作的背景处画了16世纪哈佛大学校长的座椅,椅子是空着的。

在"教员室"的肖像画中,有八幅是查尔斯·霍普金森的作品,霍普金森本人曾被誉为"学术界的宫廷画家"。作为哈佛大学1891届校友,霍普金森的作品颇丰,他创作了近850幅肖像画。他曾经给19位大学校长画过肖像画。"教员室"里悬挂着他为莎士比亚研究专家乔治·莱曼·基特里奇(1917—1936年的英国文学格尼教授)创作的肖像画,画中的基特里奇留着胡子。这幅肖像画,可能是霍普金森八幅肖像画中最为生动的一幅。过去,"教员室"中只悬挂男性的肖像画。直到 1995 年,哈佛大学文理学院委托雅各布·科林斯(Jacob Collins)创作了一幅英国中世纪历史学家海伦·莫德·卡姆的肖像画,卡姆 1948 年入职哈佛大学,是学校历史上首位获得终身教职的女性。此后,帕特丽夏·沃特伍德(Patricia Watwood)为天文学家塞西莉亚·佩恩-加波施金创作的肖像画,也被悬挂于"教员室",佩恩-加波施金是文理学院的教职员中首位被晋升为正教授的女性。

除了大学堂的"教员室",哈佛的肖像收藏主要分布于安嫩伯格堂、福格艺术博物馆、巴克人文中心、各个宿舍楼,以及商学院、神学院和医学院。在巴克人文中心的核心建筑哈佛联盟中,赫然高悬约翰·辛格·萨金特为哈佛大学最重要的捐赠者之一亨利·李·希金森创作的一幅杰作。画中的希金森身高约 2.4 米,懒散地坐在一张皮椅上,他的腿上覆盖着一件曾在美国内战时穿过的骑兵斗篷。

其实,在哈佛肖像收藏中,并非所有的画中人物都与哈佛有关。比如,在哈佛比较动物学博物馆陈列着乔治·P. A. 希利(George P. A. Healy)创作的约翰·詹姆斯·奥杜邦(John James Audubon)的肖像画。在哈佛天文台,藏有一幅贾斯特斯·萨斯特曼斯(Justus Sustermans)创作的伽利略的肖像画的副本。此外,霍顿图书馆藏有一幅精致的杰弗里·乔叟(Geoffrey Chaucer)的肖像画;查尔斯·狄更斯的一幅肖像画被陈列于巴克人文中心。安东尼奥·萨索(Antonio Sasso)创作的奥利弗·克伦威尔(Oliver Cromwell)的一幅肖像画副本,曾被悬挂于昆西街 17 号的前校长官邸。这幅画目前已被存放起来。

福格艺术博物馆负责管理哈佛的肖像收藏。作为一种重要的历史资源,该收藏收到了来自全球各地的借用藏品、获取藏品信息,以及复制藏品的请求。其中,被复制次数最多的画作是科普利于 1783 年创作的约翰·亚当斯的肖像画,以及罗伯特·费克(Robert Feke)在 1746 年创作的年轻时期的本杰明·富兰克林的肖像画。

相关条目 艺术博物馆;火灾;哈佛历史上的第一(女士篇);"大盐皿"及其他遗物;哈佛堂;纪念堂;雕像与纪念碑。

相关网站 lib.harvard.edu/archives/0055.html;www.cshgallery.org。

校 长

近代以来,哈佛大学校长们的任职时间一般都很长。自内战以来,美国共有 26 位总统(截至 2004 年本书出版时。——译者注)。相比之下,同期哈佛大学共有 8 位校长。由于哈佛大学的校长没有任期限制,校长的平均任期为 19 年。总体而言,哈佛大学的校长人数(自 1640 年至 2004 年,共计 27 位),远少于美国的总统人数(自 1789 年至 2004 年,共计 43 位)。

不过,对哈佛来说,漫长的校长任期也是相对晚近的趋势。早前,哈佛也像一家不景气的互联网公司一样频繁更换校长。比如,在 17 世纪中期,哈佛在不到 12 年的时间里就更换了 3 位校长,即伦纳德·霍尔、乌里安·奥克斯和约翰·罗杰斯。再比如,在美国内战前的 20 年里,哈佛就更换了 5 位校长。

哈佛最初的几位校长承担着艰巨的工作。他们不仅要教课、主持每天的祷告仪式、审查入学申请,还要记录开支和开具收据、管理纪律等。当时,哈佛需要加强纪律来约束惹是生非的学生,而老师们只是有时候才能占得上风。以哈佛大学第三任校长伦纳德·霍尔为例。假如以校长的姓氏为哈佛的宿舍楼命名,那么霍尔校长是最不可能如愿的。根据当时的一种说法,霍尔校长的自负导致学生们"谐谑地模仿他的言行,加重他行为中一切令人不悦的方面,以使他令人生厌"。最终,学生们成群地离开了哈佛,老师们也厌恶地辞职离去,霍尔校长也不得不辞职,学校差点因此而永久关闭。

差不多一个世纪之后,即 1780 年,学生们抗议要求解除塞缪尔·兰登(Samuel Langdon)的校长职务,并派遣代表对兰登表示:"对于您的天才和学识,我们表示尊重;对于您的虔诚与美德,我们表示尊敬;但是,作为校长,您让我们藐视。"后来,兰登校长决定辞职。为了加速他的辞职进程,一些学生还举办了一次募捐活动。无怪乎,哈佛前校长爱德华·霍利奥克——1769 年死于校长任上,享年 80 岁——曾在临终时宣称:"假如有人希望感受羞辱与窘迫,那就让他成为哈佛大学校长吧。"

后来,哈佛大学校长任职时间较长,表明他们的工作赢得了更高的满意度。在哈佛大学,任期最长的校长是查尔斯·W. 埃利奥特,他在这个位置上坚守了 40 年(1869—1909 年)。在任期方面,跟随其后的是另外四位校长,即 A. 劳伦斯·洛厄尔(1909—1933 年在任)、詹姆斯·B. 科南特(1933—1953 年在任)、内森·马什·普西（1953—1971年在任），以及德里克·博克（1971—1991年在任），平均在任时间是20年。博克校长的继任者尼尔·鲁登斯坦在任10年。尽管鲁登斯坦的任期比同时代的许多大学校长都要长，但是，在哈佛大学的历史上，他是自托马斯·希尔牧师（Reverend Thomas Hill，1862—1869年在任）之后任期最短的校长。

对于哈佛大学的福祉而言，校长的影响力超过了学校其他任何人，甚至超过了哈佛大学董事会。比如，埃利奥特校长发挥了其人格魅力，不仅改造了当时几乎停滞不前的法学院、医学院和神学院，创建了文理研究生院，为哈佛的本科生创建了一个免费选修课制度，还重塑了哈佛的招生政策，使学生的组成结构在族群上更具代表性。相比之下，A. 劳伦斯·洛厄尔校长在物质层面，令哈佛大学更具现代大学的特色。同时，他还是美国高等教育无可争议的代言人。科南特、普西、博克和鲁登斯坦等人，以各自的方式继续推进埃利奥特任内开始着手的、实现哈佛大学学生组成结构多元化的计划。

正如1939年《哈佛校友公报》的一篇社论所言，身为哈佛大学的校长，"不仅必须谨记大学的所有活动，还要将与大学所处社会当前与未来发展相关的政策放在心上。他应当具有想象力和政治家般的远见"。在过去的25年里，随着筹集资金规模达到数百万美元乃至数十亿美元，筹款已经在哈佛大学校长（以及其他大学校长）的工作中占据了越来越多的时间。不过，除了发表以筹集资金为主导的演讲，以及不断寻求大额捐赠之外，哈佛大学的校长还必须全面了解十所学院的教育目标。校长需要主持两个委员会，一是评定教职员能否获得资深或终身教职，二是就愈发复杂的问题与学校其他官员进行磋商。对于哈佛校友和公众来说，校长就是哈佛大学的首要发言人。要担当校长这份工作，显然需要具备一系列技能，比如分析、管理与政治方面的技能。

自1650年以来，哈佛大学的校长遴选，一直由哈佛大学理事会负责；哈佛大学监事会必须核准理事会作出的选择。长期以来，校长遴选系统基本上处于封闭状态，但近年来变得更加民主化了。在最近三次哈佛大学校长的提名调查伊始，哈佛大学理事会的高级成员就向哈佛共同体的所有成员发了一封征求校长提名的信。哈佛大学理事会与监事会成员组建一个联合委员会，对哈佛共同体成员的回复加以筛选，并向这两个机构提出建议。在最近的两次校长提名调查中，学生们抗议校方将他们排除在遴选程序之外，并指出，普林斯顿大学及其他大学都已将学生吸纳进校长选举委员会。可是，哈佛校方却不为所动。哈佛大学监事会的一位前任主席曾向《绯红报》透露："（我们向）很多人征求意见，但是，我不认为,幼儿园可以运营这所大学。"可以预见,这位前任主席的话引起了《绯红报》编辑们的抨击。

在近两个世纪的岁月里,哈佛大学的所有校长均为公理会或信仰"一神论"的神职人员。其中,托马斯·希尔是最后一位。在托马斯·希尔之后,哈佛大学的七位校长(截至 2004 年)均为学者,他们所具有的不同学科背景保持了一定的平衡。比如,埃利奥特与科南特是化学家,洛厄尔曾是政府学院的教授,普西的研究领域是古典学,博克致力于劳动法学,鲁登斯坦研究的是文艺复兴时期的文学,劳伦斯·萨默斯则是一名经济学家。哈佛的部分校长在上任前曾担任过重要的非学术性职务。比如,约翰·莱弗里特(1708—1724 年担任哈佛大学校长)曾任马萨诸塞州众议院议长、法官,以及该州驻纽约的特使。乔赛亚·昆西(1829—1845 年担任哈佛大学校长)曾任波士顿市市长。爱德华·埃弗里特牧师(1846—1849 年担任哈佛大学校长)曾四次担任马萨诸塞州的州长,以及英国圣詹姆斯宫(Court of St. James)的牧师。萨默斯曾任美国财政部部长。

在 20 世纪,哈佛大学历任校长的个人背景,反映了整所大学日益增长的民主化。埃利奥特与洛厄尔均来自波士顿的贵族家庭,他们的父亲均曾在哈佛大学理事会任职。科南特也是波士顿人,但他的父亲是一名摄影师,有时也做建筑承包商。科南特本人是哈佛大学 1914 届校友,他是其家族中第一个上大学的人。普西是首位出生于阿第伦达克山脉(Adirondacks)以西的哈佛大学校长,他是艾奥瓦州一名教师的儿子。博克,在加利福尼亚州长大,在进入哈佛法学院之前曾就读于斯坦福大学;他是自查尔斯·昌西(1654—1672 年在任)以来,首位没有获得哈佛大学学士学位的校长。鲁登斯坦毕业于普林斯顿大学,拥有哈佛大学的博士学位。他是家中第一个完成高中学业的人,其父是康涅狄格州的一名监狱看守,其母是一名女服务员。萨默斯与博克和鲁登斯坦类似,他们的学士学位都是在哈佛大学之外的大学获得的。萨默斯在麻省理工学院获得了学士学位,而后在哈佛大学获得了博士学位。

1672—1862 年,哈佛大学有 9 位校长死于任上。其他校长在卸任后享受了宁静的晚年。依照塞缪尔·埃利奥特·莫里森的说法,乔赛亚·昆西退休后留在了波士顿,他曾幽默地抱怨说,经历过哈佛园夜间的喧嚣之后,"(波士顿的夜晚)安静到可怕,反而令他睡不着了"。一些人在卸任哈佛大学校长后,又开始了新的事业。比如,英克里斯·马瑟(1685—1701 担任哈佛大学校长)与其子科顿·马瑟都对哈佛大学不满。因此,他们帮忙在南方建立了一所新的学院,即后来的耶鲁大学。爱德华·埃弗里特曾任米勒德·菲尔莫尔(Millard Fillmore,美国第 13 任总统)政府的国务卿,并于 1863 年 11 月在葛底斯堡(Gettysburg)发表了一次重要讲话。科南特卸任后成为美国驻联邦德国的高级专员,其继任者普西在卸任后担任了安德鲁·W. 梅隆基金会(Andrew W. Mellon Foundation)的负责人,继续留在教育领域。在卸任后,博克担任了"共同事业"(Common Cause)组织的主席;鲁登斯坦担任了一家名为"ArtSTOR"的非营利性组织的主席,该组织旨在收集并发布艺术、建筑、设计和相关领域的数字图像。

哈佛大学校长的薪酬如何?也许有些令人惊讶,依照《高等教育纪事报》(The Chronicle of Higher Education)的调查,哈佛这所全球最富有的大学,在校长的薪酬方面居然掉队了。最近的一项调查显示,薪酬最高的校长来自宾夕法尼亚大学,她的薪酬和福利合计 80 多万美元。接下来是普林斯顿大学前校长,其获得的薪酬超过了 70 万美元,其中包括退休时支付的一笔约 20 万美元的延后支付的退休金。耶鲁大学校长的薪酬为 61.2 万美元。鲁登斯坦在担任哈佛大学校长时的工资仅略高于 42.1 万美元。即使算上哈佛大学校长在埃尔姆伍德的官邸、豪华轿车和其他福利,哈佛大学付给校长的薪酬,也远低于美国部分常春藤联盟高校校长获得的巨额薪酬。

研究高管薪酬的专家曾将高等教育界所谓的"50 万美元俱乐部"($500,000 Club)的快速增长,归因于人才储备的相对薄弱,以及校长筹款能力的战略重要性。有人认为:"你可以做一个数学计算,如果有人可以帮助您筹集到 10 亿美元,你愿意支付他/她 50 万美元吗?答案是肯定的。"不过,哈佛大学前校长德里克·博克却认为,许多大学校长的薪酬过高,同时,他们因为团队合作所取得的成就而获得了过多的荣誉。"在一所机构里,几乎所有重要的事情——比如,教育质量、教师的创造力,乃至筹集的资金——都是许多人共同努力的结果,没有人能够确定校长在其中发挥的作用。校长的巨额薪酬,往往会加剧教职员与管理层之间时常浮现的紧张关系。"博克补充道,"当困难时期到来时,各院系就要协助大学削减开支,这个时候,享有丰厚薪水的校长恐怕不太可能激发太多的同情或合作。"

相关条目 埃尔姆伍德;筹款;治理。

神 童

通常,被哈佛学院录取的是十七八岁的学生。也有一些例外情况是,被录取的学生年龄大于 18 岁。不过,哈佛大学培养了不少神童,这些人早在青春期初期甚至在更小的年纪就被哈佛录取了。

保罗·达德利可能是哈佛历史上最年轻的学生。保罗是马萨诸塞湾殖民地总督约瑟夫·达德利(Joseph Dudley,哈佛大学 1665 届校友)之子,他在 10 岁时就被哈佛录取了,1690 年毕业时,差 2 个月他才到 15 岁。西布莉(Sibley)曾在《哈佛毕业生杂志》中说:"他就像是一名正常的大学生。除了因为打破玻璃而支付过一笔不小的费用,并没有其他的罚款记录。"后来,保罗·达德利在伦敦的内殿律师学院(Inner Temple)研习法律。作为马萨诸塞湾殖民地的总检察长,他清除了当地海岸的海盗,但他也是一位有争议的政治人物。在他生命中的最后 33 年里,他是殖民地专制独裁的首席大法官。

哈佛第二任校长英克里斯·马瑟牧师的三个儿子——科顿·马瑟、纳撒尼尔·马瑟(Nathaniel Mather)和塞缪尔·马瑟(Samuel Mather)——堪称哈佛早期的神童。其中,最年长的科顿,在 12 岁时进入哈佛大学,并于 1678 年毕业,时年 15 岁;他的两个弟弟,在 16 岁时获得了哈佛的学位。科顿擅长古代语言,曾在教堂布道时用拉丁语记笔记,自得其乐。无论是作为一位成年人,还是一个孩子,他似乎都是一个令人难以忍受的"自大狂"。科顿曾说:"我只需稍加学习就能用七种语言写作。我把所有科学当作'甜点'来愉悦自己。通常,科学会令人显得更有教养。"他在自己书房门上张贴了一张字条,用于警示访客:"长话短说。"科顿支持 1692 年的塞勒姆女巫审判。后来,他对康涅狄格州大学学院很感兴趣,在他的建议下,学院更名为耶鲁大学。科顿曾被提名为耶鲁大学的校长,可是他却拒绝了。因为,他希望成为哈佛大学的校长。然而,他三次被哈佛拒绝了。在 1724 年第三次被哈佛拒绝后,他写下了下面的话:"这所可悲的学院的理事会再次……用他们习惯的轻蔑来对待我。"

在哈佛,更具吸引力的神童是 1854 届的杜鲁门·亨利·萨福德(Truman Henry Safford)。孩童时期,他在佛蒙特州的罗亚尔顿(Royalton)就因被称为"闪电计算器"而受到广泛关注,以至于被邀请到波士顿接受美国人文与科学院(American Academy of Arts and Sciences)的检查。在时任哈佛校长的爱德华·埃弗里特与哈佛最重要的数学家本杰明·皮尔斯(Benjamin Peirce)教授的要求下,萨福德一家搬到了剑桥市,以便杜鲁门就读哈佛学院。他入学时才 16 岁,在两年内便达到了获得哈佛学位的要求。杜鲁门对天文学有浓厚的兴趣,毕业后,他进入哈佛天文台与当时设在剑桥市的航海年鉴办公室(Nautical Almanac Office)工作。根据他在航海年鉴办公室的同事西蒙·纽科姆(Simon Newcomb)

的回忆,他是"办公室里最棒的天才……一本行走的天文学参考书目。只要向他咨询,就可以知晓近期伟大的天文学家围绕哪些议题写了什么,他们的作品是在哪里出版的,以及在哈佛图书馆的哪个书架上可以找到这些作品"。后来杜鲁门在芝加哥大学任教;作为芝加哥迪尔伯恩天文台(Dearborn Observatory)的首任台长,他发现了108个星云。再往后,他在威廉姆斯学院教授天文学和数学,兼任学校图书馆馆长。据说,"他不再离开座位就能说出每本书的位置,而且在用转盘观测时,……他不需要航海年鉴,因为他记得所有星星的位置"。

在一战前,哈佛汇聚了许多神童。其中一位神童是诺伯特·维纳(Norbert Wiener,哈佛大学1913届博士),他的父亲是斯拉夫语言和文学教授利奥·维纳(Leo Wiener)。诺伯特·维纳14岁时,从塔夫茨学院毕业,并于18岁时在哈佛大学获得了哲学博士学位,他的博士论文是关于数学逻辑。这个极具争议且出了名的健忘天才,长期与麻省理工学院合作,帮助该学院开拓了新的信息理论领域,并创立了跨学科的控制论科学。

一战前哈佛学院还录取了另外四位神童。其中,锡德里克·霍顿(Cedric Houghton,哈佛大学1913届校友)毕业后不久就去世了。其他三位神童分别是小阿道夫·A.伯利(Adolf A. Berle Jr.,哈佛大学1913届校友)、罗杰·塞申斯(Roger Sessions,哈佛大学1915届校友)和威廉·詹姆斯·席德斯(William James Sidis,哈佛大学1914届校友)。伯利在13岁时被哈佛学院录取,并于1916年从哈佛法学院毕业,获得了法学学士学位。他曾经随同美国代表团前往巴黎,参加凡尔赛和会(Versailles Peace Conference)。后来,伯利在纽约市从事公司法业务,并成为富兰克林·D.罗斯福总统"智囊团"的主要成员。伯利曾任负责拉美事务的助理国务卿,参加了许多美洲国家会议,并于1961年肯尼迪政府执政初期,领导一个特别工作组,建议建立"争取进步联盟"(Alliance for Progress)。至于塞申斯,13岁时被哈佛学院录取,当时他已经创作了自己的第一部歌剧。后来,他成为一位知名的作曲家与作曲老师。半个世纪之后,他回到哈佛大学接受荣誉学位。不久之后,他应邀在哈佛的查尔斯·埃利奥特·诺顿系列讲座中发表演讲。

席德斯是四位神童中最年轻的。他在8岁时就被媒体发现,被认为是全球最年轻的高中生。尽管他在9岁时就有资格入读哈佛大学,但是两年后他才被允许进入哈佛大学,当时他已精通六种语言。席德斯修读了哈佛大学数学系最高深的课程。他在数学、物理和法语方面的成绩优异,但是,在经济学、英语和哲学方面却表现不佳。从哈佛毕业10年后,据《纽约先驱论坛报》透露,这位神童成了曼哈顿的一名后台计算器操作员。席德斯却只希望离群索居,他换了不少工作,有时还担任翻译。1925 年,他出版了一本预言黑洞理论的书,可惜当时的物理学家和天文学家忽略了这本书。后来他又出版了一本关于收集有轨电车转车票的书,这是他个人的消费爱好。其后,席德斯搬到波士顿的南端,期望在那里隐居。但是,这一期望却被《纽约客》的一篇题为"愚人节"(他的出生日期是 1898 年 4 月 1 日)的人物特写给破坏了。数年后,据说《纽约客》赔偿了席德斯 500 美元,因为席德斯起诉该杂志恶意诽谤。可是,席德斯胜诉不到三个月,他便死于脑溢血,享年 46 岁。

公共卫生学院

哈佛大学仅有一所专业学院,能够直接解决全球范围内的生命与死亡问题,即公共卫生学院。当前,艾滋病在全球的蔓延、大规模流行病(如"非典")和其他起源令人费解的疾病、不发达国家越来越多地消费烟草,以及恐怖分子获得了致命的毒素等威胁,都凸显了公共卫生学院正在进行的项目的重要性。

公共卫生学院成立于 1922 年,与哈佛医学院关系密切,为美国新兴的公共卫生领域开设了首个研究生培训项目。从一开始,学院的使命就是探索预防疾病与促进全球人类健康的方法。学院大约 200 名教师(约 65 名教师拥有哈佛的终身教职)均致力于实现这一目标,约有 825 名学生加入了学院开设的 4 个学位授予项目。其中,国际学生占学院录取人数的 1/4 以上,其中女生占学生总数的 60%。也许与哈佛大学其他专业学院相比,公共卫生学院的课程与研究基本上涵盖了更多的学科。学院在最广泛的情景之下研究疾病和治疗,借鉴了包括医学、定量学科(如流行病学和生物统计学)、社会学科(如经济学、政府学和社会学)甚至人文学科(如伦理学和哲学)等方面的知识。以下列表体现了学院的研究范围:

  艾滋病研究所(AIDS Institute)
  艾滋病研究中的生物统计学(Biostatistics in AIDS Research)
  预防癌症(Cancer Prevention)
  继续职业教育(Continuing Professional Education)
  健康沟通(Health Communication)
  健康与人权(Health and Human Rights)

伤害控制（Injury Control）

职业健康和安全（Occupational Health and Safety）

人口与发展研究（Population and Development Studies）

辐射科学与环境卫生（Radiation Sciences and Environmental Health）

风险分析（Risk Analysis）

  风险分析和决策科学是相对较新的研究领域，采用复杂的方法对各种健康措施的风险、成本和收益进行了梳理和分析。例如，当临床证据证实假阳性结果的比率很高时，50岁以下女性的乳房X光检查费用是否应该由公共资金支付？当大规模的预防性政策可能带来更持久效益时，国家是否应向艾滋病患者个人提供昂贵的抗逆转治疗药物？在相当不确定的条件下，评估风险并确定不同政策的后果，是这个激动人心的新领域的学者们关注的问题。

  从历史视角来看，公共卫生学院获得了一长串独特的成就。比如，学院的教职员菲利普·德林克（Philip Drinker）于1927年开发了人工呼吸器。哈佛大学的首位女教师是职业医学领域的创始人爱丽丝·汉密尔顿。最初，她于1919年被哈佛医学院分配到新成立的职业健康系。直到1935年，她都在公共卫生学院任教。与哈佛公共卫生学院有关的三位科学家获得了诺贝尔奖：托马斯·韦勒（Thomas Weller）、伯纳德·劳恩（Bernard Lown）和阿马蒂亚·森（Amartya Sen）。在亚特兰大的疾病控制和预防中心（Centers for Disease Control and Prevention），至少有6位主任是公共卫生学院的毕业生。该学院的教职员发现了一种特殊的艾滋病毒类型，西非的大多数艾滋病和艾滋病毒感染都是这种病毒引起的。当前，大学生酗酒、青少年暴力和预防以及枪支安全，是学院正在研究的公共卫生问题。"指定司机"（designated driver）一词，就是由公共卫生学院首创的。

相关条目 哈佛历史上的第一（女士篇）；医学院；诺贝尔奖获得者。

相关网站 www.hsph.harvard.edu。

公共服务

  "公共服务"一词在不同的学院有不同的含义。比如，在肯尼迪政府学院，"公共服务"很可能意味着某种形式的政府服务，或者在公共机构工作。在哈佛学院与某些专业学院，"公共服务"一词令人想起了更具体的主题：志愿主义、承诺和牺牲、社会行动、社区需求,以及被忽视和被遗忘者的困境。

这种为他人服务的元素贯穿于哈佛大学各专业学院的大部分课程,尤其是哈佛学院的课程。有位哈佛本科生曾说:"我在柏拉图的《申辩篇》(*Apology*)中读到,苏格拉底声称,未经审视的人生,是不值得过的。于我而言,如果不能帮助别人,那么这种人生就是一种不值得过的人生。"依照部分哈佛学生的描述,他们在无家可归者的收容所、贫民区学校、养老院和监狱图书馆的工作是"哈佛最好的课程",尽管从事此类公共服务并不能获得学分。一位经常在无家可归者收容所工作的志愿者表示:"每星期二晚上,当我抵达哈佛广场附近的哈佛大学路德教会时,哈佛日常生活带给我的压力,就显得几乎微不足道了。我很幸运能够置身于哈佛社区之外,使我能重新接触到现实世界,并提醒我,社会中还存在着明显的不平等。"

据预计,1/3 的哈佛本科生愿意在任何时间都积极参与社区服务项目。哈佛的学生可以从哈佛学院院长办公室(现在有一个负责公共服务的助理院长)与位于菲利普斯·布鲁克斯楼的哈佛公共服务网络(Harvard Public Service Network)了解工作机会。菲利普斯·布鲁克斯楼协会是哈佛学院最大的学生运营的服务机构,它负责协调 70 多个不同的项目。

在新生注册日,一年级学生会参加一场社团展会,许多公共服务组织会在这场展会上试图将他们招募为志愿者。所有一年级学生都会被邀请参加"新生城市项目"(Freshman Urban Program),这是一项在新生周举行的基于社区的沉浸式体验。另一个项目,即"房舍与邻里发展"(HAND),涉及哈佛学院的 12 座宿舍楼;该项目要动员 300 多名志愿者,到当地的公立学校与社区服务团体工作。名为"城市舞步"(CityStep)的项目则将哈佛的本科生送到四年级和五年级的教室教舞蹈与动作。其他如职业服务项目办公室、哈佛高中国际教育项目,以及"喜健步"(Stride Rite,美国童鞋品牌之一)项目等为本科毕业后的公共服务提供奖励。

哈佛大学的研究生院与专业学院为学生提供机会,让他们可以为当地社区发挥专长。比如,哈佛法学院的学生为低收入群体提供法律咨询;哈佛医学院的学生为贫困患者提供医疗保健服务;哈佛神学院的学生在教牧辅导和当地教会完成数百小时的实地志愿者工作;在肯尼迪政府学院设有一间社区和公共服务办公室,支持非营利组织的低薪暑期工作;相比之下,最广泛的社区推广项目是在公共卫生学院,学生们可以参与许多小学和中学项目、为那些专为穷人提供食物的组织配备人手、健康维护项目、艾滋病毒/艾滋病和青年暴力讨论组,以及环境保护会议。

为了帮助和鼓励那些有才华的研究生与专业学院学生从事公共服务事业,哈佛大学依据"校长学者计划"(Presidential Scholars Program)向这些学生提供资助。根据一项新的筹款政策,哈佛大学研究生援助基金(University Graduate Student Aid Fund)的捐款将用于扩大"校长学者计划",并用以支持全校与公共服务相关的研究与教学。此外,新的哈佛教育贷款计划(Harvard Educational Loan Program,HELP)致力于向所有修读与公共服务相关的学位课程的研究生和专业学院学生,提供低于市场利率的贷款,无论他们是外籍学生还是美国学生。

数百名曾在哈佛大学与拉德克利夫学院从事公共服务工作的学生后来作为"和平队"志愿者,在全球范围内提供公共服务。当约翰·F.肯尼迪总统于1961年成立"和平队"时,哈佛大学就是最早为其培训计划提供设施、教师与行政支持的机构之一。在美国的私立大学中,哈佛为"和平队"培养了将近一千名志愿者,数量上仅次于斯坦福大学。其中,一位名为马克·D.吉兰(Mark D. Gearan,哈佛大学1978届校友)的校友,从1995年至1999年担任"和平队"的主任。离开"和平队"后,他担任了霍巴特和威廉·史密斯学院(Hobart and William Smith Colleges,美国一家知名的私立文理学院)的院长。

相关条目 国际延伸;菲利普斯·布鲁克斯楼;公共卫生学院。

相关网站 www.seo.harvard.edu/compubservice; www.fas.harvard.edu/_pbh; www.pbha.org; hcs.harvard.edu/_hand。

123

昆西街堪称哈佛大学的艺术大道。图中,由左至右分别是福格艺术博物馆、卡彭特视觉艺术中心和哈佛大学教职工俱乐部。

昆西街

作为哈佛大学的艺术大道,昆西街曾经是一条宁静的住宅区街道。如今,这条街的两侧是哈佛大学最受欢迎的十余座建筑,其中包括哈佛的三座美术博物馆、卡彭特视觉艺术中心、哈佛纪念堂的桑德斯剧院、教职工俱乐部和巴克人文中心。可惜,昆西街既是运货卡车的必经之路,又是主要公交线路的一部分。

昆西街是一条长约0.4公里南北走向的单行道,形成了哈佛园的东部边界。在哈佛园的北面、昆西街与剑桥街的交汇处,集中了引人注目、风格各异的建筑物:异彩纷呈且有高耸结构的哈佛纪念堂(建于1878年);有着乔治亚复兴式风格的剑桥消防局的背面(建于1933年);有着鲜明现代主义风格的乔治·冈德堂(建于1972年),现在是哈佛设计学院所在地;詹姆斯·斯特林设计的令人咋舌的后现代主义风格的萨克勒博物馆(建于1985年)。斯特林设计的四四方方的萨克勒博物馆,借用了哈佛纪念堂与乔治·冈德堂的设计元素,而不是借鉴了消防局的设计元素。到了这里,您就会发现,为什么斯特林将昆西街附近地区称作"一座建筑动物园"。

在百老汇大道与马萨诸塞大道之间的一个长街区的西侧,正对着哈佛园及其砖砌围栏的,是新乔治亚式风格的福格艺术博物馆及其后现代主义附属建筑沃纳·奥托堂(建于1990年)、法国现代主义大师勒·柯布西耶设计的美轮美奂的卡彭特视觉艺术中心(曾被一位建筑评论家称为"对老昆西街的一种威胁……一种宣言")、教职工俱乐部(一座仿乔治亚复兴式风格的建筑),以及风格庄严的哈佛联盟(由查尔斯·福伦·麦金设计,于1997年被改造为人文科学中心的核心)。

在昆西街靠近哈佛园的那一侧,再向北走,依次是拉蒙特图书馆(哈佛首座现代风格的大型建筑,建于1949年)、乔治亚复兴式风格的洛布楼(Loeb House,最初是哈佛大学校长的官邸,现在是哈佛大学管理委员会办公室),以及塞弗四方庭院的大型红砖建筑,即哲学大楼爱默生堂、伟大的H. H.理查森设计的教学楼塞弗堂和哈佛大学历史系所在的罗宾逊堂。

直到20世纪,昆西街的两侧还都是木屋,其中大部分由哈佛大学的教职员拥有或租用。早先,哈佛大学校长的木屋(建于1860年)就在这条街上,费尔顿、希尔和埃利奥特三位校长都居住于此,这座官邸于1911年被拆除,取而代之的是一座规模更大的砖楼(现在的洛布楼)。老亨利·詹姆斯的木屋就位于哈佛教职工俱乐部的现址。当年,年轻的亨利·詹姆斯、威廉·詹姆斯(William James)和爱丽丝·詹姆斯(Alice James)都是在这里长大的。在昆西街上,几乎所有的木屋最终都被拆除或迁走,唯有两座木屋得以保留。一是斯帕克斯楼(Sparks House,希腊复兴风格建筑,建于 1838 年),现为哈佛大学的传教士之家。1968 年,为了给乔治·冈德堂让路,这幢楼曾被搬迁到柯克兰街 21 号,距离原址大约 121 米。二是达纳—帕尔默楼(建于 1822 年),它是一座联邦时期风格的建筑,曾经是哈佛大学的天文台。第二次世界大战后,为了建造拉蒙特图书馆,达纳—帕尔默楼被迁移到昆西街。在战争期间,詹姆斯·科南特校长及其家人居住于此,并允许美国海军征用当时的校长官邸。现在,达纳—帕尔默楼是哈佛最重要的招待所。楼内有六间布置精美的卧室,有许多知名人物,如迪安·艾奇逊(Dean Acheson)、康拉德·阿登纳(Konrad Adenauer)、玛丽安·摩尔和阿德莱·E. 史蒂文森等,都曾在此安然入眠。

相关条目 建筑;卡彭特中心;教职工俱乐部;火灾;艺术博物馆;哈佛联盟;图书馆;纪念堂;桑德斯剧院;哈佛园。

RACONTEURS

"Many's the time, Mrs. Willis, this rascal of yours had to put me to bed, and—ha-ha—if it isn't giving him away, vice-versa. What a time we used to have, you old scoundrel! Remember the night you decided to start training to swim the Channel by diving into the fountain in your dress suit, and..."

124 — 130

在 1938 年的某一期《纽约客》杂志上,格鲁亚斯·威廉斯(Gluyas Williams,哈佛大学 1911 届校友)创作的校友重聚插图。

拉德克利夫学院

拉德克利夫学院曾经是一所女子学院。不过,该学院为女性高等教育事业做出的杰出贡献,不仅留存于许多人的记忆中,还保留在哈佛大学的部分传统之中。此外,作为拉德克利夫学院的后继者,拉德克利夫高级研究所现已成为哈佛大学不可或缺的一部分。

拉德克利夫学院成立于1879年,按成立时间算来,它在美国大西洋沿岸"七姐妹学院"中排名第五,当时名称为"女性大学教育协会"(The Society for the Collegiate Instruction of Women)。用流行的说法来说,该学院很快就被称为"哈佛的附属学院"。一开始,将近40名哈佛教师为拉德克利夫学院的约50名女学生提供指导;学院的首位校长伊丽莎白·卡里·阿加西兹(Elizabeth Cary Agassiz)是自然学家和哈佛大学教授路易斯·阿加西兹(Louis Agassiz)的妻子。1893年,该学院为了巩固其与哈佛大学之间的关系进行了一系列的谈判,谈判期间这所年轻的学院更名为拉德克利夫学院,因为安·拉德克利夫(Ann Radcliffe,亦被称为"莫尔森夫人")于1643年向哈佛大学捐赠了100英镑,设立了哈佛大学第一笔奖学金。1894年,拉德克利夫学院获得了马萨诸塞州立法机构颁发的特许。

在之后的数十年里,拉德克利夫学院在平等地获取哈佛大学所有资源方面的进展非常缓慢。哈佛大学的领导层反对"男女同校"的理念,他们更喜欢所谓的"协调教育"(coordinate education)。不过,"男女同校"在1943年得到了事实上的实现,当时哈佛大学的教师为拉德克利夫学院的大三、大四学生开设一些高级课程。"联合教学"取得了巨大的成功,在数年之内,拉德克利夫学院的所有学生都可以修读哈佛大学的课程。即便如此,直到20世纪60年代末和70年代,女学生才有平等的机会使用哈佛大学的本科生图书馆、住在哈佛的宿舍楼,以及参加哈佛几乎所有的课外活动等。1975年,哈佛大学与拉德克利夫学院的招生办公室宣告合并。至此,争取双方在招生与经济资助方面接近平等,成为拉德克利夫学院的一个现实目标。

在这一争取实现平等的进程中,反复出现过摩擦和行政上的冲突。1971年,曾经有一份机构合并纲要被提出,但结果却被视为一种"并无合并之实的合并"。拉德克利夫学院的管理层与校友大多不希望看到学院的身份被抹去。结果是有关合并事宜陷入了长达25年的僵局,甚至令内部人士也感到困惑。尽管女性可以申请就读哈佛大学,并获得哈佛大学的学位,但她们的毕业文凭要由哈佛大学与拉德克利夫学院的校长共同签署。令哈佛大学的管理层感到困扰的是,拉德克利夫学院一直宣称,其对女性教育拥有一定的权威。尽管拉德克利夫学院自视为一所独立的机构,但是,一个显而易见的迹象是,越来越多的女生认为自己是哈佛大学的学生,除非是在校际体育比赛中,女队员才会选择以拉德克利夫学院的名义参赛。

1999年,经过为时两年多的紧张谈判,双方实现了真正意义上的合并。依据合并协议的规定,女性本科生只能在哈佛大学注册,而拉德克利夫学院及其理事会将依法注销。哈佛大学接管拉德克利夫学院之前获得的捐赠和拥有的财产,拉德克利夫学院现有的研究机构,将被纳入更大规模的拉德克利夫高级研究所(Radcliffe Institute for Advanced Study)。这家新研究所被认为是全球一流的多学科研究机构,致力于研究妇女、性别和社会问题。

拉德克利夫学院下辖的三所知名的研究机构,即拥有8万册藏书的施莱辛格图书馆(Schlesinger Library)、默里研究中心(Murray Research Center)和创建于1960年的邦廷研究所(Bunting Institute,旨在促进有才能的女性获得专业成就),均被纳入新成立的拉德克利夫高级研究所。在哈佛大学的其他九所院系之外,拉德克利夫高级研究所在其所长的领导下,确立了自己在哈佛的位置。

公平地说,合并之后,哈佛的大多数女性现在认为,与那种打着独立自主的幌子却被边缘化且没有实权的情况相比,对于拉德克利夫学院来说,融入哈佛大学是更好的结果,使得学院拥有真正的话语权、存在感、预算和领导权。

以下研究中心和项目附属于拉德克利夫高级研究所:

- 拉德克利夫高级研究所学者计划。每年,在研究所或独立来源提供的津贴的资助下,邀请40—50名学者,期限一般是一年,不限男女。此计划的目标在于"将来自全球各地的杰出人士聚集在一起,进行研究并相互交流,以改变他们及其创造的知识"。本科生可以应邀作为研究伙伴,并参加学者们的相关活动。
- 亚瑟与伊丽莎白·施莱辛格美国妇女历史图书馆(Arthur and Elizabeth Schlesinger Library on the History of Women in America)。该图书馆拥有一个国家级的收藏,内容涉及妇女历史与烹饪艺术的书籍、信件、日记、照片和其他文件。该图书馆的藏品包括8万册书籍与长约3962米的手稿。
- 默里研究中心。该中心的收藏包括哈佛大学心理学家亨利·A. 默里(Henry A. Murray,哈佛大学1915届校友)收集的报告、访谈资料和不同时代不同人的历史资料。这些丰富的案例研究,还得到了定量与定性数据的支持,展现了人类发展与成熟的各个阶段。

• 延伸项目(Outreach Programs)。这是高级研究所为学者与公众设立的一个强大的项目,涵盖讲座、研讨会与会议,其中包括谈论非裔美国妇女历史以及妇女、金钱和权力等主题的重要会议。

• 校友服务办公室(Office of Alumnae Services)。谨记与拉德克利夫学院的渊源,拉德克利夫高级研究所的校友服务办公室通过持续支持"拉德克利夫校友日"(Radcliffe Day),以及 1962 届及之前的拉德克利夫学院各届校友的聚会来服务校友。此外,该办公室还支持一个项目,为拉德克利夫高级研究所的本科生寻找与之匹配的校友导师。

2001 年,研究美国内战与南方的权威历史学家德鲁·吉尔平·福斯特(Drew Gilpin Faust)被任命为拉德克利夫高级研究所的创始所长。之前,福斯特曾在宾夕法尼亚大学担任教职。同时,她在哈佛大学文理学院拥有终身教职。高级研究所设有三个学术职位:科学所所长、社会科学所所长,以及施莱辛格图书馆的福兹海默主任(Pforzheimer Director)。其中,每个职位均要由资深的教职员担任。

相关条目 招生;体育竞技;哈佛学院;图书馆;研究中心与研究所。

相关网站 www.radcliffe.edu。

反抗与骚乱

"反抗"与"骚乱"这两个术语存在重叠的意思。所谓反抗,是对既定权威的公然蔑视;所谓骚乱,是对公共治安的暴力扰乱。骚乱可能会引发反抗,反抗也可能会引起骚乱。在长达三个世纪的时间里,哈佛大学遭遇过多次反抗与骚乱。

在哈佛大学,最近的一次严重骚乱发生在 1970 年春,前一年学校还发生过一次反抗行动。当时,随着美国深陷越南战争,针对哈佛大学与美国军方关系的抗议之声日益高涨,抗议者于 1969 年 4 月强占了哈佛大学的大学堂。当剑桥市与马萨诸塞州警察奉命驱散占领大学堂的抗议者时,学生们随即举行了为期 10 天的罢课。越战的升级加剧了全美大学校园内的紧张态势。1970 年 4 月,哈佛广场发生了一场为时 4 小时的骚乱。该区域很多流浪汉和街头游民把临街的窗户砸碎,抢劫店面,并与警察搏斗。在此次骚乱中,40 名警察与 35 名哈佛学生因受伤而被送往医院接受治疗。据说,此次骚乱堪称马萨诸塞州历史上最严重的内乱,造成的财产损失估计超过了 10 万美元。

骚乱后,自 1953 年以来长期担任哈佛大学校长的内森·M. 普西宣布,自己将于 1971 年辞职。差不多三个世纪之前,即 1675 年,20 多名学生的反对,使得哈佛大学第三任校长伦纳德·霍尔的生活陷入困境。这些学生不喜欢霍尔校长,甚至为此而逃课,至于他们为什么不喜欢这位校长,具体原因不明。为此,哈佛学院在冬季停课。在就任哈佛大学校长三年后,霍尔宣布辞职,并在数月后去世。随后在乌里安·奥克斯校长治下哈佛恢复了活力;但是,直到 10 年之后,英克里斯·马瑟校长任内,哈佛才真正恢复了前进的势头。

在 18 世纪和 19 世纪,哈佛发生了多起学生的反抗活动。一个频频引发反抗的常见原因是哈佛餐厅提供的食品质量问题。比如,在 1766 年的"黄油反抗"(Butter Rebellion)中,大规模抗议始于哈佛餐厅,导致哈佛学院的一半事务被暂停。后来,哈佛于 1805 年经历了所谓的"面包与黄油反抗"(Bread and Butter Rebellion)、1807 年的"白菜反抗"(Cabbage Rebellion),以及 1814 年的"大反抗"(Great Rebellion)。其中,为了平息 1814 年的"大反抗",哈佛聘用了一位餐饮业者来负责餐厅的物资供应。据说,此人是"美国最棒的大厨"。

1823 年的"大反抗"则将哈佛大学的纪律措施作为反抗的目标。当时,为抗议校方开除一名学生,哈佛大学的某届高年级学生喧闹着聚集在哈佛堂附近的"反抗树"(Rebellion Tree)下,发誓要离开学校,除非那名被开除的同学复学。那时,哈佛的毕业典礼已临近,校方对此的回应是,将该年级的 70 名学生中的 43 人开除出校。经历了这次学生反抗事件后,哈佛大学理事会检视了纪律与教学方法,并启动了一系列的改革。其中一项改革是,重新安排哈佛的假期,其理论依据是,在气候温暖的季节学生容易发生骚乱。

1834 年春发生的一次反抗行动令人难忘。当时,校方打算惩戒一批总是制造麻烦的学生,以儆效尤。这些受惩戒学生的同学们以请愿的方式来表示反抗;请愿失败后,他们砸破了一位不受学生欢迎的老师的窗户,还毁坏了这位老师的家具,导致哈佛学院的钟声在半夜响起。同年 5 月下旬,校方开除了所有大二学生,并勒令他们立即离开剑桥市。时任哈佛大学校长的乔赛亚·昆西犯下了一个严重的错误,即恳请马萨诸塞州的米德尔塞克斯县大陪审团(Grand Jury of Middlesex County)对此次事件中的违法者提起诉讼。此举在哈佛引发了爆炸性的效应。学生们在哈佛的霍尔沃西堂挂起了"反抗的黑旗",他们破坏了教室里的椅子与窗户,就连昆西校长的肖像也被挂在了哈佛的"反抗树"上。在人们祈祷时,一颗炸弹被人引爆了。当烟雾消散时,墙上写着"这是丢给老昆西的一块骨头"。

昆西校长违背了英国大学传承下来的一种长期传统,他也由此失去了原本可能享有的声望。早在 1659 年,哈佛大学校长及其同事就已决定,"我们不宜也不允许(市政当局)对学校任何学生实施暴力"。此后,哈佛大学的历任校长没有谁再恳请当局介入哈佛的内部事务。直到 1969 年 4 月,当历史重演时,愤怒学生的反应与 1834 年一样激烈。

在昆西校长之后,哈佛推行了更为开明的行政政策,这有助于避免数代哈佛人的进一步反抗,尽管骚乱依然或多或少地成为哈佛春季的常规事件。从 19 世纪末到 20 世纪 50 年代,如果有人高喊"哦,莱因哈特(Rinehart)",就足以吸引那些不安分的学生涌入哈佛园狂欢作乐。这声集结号缘起于 1900 年 6 月的一个晚上。当时,哈佛大学 1900 届校友拉尔夫·R. 肯特(Ralph R. Kent)站在其同学约翰·B. G. 莱因哈特(John B. G. Rinehart)在格雷斯堂的宿舍窗户下,并反复试图呼唤他。可惜,莱因哈特不在,但沃尔特·普里查德·伊顿(Walter Prichard Eaton,哈佛大学 1900 届校友)回应道:"哦,莱因哈特!"哈佛园里的其他人自发地接着吟唱,一时间,夜晚的空气里充满了"莱因哈特"之名。

1932 年春,哈佛广场发生了大规模骚乱。不知是谁盗走了哈佛纪念堂钟楼里约 20 公斤的钟锤。随后,有谣言声称,在马修斯堂(Matthews Hall)发现了失窃的钟锤,由此引来了数百名学生涌入哈佛园。结果,在哈佛广场爆发了一场骚乱,持续到夜晚。有人用鸡蛋互掷,就连电车上的电缆都被破坏了。骚乱者纵火焚烧了哈佛大学剧院的大门,并闯入了拉德克利夫学院的宿舍。警方利用催泪瓦斯才恢复了秩序,逮捕了九名学生与一名哈佛学院的官员。

20 世纪 50 年代,哈佛广场发生了一系列骚乱,哈佛的学生们向路人发出嘘声,或是用水枪向路人射击。相比之下,1952 年 5 月发生的"波戈骚乱"(Pogo Riot)就显得更加糟糕了。连环漫画《波戈》(*Pogo*)的创作者漫画家沃尔特·凯利(Walt Kelly)未能出席一次经过大肆宣传的演讲,一千名沮丧的学生为此涌入哈佛广场。当警察企图驱散他们时发生了冲突,28 名学生被捕。部分学生遭到剑桥市警察的殴打,而部分警察后来因滥用武力而受到谴责。

1961 年 5 月,哈佛爆发了"文凭骚乱"(Diploma Riots)——学生们抗议哈佛大学颁发的文凭采用英语文本,而非传统的拉丁文。此次骚乱一开始还表现得比较庄重,一位身穿长袍且头戴桂冠的高年级学生,站在怀德纳图书馆的台阶上用拉丁语发表演讲。随后,大约有 2000 名哈佛学生前往校长官邸,在那里,时任哈佛大学校长的古典学家内森·普西用拉丁语向基本不懂拉丁语的学生们作出回应。接下来，游行者前往哈佛广场，一路高喊："要拉丁文，不要普西！"在骚乱爆发的第二个晚上，剑桥市警方逮捕了示威者，并有限制地使用了催泪瓦斯，这才终结了这场骚乱。

在之后的30年中，没有再发生过类似骚乱，这可能是哈佛历史上持续时间最长的没有骚乱的时期。

相关条目 毕业文凭；校长；哈佛园。

学位服

过去，哈佛大学设有一个小型委员会，其成员都拥有深厚的知识，会在委员会的年会上解读具有学术性的特别服饰。该委员会被称为"SAD 委员会"，其名称来自"印章"（Seals）、"纹章"（Arms）和"文凭"（Diplomas）三个单词的首字母缩略语。本书的共同作者之一，曾经是该委员会与哈佛"快乐委员会"[Happy Committee，即哈佛大学校友会快乐庆祝毕业典礼委员（Harvard Alumni Association's Committee on the Happy Observance of Commencement）]的成员。

要形容学位服的确很难：学术长袍以鱼尾纹装饰，并由饰扣固定。学位帽上有一个像是泥瓦匠用来放灰泥的灰泥板。兜帽部分带有一个被称为"长披肩"（liripipe）的附属物。今日的学位服的长袍与头饰的剪裁和色调均源自中世纪僧侣的外套，穿戴飘垂的长袍与和宽敞的兜帽，有助于僧侣们在中世纪欧洲没有暖气的修道院中保暖。在历史上最早的大学中，如意大利的博洛尼亚大学和萨勒诺大学、英国的牛津大学与剑桥大学，学生与教师每天都穿戴这样的长袍与兜帽。随着时间的推移，兜帽的颜色与装饰标志着一个学者对学术追求的深度。

现在，兜帽的衬里图案和颜色可以表明授予学位的机构。据说，这是受到1895年制定的校际守则所规范。不过，哈佛大学的学位服并未遵守这一校际守则，因为学校已经在1886年制定了自己的标准，同时也不想再作改变。哈佛的博士兜帽衬里是绯红色的，长袍也是绯红色的，配以黑色的天鹅绒饰面与袖子。之前，唯有来自哈佛大学文理研究生院的博士学位候选人才会穿戴绯红色的长袍和兜帽。不过，现在哈佛大学所有学院的博士候选人都这样做了。

长袍袖子上的横杆、鱼尾纹、过肩及其他装饰，属于符号性的象征。比如，博士毕业服上鱼尾纹的颜色表明授予学位的相应学院：医学院（绿色）、设计学院（棕色）、公共卫生学院（浅橙色）、神学院（猩红色）、法学院（紫色）、政府学院（孔雀蓝）、教育研究生院（浅蓝色）、口腔医学院（淡紫色）、工商管理学院（中灰色），或者文理研究生院（白色）。至于哲学博士，其毕业服上的鱼尾纹是深蓝色的。兜帽的长度表示了穿戴学位服的人在学术序列中所处的位置：博士服的兜帽长约 1.2 米，硕士服的兜帽长约 1 米，而学士服的兜帽长约 0.9 米。

至于哈佛大学各宿舍楼的舍监，他们会在学位服的左肩上佩戴一条约 0.6 米长的披肩。披肩上饰有与宿舍楼对应的颜色、纹章。所有的学位候选人都戴着学位帽，即在一顶无边便帽上缝合坚硬的正方形，顶部通常用黑色的流苏装饰。本科毕业班的礼仪官与官员，以及研究生毕业班的礼仪官，头戴的学位帽都装饰着红色的流苏，而哈佛大学校长的学位帽上则装饰着金色的流苏。对于那些持有外国机构颁发学位的学者，则可以戴各种颜色与设计的运动型宽边帽或弯檐帽。

在 18 世纪，哈佛大学要求高年级学生"在所有公共场合"穿着长袍，但是，这种做法并未持续。现在，只在少数公开场合要求学术着装，如新任校长的就职、偶尔在非毕业季时授予荣誉学位、哈佛大学的主要纪念日，以及在毕业典礼周举行的诸如美国大学优等生荣誉学会的毕业告别会、教堂布道与毕业典礼等仪式。此时，根据古老的传统，人们要穿戴修道院式的服装，这不仅象征着一个人的成熟与庄重，还象征着一个人对于不断变化的品位与流行一时的事物的不屑（试想一下这样一个画面：电视摄像机面对一排身穿黑色长袍的学位候选人时，拉近镜头，发现他们的学位帽上有花冠，脸上涂着油彩，手里还拿着手机，画面里还有跳动的沙滩球和香槟瓶子）。

哈佛大学的学位服不包括某些依然在其他大学占有一席之地的元素，如权杖、校长奖章、荣誉学位获得者的兜帽。之所以缺乏这些符号和仪式，要归因于哈佛大学的清教徒历史产生的影响，强调简单、纯粹，避免华丽的服饰与自我炫耀。还有一个更说明问题的因素是，19 世纪的一神论令哈佛对仪式主义以及其他"高教会派"的穿着感到厌恶。事实上，今日哈佛大学的毕业典礼可能是简化仪式与极简学位服的典范。

相关条目 毕业典礼；绯红；时尚；荣誉学位。

相关网站 www.marshal.harvard.edu。

研究中心与研究所

第二次世界大战后,哈佛大学(以及美国的其他大学)的许多教职员开始与不同学科的学者密切合作,研究俄罗斯、中国、日本、西欧和拉丁美洲等幅员辽阔的地理区域。政治学家、历史学家、经济学家和社会学家愈发意识到,单一的学科方法研究复杂的文化问题存在着局限性。随着时间的推移,哈佛大学出现了各类研究中心或"研究所"或"研究项目"。

这些多学科的组合,成为激励人心的知识活动的新场所。在某些情形下,学术关注的焦点逐渐超越了地理区域,涵盖了国际事务、经济发展、人权、文学与文化研究等主题。在大多数情况下,这些新的组合,不仅成功地获得了教职员的认可,还获得了那些对多学科研究感兴趣的政府机构、基金会、公司与个人捐赠者提供的外部资金。

在哈佛大学文理学院,以及九所研究生院和专业学院之中,研究中心、研究所和研究项目在继续增长。预计其总数超过了 300 个。在此,仅列出一些具有代表性的例子:

研究中心:

亚洲中心(Asia Center)

天体物理中心(Astrophysics Center)

巴努卫生与人权中心(Bagnoud Center for Health and Human Rights)

巴克人文中心(Barker Center for the Humanities)

贝尔弗科学与国际事务中心(Belfer Center for Science and International Affairs)

卡彭特视觉艺术中心(Carpenter Center for the Visual Arts)

戴维斯俄罗斯和欧亚研究中心(Davis Center for Russian and Eurasian Studies)

德·古恩茨伯格欧洲研究中心(De Gunzburg Center for European Studies)

豪泽非营利组织中心(Hauser Center for Nonprofit Organizations)

犹太研究中心(Jewish Studies Center)

中东研究中心(Middle Eastern Studies Center)

风险分析中心（Risk Analysis Center）

纺织与服装研究中心（Textile and Apparel Research Center）

默里研究中心（Murray Research Center）

人口与发展研究中心（Population and Development Studies Center）

洛克菲勒拉丁美洲研究中心（Rockefeller Center for Latin American Studies）

沃伦美国历史研究中心（Warren Center for Studies in American History）

韦瑟黑德国际事务中心（Weatherhead Center for International Affairs）

研究所（院）：

哈佛燕京学社（Harvard-Yenching Institute）

高级戏剧训练学院（Institute for Advanced Theatre Training）

退休后学习研究所（Institute for Learning in Retirement）

理论原子与分子物理研究所（Institute for Theoretical Atomic and Molecular Physics）

肯尼迪政府学院政治研究所（Institute of Politics at the Kennedy School）

韩国研究所（Korea Institute）

赖肖尔日本研究所（Reischauer Institute of Japanese Studies）

W. E. B. 杜波依斯非裔美国人研究所（W. E. B. DuBois Institute for Afro-American Research）

研究项目：

哈佛民权项目（Civil Rights Project at Harvard）

全球环境评估项目（Global Environmental Assessment Project）

多元主义项目（Pluralism Project）

冷战研究项目（Cold War Studies）

学校教育和儿童项目（Schooling and Children）

零点计划（Project Zero）

　　研究中心、研究所与研究项目之间究竟有什么区别？尽管三者都存在例外情况，但还是有一些可以界定的区别。

　　研究中心通常是某一院系中规模较大且长久存续的单位。研究中心的主任由院长任命。关于研究中心的规模，并无一定的标准。比如，成立相对较晚的韦瑟黑德国际事务中心,资金充裕,是哈佛大学文理学院的主要机构,负责管理许多教职员的任命与奖学金项目。相比之下,纺织与服装研究中心(该中心也与波士顿大学和迈阿密大学有联系)的规模就小得多,但也取得了蓬勃发展,其涉及的教职员和项目也少得多。

研究所是一种较晚出现的多学科组合形式,倾向于关注专门的主题,或者学生和教职员的活动,例如肯尼迪政府学院规模庞大且充满活力的政治研究所,以及继续教育学部颇受欢迎的退休后学习研究所。与之相比,规模更小且更具专业性的,当数哈佛大学文理学院的理论原子与分子物理研究所(现已更名为"理论原子、分子与光学物理研究所")。

研究项目的规模较小,其研究活动的范围是划定的。总体而言,研究项目的资金不够充足。通常,研究项目的负责人是由院系主管或行政人员任命的。比如,哈佛大学教育研究生院的研究项目数量最多,其中一个名为"零点计划"的研究项目实际上是由许多独立的项目组成的。

近年来,涉及更大范围师生的研究组合正在蓬勃发展。这些研究组合以研究项目的形式存在,总数可能超过了400个。研究项目支持十分明确的学术诉求。研究项目的变化性大,这取决于发起和资助项目的教职员的理念、谋划与筹款能力。通常,研究项目的负责人就是项目的发起人。

或许,在哈佛大学,研究中心、研究所与研究项目的发展已达到顶点。萨默斯校长曾对促进它们的发展持保留态度。这反映出他坚持认为哈佛大学各院系才是基本的学术单位,以及对研究中心与研究所可能会与各院系竞争并从各院系中汲取知识活力的担忧。

相关条目 继续教育;肯尼迪政府学院;拉德克利夫学院。

相关网站 www.harvard.edu/academics/research.html。

聚 会

在六月初的一个阳光灿烂的日子,哈佛园被装点得五颜六色——头顶是蓝色的天,脚下是碧绿的草坪;树上挂着绯红色的横幅;学生、老师和校友身穿不同颜色的西装外套与学术服。对于成千上万回到母校参加同学聚会的哈佛校友而言,最重要的是周四与同学们相聚在三百周年剧场广场上午的哈佛毕业典礼、下午的哈佛校友会年会。

上述活动仅仅是哈佛大学涉及校友返校重聚而精心策划的诸多活动中的两个。通常，为时三四天的日程安排，包括与知名校友和老师的座谈会、班级聚会与汇报、展出班级成员的图书与艺术作品、合影、野餐、乘船游波士顿港、鸡尾酒会和宴会、高尔夫球和网球比赛、晚上跳舞加娱乐、为已故班级成员举行追悼会。哈佛大学为校友的社交和追思留出了大量的时间，并为各个年龄段的校友配偶及其子女组织了特别的活动。在大约200年的时间里（第一次哈佛校友聚会的日期已不可考），哈佛大学的这些安排给校友们提供了难得的机会，让他们可以与老友重聚，并勾起年轻时学校生活的回忆。如今，每个班级的哈佛校友在重要的校友聚会活动中的参与率可高达70%。

在哈佛大学，最重要的校友聚会是毕业的25周年、35周年和50周年。班级委员会与哈佛校友会的工作人员通常会提前三年进行精心策划，把校友聚会安排在毕业典礼之前到毕业典礼期间为时一周的时间里举行。哈佛以各种方式，让那些参加聚会的校友得到特殊的礼遇，比如，哈佛大学校长与各学院的院长通常会向他们致辞、他们在大多数活动中会被优先安排座位、他们在毕业典礼当日下午会以特殊的队列参加。不过，要参加校友聚会，每位校友需要支付500美元或更多。近年来，哈佛校友会已为那些无法负担全额费用的校友提供了一定的折扣，甚至还提供相应的"奖学金"。

其他如30周年、40周年和45周年聚会，可以在一年中的不同时间举行，以防止全部集中在哈佛毕业典礼期间举行，造成学校不堪重负。这些校友聚会都是经过精心准备的，只是日程安排上遵循哈佛的惯例。通常，参与这类校友聚会的校友人数要远低于那些重要的校友聚会。但是，部分关系特别密切的班级可能会有很多人参加聚会。比如，在战争时期毕业的班级，以及在动荡的20世纪60年代和70年代毕业的班级，在非重要聚会活动中有很多校友参加。

在哈佛校友会的年会上有一个传统的做法，即表彰参加校友聚会的最年长的校友。这些老校友往往是百岁老人。当他们在校友聚会上起立时，会赢得与会校友的掌声。近年来，有哈佛毕业生出席了毕业75周年的校友聚会。比如，1998年，哈佛大学1923届的15位校友积极参加了毕业75周年聚会。所有人都住在波士顿的丽兹酒店（Ritz Hotel），由一位富裕的校友买单。曾有一位校友开玩笑说，应该在马萨诸塞州综合医院（Massachusetts General Hospital）举办这次校友聚会！

哈佛的各家专业学院以类似的方式组织本学院的校友聚会，并使用本学院的场地举办校友活动。比如，哈佛商学院在全年的各个周末安排各班级校友的聚会，校友的出席率经常打破纪录。哈佛法学院与医学院组织的校友聚会也十分成功。

并不是所有校友都愿意参加校友聚会。有相当一部分哈佛毕业生从未参加过校友聚会，也许他们永远不会参加。据哈佛校友会在20世纪80年代后期进行的一项调查显示，校友不参加聚会的原因包括经济成本、需要长途旅行、没有时间、担心"谁都不认识"，以及担心"所有参加聚会的人都比我更成功"。另一个经常听到的回答是"我不是那种会参加聚会的人"。然而，校友聚会的规模仍在逐年扩大。

当然，哈佛的校友聚会还有另一层重要且通常被轻描淡写处理的意义，即聚会是哈佛大学与校友之间一种心照不宣的"契约"。具体而言，哈佛大学对其毕业生的成功与名望感到欣慰。于是，哈佛大学邀请所有毕业生定期返校，以便加深毕业生之间以及他们与学校之间的紧密关系。这也有助于校友们毕业后了解高等教育领域的新态势。作为"契约"的一部分，哈佛大学希望并寻求这些返校毕业生提供经济支持。在校友聚会期间，校友们回忆与感激的情绪会比平常更加丰沛，更易获得他们的支持。当然，美国的众多大学与学院都会借助校友聚会来筹款，并非只有哈佛大学这么做。

在多数情形下，哈佛公开募集经济支持，早在校友聚会举行之前，已由负责班级校友事务的官员与有财力的校友之间密谈完成了。之所以会这样，是源于各班级校友聚会之间存在竞争。通常，哈佛校友会会在活动中公开宣布校友聚会捐款的结果，包括捐款金额、对班级募捐人工作的认可（一些人认为这样做不妥，但也有一些人认为班级成员的辛勤工作与慷慨解囊应当得到认可）。

如果说在美国有一个与高等教育相关的奇特制度，那就是超组织化的校友聚会。全球大多数大学都得到了政府资金的大力支持，至多只是近期才意识到邀请毕业生返校，以及定期举办校友聚会的好处。像牛津大学、剑桥大学和海德堡大学等为了寻求私人的资金支持，已经为以前毕业的学生安排了初步的但更为随意的聚会。欧洲、亚洲及其他地方的大学认识到，与发起毕业生的校友聚会的适度成本相比，定期举行校友聚会活动有多种好处，且它将会成为全球各大学标准操作实践。

相关条目 校友；毕业典礼；筹款。

罗德学者

自1903年以来,英国殖民主义者与企业家塞西尔·罗德(Cecil Rhodes)创建的一家信托基金会向美国的大学毕业生颁发奖学金,资助其在牛津大学学习2—3年。如今,学生们可以申请一系列的国际奖学金——富布赖特奖学金、马歇尔奖学金、杜鲁门奖学金和盖茨奖学金等,这些奖学金都受到过罗德奖学金的启发。但是,获得罗德奖学金(被称为"罗德学者"),在一个人的履历表中是最"耀眼"的。

哈佛大学在罗德奖学金的角逐中战绩十分出色。无论是赢得罗德奖学金的总人数(目前已超过300人),还是单一年度赢得该奖学金的,其他学校均无法与哈佛相提并论。从1988年至2003年,哈佛大学共有80人获得罗德奖学金,数量上超过了分别排名第二、三、四的耶鲁大学、普林斯顿大学和斯坦福大学的总和。1991—2001年任哈佛大学校长的尼尔·鲁登斯坦是罗德学者,至少有20名哈佛大学教职员也是罗德学者。多年以来,罗德信托基金会(Rhodes Trust)的五位美国籍秘书中,有四位拥有哈佛大学的学位。可以说,哈佛大学与罗德信托基金会的关系是相当不错的。

每年,罗德奖学金会颁发给32名美国学生,以及来自全球18个其他选区的60位学生。除了德国外,其他国家都是或曾经是英联邦的一部分。塞西尔·罗德的遗嘱为德国学生预留了五个奖学金名额,并强调"(这么做的)目的在于,在(英国、德国和美国)三个大国之间实现谅解,以避免发生战争,并使教育关系成为三个大国之间最牢固的纽带"。当罗德立下遗嘱时,多个国家(如肯尼亚、马来西亚、巴基斯坦、新加坡、乌干达、赞比亚和津巴布韦)并不存在。现在接受罗德奖学金的群体也出现了变化,这是罗德无法预见的,或许他本人并不乐于见到这样的变化。目前,超过1/3的罗德学者是非白人,且大约一半是女性。

首位黑人罗德学者是阿兰·勒罗伊·洛克(Alain LeRoy Locke,哈佛大学1907届校友)。不过,许多美国罗德学者对他避而远之。直到1963年,才又有美国黑人获得罗德奖学金。1976年,美国国会的一项法案修改了罗德遗嘱的条款,此后女性才有资格获得罗德奖学金。其中,哈佛大学的职业规划与校外学习办公室(Office of Career Planning and Off-Campus Learning)在一项基于美国的运动中发挥了重要作用,促使美国国会通过了该项法案。

罗德信托基金会没有记录有关罗德学者的种族或族裔数据。不过,自从小托马斯·S.威廉森(Thomas S. Williamson Jr.,哈佛大学1968届校友)于1968年成为哈佛学院多年来的首位非裔美国籍的罗德学者后,哈佛大学被认为拥有为数最多的黑人罗德学者。自1977年哈佛毕业生劳拉·加温(Laura Garwin)、艾莉森·马斯卡廷(Alison Muscatine)和丹尼丝·塔尔(Denise Thal)跻身于首批获得罗德奖学金的13位美国女性以来,哈佛大学已有超过40位的女性罗德学者。

在美国,每年有近千人申请罗德奖学金,他们来自全美约320所大学。近年来,越来越多的州立大学和规模较小的学院均提名了罗德奖学金的候选人。对于申请者而言,可以在其居住的州提交申请,或者在其就读大学所在的州提交申请。各州的遴选委员会负责筛选被提名者,让他们接受广为人知的艰难面试。遴选委员会很注重被提名者潜在的领导力与知识的广度(罗德不喜欢"纯粹的书呆子")。接下来,每个州的入围者要经过全美八个选区的遴选委员会的筛选,最终选出32名优胜者。

每年,哈佛大学可能会提名40—50名候选人。要成为候选人,必须通过哈佛大学内部极为严格的选拔过程。哈佛各楼舍的导师会帮助那些有望获得罗德奖学金的学生做好准备,指导他们如何展示自己,并传授一些面试技巧。

每年秋季学期末是罗德奖学金遴选结果被公布的时候。自20世纪90年代中期以来,哈佛大学平均每年约有四人获得罗德奖学金。"歉收"的年份虽然罕见,但也是有的。比如,1987年,哈佛仅有一人获得奖学金,1999年只有两人。到了2000年,甚至没有一人获得,这是71年来哈佛首次无功而返。在罗德信托基金会的勉励下,哈佛学院在2001年推荐了更多的候选人,最终有五人获得罗德奖学金,在美国高居第一。

哈佛之所以能在罗德奖学金的角逐中占据优势地位,至少在一定程度上应归功于哈佛学院长期致力于组建一个真正的全国性的学生群体。哈佛招生办公室的招生与财政援助政策,旨在吸引来自美国内陆各州的优秀学生。依照罗德奖学金的要求,学生可以在居住的州提交申请,或者在就读大学所在的州提交申请,这使得部分学生,无论是比那些来自人口众多的州的候选人,还是比在家附近上大学的内陆各州的候选人都更具竞争优势。

哈佛大学涌现出的罗德学者在很多领域均取得了出色的业绩,但他们之中相对较少的人在科学领域取得成绩,或就任美国政府的高官。戴维·苏特(哈佛大学1961届校友)是美国联邦最高法院的大法官。邦尼·圣约翰(Bonnie St.

John，哈佛大学 1986 届校友）是一名残疾滑雪运动员，曾在 1984 年奥运会上赢得银牌，并被克林顿总统（同为罗德学者）提名为美国国家经济委员会（National Economic Council）首任负责人力资本问题的主任。小鲍易斯费列特·琼斯（Boisfeuillet Jones Jr.，哈佛大学 1968 届校友，哈佛大学 1974 届法学博士）是《华盛顿邮报》的出版人兼首席执行官；詹姆斯·法洛斯（James Fallows，哈佛大学 1970 届校友）是一位知名的记者和编辑；迈克尔·金斯利（Michael Kinsley，哈佛大学 1972 届校友）是美国夜间时事辩论电视节目《交火》节目的小组成员与在线杂志《石板》(Slate)的编辑。沃尔特·艾萨克森（Walter Isaacson）在担任阿斯彭研究所（Aspen Institute）主席之前曾任时代公司（Time Inc.）的编辑部主任与美国有线电视新闻网（CNN）的董事长。约翰·布拉德马斯（John Brademas，哈佛大学 1950 届校友）在做了印第安纳州国会议员 22 年之后就任纽约大学校长。普林斯顿大学历史学教授罗伯特·达恩顿（Robert Darnton，哈佛大学 1960 届校友）获得了麦克阿瑟基金会（MacArthur Foundation）的"天才奖学金"。

在罗德信托基金会的美国籍秘书中有数位哈佛校友，包括弗兰克·艾德洛特（Frank Aydelotte，哈佛大学 1903 届文学硕士）、考特尼·史密斯（Courtney Smith，哈佛大学 1938 届校友，哈佛大学 1943 届博士）、威廉·J. 巴伯（William J. Barber，哈佛大学 1946 届校友）和埃利奥特·F. 格尔森（Elliot F. Gerson，哈佛大学 1974 届校友）。他们都是罗德学者。

相关条目 招生；哈佛学院。

相关网站 www.rhodesscholar.org。

预备役军官训练团

哈佛大学是第一个组建了预备役军官训练团（Reserve Officers Training Corps, ROTC）的机构。不过，在越南战争期间，学校终止了与该项目的联系。

1916 年夏，美国即将卷入第一次世界大战之际，时任美国总统伍德罗·威尔逊签署了《国防法案》(National Defense Act)，正是该法案创立了预备役军官训练团项目。早在五个月之前，哈佛大学的一千名学生志愿者组建了"哈佛团"（Harvard Regiment），该团成为全美第一支预备役军官训练团。在其后的两年里，超过 1200 名学员服役。当美国海军的预备役军官训练团于 1926 年成立时，哈佛大学是最初获准参与的六所学校之一。在第二次世界大战后的数年中，预备役军官训练团的奖学金资助了当时哈佛学院6000多名学生中的三四百人。哈佛的研究生院和专业学院的学生也参加了预备役军官训练团的培训。

在越南战争期间,哈佛大学与美国军方之间的机制化联系为人诟病。抗议学生要求哈佛终止参与预备役军官训练团项目,因为这会使人们认为哈佛是非正义战争的同谋者。为了回应1969年4月的哈佛学生抗议,文理学院经投票决定,哈佛终止参与预备役军官训练团项目。哈佛的最后一批学员于1973年服役。耶鲁大学、哥伦比亚大学、达特茅斯学院、斯坦福大学和其他院校,几乎与哈佛同时终止参与预备役军官训练团项目。

后来,哈佛大学与麻省理工学院达成协议,允许哈佛学生与麻省理工学院的预备役军官训练团一同受训。20世纪90年代初,当美军中出现同性恋地位争议时,哈佛经过教职员投票,终止向麻省理工学院支付有关哈佛学生参与预备役军官训练团训练的费用。此后,一群关心此事的哈佛校友自愿支付了这笔费用。劳伦斯·萨默斯担任哈佛大学校长后,表示坚决支持预备役军官训练团项目。2001年"9·11"事件发生后,萨默斯于退伍军人节致信哈佛大学的训练团学员和海军学校学生,"要让你们和你们的同事知晓,我十分重视你们参加预备役军官训练团所体现出的为国民服务的承诺"。

香农堂是一座位于哈佛神学院附近的并不起眼的建筑,以第一次世界大战中阵亡的373名哈佛人中的一位的名字命名。香农堂附近的梵瑟楼(Vanserg Hall)曾经是哈佛预备役军官训练团的总部。后来,它们被改建为宿舍楼的教室、办公室与日托中心。

相关条目 火灾;同性恋;反抗与骚乱;梵瑟楼。

131 — 139

在哈佛的巨型塑像中,有两座与真犀牛一般大小的犀牛塑像。自 1930 年以来,它们一直守卫着哈佛生物实验室的大门。2003 年,当哈佛进行整修时,这对名为"贝西"(Bessie)和"维多利亚"(Victoria)的犀牛塑像曾被暂时搬离。

桑德斯剧院

桑德斯剧院堪称哈佛大学的"卡内基音乐厅"(Carnegie Hall,当今世界最知名的音乐厅之一)。该剧院也是一座演讲厅,有时还用来表演戏剧、舞蹈和举行学术活动。

位于哈佛纪念堂东端的桑德斯剧院,是哈佛大学规模最大的正式礼堂,可容纳1165人。可以与该剧院的规模相匹敌的,唯有肯尼迪政府学院的小约翰·F. 肯尼迪论坛(最初称为"阿科论坛")与商学院的伯登堂(Burden Hall),它们的座位数均为800个左右。值得注意的是,桑德斯剧院的舞台可以放置椅子,使其又增加了100个座位。

桑德斯剧院于1876年开放,其兴建要归功于查理·桑德斯(哈佛大学1802届校友,曾任哈佛学院财务主管)的5万美元遗赠。哈佛纪念堂的建筑师亨利·范·布伦特和威廉·韦尔明显受到克里斯托弗·雷恩设计的牛津大学谢尔登剧院的影响。桑德斯剧院的舞台宽敞开阔,一楼和楼厅的观众席呈半圆形布置。在该剧院几乎每个位置都能拥有不错的视线,观众席与舞台很近,令人有种亲密感。剧院内的座椅、墙壁和天花板,大部分用的是涂过厚厚一层虫胶漆的白蜡木,营造出一种温暖引人的氛围。

在桑德斯剧院初建之时,剧院内的音响效果备受赞誉。哈佛大学的物理学家华莱士·萨宾(Wallace Sabine)是声学界的先驱。为了进行试验,他从桑德斯剧院借来坐垫进行试验,得出了一个预测混响时间的公式。萨宾改变了桑德斯剧院的室内设计,以改善其声学性能。后来,他还担任了波士顿交响音乐厅的声学顾问。萨宾对声波传播的研究奠定了建筑声学的基础。萨宾之名成了声音吸收测量的一个国际单位,即"萨宾"(sabin)。

桑德斯剧院在声学方面的优点至今依然为人所赞誉。一个未经扩音的声音,在整个剧院都能听得到,管弦乐的音色可以在剧院的某些地方产生极好的共鸣。不过,桑德斯剧院也有死角(部分位于剧院的舞台上)。尽管地面层的观众席与舞台最为亲近,不过在这一区域感受不到最好的音响效果。另外,表演者在剧院内似乎找不到合适候场的地方;气流会使调音变得困难;即使是纸张摩擦发出的细微声音或咳嗽声,在剧院内的任何地方几乎都能听得到。

一经开放,桑德斯剧院立即成为哈佛大学举办公共活动与表演的首选场所。

多年以来，该剧院一直是哈佛大学每年举行毕业典礼之处，这一传统持续至1922年。后来为了接纳越来越多的学位候选人及其家人，典礼迁移到户外举行。1968年，一场洪水迫使毕业典礼重回桑德斯剧院。但是，令那些获准参加毕业典礼的人感到恼火的是，每20人之中只有1人有座位。从那之后，哈佛大学的毕业典礼都改在三百周年剧场的户外举行，无论遭遇多么糟糕的天气。

依据设计师的构想，桑德斯剧院会成为一处供人展示辞藻与辩论的场所。因此，桑德斯剧院的外部装饰着历代知名演说家的头像雕塑：狄摩西尼(Demosthenes)、西塞罗、圣克里索斯托(St. Chrysostom)、波舒哀(Bossuet)、查塔姆(Chatham)、伯克(Burke)和韦伯斯特(Webster)。纵观20世纪，那些伟大的、近乎伟大的以及不那么伟大的世界领袖、政治家、艺术家、诗人、幽默家、科学家与电影明星，都曾在桑德斯剧院的舞台上发表过演讲。其中包括西奥多·罗斯福、富兰克林·D. 罗斯福、温斯顿·丘吉尔(Winston Churchill)、小马丁·路德·金、中国前国家主席江泽民，以及米哈伊尔·戈尔巴乔夫(Mikhail Gorbachev)。自查尔斯·W. 埃利奥特以来，哈佛大学的每位校长都在桑德斯剧院的讲台上发表过演讲。

长期以来，桑德斯剧院一直被用来上哈佛学院最大规模的讲座课程、知名的查尔斯·埃利奥特·诺顿系列讲座、美国大学优等生荣誉学会的毕业告别会，以及其他学术活动。直到20世纪60年代，波士顿交响乐团都会定期在桑德斯剧院举行音乐会。波士顿巴洛克乐团(Boston Baroque)、波士顿室内音乐协会(Boston Chamber Music Society)、波士顿爱乐乐团(Boston Philharmonic)、普罗艺术家交响乐团(Pro Arte Orchestra)和圣诞狂欢乐团(Christmas Revels)都曾在该剧院演出。此外，哈佛—拉德克利夫管弦乐团、巴赫学会乐团(Bach Society Orchestra)、莫扎特学会乐团(Mozart Society Orchestra)、哈佛合唱团、大学音乐社、拉德克利夫合唱团，以及其他本科生的音乐团体也在该剧院演出过。每年9月到来年6月，桑德斯剧院有非常多的活动，因此，该剧院总是灯火通明。

许多出席音乐会的观众都会好奇地凝视桑德斯剧院舞台两侧的两座巨大的塑像，或者凝神望着剧院舞台上方的高墙上长长的拉丁铭文。这两座塑像分别是詹姆斯·奥蒂斯(James Otis，革命律师与爱国者)与哈佛大学第十五任校长乔赛亚·昆西。至于那段拉丁铭文，是由拉丁文教授乔治·马丁·莱恩于1851—1897年创作的。现将这段铭文翻译如下：

公元1636年，即颠沛流离的英国人在殖民地定居后的第6年，他们身处森林和荒野中，依然确信教化的第一要务就是智慧。于是，他们通过公共法令建立了一所学院，并将其献给基督及其教会。得益于约翰·哈佛的慷慨，以及那些在殖民地与国外接受教育的捐助者一次又一次的襄助，在校友们的全权负责下，在校长、研究员、督导员和全体教职员的远见卓识和关怀下，这所学院从小到大，不断发展壮大。这所学院曾经培育了人文艺术和公私美德，现在依然在这么做。

相关条目 建筑；肯尼迪政府学院；纪念堂；音乐；雕像与纪念碑。

相关网站 www.fas.harvard.edu/memhall/sanders.html。

萨迪斯

尽管为了做实地考察，哈佛大学的许多学者去了世界上很多偏远地区，但实际上很少有研究项目是在剑桥—波士顿地区之外进行的。其中年代最久远且与哈佛的距离最遥远的，当数萨迪斯考古探索。萨迪斯（Sardis）是位于土耳其西部的一处遗址，离爱琴海不远。最初，该项目是普林斯顿大学的一个研究项目，由于考古挖掘耗尽了项目资金而被搁置。1958年，哈佛大学一位富有创业精神的教授乔治·M. A. 汉夫曼（George M. A. Hanfmann）看到了继续进行挖掘的价值，于是成立了一个由哈佛大学与康奈尔大学共同支持的联盟。

汉夫曼教授曾对潜在的捐赠者说，古老的萨迪斯城曾经是繁荣的前基督教时代的吕底亚帝国（Lydian Empire）的首都。这座城市的名气很大程度上来自以富有著称的克里萨斯王（King Croesus，于公元前6世纪执政）。萨迪斯的这一历史背景，令人联想起埋藏的金、银与珠宝，促使那些潜在的捐赠者决意襄助，重新启动了一度被搁置的挖掘工作。

然而，经过多年艰苦的挖掘，既没有发现宫殿，也没有发现克里萨斯王的宝藏。显然，历代的掠夺者已经把克里萨斯王的巨大财富搬空了。

即便如此，该项目的考古学家还是发掘出了具有重大历史意义的宝藏。其中包括可追溯至远古时期的王室墓葬、结构非比寻常的城墙，以及技术相当先进的黄金加工装置。年代稍近一些的宝藏包括一座壮观的阿耳忒弥斯神庙、一座豪华的浴场和健身房、一座毗邻一排商店的引人注目的犹太教堂。

这个在土耳其的"大挖掘"项目有一个特点，随着挖掘工作的进行，挖掘向更为深入的方向推进。一层又一层的连续定居点的遗迹被发掘出来，向后和向下可延伸到现代土耳其文明、拜占庭文明、罗马的希腊化时代（Roman Hellenistic）

文明、古希腊文明、波斯文明、吕底亚文明与远古文明。迄今为止,已清点的物品超过了1.4万件,其中许多已在土耳其马尼萨(Manisa)的博物馆展出。根据法律规定,在萨迪斯及其周边地区发现的所有文物,必须留在土耳其。

数代美国与土耳其专家都曾在萨迪斯的挖掘现场接受过培训。他们中的很多人后来成了考古学家、艺术史学家、建筑师、文物保护者、钱币学家、金石铭文学家(即研究石头上的文字的学者)、物体插画家、摄影师与人类学家等。汉夫曼教授于1976年退休,其后,加州大学伯克利分校的克劳福德·H.格林沃尔特(Crawford H. Greenewalt)教授接手指导对萨迪斯的考古探索。

对萨迪斯的考古挖掘,在盛夏时节进行,白天的气温可达32—46摄氏度。参观萨迪斯的最佳时段是每年4月下旬至6月上旬,或者9月至10月,在这两个时段当地的气温不太高。每年5月,野花盛开,在萨迪斯背后的特摩洛斯(Tmolus)山脉上依然可以看到白雪。

相关条目 存于别处的哈佛。

相关网站 www.artmuseums.harvard.edu/sardis/publications.html。

科学博物馆

哈佛大学负责维护近二十座博物馆,其中大多数是科学类博物馆,从植物博物馆(收藏了备受欢迎的玻璃花)到哈佛医学院那鲜为人知的沃伦博物馆(Warren Museum,馆内收藏了早期的医疗器械与怪异的解剖学部件),不一而足。

- 自然历史博物馆。实际上,这座公共博物馆由三个独立的机构组成:植物博物馆、比较动物学博物馆与矿物学和地质学博物馆(Mineralogical and Geological Museum)。这三座博物馆均位于大学博物馆(University Museum)之内。大学博物馆是一座巨大的U形建筑,位于哈佛园以北的两个街区,于1859—1915年分阶段建成。

- 植物博物馆。这座博物馆公开的展品不算多。其中最引人注目的是布拉施卡玻璃植物模型的器皿收藏(Ware Collection of Blaschka Glass Models of Plants),该收藏更为人熟知的名称是"玻璃花"。该博物馆主要进行研究工作:大师的植物收藏(包括化石)可用作学术用途;植物标本馆广泛收藏了经济植物学、植物学史、民族植物学、兰花栽培学和林业等方面的资料。与该博物馆有关的教师与学生,在墨西哥、南美洲、加拿大、格陵兰岛、南非、澳大利亚、阿富汗和其他地方收集标本。从历史角度来看,该博物馆一直是古植物学研究的主要中心。该博物馆由知名植物学家及达尔文理论的早期倡导者阿萨·格雷教授于1858年创立,从皇家植物园(Royal Botanical Gardens,又称为"邱园")运来的资料,奠定了该博物馆藏品的基础。

• 比较动物学博物馆。该博物馆收藏了数量巨大的鸟类和动物标本、化石、恐龙骨骼与经过防腐处理的昆虫标本,包括8万件哺乳动物标本、30万件鸟类标本、50万件两栖动物和爬行动物标本、100万件鱼类标本、100万件海洋和陆地无脊椎动物标本、110万件化石标本、700万件昆虫标本,以及1000件软体动物标本,总共约有2100万件标本。在该馆的获奖展品中,有一座高达12米的昆士兰克柔龙骨架,它曾在1.2亿年前的海洋中徜徉,却在恐龙时代绝迹,可能是有史以来最大的海洋爬行动物。独角鲸的骨架长达7米,尖牙有1.5米长;有一个现存最大的龟甲,重达362公斤且距今600万年。还有1844年在新泽西发掘的约3.7米高的"哈佛乳齿象";距今6500万年的恐龙蛋;来自刚果东部的巨型山地大猩猩,胸围为15.7米。此外,还有已灭绝或面临绝迹的鸟类标本,包括大海雀、旅鸽、加州秃鹰、美洲鹤、新英格兰黑琴鸡、拉布拉多鸭与象牙喙啄木鸟。比较动物学博物馆与哈佛大学的生物与进化生物学系(Department of Organismic and Evolutionary Biology)密切合作,拥有最新的实验室设施,下辖的恩斯特·迈尔图书馆拥有超过27.4万册专著和期刊、自然历史艺术作品与档案资料。

创立于19世纪的比较动物学博物馆有时也被人称为"阿加西兹博物馆"(Agassiz Museum),这是因为该博物馆的创始人是哈佛大学劳伦斯科学学院(Lawrence Scientific School)的动物学与地质学教授路易斯·阿加西兹。1859年,正是阿加西兹教授说服州立法机关批准建造了这座博物馆。根据当年章程的规定,比较动物学博物馆设有一个单独的委员会,即"比较动物学博物馆学院"(Faculty of the Museum of Comparative Zoology),名称上容易令人混淆。博物馆的建设与捐赠资金主要来自阿加西兹教授的儿子亚历山大·阿加西兹(Alexander Agassiz)与孙子乔治·拉塞尔·阿加西兹(George Russell Agassiz)。亚历山大在密歇根上半岛(Upper Peninsula)从事铜矿开采,发了大财。

• 矿物学和地质学博物馆。在矿物学和地质学博物馆的矿物画廊里,主要展品是经过系统整理的矿物藏品与宝石展品。该博物馆建于1891年,现在是哈佛大学地球与行星科学系(Department of Earth and Planetary Sciences)的一部分,初建之时展出的是哈佛医学院的本杰明·沃特豪斯(Benjamin Waterhouse)博士自1784年开始收藏的藏品。该博物馆曾经是哈佛堂的"矿物学展示柜",现在已拥有超过 15 万件标本。1883 年获得的"史密斯收藏"(Smith Collection),使该博物馆在陨石研究方面具有国际地位。从整体来看,矿物学和地质学博物馆的矿物画廊提供了一个全面的地壳样本。

自然历史博物馆的所有展品,包括"玻璃花画廊",每天上午 9 点至下午 5 点开放。哈佛大学学生凭学生证可以带一名嘉宾免费入场。每周三下午 3 点至 5 点(每年 9 月至来年 5 月)以及每周日的早晨,该博物馆免费向公众开放。

- 皮博迪考古学与民族学博物馆(Peabody Museum of Archaeology and Ethnology)。该博物馆是历史最悠久的人类学博物馆之一,拥有数百万件考古文物。其人种学藏品包括刘易斯与克拉克远征中带回的物品,约 2.2 万件人类化石和骨骼标本、木乃伊或火葬遗骸。该博物馆的摄影收藏陈列了 50 万张图片。皮博迪考古学与民族学博物馆位于哈佛大学博物馆的侧翼,与自然历史博物馆合作进行教育项目。游客只要支付一次入场费,便可以进入这两家博物馆。

皮博迪考古学与民族学博物馆有四个永久性展览:博物馆一楼的北美印第安人展;三楼的"与美洲相遇展"(Encounters with the Americas),旨在探索哥伦布(Columbus)抵达美洲这个新世界之后发生的事;三楼的"与众不同的阵容:皮博迪博物馆打理的失落纪念碑"(Distinguished Casts:Curating Lost Monuments at the Peabody Museum);博物馆阳台层的太平洋岛屿展,展示来自美拉尼西亚(Melanesia)、密克罗尼西亚(Micronesia)、波利尼西亚(Polynesia)和其他太平洋群岛的物品。

皮博迪考古学与民族学博物馆建于 1866 年,是一家与哈佛大学结盟的独立机构。1897 年,该博物馆的受托人将其移交给了哈佛大学。尽管该博物馆的资金通常来自外部,但它依然鼓励进行野外工作。近年来,在哈佛老师的带领下前往美国西南部、中美洲、巴西、北非、伊朗和南太平洋进行考察。为了响应美国国会于 1990 年颁布的《美国原住民墓葬保护与归还法》(North American Graves Protection and Repatriation Act),皮博迪考古学与民族学博物馆设立了一个主动归还办公室。依据该法案,博物馆应确定美洲原住民文物与骨骼遗骸的来源,并将它们交还给其合法的所有者。

- 闪米特博物馆(Semitic Museum)。这座博物馆的百年古建筑位于神学大道(Divinity Avenue),与皮博迪考古学与民族学博物馆隔街相望,馆内展出的是近东地区的考古资料。闪米特博物馆建于 1889 年,于 1903 年迁入现在的建筑。最初,该博物馆内设有哈佛大学近东语言和文明系(Department of Near Eastern Languages and Civilizations)、一个图书馆、研究藏品库、一个公共教育机构和一家考古勘探中心。20世纪初,与闪米特博物馆相关的考古学家在圣地(Holy Land)进行了第一次科学发掘,并参与了西奈半岛(Sinai)的考古挖掘工作,最早的字母表就是在那里发现的。在第二次世界大战期间,博物馆大楼被征用为美国海军训练项目的总部,其学术活动直到20世纪70年代才得以恢复。现在,该博物馆仍为哈佛大学近东语言和文明系的所在地。馆内收藏的近东地区文物达4万余件,包括陶器、圆筒印章、雕塑、硬币和楔形文字片,其中许多是在博物馆支持的在以色列、约旦、伊拉克、埃及、塞浦路斯和突尼斯等地的考古挖掘中出土的。虽然这些藏品主要用于教学与研究,但该博物馆会定期举办展览,每个工作日上午10点至下午4点、每周日下午1点至4点,向公众开放。

• 大学植物标本馆。格雷—法洛植物标本馆(Gray and Farlow herbaria)位于闪米特博物馆以北的一个街区,馆内收藏了约500万件干燥的植物与真菌标本。其中,格雷植物标本室以19世纪哈佛大学的植物学家阿萨·格雷的名字命名,拥有世界领先的维管植物(可输送液体的维管组织的植物)收藏。法洛植物标本室专门研究非维管植物与真菌。这两座植物标本室均与植物博物馆、阿诺德植物园和哈佛森林密切相关。

• 其他博物馆。哈佛大学的植物园位于波士顿的牙买加平原,这是一座户外博物馆,培育了大约1.5万株植物和树木。在马萨诸塞州彼得舍姆(Petersham)的哈佛森林之菲舍尔博物馆(Fisher Museum),23个立体模型描绘了新英格兰森林的历史与生态。作为哈佛医学院的康特威医学图书馆(Countway Library of Medicine)的一部分,奇特的沃伦博物馆拥有1.3万件解剖学部件与模型、早期仪器和医学纪念品。

在大波士顿地区之外,还有位于华盛顿哥伦比亚特区乔治城的敦巴顿橡树园与位于意大利佛罗伦萨塔蒂别墅的意大利文艺复兴研究中心。前者拥有露台花园与拜占庭、前哥伦布时期的艺术收藏品;后者拥有花园与艺术品,其中艺术品只能通过特殊安排才能看得到。

相关条目 阿诺德植物园;敦巴顿橡树园;哈佛堂;玻璃花;存于别处的哈佛;哈佛森林;萨迪斯;科学史仪器收藏;塔蒂别墅;沃伦博物馆。

相关网站 www.harvard.edu/museums;www.hmnh.harvard.edu(自然历史博物馆);www.peabody.harvard.edu;www.fas.harvard.edu/_semitic;www.huh.harvard.edu(哈佛大学植物标本馆)。

科学史仪器收藏

尽管哈佛大学一直在购买并保存科学仪器,为时三个世纪之久,但是,直到第二次世界大战结束时,学校才建立了正式的科学史仪器收藏(Collection of Historical Scientific Instruments)。建立这一收藏的灵感,源自于一位富有远见的哈佛校友戴维·P.惠特兰(David P. Wheatland,哈佛大学1922届校友),这种情形在哈佛大学屡见不鲜。惠特兰意识到,许多有价值的仪器一旦被视为过时和无用,便要面临被淘汰的危险,但实际上这些仪器依然可以用于与科学发现相关的教学和研究。

科学史仪器收藏位于牛津街科学中心的一座侧楼里,有近两万件藏品与文件。藏品所代表的科学领域非常广泛,包括天文学、生物学、化学、地质学、钟表学、气象学、航海学、物理学、实验心理学和测量学等。在此,列出一些特别有趣的例子:

- 一部早期的发电机,配有床头板与踏板,因而被称为"飞行的床架"。
- 一节早期的电池,或称为"莱顿瓶"(Leyden jar),用以储存"电流体"。
- 马克·吐温的显微镜。
- 一台灌注泵,用于保持重要器官在体外的活性,其设计者是被誉为先锋飞行员的查尔斯·林德伯格(Charles Lindbergh)。
- 威廉·詹姆斯(William James)自制的研究视错觉的设备(据说他用的是妻子浴衣上的面料)。
- 埃德温·兰德(哈佛大学1930届校友)使用过的相机和彩色视觉装置。兰德是宝丽来公司的创始人,以及哈佛大学本科生科学中心与新生研讨会项目的主要推动者。
- 从哈佛回旋加速器实验室(Harvard Cyclotron Laboratory,1948年为高能物理研究而建)获得的人工制品。

在任何对科学史感兴趣的人眼中,哈佛大学的科学史仪器收藏提供了引人且有趣的案例,展示了过去那些富有创造力的科学家如何应对其所处时代的一些重大挑战。

相关条目 消失的哈佛;科学博物馆;沃伦博物馆。

相关网站 www.peabody.harvard.edu/museum_scientific.html。

玉玺学会

作为哈佛学院的主要文学与艺术社团,玉玺学会位于邓斯特街46号的一座1820年联邦时期建筑风格的木屋里。在木屋正门的多立克式(Doric,西方古典建筑采用的一种柱式)圆柱与爱奥尼亚式(Ionic)壁柱的奇怪组合上方,高悬着玉玺学会的纹章:一枚被蜜蜂环绕的图章戒指,戒指的上方是一只手,手中持有一本刻有拉丁语"真理"的书。在戒指的下方,雕刻着柏拉图的《斐多篇》(*Phaedo*)中的一段话。这些庄重的象征性符号,不知有谁注意到了?遇到天气晴朗的时候,玉玺学会的午餐桌就像是一个热闹的蜂巢,人们热情洋溢地谈论着读过的书、听过的讲座、看过的电影和戏剧,以及参观过的艺术展览。此外,人们还会花大量的时间来闲聊哈佛的一些事情,以及剑桥市、华盛顿与全球其他地区的政治发展。那么这些谈话者是些什么人呢?他们是哈佛大学的本科生、研究生、教师、校友,以及来自艺术和文学领域,或对此感兴趣的特邀嘉宾。

玉玺学会由查尔斯·J.波拿巴(Charles J. Bonaparte)创立于1871年,旨在支持当时已在速食布丁秀上日渐衰落的哈佛的文学传统。1902年,该学会获得了现在的据点。曾加入该学会的人,可以开列出一份长长的名单,其中包括威廉·詹姆斯、查尔斯·W.埃利奥特、查尔斯·埃利奥特·诺顿、范·威克·布鲁克斯(Van Wyck Brooks)、T.S.艾略特、康拉德·艾肯、罗伯特·舍伍德、林肯·基尔斯坦(Lincoln Kirstein)、詹姆斯·阿吉、戴维·洛克菲勒、伦纳德·伯恩斯坦、诺曼·梅勒、约翰·阿什伯里(John Ashbery)、约翰·厄普代克和约翰·利思戈。

每年,玉玺学会的圣诞节与春季晚宴都会邀请知名作家和音乐家参加。每年春季,学会都会向一位受人敬佩的作家或表演者颁发玉玺奖章(Signet Medal)。

相关条目 速食布丁秀;哈佛学会。

哈佛学会

哈佛学会的一位前荣誉研究员曾经说过:"能进入哈佛学会,就如同进入了智慧的中心。哈佛学会是世界上最好的俱乐部。"1932年,哈佛学会由哈佛前校长 A. 劳伦斯·洛厄尔创立。该学会为优秀的年轻学者提供机会，让他们可以在哈佛大学的任何院系继续学习，同时不受正式规条的限制。对于该学会的每位初级研究员而言，只需严格履行一项义务：在每周一晚上，出席该学会在埃利奥特学舍举行的优雅晚宴。

哈佛学会每年通常会遴选出 8—10 名初级研究员。与其他知名的机构一样，要成为哈佛学会的初级研究员，不是通过个人申请，而是必须通过提名，最好由熟知候选人学术工作的资深人士来提名。初级研究员的职位为期三年，研究员不仅可以获得丰厚的津贴，还能不受限地修读哈佛大学的课程，参加研讨会，使用学校的实验室、图书馆与运动设施。哈佛学会遴选初级研究员的标准在于，候选人应机智聪慧、积极主动和求知欲强，而且他们的学术工作拥有特别好的前景。

该学会遴选出的学者遍及全球各地。该学会的研究员通常包括物理学家、数学家、生物学家、古典学者、历史学家、文学学者和社会学家。该学会设有 13 位高级研究员，都是杰出的教职员，而且是学会每周一晚宴的常客。该学会也经常邀请嘉宾出席晚宴。除了设在埃利奥特学舍的房间，该学会还在奥本山街 78 号有一栋简朴的希腊复兴式楼舍。学会的初级研究员大多是人文和社会科学领域的，不需要使用实验室，在这栋楼舍里有小办公室。

洛厄尔以剑桥大学三一学院（Trinity College）的"获奖学者"（Prize Fellows）项目为蓝本，在离任校长前几个月成立了哈佛学会。当时，从哪里筹集资金不是很明朗，但最终洛厄尔校长宣布，一位匿名捐赠者承诺为这家新的学会提供 150 万美元。直到洛厄尔校长去世 11 年之后，人们才得知，这位匿名捐赠者是洛厄尔本人。此外，为了纪念其妻子安娜·帕克·洛厄尔（Anna Parker Lowell），洛厄尔校长又捐赠了 80 万美元。

在哈佛学会的初级研究员中，涌现出了一批知名作家、科学家和学者，其中包括小亚瑟·M. 施莱辛格（Arthur M. Schlesinger Jr.）、理查德·威尔伯、E. O. 威尔逊、诺姆·乔姆斯基（Noam Chomsky）和亨利·罗索夫斯基。该学会成员中至少有 17 人获得过诺贝尔奖。

相关条目 马萨诸塞州的阿尔法—约塔分会；诺贝尔奖获得者；玉玺学会。

战士体育场

哈佛大学的运动场、大型足球场，以及大部分主要的室内运动设施，均位于查尔斯河奥尔斯顿—波士顿一侧的战士体育场，占地 90 英亩。战士体育场于 1890 年投入使用，旨在纪念六位在美国内战中罹难的年轻哈佛男儿。他们的名字被刻在哈佛体育场附近的一处大理石竖井上。作为他们的"朋友、战友和亲属"，哈佛大学 1855 届校友亨利·李·希金森少校向哈佛大学捐赠了战士体育场正在使用的这块地。除了足球场、棒球场和垒球场之外，战士运动场作为一个综合体，还包括以下设施：

- 贝伦网球中心设有 18 个室外球场和 500 个观众座位；帕尔默·狄克逊网球场设有 3 个室内球场与 350 个观众座位。
- 布洛杰特游泳馆，内设奥运会比赛规格的 50 米长的游泳与跳水设施，可容纳 1200 人。
- 布莱特曲棍球中心，一座可容纳 2800 人的溜冰场。
- 狄龙休息区（Dillon Field House），设有更衣室、医疗室，并在二楼设有休息室。
- 戈登室内田径与网球中心，拥有一条长约 201 米的聚氨酯跑道，周围有五座室内网球场。举行田径比赛时，中心可容纳 1200 名观众。
- 乔丹球场，一个供长曲棍球队和曲棍球队使用的人造草坪场地，可容纳 900 名观众。
- 拉维特斯馆，设有一座用于校际比赛的篮球场，可容纳 2050 人。馆内还铺设了人工草皮，便于在室内练习校际田径运动。
- 麦柯迪田径场（McCurdy Track），一个有 400 米户外跑道的田径场。
- 默尔中心，有 16 座国际规模的壁球场与 6 座室内网球场。壁球场可容纳 1000 人，以约翰·M. 巴纳比二世（John M. Barnaby II，哈佛大学 1932 届校友）的名字命名，他曾是一位长期任职且非常成功的壁球与网球校队教练。

默尔中心还为哈佛大学体育部门管理人员提供办公室以及力量与健身训练设施。该中心的底层是李氏体育史馆，馆内独立摆放着体育器材和文物，还有壁画式的时间线，描绘了哈佛悠久的运动传统中的部分亮点。

战士体育场综合体以具有百年历史的哈佛体育场为主体。哈佛体育场建于

1903 年,并于 1984 年重修。它是美国历史最悠久的足球场,也是全球首座大型钢筋混凝土结构的运动场。哈佛体育场的设计由纽约建筑师查尔斯·麦金负责,融合了罗马体育场与希腊圆形剧场的元素。后来,麦金的公司设计建造了位于哈佛体育场附近的哈佛商学院校区。哈佛体育场的施工计划由哈佛大学工程系的教职员负责执行。该建筑仅用四个半月便建成了,耗资 31 万美元。其中,近 1/3 的款项是由哈佛大学 1879 届校友 25 周年聚会时捐赠的。最初,该体育场可容纳 2.2 万人。1910 年,体育场增设了一个柱廊。1929 年,又在体育场的北端增设了钢制看台,将其容纳的人数增至 57750 人。不过,钢制看台于 1951 年被拆除。目前,该体育场可容纳 3.1 万人。

哈佛体育场已经举行了 600 多场哈佛橄榄球比赛。在该体育场,曾经举办过职业橄榄球、高中橄榄球、田径、足球、英式橄榄球、长曲棍球和曲棍球等比赛,甚至早期还举办过冰球比赛。赛艇运动员、滑雪运动员和其他运动员几乎全年都在使用哈佛体育场。他们的训练方式,就是在该体育场的混凝土通道上跑步锻炼。有时候,该体育场被用来作为表演大型戏剧的圆形剧场,演出的戏剧作品包括埃斯库罗斯(Aeschylus)的《阿伽门农》(*Agamemnon*,1909)、席勒(Schiller)的《奥尔良少女》(*Maid of Orleans*,1909)、欧里庇得斯的《伊菲革涅亚》(*Euripides*)和《特洛伊妇女》(*Trojan Women*,1915)、瓦格纳(Wagner)的《齐格弗里德》(*Siegfried*,1915),以及欧里庇得斯的《酒神的女信徒》(1982)。此外,1986 年哈佛大学 350 周年纪念活动也在哈佛体育场举行。此次纪念活动由电视记者沃尔特·克朗凯特(Walter Cronkite)解说,哈佛大学乐队和波士顿大众管弦乐团(Boston Pops Orchestra)负责音乐伴奏,另有真人再现的历史场景和单口喜剧,纪念活动最后还举行了烟花表演。

在战士运动场附近有奥西里体育场(Ohiri Field),用于男女校际足球比赛;哈佛商学院的网球场;沙德体育馆,仅对商学院的师生开放;两座古老的船屋,即建于 1900 年的纽厄尔船屋和建于 1907 年的韦尔德船屋。

相关条目 建筑;体育竞技;筹款;肖像收藏;歌曲与进行曲;雕像与纪念碑。
相关网站 gocrimson.ocsn.com/facilities/rec_facilities.html。

歌曲与进行曲

已出版的哈佛歌曲与器乐作品,广泛且多样。19 世纪出现了大量的哈佛进行曲、哈佛大华尔兹舞曲、"哈佛快步舞"（Harvard Quick Step），以及"绯红肖蒂希舞"（Crimson Schottische，一种慢步圆舞曲）。不过，大部分的佳作都要追溯到哈佛歌曲和进行曲写作的黄金时代，即自 19 世纪 90 年代至第一次世界大战结束。这个时代产生了许多伟大的橄榄球歌曲，构成了哈佛大学乐队的核心曲目，如《走上街头》（Up the Street）、《我们的总监》（Our Director）、《哈佛一万人》（Ten Thousand Men of Harvard），以及许多其他曲目。不过，有数十个曲目如今已被人遗忘了。

当然，哈佛的音乐远不止是橄榄球歌曲，还有用于典礼场合的颂歌与赞美诗，以及被誉为"多样化"的非比寻常的歌曲宝库。在哈佛的典礼歌曲中，以《公正的哈佛》最为知名。按照哈佛的传统，在学术活动、哈佛毕业典礼日当天下午的校友会议、橄榄球赛后都会吟唱或播放这首歌，有时还会在追悼会上唱这首歌。在哈佛的毕业典礼上，当哈佛大学校长进入典礼会场时，要演奏一首由哈佛大学的农伯格音乐教授（Naumburg Professor of Music）沃尔特·皮斯顿（Walter Piston，哈佛大学 1924 届校友）谱写的号曲。在毕业典礼结束时，会演奏哈佛早期教职员约翰·诺尔斯·佩因谱写的《哈佛赞歌》。尽管有些歌曲并不是为哈佛所写，如古诺（Gounod）的《天主保佑》（Domine salvum fac）、兰德尔·汤普森（哈佛大学 1920 届校友）那令人振奋的《哈利路亚》（Alleluia）、威廉·坦斯乌尔的《我的孩子，听我的教诲》（Give Ear, My Children, to My Law），以及有数百年历史的德国学生歌曲《同欢》（Gaudeamus Igitur，又称为《学生歌》），哈佛在毕业典礼中也会采用。坦斯乌尔 1755 年改编的《诗篇》第 70 篇（Seventy-eighth Psalm），至少从 1806 年开始在哈佛大学传唱。通常哈佛大学美国大学优等生荣誉学会午餐会结束时，大家会唱《友谊地久天长》（Auld Lang Syne）。

其他原本用于典礼场合的音乐作品，现在已无人吟唱了。其中，较为知名如 M. A. 德沃尔夫·豪（M. A. DeWolfe Howe，哈佛大学 1887 届校友）创作的四首圣歌：《星辰的回答》（The Answer of the Stars），纪念在第一次世界大战中罹难的哈佛人，并由哈佛大学 1893 届校友弗雷德里克·康弗斯（Frederick Converse）谱曲；《哈佛，至高无上的母亲》（Harvard, Sovereign Mother），最初它是配埃尔加的《威风凛凛》（Pomp and Circumstance）进行曲，后来换成了康弗斯的音乐；《哈佛海岸》（The Shores of Harvard），由古斯塔夫·霍尔斯特（Gustav Holst）谱曲；《父与子》（Fathers and Sons），曾在第二次世界大战期间哈佛大学的一次毕业典礼上演奏，其旋律采用的是圣-桑（Saint-Saëns）的 C 小调钢琴协奏曲。1972 年，戴维·T. W. 麦考德（哈佛大学 1921 届校友）为哈佛合唱团创作的《古老的哈佛》(Old Harvard),采用比利时国歌《布拉班人之歌》(Brabançonne)的曲调,虽然这首歌听起来较为明快,但同样被人遗忘了。

曾经还一度出现过一些令人好奇的作品,比如埃舍尔·希尔·奈(Ethel Hill Nye)的《我爱上了一个哈佛男孩》(My Love's a Harvard Boy)、小 C. 劳伦斯·史密斯(C. Lawrence Smith Jr.)的《为哈佛干杯》(A Toast to Harvard),以及《愿哈佛的公正长存!》(Long May She Live, Our Harvard Fair,作者不详)、《约翰尼·哈佛》(Johnny Harvard,作者不详)。值得一提的是,《约翰尼·哈佛》这首歌曾流行于 20 世纪初。这首歌的开头是这样的:"哦,敬约翰尼·哈佛一杯!给他倒满一杯。"在结尾处,这首歌唱道:"喝,喝,喝……喝,喝,喝,没错,喝。"1919 年禁酒令颁布后,《哈佛校友公报》收到了一系列来信。其中,哈佛大学 1895 届校友德尔塞瓦尔·金(Delcevare King)愤怒地抨击《约翰尼·哈佛》这首歌,声称其违反了美国的法律。

哈佛的橄榄球歌曲最强,早期代表歌曲是《橄榄球之歌 1891》(Foot-Ball Song 1891),作者不详。1890 年,哈佛大学橄榄球队以 12 比 6,战胜了耶鲁大学橄榄球队,终结了耶鲁大学保持了 14 年的连胜纪录。为了庆祝此次胜利,有人为时任哈佛大学橄榄球队队长的阿瑟·卡姆诺克(Arthur Cumnock,哈佛大学 1891 届校友)谱写了一首赞歌:

> 所有荣誉归于老阿瑟·卡姆诺克,
> 是他勇敢地克服了我们的畏惧,
> 奖杯留在了剑桥市,
> 祈求宙斯,这座奖杯应该在剑桥市多待几年。

不过,直到 1898 年,哈佛橄榄球队才再度击败耶鲁橄榄球队。那时,哈佛大学第一批伟大的橄榄球战歌已经问世,并被哈佛的学生、球迷和哈佛合唱团热情地传唱。比如,《走上街头》[由罗伯特·G. 莫尔斯(Robert G. Morse,哈佛大学 1896 届校友)谱曲,W. L. W. 菲尔德(W. L. W. Field,哈佛大学 1898 届校友)作词]、《我们的总监》[由让·M. 米夫萨德(Jean M. Missud)谱曲、F. E. 比奇洛(F. E. Bigelow)作词],均于 1895 年注册了版权。《真理进行曲》(Veritas March),由约翰·登斯莫尔(John Densmore,哈佛大学 1904 届校友)作词并谱曲,于 1903 年问世。1903 年哈佛体育场建成后,涌现出了一批年轻的词曲作家,比如登斯莫尔、里士满·弗莱彻(Richmond Fletcher,哈佛大学 1908 届校友)、S. B. 斯蒂尔(S. B. Steel)和 R.G. 威廉姆斯(R. G. Williams,哈佛大学 1911 届校友)。弗莱彻为《战士体育场》(Soldiers Field,1905 年)这首歌谱曲,并为《橄榄球场之王》

(Gridiron King，1906 年)这首歌写词谱曲。斯蒂尔与威廉姆斯合写了《哈佛》(Harvardiana，1909 年)。约翰·里德(哈佛大学 1910 届校友)为《得分》(Score，1909 年)创作了歌词,这首歌的结尾部分很简洁:"或许,更糟糕的是,男孩们,为可怜的老耶鲁人叫一辆灵车吧。"还有一首经典的进行曲是《哈佛一万人》(1914 年),这首歌是艾尔弗雷德·帕特南(Alfred Putnam,哈佛大学 1918 届校友)与默里·泰勒(Murray Taylor,哈佛大学 1918 届校友)的作品。除了《我们的总监》这首歌,在黄金时代谱写的所有伟大的战斗歌曲,都是由哈佛的本科生创作的。其中,当帕特南与泰勒的进行曲问世时,他们都还只是哈佛的大一新生。

在哈佛大学,部分早期创作的歌曲与进行曲反映了其所处的时代,如今已不再被人传唱了,比如,《绯红的荣耀》(Glory for the Crimson)、《哈佛的最佳》(Harvard's Best)、《在哈佛的日子》(Harvard's Day)、《在哈佛的每一天》(Harvard Every Day)、《哈佛节日进行曲》(Harvard Festival March)、《哈佛说了算》(Harvard Holds Sway)、《哈佛的胜利之歌》(Harvard's Song of Victory)、《哈佛精神》(Harvard Spirit)、《哈佛的胜利》(Harvard's Victory)、《哈佛园》(The Harvard Yard)、《哈佛的男子汉》(Men of Harvard)、《向目标迈进》(Onward to the Goal)、《体育场》(The Stadium)、《胜利的太阳》(The Sun of Victory)、《联盟》(The Union)和《胜利》(Victory)等。

在第一次世界大战前,有如此之多的与哈佛有关的歌曲与进行曲问世,足以令其后的作曲家望而生畏。在第一次世界大战后,仅有三首歌曲被视为经典之作。其中一首歌曲名为《冬青》(Wintergreen),改编自乔治·格什温与艾拉·格什温在 1931 年大热的《我为你歌唱》的开场合唱,同时加入了《战士体育场》和《我们的总监》的元素。一代人之后,里士满·弗莱彻从航海中获得灵感而创作出了《欢呼》(Yo-Ho),在 20 世纪 50 年代,由哈佛乐队进行了表演。第三首歌曲是一首早期的讽刺性歌曲,由聪明绝顶的托马斯·A. 莱勒(Thomas A. Lehrer,哈佛大学 1947 届校友)于 1945 年写成,并在 10 年后被一支乐队选用。正如莱勒所说的那样,《激战吧,哈佛》(Fight Fiercely, Harvard)是对所谓"粗鲁甚至暴力"的战斗歌曲的一种温和的校正:

> 激战吧,哈佛! 战斗,战斗,战斗!
> 向他们展示我们的本领。
> 他们拥有强大的力量,
> 虽然如此,我们依然拥有斗志。
> 我们将如何庆祝自己胜利?

我们将邀请全体队员去喝茶！（多么令人愉快！）
把球猛掷到球场上，战斗，战斗，战斗！

激战吧，哈佛！战斗，战斗，战斗！
用我们的实力给他们留下深刻的印象，就这么办。
哦，伙计们，别让哈佛的绯红失望；
我们要果敢且真诚。
加油，伙计们，为哈佛的荣耀而战！
假如我们赢了这场比赛，那不是很好吗？（哦，这实在太好了！）
让我们尽量不要伤到他们，战斗，战斗，战斗！

自 1866 年以来，哈佛大学的战斗歌曲均保存在一系列的歌曲集中。直到 1919 年，哈佛大学乐队成立，在守护这些歌曲方面扮演了最为重要的角色。凭借其巨大的低音鼓、中场表演时的狂热表现以及铿锵有力的声音，哈佛大学乐队成为哈佛大学橄榄球比赛的保留节目，不时发出震撼全场的歌声。该乐队的代表作品是《哈佛一万人》的拉丁语改编版：

别让那些混蛋把你打倒，天主保佑！
别让那些混蛋把你打倒，天主保佑！
让我们欢乐吧！没有万能的真理！
别让那些混蛋把你打倒，顺其自然！

哈佛大学乐队还在曲棍球、篮球比赛，以及哈佛大学、社区与慈善活动中表演。在哈佛大学毕业典礼之前，身穿绯红夹克的乐队成员会在观众面前表演近一个小时。乐队表演融合了哈佛歌曲与进行曲的混合曲目，由勒罗伊·安德森（Leroy Anderson，哈佛大学 1929 届校友）改编，他曾经是哈佛大学乐队的长号手。他编排的曲目至今仍是波士顿大众管弦乐团的重要曲目，也是乐团多年来的最爱曲目。

顺便说一句，哈佛大学对大学音乐的贡献，已经超越了其校园。比如，耶鲁大学的《威芬普夫斯之歌》(Whiffenpoof Song)的作者，据说是哈佛大学 1898 届校友盖伊·汉密尔顿·斯卡尔(Guy Hamilton Scull)。不过，这首歌中的几乎所有歌词都源于鲁迪亚德·基普林(Rudyard Kipling)的诗《绅士—军官》(Gentlemen-Rankers)。假如斯卡尔将基普林的原句"绅士军官在狂欢"改为"绅士歌手在狂欢"，那么对于像他这样一位哈佛人而言，这的确是一天工作的写照。

相关条目 《公正的哈佛》；毕业典礼；音乐；战士体育场。

相关网站 hcs.harvard.edu/_hub/songs。

雕像与纪念碑

在哈佛大学，尽管约翰·哈佛雕像赢得了最大的关注，但不伦瑞克的狮子雕像以及犀牛、龙、洋葱、斜倚图等雕像也值得一看。

1884 年，丹尼尔·切斯特·弗伦奇为约翰·哈佛所铸的塑像是一个理想化的作品，它是哈佛园内或附近的三座真人大小的青铜塑像之一。其他两座塑像分别是主张废奴的参议员查尔斯·萨姆纳（Charles Sumner），以及诗人、散文家、哲学家拉尔夫·沃尔多·爱默生。安妮·惠特尼（Anne Whitney）所铸的萨姆纳（哈佛大学 1830 届校友、1835 届法学学士、1859 届法学博士）塑像位于哈佛广场以北的一个三角形岛状物上。1874 年，萨姆纳去世后，为了纪念他，哈佛大学成立了一个委员会。当时，惠特尼匿名提交了一个萨姆纳塑像的模型。不过，该委员会的成员发现惠特尼是一位女性后，否决了她的提案。作为萨姆纳的坚定政治支持者，惠特尼并未放弃。她在 80 岁时，完成了这座塑像，并于 1902 年揭幕。弗兰克·杜韦内克所铸的爱默生（哈佛大学 1821 届校友、1866 届法学博士）塑像差不多在同一时间完成。这座塑像于 1906 年被安置在当时新建的爱默生堂的底层。

不伦瑞克的狮子被安置在阿道弗斯·布施堂的户外庭院。布施堂的前身是日耳曼博物馆，如今是德·古恩茨伯格欧洲研究中心的所在地。这座塑像于 1913 年由不伦瑞克公国（Duchy of Brunswick）赠送给哈佛大学。该塑像是 1166 年竖立在狮子亨利公爵（Duke Henry the Lion）城堡的一座青铜狮子塑像的复制品。在不伦瑞克的狮子塑像上方，即原日耳曼博物馆文艺复兴大厅（Renaissance Hall）的西端，有一座半人半马塑像，据说是阿喀琉斯的老师喀戎（Chiron）的塑像。这座塑像的作者是罗杰·诺布尔·伯纳姆（Roger Noble Burnham，哈佛大学 1899 届校友）。当哈佛修建阿道弗斯·布施堂时，伯纳姆是哈佛大学的一位教授建模的讲师。

在柯克兰街另一侧的哈佛纪念堂里，矗立着四座 19 世纪中期用大理石雕刻的英雄立式塑像。威廉·韦特莫尔·斯托里的乔赛亚·昆西塑像、托马斯·克劳福德（Thomas Crawford）的詹姆斯·奥蒂斯塑像，位于桑德斯剧院舞台的两侧。伦道夫·罗杰斯(Randolph Rogers)的约翰·亚当斯塑像、理查德·索顿斯托尔·格里诺(Richard Saltonstall Greenough)的温思罗普州长塑像矗立在现在的安嫩伯格堂餐厅的东端。昆西塑像是哈佛大学于1878年通过定制获得的，而其他三座塑像则是由剑桥市奥本山公墓的一座哥特式教堂委托制作的。当这座小教堂改建时，这些塑像被转移至奥本山公墓的办公室。直到1935年，奥本山公墓将它们移交给了哈佛大学。至于来自奥本山的第四座塑像，即约瑟夫·斯托里大法官(Justice Story)塑像，现放于哈佛法学院的兰德尔堂。

哈佛大学有两座真实比例大小的青铜犀牛塑像，分别叫"维多利亚"和"贝西"，它们是学校里最大的雕塑，守卫在哈佛园以北的生物实验室的正门。这两座青铜塑像的作者是凯瑟琳·莱恩·威姆斯(Katharine Lane Weems)。在生物实验室大楼的外墙，还可以看到威姆斯创作的鸟类、鱼类以及其他动物的精美浮雕。2003年，哈佛大学开始整修生物实验室时，维多利亚和贝西被吊车转移到了其他地方暂时存放。

年代相对较近的塑像比较抽象。比如，理查德·利波尔德(Richard Lippold)创作的"世界之树"(World Tree)是一个高约8米的不锈钢塔。这座塔是哈克尼斯餐厅(Harkness Commons)与哈佛研究生中心构成的四方庭院的中心，毗邻哈佛法学院。这座塔问世于1950年，利波尔德说它是一个"透明的球体"，象征着其所处时代的内在紧张状态。不过，哈克尼斯的当地居民则戏称之为"丛林健身房"或者"衣架"，他们不仅在这座塔的"枝杈"上放置假鸟，还在其下放置滚球轴承，类似一种祈祷土地肥沃的仪式。

在哈佛园，内森·马什·普西图书馆的下沉式入口处有一座称为"洋葱"的生铁铸造的固定雕塑(建于1965年)，其设计者是亚历山大·考尔德(Alexander Calder，哈佛大学1966届建筑学博士)。在拉蒙特图书馆前面，是被誉为20世纪最伟大的雕塑家之一的亨利·摩尔(Henry Moore)的"四件斜倚图"(Four Piece Reclining Figure，1972年)，这是一座约1.8米高的发光的青铜塑像。在哈佛的福格艺术博物馆还藏有摩尔四件较小的作品。

另一件引人注目的当代作品是迪米特里·哈兹创作的高达7.3米的"翁法洛斯"(Omphalos)，于1985年被竖立在哈佛广场地铁亭附近。"翁法洛斯"的形状像一个路标，提醒人们哈佛广场是一个地理与知识的十字路口。哈兹给这件作品取名为"翁法洛斯"，希腊语中意为"肚脐"，再现了奥利弗·温德尔·霍姆斯将波士顿视为宇宙中心的描述。

哈佛大学有一座"中国龙碑"，位于怀德纳图书馆与博伊尔斯顿堂之间。它是一座与众不同的纪念碑,是 1936 年哈佛大学三百年庆典时中国校友捐赠的礼物,旨在彰显哈佛大学长期以来与中国的关系。在这座龙碑上有一部分是龙,象征着权力和幸福;有一部分是龟,象征着耐力与长寿。它是在清朝统治的 1796—1821 年间雕刻而成的。当时,清朝皇帝将其赐给了一位地方总督,作为朝廷的恩赏。在这座碑上有一段繁体中文的铭文:"在过去的 30 年里,有近千名来自中华民国的学生就读于哈佛大学,并有幸获得教诲与指导。"

在查尔斯河的奥尔斯顿一侧,矗立着一座大理石竖井,旨在纪念六名在美国内战中为联邦军捐躯的哈佛人,战士体育场也因此而得名。此外,哈佛大学还有其他一些纪念物,如一些石碑和刻在哈佛体育场一面墙上的浮雕,展示了珀西·霍顿(Percy Haughton,哈佛大学 1899 届校友)蹲坐的身姿。从 1908 年至 1916 年,霍顿堪称哈佛大学历史上无人能敌的橄榄球教练。在北哈佛大街对面,有一块未经雕琢的大圆石,其上有一块牌匾,记录了哈佛大学橄榄球与长曲棍球场被冠以"奥西里体育场"的命名情况,以纪念年仅 27 岁便死于白血病的明星橄榄球运动员克里斯蒂安·L. 奥西里(Christian L. Ohiri,哈佛大学 1964 届校友)。

相关条目 阿道弗斯·布施堂;剑桥/波士顿;约翰·哈佛及其塑像;纪念教堂;纪念堂;肖像收藏;桑德斯剧院;战士体育场。

140 — 143

1956年，哈佛纪念堂的塔楼毁于火灾，后于1999年修复。该项修复项目耗资400万美元。

戏剧典藏

20世纪初,哈佛大学图书馆建立了一个戏剧典藏,这在很大程度上要归功于乔治·皮尔斯·贝克教授的努力。当时,贝克教授在哈佛开设了一门具开创性的戏剧创作课程。得益于哈佛校友与其他人捐赠的资料,这一戏剧典藏的藏品数量逐年增加。藏品不仅包括书籍和手稿,还包括节目单、海报、照片、肖像画、剪报、门票、合同、信件、设计图、模型、小雕像、奖章、录音制品、电影胶片和录像带。"戏剧"一词一般被广泛解释为涵盖所有流行的舞台娱乐形式,包括歌舞杂耍表演、吟游诗歌、马戏表演、哑剧、木偶戏和魔术表演等。依照最近的统计,哈佛大学图书馆的戏剧典藏的藏品已超过550万件,其中主要包括:

- 罗伯特·古尔德·肖(Robert Gould Shaw)的戏剧史典藏。
- 埃弗特·詹森·温德尔(Evert Jansen Wendell)的戏剧典藏。
- 霍华德·D. 罗斯柴尔德(Howard D. Rothschild)关于谢尔盖·达基列夫(Serge Diaghilev)的俄罗斯芭蕾舞团的典藏。
- 乔治·布林顿·比尔(George Brinton Beal)的马戏表演典藏。
- 玛丽安·汉娜·温特(Marian Hannah Winter)关于大众化娱乐的典藏。

哈佛大学图书馆的戏剧典藏还收录了许多个人文件,其中包括莫德·亚当斯(Maude Adams)、罗伯特·安德森(Robert Anderson,哈佛大学1939届校友)、乔治·皮尔斯·贝克(哈佛大学1887届校友)、乔治·巴兰钦(George Balanchine)、塞缪尔·贝克特(Samuel Beckett)、萨拉·伯恩哈特(Sarah Bernhardt)、埃德温·布思(Edwin Booth)、约翰·梅森·布朗(John Mason Brown,哈佛大学1923届校友)、戴维·加里克(David Garrick)、尤金·奥尼尔、尼尔·西蒙(Neil Simon)、科妮莉亚·奥蒂斯·斯金纳(Cornelia Otis Skinner)、沃莱·索因卡(Wole Soyinka,哈佛大学1993届文学博士)、田纳西·威廉姆斯(Tennessee Williams,哈佛大学1982届文学博士)和罗伯特·威尔逊。这一典藏还收录了众多布景设计师的草图与文件,其中包括马克斯·莱因哈特(Max Reinhardt)、乔·梅尔齐纳(Jo Mielziner)、罗伯特·埃德蒙·琼斯(Robert Edmond Jones,哈佛大学1910届校友)、李·西蒙森(Lee Simonson,哈佛大学1909届校友)和唐纳德·奥恩斯莱格(Donald Oenslager,哈佛大学1923届校友)。这些设计师的绘图与模型,以及出自不同年代的剧院海报、照片和手稿,会定期在内森·马什·普西图书馆上层的戏剧典藏的陈列柜里展示,有时也会在其他陈列柜中展出。

相关条目 艺术;美国定目剧院;消失的哈佛;速食布丁秀;图书馆。

相关网站 hcl.harvard.edu/houghton/departments/htc/theatre.html。

塔 楼

哈佛大学独特的尖塔,在查尔斯河对岸的林荫大道都能看得很清楚,让人们一眼就能找出哈佛大学,从而与周边的城市景观区别开来。除了哈佛纪念堂的塔楼(始建于1878年,于1999年重建)与圣保罗教堂的钟楼(建于1915年),哈佛的其他六座尖塔于1926—1932年建成。当时,哈佛大学的实体建筑正在以前所未有的速度扩张。

哈佛商学院贝克图书馆(Baker Library)的塔楼高达30米,堪称该学院在查尔斯河南侧校园的一个中心点,它也是哈佛在1926—1932年建成的第一座塔楼。这座塔楼由麦金、米德和怀特建筑事务所设计,于1925年6月动工,建成于1926年10月。接着,又有四座塔楼,在1930—1931年出现在查尔斯河对岸。其中,居于显耀地位的是洛厄尔学舍的塔楼,这座高达45米的塔楼,令人想起费城的独立厅(Philadelphia's Independence Hall)。从这座塔楼可以一览查尔斯河的全景;在它的钟楼里,悬挂着俄罗斯式的排钟,由17口钟组成,其中最大的一口钟重达13吨。在塔楼的音乐室里有一架钢琴,当初是通过起重机才把这架钢琴吊到塔楼里的。从查尔斯河对岸可以看到,洛厄尔学舍的塔楼左侧是埃利奥特学舍那精致的乔治亚式钟楼,右侧是亚当斯学舍的金色圆顶塔楼,远处是邓斯特学舍钟楼那像是戴着主教冠的尖顶,这座钟楼是以克里斯托弗·雷恩设计的牛津大学基督堂学院(Christ Church)的"汤姆塔"(Tom Tower)为蓝本的。

哈佛纪念教堂的钟楼(建于1932年)是构成哈佛地标式尖塔中的最后一座。这座塔楼高达52米,灵感来自1806年查尔斯·布尔芬奇修复的波士顿老北教堂(Old North Church)的塔楼。如果加上顶部镀金风向标的竖轴,塔楼的高度将再增加约8米,总高度将达60米,比哈佛纪念堂高出约2米。哈佛纪念教堂约2米高的风向标,形状看上去像中世纪的三角旗,每隔十几年就会重新装饰价值约3000美元的金箔。在风向标的顶部是一个王冠,有两个希腊十字架式的开口。鉴于哈佛纪念教堂与诸多楼舍都是由柯立芝、谢普利、布尔芬奇、阿伯特建筑公司规划设计的,因此,这些建筑的塔楼在建筑风格上是一致的。

在哈佛大学诸多塔楼之中,有一座塔楼虽然不是很高但又不可或缺,那就是哈佛园内哈佛堂优雅的圆顶塔楼(建于 1766 年)。在哈佛纪念堂建成之前的将近一个世纪里,这座塔楼是哈佛学院最高的塔楼。另一座知名的塔楼,是亚当斯学舍附近的圣保罗教堂那高耸的钟楼。这座钟楼虽不是哈佛大学的建筑,但却是由哈佛的毕业生设计的。圣保罗教堂是名不见经传的建筑师爱德华·T. P. 格雷厄姆(Edward T. P. Graham,哈佛大学 1900 届校友)的杰作。格雷厄姆擅长意大利式的建筑风格,明显受到了维罗纳(Verona)的圣泽诺大教堂(San Zeno Maggiore)的影响。经多年的失修,圣保罗教堂塔楼的钟表均得以修复,每隔 15 分钟敲响一次,并再度敲响了祈祷钟。作为一座在新教徒社区里的罗马天主教教堂,圣保罗教堂依然保有罗马天主教的色彩,比如,塔楼的钟铭出自《以赛亚书》:"在荒野呼喊的声音"(Vox clamantis in deserto)。

1999 年,哈佛塔楼的历史上发生了一件大事。当时,一台起重机将重达 3.5 吨的铜质屋顶板和栏杆,安放在重建的哈佛纪念堂的尖顶塔楼上。哈佛为了修复哈佛纪念堂所用的石板、铜制天窗和尖顶饰,耗费了 400 万美元。自从 1956 年哈佛纪念堂的塔楼毁于大火后,这座华丽的维多利亚式建筑便一直没有屋顶。

相关条目 建筑;钟声;火灾;黄金海岸;哈佛堂;纪念教堂;纪念堂。

商标保护和技术转让

哈佛酿酒公司(Harvard Brewing Company)始建于 1898 年。一个世纪后,这家濒临倒闭的公司与哈佛窖藏啤酒的品牌重获生机,这让哈佛大学技术和商标许可办公室(OTTL)颇感烦恼。另一家令该办公室感到烦恼的企业是约翰·哈佛啤酒屋(John Harvard's Brew House),这是一家业务遍及美国五个州与哥伦比亚特区的连锁餐厅。哈佛床架一直都是各家家具店的热销产品;哈佛砖则是砖石建筑业的一种标准;哈佛注释体系是一种在学术专著和期刊中引用参考文献的注释规范;在康泰纳仕集团旗下的美食网站"Epicurious"中,"哈佛甜菜"被描述为"一道百年老菜……可能是因其菜色而得名(与哈佛大学的绯红色相似)。除此之外,它似乎与哈佛没有任何其他联系";剑桥市的杂货店曾经贩卖过所谓的"哈佛橘子";一家日本公司曾销售过哈佛男装系列。显然,"哈佛"这一称谓的确有一些魔力。

对于哈佛大学技术和商标许可办公室而言，其部分使命是防止有人将哈佛大学的名称或纹章用于未经授权的用途。秉承着哈佛大学是"最广为人知且最受尊敬的商标之一"的理念，该办公室负责监管"哈佛""哈佛大学""绯红""H"和盾型"Ve ri tas"（哈佛校训）等商标以及该大学在全球其他国家拥有的注册商标的使用，防止其被滥用。

第三方未经授权使用哈佛商标，大多数发生在教育领域，为此，哈佛大学技术和商标许可办公室的商标监管项目的运营范围遍及全球。近年来，技术和商标许可办公室成功地关闭了印度尼西亚的"哈佛国际大学"、南非的"哈佛商学院"，以及中国的"哈佛语言学校"。尽管该办公室对商标的大多数监管工作都涉及教育机构，但是，其工作人员也对哈佛商标以其他形式被商业化保持警惕。通常，提起法律诉讼的威胁会促使那些滥用商标者停止并终止其滥用行为。此外，该办公室还借助许可"传统的带有纹章的物品"（如服饰、文具和玩具等），控制对哈佛名称的使用，从而使哈佛大学得以分享贩售此类商品所产生的经济利益。除了收取许可费之外，哈佛大学还会收取这些商品的特许权使用费。上述所得超出该办公室的商标项目成本的部分，将被转移到一个基金，用于支持哈佛本科生的经济援助。

不过，对于哈佛大学技术和商标许可办公室商标项目的"正确且合乎道德地使用哈佛名称"的指导方针最为严重的违反，可以说是维克多·柯泽尼（Viktor Kožený，哈佛大学1985届校友）的财务操纵。在20世纪90年代，这位年轻的捷克移民金融家，创建了一家名为"哈佛工业控股公司"（Harvard Industrial Holdings）的企业，作为其大手笔投资计划的一部分。柯泽尼积累了大量财富。但是，当他的"哈佛"投资基金失败时，他的数千名捷克同胞，以及部分美国机构都蒙受了金钱上的损失。被称为"布拉格海盗"的柯泽尼，回到了他在科罗拉多州阿斯彭市和巴哈马的家中。据说，他在那里还享受着奢华的生活。面对捷克与美国当局提出的诸多诉讼与欺诈指控，柯泽尼预计会被缺席审判。2003年10月，他被曼哈顿地区检察官指控犯有15项一级重大盗窃罪与两项一级非法持有赃物罪；据报道，其他犯罪指控还在审理中。

哈佛大学技术和商标许可办公室还负责监督技术转让。该办公室会帮助为哈佛大学的发明、技术和材料申请专利，并将其授权给私营企业，用于开发诸如药品、医疗器械和研究用合成材料等产品。该办公室还致力于促进与外界的合作，其网站欢迎有关企业来咨询合作问题，并指出：

当前,哈佛大学从药物开发到光电子等领域拥有 300 多种技术可供授权使用。每年,哈佛大学的科学家会创造出 120 多项新发明,同期学校会向美国提交 60 多项新的专利申请……在一个典型的财政年度里,哈佛大学授权的发明超过 75 项,并获得超过 1500 万美元的特许权使用费收入。超过 35 家公司已开始使用哈佛大学授权的技术。

哈佛大学技术和商标许可办公室的网站提供了一份可获得许可的技术列表。总体而言,哈佛大学创造的发明与技术创新成为学校的知识产权。每当一位哈佛的教职员或其他研究人员有了新的发现,而且这一发现似乎可以申请专利时,该办公室会对这一发现进行评估,以确定是否以哈佛的名义去申请专利。哈佛大学对于专利许可的安排不尽相同;有时,哈佛大学会以专利许可使用权进行出资,获取某家公司的股权。

专利许可的收入已成为哈佛大学日益重要的收入来源。在最近的一年,哈佛大学仅技术许可的特许权使用费和许可费就达到了 2430 万美元。同年,哈佛大学技术和商标许可办公室的预算约为 110 万美元(不包括法律费用),另外还有 420 万美元的管理费用。

相关条目 存于别处的哈佛。
相关网站 www.techtransfer.harvard.edu。

学 费

在哈佛,学费是一个反复多变的话题。哈佛大学每所学院的学费都不尽相同,但任何增加学费的公告,都可能招致对增加学费的时机和幅度的批评。在哈佛的本科阶段,每位支付全额学费的学生在大学四年需要支付的总费用,以大多数人的标准来看,是非常高昂的。有一种说法,为了获得一件在剑桥市出售的带有哈佛盾型纹章的 T 恤,要"花费我父母和我 17 万美元"。诚然,哈佛学院的大多数学生、研究生,以及专业学院的多数学生,都能获得不菲的经济援助。尽管如此,哈佛大学的教育仍然是无可争议的昂贵,而且一年比一年贵。

在 20 世纪 50 年代之前,哈佛的学费增长幅度不大,而且增长的频率不高。在查尔斯·威廉·埃利奥特于 1869 年就任校长之前,哈佛学院的学费从每年 104 美元增加至 150 美元。埃利奥特拒绝了任何再度提高学费的主张,他认为,再增加学费会降低申请哈佛的公立学校学生的比例。1909 年埃利奥特校长退休时，哈佛的学费依然是150美元。他的继任者A.劳伦斯·洛厄尔意识到了提高学费以满足不断上涨的成本的必要性。当洛厄尔校长于1933年卸任时，哈佛的学费已达到400美元。洛厄尔的继任者是詹姆斯·B.科南特，当科南特校长于1953年卸任时，哈佛的学费已增至600美元。接替科南特校长的内森·马什·普西是哈佛历史上首位支持每年增长学费的校长。至1956年，哈佛每年的学费已增至1000美元。10年之后，依据普西校长谨慎的预测，至1988年，哈佛的学费可能会达到4000美元。实际上，1988年，哈佛的学费已增至12015美元。每年增长的学费被加总在一起，就像是以复利计算。自1988年以来，尽管美国家庭收入的中位数上升幅度不大（约70%），但是，哈佛的学费却增加了一倍以上。在2003—04学年，哈佛大学的学费为26066美元；加上各类费用与食宿费用，全部费用已高达40450美元。

即便如此，人们还是可以说，尽管哈佛大学的教育价格不菲，但还是很划算的。有研究表明，如果算上如教师工资、奖学金、图书馆、科学实验室、宿舍、教室技术、运动和医疗保健设施等所谓的维护费用，学生支付的费用是远低于他们获得的教育的实际成本的。或许，有人会补充说，正如托马斯·莫腾森（Thomas Mortenson）在《高等教育机会》（*Postsecondary Education Opportunity*）研究通讯中所说的那样，"大概唯一比上大学更昂贵的事，就是不上大学"。

然而，有关学费，还存在其他问题。与通货膨胀与其他商品、服务的指数价格相比，为什么近年来学费会上涨得如此之快？哈佛大学与其他地方官员均强调，哈佛学费的增长总是伴随着奖学金的增加。此外，哈佛大学与其他院校的学费上调速度已经放缓；近些年，哈佛大学平均每年的学费增长率为4%或5%，而不是过去数十年的6%或7%。

不过，高学费似乎已无法回头。但一些批评者还在继续呼吁，希望哈佛大学从其获得的大笔捐款中拿出更多资金以稳定或降低其学费。哈佛大学与批评者都摆出了论点，辩论仍在进行之中。

相关条目 招生；捐赠。

144 — 146

哈佛向地下拓展。图为1913年春怀德纳图书馆的挖掘工程现场。最初的计划是,该图书馆地下空间的书架可以存放约30万本书。

大学健康服务中心

哈佛大学健康服务中心为本科生、研究生、教职员与退休人员提供全天候的医疗服务。大学健康服务中心位于哈佛广场中央的霍利奥克中心的五楼,在哈佛商学院、法学院和医学院均设有临床设施。

哈佛大学健康服务中心整合了诸多医疗服务:紧急护理诊所、初级保健、儿科、实验室,以及一家容纳10张病床的医院。该机构聘用了100多名医生、心理学家和牙医,以及相同数量的护士、技术人员与健康助理。遇到忙碌的时候,该机构每天要治疗500位(甚至更多)患者。在哈佛社区(包括该社区内其他几所教育机构),有3万多人受益于哈佛大学的健康服务计划。

对于大学健康服务中心的医生来说,工作有时显得单调乏味,有时又变得不同寻常。通常,常规检查在医生日常工作中占据了较大比例。考虑到病人的平均年龄,妇科、节育与孕期服务的需求量很大(大学健康服务中心还负责监督一项针对本科生的"同辈避孕咨询"项目)。该中心提供的专业服务包括牙科、皮肤科、心理健康、营养学、眼科、整形外科、物理治疗与药物滥用咨询。

哈佛大学的许多学生与教职员要经常旅行并进行国际交流,这使得大学健康服务机构的医生要经常治疗那些罹患外来疾病或在国外感染疾病的病人。有时,医生还要应对大规模的食物中毒,或者学舍内暴发的具有传染性的发热疾病。该中心的心理健康部的工作负荷重,尤其是在考试期间。除了提供全方位的精神病学服务外,心理健康部还提供一系列的健康与健身计划,比如,从放松反应训练到恢复性瑜伽,从费登奎斯功能整合(Feldenkrais-Functional Integration)到现场按摩疗法和指压按摩。

相关条目 "救生筏"。
相关网站 www.huhs.harvard.edu。

地　下

哈佛,远不止眼前所见。很多事情都在地下进行。哈佛大学的大多数基础设施都在地下,如巨型锅炉、蒸汽管道、错综复杂的电气继电器和电话继电器,伺服系统与计量仪表等。假如没有复杂的蒸汽管道与运送食物的管道、水管、污水和雨水的排放系统,哈佛的日常生活便会陷入停顿。倘若1912年哈佛没有通过地铁线与波士顿相连,哈佛会变得如何？随着哈佛在地面扩张的机会变少,哈佛便向地下拓展,为图书馆与博物馆的馆藏、学术与行政办公室、教室、餐饮场所和停车场创造更多的地下空间。哈佛大学的部分地下空间仅对那些负责操作的工程师与维护人员开放,其余部分则一直被哈佛社区所使用。

要说最大且最繁忙的地下空间,哈佛大学的还不算。哈佛广场的地铁站才是。它曾于20世纪80年代被大幅度扩建。哈佛大学新建的北区停车库与本科生科学中心的冷却水工厂的地下空间,仅次于哈佛广场地铁站。相比之下,哈佛大学最小的地下空间当数300多个电气与公用设施检修孔,它们散布于哈佛园周边,以及地处较远的哈佛商学院和医学院校区。隧道介于最大与最小的地下空间之间。剑桥—奥尔斯顿的蒸汽隧道是六个独立系统中规模最大的一个,其中包含长约8公里的地下通道和管道沟。

作为5.86亿美元建设项目的一部分,哈佛广场地铁站曾经进行了翻新。这一建设项目将马萨诸塞湾交通局(Massachusetts Bay Transit Authority)下辖的红线地铁的北部终点站,由剑桥市,经过萨默维尔(Somerville)一直延伸至阿勒维夫站(Alewife Station)。旧的哈佛广场地铁站已被拆除,取而代之的新车站有一个宽敞的大厅,深度超过三层楼,由圆形的墙壁围拢,还设有一个大的夹层区与商铺。除了地铁站台外,哈佛广场地铁站还设有一个柴油巴士和无轨电车的终点站,其中公交专用道有一幅引人注目的彩色玻璃壁画,由已故的麻省理工学院高级视觉艺术中心的创始人与前主任乔治·凯佩斯(Gyorgy Kepes)创作。在往返于波士顿的红线地铁列车上,可以隐约看到旧的哈佛广场地铁站的废弃站台;一段废弃的隧道从哈佛广场与布拉特尔广场地下延伸到一个曾经是地上停车场的地方。后来,作为红线地铁延伸的一部分,这个停车场被迁走了,哈佛大学获得了停车场曾占据的约4.9万平方米的地产,作为肯尼迪政府学院综合大楼的用地。

再回到地下空间。宽敞的北区地下车库,是哈佛大学博物馆以北地区一项雄心勃勃的发展计划的关键部分。为了给急需的科学实验室让路,哈佛管理层选择腾出近600个地面停车位,这些停车位转移至地下。新的地下车库曾经是剑桥电子加速器实验室、哈佛回旋加速器实验室、高能物理实验室和帕尔弗里楼(Palfrey House)过去的所在地。被长期废弃的高能物理中心已被拆除。希腊复兴式建筑风格的帕尔弗里楼建于1831年,其现址与原址相距不远。北区地下车库可以停放 730 辆汽车，其设计初衷是服务于当时新建的实验楼。

如果按照立方体积来计算，哈佛大学科学中心地下冷却水工厂约为波士顿交响音乐厅的 2/3 大小。冷却水从两个置于屋顶的冷却塔，通过直径约 0.9 米的管道，流到地下的冷却水工厂；这一设施满足了剑桥市约 70 座大学建筑的空调与制冷需求。2003 年夏，哈佛大学在科学中心后侧修建了面积约为 1.3 万平方米的"材料界面科学与工程实验室"（Laboratory for Interface Science and Engineering），为中尺度与纳米科学的振动敏感研究提供研究设施。实验室有 2/3 位于地下。

拉德克利夫学院的四方庭院、哈佛法学院与商学院，均建有输送货物和服务的隧道系统。查尔斯河沿岸的房舍由约 402 米长的服务隧道连接起来，这些隧道最初是用来给肯尼迪街的中央厨房配送食物。在哈佛的地下世界里，如画般别致的小道是"剑桥市蒸汽分配系统"（Cambridge Steam Distribution System）的隧道。这个迷宫般的隧道网络主要建于 20 世纪 20 年代后期。当时，剑桥市蒸汽分配系统为剑桥和奥尔斯顿的大约 200 座建筑提供高压蒸汽。与洛厄尔校长主政哈佛时一样，哈佛大部分人的取暖和热水都仰仗蒸汽，规模较大的厨房用蒸汽做饭，实验室更是离不开蒸汽。剑桥市蒸汽分配系统的起点是位于西大街与纪念大道的黑石发电厂，其主要隧道通往哈佛的房舍与哈佛园，并经过威克斯桥将蒸汽分流到哈佛商学院。在远程监控设备出现之前，这些隧道必须为工作人员留出"净空"（headroom）和工作空间，以便检查该系统的无数管接头、压力表、流量计与截止阀。直到 1968 年，剑桥街的地下通道建设阻挡了哈佛园向外延伸的主隧道，人们才有可能在地下隧道里四处走走，比如，从哈佛商学院走到法学院（几乎可以走到北区地下车库的现址）。不过，地下漫步者可能会热得擦额头。隧道里的环境温度通常在 37.8 摄氏度左右，而记录在册的最高温度曾达到 60 摄氏度。

长期的空间拥挤，促使哈佛园的许多地下室转变为办公室、教室和存储区。在一代人之前，哈佛大学新闻办公室曾占据着大学堂地下室的狭窄空间；直到 1992 年，该办公室的照片冲印室还在韦尔德堂的地下室里。晚近建筑的建筑师注意到了地下空间的潜力。在哈佛大学科学中心的地下层，设有计算机实验室、电气和机械修理店。普西图书馆及其地图收藏、戏剧典藏和展览区，以及哈佛大学档案馆及其教职员办公室，几乎都是位于地下的。自普西图书馆于 1973 年建成以来，怀德纳图书馆、普西图书馆和拉蒙特图书馆已通过地下隧道连接起来。

相关条目 建筑;餐饮服务;肯尼迪政府学院;地图;纪念堂。

校级教授

大多数大学都有办法让明星教师感到被重视。有些大学授予他们崇高的头衔,诸如"杰出教授"或"杰出学者",并减轻他们在教学与其他方面的义务和职责。可以说,他们是为知识分子群体增光添彩的人,只能偶尔在教职员俱乐部或者去他们办公室的路上看到他们。

所幸,哈佛大学没有采取这种策略。哈佛大学的明星教师被称为"校级教授"(University Professors),他们几乎都在上课。目前,哈佛约有 20 位"校级教授"(不包括部分荣誉退休者),他们来自文理学院、商学院、医学院、法学院和肯尼迪政府学院。并非所有的"校级教授"都是家喻户晓的人物,即使在学术界也是如此。但是,他们中的每个人,在各自的领域都是顶级的学者。

成为哈佛的"校级教授",会赢得学院的一致好评,在某些情况下还能提高工资。作为"校级教授",可以在没有纪律约束的情况下工作,并能"在整个大学自由活动"。1935 年,时任哈佛校长的詹姆斯·B.科南特宣布设立"一种新型的教授教席"。科南特认为,哈佛大学一直在横向发展,成为"一个独立的学术实体联盟"。作为一种纠正措施,科南特提出要进行"纵向发展",而新的教授教席是实现纵向发展的一个关键因素。其中,部分人可以从校外任聘,甚至可以被授予不从属于特定机构的有才华的独立学者教授席位。哈佛鼓励这些人才跨越部门界限,甚至跨越专业界限,以拓展其学术事业。

现在的情况是,哈佛大学的数家学院均有"校级教授",而不仅限于文理学院的一小批精英学者。虽然哈佛首批"校级教授"仅获得哈佛最小额度的资助,但如今所有的"校级教授"都获得了捐赠者的捐赠。可是,在大多数情况下,哈佛想要让学者在传统学科之外工作的目标并未实现。大多数"校级教授"并未跨学科工作,而是一直留在原来的领域。政治学家、哈佛"校级教授"斯坦利·霍夫曼(Stanley Hoffmann)表示:"人们不会因为获得了这个头衔就改变了他们的研究项目。"

目前,荣任哈佛大学"校级教授"的学者包括:哈佛医学院实验核医学实验室(Laboratory for Experimental Nuclear Medicine)负责人 S.詹姆斯·阿德尔斯坦(S. James Adelstein)博士;哈佛大学名誉校长德里克·博克;分子生物学家沃尔特·吉尔伯特（Walter Gilbert）；人文学科教授斯蒂芬·格林布拉特（Stephen Greenblatt，英文）、斯蒂芬·欧文（Stephen Owen，中国文学）、海伦·文德勒（英文）、克里斯托夫·沃尔夫（Christoph Wolff，音乐）；政治学家斯坦利·霍夫曼、塞缪尔·亨廷顿和悉尼·韦尔巴（Sidney Verba，哈佛大学图书馆馆长）；数学家巴里·梅热（Barry Mazur）；经济学家戴尔·乔根森（Dale Jorgenson）；哈佛商学院教授罗伯特·莫顿（Robert Merton）和迈克尔·波特（Michael Porter）；宪法学教授弗兰克·米歇尔曼（Frank Michelman）；哲学家希拉里·普特南（Hilary Putnam）；天文学家欧文·夏皮罗（Irwin Shapiro）；社会学家威廉·朱里斯·威尔逊（William Julius Wilson）。

147 — 149

位于佛罗伦萨郊区的塔蒂别墅，是哈佛大学意大利文艺复兴研究中心的所在地，别墅的周围环绕着优雅的对称式设计的花园。

梵瑟楼

如果说哈佛的 500 多座建筑中有一个"无主之地"(Waif)的话,那就是梵瑟楼了。这座粉红色木结构建筑位于哈佛的生物实验室与神学院之间,已经被借用了半个多世纪。梵瑟楼建于 1943 年,当时是研究雷达反制的无线电研究实验室(Radio Research Laboratory)的科学家使用的一座临时设施。1946 年,哈佛大学从政府那里收购了这座楼。此后,这里曾有退伍军人管理局指导中心、海军预备役军官训练团办公室、电子实验室、研究生餐厅、钢琴调音室,以及各个本科生组织的办公室。目前,梵瑟楼内设有一家幼儿保育中心、教室和哈佛燕京学社的部分办公室。哈佛燕京学社是一家独立基金会,致力于支持东亚与东南亚的人文和社会科学高等教育。

这座正在老化的"临时"建筑必须每两年更新一次建筑许可证。虽然梵瑟楼看上去平平无奇,但它却是由柯立芝、谢普利、布尔芬奇、阿伯特建筑公司设计的。这家位于波士顿的建筑公司还设计了哈佛的宿舍楼、福格艺术博物馆、纪念教堂和生物实验室,以及哈佛大学其他许多知名建筑。有关"梵瑟"(Vanserg)一词,并非纪念某位名叫梵瑟的捐赠人,而是二战后入驻这幢楼的各家单位的首字母缩写:"VA"是"退伍军人管理局"(Veterans Administration),"NS"是"海军科学研究所"(Naval Science),"ER"是"电子研究"(Electronic Research),"G"是"研究生院"(Graduate School)的学生餐厅。

相关条目 建筑;预备役军官训练团。

塔蒂别墅

在托斯卡纳(Tuscany)的一座平缓山丘上,种着哨兵柏树与橄榄树。一座 16 世纪的农舍,经过大规模的修复和扩建,成了一座很不错的图书馆,馆内存放着大量的艺术珍品。这就是位于塔蒂别墅的哈佛大学意大利文艺复兴研究中心,离佛罗伦萨不远。

作为意大利文艺复兴时期研究的一枚"瑰宝",塔蒂别墅曾经是传奇人物伯纳德·贝伦森(Bernard Berenson)的故居。贝伦森在半个世纪前,就将这座别墅赠给哈佛大学。作为哈佛大学 1887 届校友之一,贝伦森是一位移居国外的人文主义者、鉴赏家、作家、富人与名人的艺术顾问。他是意大利文艺复兴时期绘画和雕塑的权威,通过鉴定绘画,向诸如 P. A. 怀德纳(P. A. Widener)和伊莎贝拉·加德纳等人推荐购买艺术品而获得了巨大的财富。1900 年,贝伦森在佛罗伦萨定居。1907 年,当塔蒂别墅被挂牌出售时,贝伦森不惜负债买下了它。他与妻子玛丽(Mary)着手重建塔蒂别墅及其花园和图书馆,将其变成托斯卡纳的宏伟宅邸之一。后来,在 20 世纪 30 年代,贝伦森与哈佛展开了长期且艰苦的讨论,探讨将塔蒂别墅赠送给哈佛的可能性。有哪个机构能拒绝这样慷慨的捐赠呢?不过,哈佛担心没有足够的资金来维护这幢别墅,同时也不确定是否能在贝尼托·墨索里尼(Benito Mussolini)治下的意大利保持其资产的自主性。

贝伦森于 1959 年逝世。同年,哈佛大学理事会终于同意将塔蒂别墅作为其为数不多的海外"前哨"之一。在历届能干且积极的主任的领导下,哈佛大学意大利文艺复兴研究中心很快实现了贝伦森的愿望,成为"年事已高的人文主义者的休养地"。如今,塔蒂别墅有一系列值得关注的项目。每年,约有 15 位来自全球各地的学者,作为该中心的研究员入驻塔蒂别墅。据说,凡是研究意大利文艺复兴时期的重要学者,都曾在这里待过一段时间:多年来,已有近 500 名学者在这里做过研究员。此外,入驻塔蒂别墅的学者还包括访问教授、研究助理与独立学者。

塔蒂别墅的图书馆同样值得关注。其中,最为知名的是贝伦森图书馆(Biblioteca Berenson),它整合了贝伦森自己的藏书,同时增加了大量的新旧研究及至少 400 种期刊。莫里尔音乐图书馆(Morrill Music Library)藏有手稿、书籍和录音资料,被誉为意大利最棒的中世纪与文艺复兴时期的音乐参考图书馆。此外,相片部(Fototeca)收藏了超过 30 万张相片,其中很多相片都是独一无二的。

塔蒂别墅经常举办文艺复兴时期的主题会议。其中,最引人注目的会议是 1992 年召开的一次国际会议,旨在讨论 15 世纪意大利的统治者、诗人和艺术赞助人洛伦佐·德·美第奇(Lorenzo de'Medici)的生活与工作。当时,向该会议提交论文的大多数杰出学者,均为曾经入驻塔蒂别墅的研究员。

2001 年,哈佛大学意大利文艺复兴研究中心赞助出版了"塔蒂文艺复兴文库"(Villa I Tatti Renaissance Library)第一卷。这一雄心勃勃的文库项目,旨在出版意大利文艺复兴时期的主要文学、历史、哲学和科学领域的作品,借用负责编辑"塔蒂文艺复兴文库"的詹姆斯·汉金斯(James Hankins)教授的话来说,该文库令"失落的新拉丁文学"回归到学术版图。该文库由哈佛大学出版社出版,每本书都采用引人注目的蓝色,书脊上印着贝伦森的蜜蜂标志,就像一个有品位的文身。仿照哈佛大学出版社更为知名且历史更悠久的"洛布古典丛书"(Loeb Classical Library),"塔蒂文艺复兴文库"的每本书均采用原文与英文对照排版方式,呈现原始的拉丁文本与英文译文。

正如哈佛大学意大利文艺复兴研究中心的新主任所言,塔蒂别墅实现了"文艺复兴时期关于'庭林胜地'(locus amoenus)的梦想",这是一处令人愉悦的休养地,人文学者们"退回到宁静的山冈,思考和讨论真正重要的事情"。

相关条目 存于别处的哈佛;哈佛大学出版社;研究中心与研究所;泽弗希腊字体。

相关网站 www.itatti.it。

虚拟的哈佛

只要有网络浏览器与视频播放器,您便可以参加哈佛大学的课程或教职员论坛,探索哈佛图书馆的独特藏品,观看艺术展览,或者重新回放哈佛大学橄榄球队对普林斯顿大学队的比赛中决定胜利的触地得分。您可以在全球任何地方,在任何时间做上述这些事。像计算机芯片运算速度提升一样,网络程序菜单的数量每18个月就会翻一番。以下列出的资源,您当下就可以下载:

• 学分课程。哈佛大学延伸教育学院开设了一系列的"远程教育"课程,且数量还在增加,其中许多课程属于计算机科学范畴,其他课程包括英国浪漫主义诗歌、美国宪法史与形而上学导论等。这些代表未来趋势的课程汇集了讲座的视频与相关材料。哈佛登记在册的学生可以选择亲自参加讲座,或者在线观看。某些课程仅供在线学习。虽然哈佛学院的课程仅限哈佛的本科生修读,但是越来越多的课程,特别是科学领域的课程,都拥有自己的教学网站。

• 继续教育。大多数研究生院与专业学院都在积极地开发在线内容与工具。哈佛商学院全资拥有的"哈佛商学院互动"(Harvard Business School Interactive,HBSi)为高管定制课程。哈佛教育研究生院的"广阔世界"(Wide World)课程是为专业教师和教育管理人员量身定制的。通过在线课程、讲座与"以计算机为媒介的研讨会",哈佛法学院的伯克曼互联网与社会中心探讨了与法律相关的互联网问题,如治理、隐私、知识产权、反托拉斯、内容控制和电子商务。哈佛医学院的"哈佛医学国际"(Harvard Medical International,HMI)携手爱尔兰皇家外科医学院（Royal College of Surgeons）和直觉出版公司（Intuition Publishing），共同开发了一套电子课程，旨在帮助爱尔兰的外科医生备战医学基础考试。

• 馆藏和展品。哈佛大学图书馆和博物馆开设了一系列主题网站，使人们可以访问其海量藏品的一部分。譬如，在"哈佛大学的银版摄影法"（Daguerreotypes at Harvard）页面，访问者可以检索到整个大学保存的3500多块银版中的部分藏品。"濒危的珍宝"（Treasures at Risk）抽样展示了部分书籍、手稿和科学仪器，因为它们容易损坏，无法公开展览。"萨金特在哈佛"（Sargent at Harvard）和"本·沙恩在哈佛"（Ben Shahn at Harvard）是两个可搜索的数据库，其中收录了与这两位美国的重量级艺术家相关的图像和文字信息；"大学艺术博物馆藏品在线"（University Art Museums Collections Online）汇集了约7.6万件艺术品的信息，这些艺术品占哈佛大学艺术博物馆永久馆藏的半数以上。"阿诺德植物园的丁香"（Lilacs at the Arnold Arboretum）并不关注香水，而是指导人们如何在新英格兰地区的花园种植与照料丁香。布施—赖辛格博物馆举办了一场只在互联网上进行的展览——通过混合媒体外加互动式展览，展示了德国包豪斯学院的艺术品，并通过数字化链接，让访问者观赏哈佛大学艺术博物馆数据库中的包豪斯艺术家与匠人的其他艺术品。或许，这是未来的一种趋势。

哈佛大学的另一项网络创新是"Harvard @ Home"，提供的内容可谓应有尽有：讲座与教职员论坛、公共演讲、会议、校友会会议，以及点缀每个学年的丰富多彩的活动，如哈佛—耶鲁橄榄球赛、在速食布丁剧场颁发的年度最佳男女演员奖、哈佛大学的毕业典礼。Harvard @ Home 于2001年上线，是由哈佛校友会、哈佛文理学院、《哈佛杂志》与哈佛的教职员和客座讲师合作建成的。可供下载的节目时长从45分钟至3小时不等，内容包括："伊斯兰和美国"（Islam and America）、"全球环境状况"（State of the Global Environment）、"解三次方程"（Solving Cubic Equations）、"贝多芬第九交响曲"（Beethoven's Ninth Symphony）和"虚拟的连续性：下一个千年的图书馆将会有何变化？"（Virtual Continuity: What Will Be Expected of Libraries in the Next Millennium?）。Harvard @ Home 每月都有新节目上线。

"数字哈佛：在线教育资源的门户"（www.digital.harvard.edu）网站，可以说是哈佛大学当前数字化工程的样本。

相关条目 校友；继续教育；《哈佛杂志》；信息技术。

相关网站 athome.harvard.edu；www.artmuseums.harvard.edu；www.extension.harvard.edu/DistanceEd。

150 — 154

怀德纳图书馆种类繁多的藏书票，彰显了一代又一代藏书家的慷慨捐赠。

沃兹沃思楼

沃兹沃思楼是哈佛大学仅次于马萨诸塞堂的第二座年代最为悠久的建筑。沃兹沃思楼是哈佛园里唯一的木结构建筑，也是唯一一座尚未被纪念围栏围住的建筑。这座楼的主体部分于 1727 年竣工。当时，它是哈佛大学新任校长本杰明·沃兹沃思的住所。直到 1849 年，沃兹沃思校长之后的八位校长都住在此处。1849 年，时任哈佛校长的贾里德·斯帕克斯（Jared Sparks）选择继续留在昆西街自己的房子里。直到 1860 年，哈佛在昆西街下段修建了新的校长宅邸。

哈佛大学 1821 届校友拉尔夫·沃尔多·爱默生还是一名本科生时，就住在沃兹沃思楼；50 年后，哈佛大学 1858 届校友亨利·亚当斯（Henry Adams），作为一名新任历史学助理教授，也住在这幢楼里。在 19 世纪 80 年代，哈佛的牧师在沃兹沃思楼设有办公室。如今，这幢楼是哈佛大学典礼官、大学图书馆馆长以及少数资深教职员的办公楼。

沃兹沃思楼的屋顶是复斜式的，三楼有五个"老虎窗"，油漆采用了独特的芥末色。沃兹沃思楼被誉为早期乔治亚式家居建筑风格的一个代表性建筑。它静静地矗立在哈佛园的边缘，前面有一座花园与庭院，后面是一座苹果园。1912 年，马萨诸塞大道扩建时，沃兹沃思楼失去了前院、木围栏以及建于 18 世纪的门柱。现在，这幢楼位于哈佛广场的中心，装点着从马萨诸塞大道和红线地铁站到哈佛园的主要入口。无论行人是否驻足品味，他们都可以从正面和侧面，看到沃兹沃思楼那华丽的外观。

相关条目 建筑；昆西街；哈佛园。

沃伦博物馆

在哈佛大学，最奇异的馆藏就在沃伦解剖博物馆（Warren Anatomical Museum）。该博物馆以一位 19 世纪知名外科医生的名字命名，这位外科医生向该馆捐赠了大约一千件奇特的标本，其中包括他本人的骨架。这座博物馆估计有 1.3 万件藏品，曾一度占据了哈佛医学院 A 楼的顶层，被称为该学院的四合院中的"王冠"。这些藏品中大多数都被储存起来，但有一部分藏品陈列于朗伍德医学区的康特威医学图书馆。

约翰·科林斯·沃伦(John Collins Warren,1778—1856)博士是哈佛医学院创始人之一约翰·沃伦(John Warren)博士之子,早在1799年就开始收集不寻常的解剖学与病理学标本;后来,他协助规划了哈佛大学的首家体育馆,并参加了1846年在马萨诸塞州综合医院进行的第一例乙醚辅助手术。1847年,沃伦博士辞去其在哈佛医学院的教授职位,将其大部分藏品移交给了哈佛医学院,并捐赠了5000美元,用以维护这些藏品。沃伦博士的藏品包括:

- W. T. G. 莫顿(W. T. G. Morton)博士在其知名的乙醚辅助手术中使用的玻璃吸入器。
- 奥利弗·温德尔·霍姆斯博士的显微镜收藏。
- 一位波士顿水手绘有精美文身的皮肤标本。
- 浸泡在福尔马林中的一个婴儿的二等分标本。
- 双头牛犊的填充标本。
- 颅相学(phrenology)的共同创始人约翰·卡什帕·斯普尔茨海姆(Johann Kaspar Spurzheim)博士的头骨收藏。
- 秘鲁人的头骨收藏。
- 菲尼亚斯·盖奇的"撬棍头骨"。

盖奇是美国佛蒙特州的一名建筑工头。1848年,他在拉特兰—伯灵顿铁路公司(Rutland & Burlington Railroad)工作时,炸药提前爆炸,致使一根撬棍穿过其头部。当时,重约5.9公斤的铁夯直接穿过了盖奇的大脑额叶,不过,他依然保持清醒,并活到了1860年。此次事故尽管使他的性格发生了明显的变化,他变得"反复无常、无礼、极其亵渎他人,对其同伴几乎没有敬意",但却使盖奇成为当时的医学奇观之一。盖奇去世五年后,沃伦博物馆说服盖奇的母亲将盖奇的头骨(加上留在他头骨里的那部分铁夯)捐赠给该馆。时至今日,"撬棍头骨"依然是该馆最引人注目的展品。

20世纪70年代,沃伦博物馆的馆藏被转移到康特威医学图书馆。其间,沃伦博物馆的许多器官标本与人工制品显然已遗失或被盗。在每个工作日早上9点到下午5点,位于康特威医学图书馆五楼的沃伦博物馆展览馆会展出标本,供公众免费观赏。

沃伦博士的骨架被安放在一个衬有樱桃木的壁柜里。根据沃伦博士的意愿,这个壁柜每年要打开一次供私人查看。

相关条目 医学院;科学博物馆。

相关网站 www.countway.med.harvard.edu/warren。

哈佛大学广播电台

1940年，部分对无线电技术感兴趣的哈佛学生，在哈佛《绯红报》的资助下，组建了"哈佛无线电台"（Harvard Radio），当时被称为"闭路绯红网络"（Closed-Circuit Crimson Network）。哈佛无线电台的工作人员和办公地点与《绯红报》是分开的，但是该电台的账簿由《绯红报》管理。三年之后，哈佛大学的首批播音员与《绯红报》分道扬镳，以"哈佛之声电台"（Harvard Radio Voice）实现了独立。最初，哈佛之声电台通过哈佛各楼舍与哈佛园的电线，以调幅550千赫兹的频率播出。1951年，该电台对外呼号改为"哈佛大学广播电台"（WHRB），并于1957年增设了调频（FM）频道，而之前使用的调幅（AM）频道于1973年被废止。如今，哈佛大学广播电台在大波士顿地区的收听频率为调频95.3；在互联网上，可以通过www.whrb.org收听。该电台由哈佛的学生运营，哈佛的本科生充任工作人员（偶尔也有哈佛校友加盟），分别担任播音员、评论员、记者、节目编排员与技术人员。

哈佛大学广播电台的节目编排不拘一格。电台最为知名的传统，应该是其发起的音乐狂欢——在哈佛的冬季与春季学期的复习阶段，长时间播放某位作曲家、演奏家、乐队的作品，或者某个主题的音乐（比如第二次世界大战时期的歌曲）。在哈佛大学广播电台以往的音乐狂欢中，就播放过巴赫（整整9天）、海顿、莫扎特、威尔第（Verdi）、肖斯塔科维奇（Shostakovich）、利盖蒂（Ligeti）、施尼特克（Schnittke），以及其他知名和不知名作曲家的作品。同时，电台还回顾了许多爵士乐手［如科尔特兰（John Coltrane）、查理·帕克和戴维斯（Miles Davis）］、摇滚乐队、词曲作者和歌手的作品。在每个学期，电台为古典乐、爵士乐、蓝调、节奏布鲁斯和地下摇滚乐开设了常规节目。半个世纪以来，每个周六早上，该电台都会播出一个名为"哈佛的乡巴佬"（Hillbilly at Harvard）的节目；周日早上，电台会播出纪念教堂礼拜节目，这已经持续了40多年。体育赛事、音乐会、来访名人的公开亮相，以及毕业周的主要仪式，电台都会报道。电台还时不时地采访哈佛大学的教职员，分享他们对于诸如中国或俄罗斯政治、人类基因组计划、导弹防御系统、搜寻外星智慧生命，或者全美选举中的计票机制等问题的专业见解。

自20世纪50年代末以来，哈佛大学广播电台每周会播出一部完整的歌剧。20世纪90年代末，波士顿经典音乐广播电台WCRB突然终止在每周六下午放送大都会歌剧院(Metropolitan Opera)的演出。为了拯救当地大批的歌剧爱好者,哈佛大学广播电台增设了一档大都会歌剧院歌剧日场节目。

哈佛大学广播电台在运营上不听命于任何公司,而是只对自己负责,因而能够选择接什么样的广告,不用在乎商业目标[仅受美国联邦通信委员会(Federal Communications Commission)规定的限制]。哈佛大学广播电台很珍惜它的独立性,借助丰富的资源,播放高质量且使人充实的节目,这些节目是其他大多数电台的节目所无法企及的。

相关条目 哈佛学院;《绯红报》;音乐;无线俱乐部。

相关网站 www.whrb.org。

怀德纳图书馆

哈里·埃尔金斯·怀德纳纪念图书馆雄踞哈佛园,这座宏伟的建筑好像是哈佛大学这个房间里的一头大象。鉴于该图书馆的象征价值,这种比喻是合适的。哈佛大学建筑历史学家班布里奇·邦廷认为:"作为一所大学的核心与重要组成,图书馆在规模和设计上都应该令人印象深刻。"怀德纳图书馆正是这样的图书馆。

哈佛大学图书馆体系中有 90 多个不同类型的图书馆,怀德纳图书馆是其中最大的图书馆。怀德纳图书馆拥有近 350 万册藏书,主要为人文社会科学类书籍,馆内书库有 10 层楼,书架连在一起,长度可达约 105 公里。该图书馆在马萨诸塞州绍斯伯勒郊区的哈佛储藏书库还存放了另外 150 万册图书。

怀德纳图书馆建于 1913—1914 年,是由费城的埃莉诺·埃尔金斯·怀德纳 (Eleanor Elkins Widener)捐建的,以纪念她的儿子哈里·埃尔金斯·怀德纳(哈佛大学 1907 届校友)。哈里与其父不幸于泰坦尼克号沉没时一同罹难。哈里是一位热衷阅读且知识渊博的藏书爱好者,他曾要求其母亲在适当的情况下将其藏书移交给哈佛大学。怀德纳夫人曾经考虑为馆藏负荷过重的戈尔堂图书馆新建一座辅楼。不过,她最后还是决定捐建一座新的图书馆。作为捐赠的条件,她保留了遴选建筑师的权利。时任哈佛校长的 A. 劳伦斯·洛厄尔并未提出异议,哈佛当时迫切需要一座新的图书馆。怀德纳夫人选择了费城人霍勒斯·特朗鲍尔(Horace Trumbauer),不过,特朗鲍尔的作品并非所有建筑师都喜欢。"怀德纳夫人尚未向哈佛提供修建新图书馆的资金,却已提出要建一座外观上令她满意的图书馆,"洛厄尔校长在写给波士顿建筑师查尔斯·柯立芝的信中如是说。"(图书馆的)外观是她自己选择的,在建筑方面她有决定性意见。"从未有一位捐赠者像怀德纳夫人这样,对哈佛的建筑环境产生如此直接的影响。

这座建筑的大致规模与规划——一个配有两个内部庭院的空心广场——经由哈佛大学建筑师委员会确定。怀德纳夫人所期盼的、经过特朗鲍尔的建筑公司构思的那种宏观建筑,是继哈佛法学院的兰德尔堂与哈佛医学院的四方庭院之后又一例带有简约且形式主义的帝国建筑风格的建筑。正如建筑历史学家邦廷所指出的那样,怀德纳图书馆的结构与其相邻的建筑是相符的,尽管它的规模在哈佛历史上是前所未有的:

> 怀德纳(图书馆)明显属于帝国与古典主义建筑风格,而非乔治亚式建筑风格。不过,该建筑对砖的使用,与哈佛园中的其他建筑是相容的。它的白色石柱和装饰,也让人联想到大学堂的古老花岗岩。大理石铺就的室内楼梯,主楼梯两边约翰·辛格·萨金特的油画,以及怀德纳纪念室(Widener Memorial Room),为怀德纳图书馆奠定了基调,扩展了整座建筑的宽度,令怀德纳图书馆成为哈佛大学最引人注目的空间。

与被拆除的戈尔堂不同,怀德纳图书馆的入口对着哈佛园中央的四方庭院。图书馆前面有一段宽阔的台阶,最上面一层台阶上有一排十二根带有科林斯式柱头的石柱。图书馆中间的门上刻着15世纪诸多印刷商的标志性印记,如奥尔德斯(Aldus)、卡克斯顿(Caxton)、富斯特(Fust)、伦博特(Rembolt)和舍弗(Schoeffer)。馆内采用大楼梯通向大型阅览室,设计上遵循了波士顿公共图书馆在1895年制定的样式。第二次世界大战结束后,大多数的美国图书馆均模仿这一样式。沿着楼梯走到一半,就可以看到中央圆形大厅里优雅的怀德纳纪念室。怀德纳纪念室保存了哈里·埃尔金斯·怀德纳的3300卷藏书,其中包括莎士比亚作品的第一版对开本,以及1944年由怀德纳家族捐赠的《古腾堡圣经》(Gutenberg Bible)。

据说,怀德纳图书馆是美国最后一座主要采用自承重设计的混凝土建筑,没有钢结构的外部框架(其实,该建筑的大理石地板层积使用了钢的支撑物)。主楼层下方有四层层积。出于经济方面的考虑,在图书馆对外开放时,最底部的C层和D层还只是骨架(C层甚至还没有地板)。第二次世界大战后,底层积通过隧道与霍顿图书馆、拉蒙特图书馆和普西图书馆相通。依据怀德纳夫人的捐赠条款,禁止对怀德纳图书馆的其他部分进行"任何形式的改动、增加或改建"。在怀德纳图书馆和霍顿图书馆之间修建走道时,建筑师试图在捐赠要求范围内将走道与怀德纳图书馆的某个窗口相连,而不是切开图书馆的某一扇门(不过,天桥于 2004 年春季被拆除了)。

1913 年 6 月,怀德纳夫人为怀德纳图书馆奠基;两年后的哈佛毕业典礼日,图书馆落成。它的建筑师霍勒斯·特朗鲍尔是当年哈佛大学的荣誉学位获得者之一。

怀德纳图书馆的初始成本预计超过了 400 万美元。当它对外开放时,怀德纳图书馆被视为一个非常先进的研究设施,拥有充足的自然光,通风系统可以将新鲜空气送入建筑物内部,冬季可以通过蒸汽供暖,夏季则可以开窗通风。后来人们发现,光线、空气和温度的波动,不利于书籍与手稿的保存。因此,从 1999 年开始,哈佛大学展开了一项为期 5 年且耗资 9000 万美元的改造工程,提供了新的气候控制与照明设备,配备了新的电气、消防和安全系统,翻新了层积和公共区域,并在以前的庭院空间里新设了两间阅览室。

早先,唯有教师与高年级研究生才有权限使用怀德纳图书馆的馆藏。后来,哈佛对这一规定进行了修改,以适应哈佛学院的课程设置与对图书馆使用方式的不断变化。目前,本科生占怀德纳图书馆常规读者的一半,他们可以通过读卡器刷卡进入馆内。但在离开大楼时需要多花一些时间。1930 年,哈佛宣布今后"书籍、书包和公文包等"需要接受检查。怀德纳图书馆要求其读者通过旋转门离开该馆,这项创新随后被大多数学术图书馆采用。1931 年,一伙专业窃贼因盗窃怀德纳图书馆和其他图书馆的图书而被捕,平息了所有针对接受检查这一新政策的批评。同年,在一位前高中校长位于郊区的家中发现了从怀德纳图书馆窃取的 2054 本书,而这位校长拥有哈佛大学文理研究生院和教育研究生院的硕士学位。

对于盗书者而言,怀德纳图书馆依然是一个诱人的目标。1977 年,在一位即将前往加利福尼亚州任教的历史系研究生的办公室里,发现了大约 3000—5000 本已装箱的书,这些书来自哈佛大学、波士顿以及各类英语图书馆。1991 年,埃利奥特舍的一位前非常住导师失踪,留下了从怀德纳图书馆、库利学院(Curry College)和波士顿公共图书馆偷来的近 300 箱书。

不管从哪方面来说,怀德纳图书馆都是一座国际性的图书馆。该馆的研究资料,如书籍、期刊、缩微胶卷、电影、小册子、海报、录音、电子资源和非正式文献,用 100 多种语言写成,几乎来自全球所有国家。特别值得注意的是有关非洲、美洲、欧洲地方历史、犹太教、拉丁美洲研究、中东研究和斯拉夫研究的馆藏,以及有关亚洲、英联邦、法国、德国、意大利、斯堪的纳维亚、希腊和拉丁古迹的馆藏。这些研究材料涉及语言学、古代和现代语言、民俗学、经济学、科学技术史、哲学、心理学和社会学等方面。怀德纳图书馆的工作人员与来自全球各地的学者和图书馆员协同工作。

相关条目 建筑；存于别处的哈佛；霍顿图书馆；拉蒙特图书馆；图书馆；地下。

相关网站 hcl.harvard.edu/widener。

无线俱乐部

切莫将哈佛无线俱乐部（Harvard Wireless Club）与哈佛大学广播电台混淆。哈佛无线俱乐部成立于1909年，是美国最早的业余无线电俱乐部。该俱乐部的呼叫代码/数字是"W1AF"，保持着三个操作位置，其中一个在甚高频段（Very High Frequency, VHF），另外两个则在高频段（High Frequency, HF）。该俱乐部的活跃成员主要是在校本科男生和男研究生，还有一些校友和教职员工。

业余无线电台并非商业无线电台，它是一个由美国联邦许可的操作员组成的网络，他们使用无线电设备与世界各地的其他"业余无线电爱好者"通联［业余无线电台也被称作"火腿电台"，业余无线电爱好者会自称"火腿"（hams），通联时闲聊有时被称为"火腿神聊"（rag-chewing）］，并进行各种无线电实验。在紧急状况下，业余无线电操作员通常可以提供替代性的通信手段。

相关条目 哈佛大学广播电台。

ΠΡΟΒΟΥΛΟΣ
ἆρ' ἐξέλαμψε τῶν γυναικῶν ἡ τρυφὴ
χὠ τυμπανισμὸς χοἱ πυκνοὶ Σαβάζιοι,
ὅ τ' Ἀδωνιασμὸς οὗτος οὑπὶ τῶν τεγῶν,
390 οὗ 'γώ ποτ' ὢν ἤκουον ἐν τἠκκλησίᾳ;
ἔλεγεν ὁ μὴ ὥρασι μὲν Δημόστρατος
πλεῖν εἰς Σικελίαν, ἡ γυνὴ δ' ὀρχουμένη
"αἰαῖ Ἄδωνιν" φησίν. ὁ δὲ Δημόστρατος
ἔλεγεν ὁπλίτας καταλέγειν Ζακυνθίων,
395 ἡ δ' ὑποπεπωκυῖ' ἡ γυνὴ 'πὶ τοῦ τέγους
"κόπτεσθ' Ἄδωνιν" φησίν. ὁ δ' ἐβιάζετο,
ὁ θεοῖσιν ἐχθρὸς καὶ μιαρὸς Χολοζύγης.
τοιαῦτ' ἀπ' αὐτῶν ἐστιν ἀκολαστάσματα.

ΚΟΡΥΦΑΙΟΣ
τί δῆτ' ἄν, εἰ πύθοιο καὶ τὴν τῶνδ' ὕβριν;
400 αἳ τἄλλα θ' ὑβρίκασι κἀκ τῶν καλπίδων
ἔλουσαν ἡμᾶς, ὥστε θαἰμάτίδια
σείειν πάρεστιν ὥσπερ ἐνεουρηκότας.

155 – 158

泽弗希腊字体(ZephGreek)，是哈佛大学出版社为"洛布古典丛书"系列而定制设计的电子字体，其灵感源于一种名为"波森希腊字体"(Porson Greek)的原图。

限制级收藏

早期哈佛图书馆会把明星含有性或色情意味的书籍专门放入"限制级收藏"（X Cage）。这样做，部分是为了避免那些毫无戒备心的读者被诱惑，部分则是为了防止这些书被好色的"书虫"、惯偷，或者禁欲、守望保护协会（Watch and Ward Society）的主事者损毁或带走。1878 年，禁欲、守望保护协会由一群民间领袖组建而成，其中包括菲利普斯·布鲁克斯牧师（哈佛大学 1855 届校友）、格罗顿学校的首任校长恩迪科特·皮博迪（Endicott Peabody）、威廉·劳伦斯牧师（哈佛大学 1871 届校友，后来成为马萨诸塞州圣公会主教与哈佛大学理事会的成员）。该协会现在因进行文学审查而恶名昭彰，被人称为"波士顿禁播"。

随着时间的推移，"限制级收藏"的标准也变得不那么严格了。比如，1888 年出版的约翰·克利兰（John Cleland）的《芬妮·希尔回忆录》（*Memoirs of Fanny Hill*），是一部 19 世纪知名的情色作品，曾被怀德纳图书馆列为"限制级收藏"。不过，这本书的未删节版于 1985 年出版，更名为《芬妮·希尔：欢场女子回忆录》（*Fanny Hill：Memoirs of a Woman of Pleasure*），在该图书馆供读者开架阅览，并附上该书 1988 年版的逐字索引。另有一本匿名作者写的《我的秘密生活》（*My Secret Life*），于 1880 年在阿姆斯特丹由私人出版，曾被列为"限制级收藏"。当时，弗兰克·哈里斯（Frank Harris）的著作《我的生活与爱情》（*My Life and Loves*）的法文版也被列为"限制级收藏"。不过，20 世纪 60 年代出版的亨利·米勒的"殉色三部曲"[包括《关系》（*Nexus*）、《神经》（*Plexus*）和《性》（*Sexus*）]，及其所著《南回归线》（*Tropic of Capricorn*）与《北回归线》（*Tropic of Cancer*）现在都被摆在了图书馆内美国文学的书架上，它们都曾被禁止进入美国。怀德纳图书馆的"限制级收藏"，如今存放于马萨诸塞州绍斯伯勒的哈佛大学储藏书库。怀德纳图书馆可以再次收藏这些书，但只能在该馆内流通。

一图往往胜过千言万语。在福格艺术博物馆的美术图书馆里，其"限制级收藏"的名单是最引人注目的。其中不乏一些学术作品，比如，《摄影中的怪诞》（*The Grotesque in Photography*，1977 年出版于纽约）、《窃视癖》（*Scopophilia：The Love of Looking*，1985 年出版于纽约）、《完全曝光：摄影中的男性裸体》（*Fully Exposed：The Male Nude in Photography*，1990 年出版于伦敦）。相比之下，芬妮·希尔及其崇拜男性生殖器的英国拥趸，也不过如此。

唯有合格的研究人员,方可参阅这些"限制级收藏"。

相关条目 图书馆;怀德纳图书馆;Z级书橱。

哈佛园

哈佛园指的是一个历史悠久、有围栏的、占地约1.6万平方米的保护区。园内道路纵横交错,有大约30座学术建筑与宿舍楼,构成了哈佛大学的地理与精神中心。旧园是哈佛学院的诞生地,与哈佛广场毗邻。新园则位于大学堂以东,这样的布局形成于20世纪。

这里必须说一下"园"(yard)这个术语。最初,哈佛学院选定的建校之处是在"牛栏街"(Cow-yard Row)。依照1936年版《哈佛大学手册》(*Harvard University Handbook*)所说:

> 1774年,普林斯顿大学引入了一股风尚。在接下来的一个世纪里,这股风尚将美国几乎所有学院的院子和绿地,都变成了经典的校园……在哈佛大学,"园"这个词也经历了这股风尚的考验。随着哈佛学院主要建筑的位置发生变化,"园"的含义也发生了变化。在19世纪中叶,"园"这个词一度让位于一种更为普遍的说法,即"学院的场地"。不过,在埃利奥特校长主政哈佛期间,再度开始使用"园"这一称谓。

如今,只有哈佛大学之外的人,才会将哈佛园称为哈佛大学的"校园"。

从一开始,哈佛园就在宿舍楼、教学楼与宗教建筑之间保持着一种平衡。在哈佛园中,现存历史最悠久的建筑是马萨诸塞堂(建于1721年),可以说充分体现了哈佛园的特色:该建筑的顶部两层是新生宿舍,哈佛大学校长与5位副校长的办公室则在一楼和二楼。马萨诸塞堂是哈佛园里13座新生宿舍楼之一。大学堂差不多位于哈佛园的中间,是哈佛大学文理学院的行政总部所在地;雷曼堂、沃兹沃思楼和洛布楼也属于行政楼;哈佛堂、博伊尔斯顿堂、塞弗堂、罗宾逊堂和爱默生堂则是教学楼。哈佛园里两座规模最大的建筑,当数纪念教堂与怀德纳图书馆,它们构成了新园里被称为"三百周年剧场"的四方庭院的南北两翼;哈佛大学的毕业典礼与其他仪式都在三百周年剧场举行。在哈佛园的东南角,怀德纳图书馆通过地下通道与拉蒙特图书馆、普西图书馆和霍顿图书馆相连。

挺拔的榆树、精心修剪的草坪、引人共鸣的四方庭院与赫赫有名的建筑,使哈佛园别具魅力。这一切在很大程度上要归功于哈佛大学前校长约翰·桑顿·柯克兰(1810—1828年在任)。在柯克兰就任校长之前,哈佛园是缺乏规划且声名欠佳的。柯克兰认为,哈佛园就像"一块未加规整的公共用地",里面几乎没有树木,也没有规整的道路,同时哈佛学院酿酒厂、贮木场、猪圈和几处厕所破坏了园内的景观。柯克兰上任后,清除了这些建筑,培植草木,并铺设了道路,一直沿用至今。

不过,柯克兰的继任者在维护哈佛园的宿舍楼方面做得不够好。在美国内战之后,哈佛园安装了煤气灯。其后,即使是在19世纪末20世纪初,哈佛园内的许多老建筑依然没有集中供暖,地下室的上方也没有水暖装置。这些缺陷促使人们在19世纪90年代涌向奥本山街及其周边的私人住宅。一时间,"黄金海岸"取代了哈佛园,成为哈佛大学生的生活中心,这在一定程度上也加剧了社会的层级分化。1909年,A.劳伦斯·洛厄尔就任哈佛大学校长后,一切都发生了变化。哈佛大学在查尔斯河沿岸新建了新生宿舍楼;为了增进各阶层的团结,哈佛大学鼓励高年级学生住在哈佛园里。那时,所有的宿舍都配有浴室和淋浴,部分宿舍还装上了电灯。1930年,哈佛大学建立了学舍制度。高年级学生住进了之前的新生宿舍楼和靠近查尔斯河的新宿舍楼,哈佛园内的宿舍则专供新生使用。因此,哈佛新生依然被称为"哈佛园人"(Yardlings)。

自1639年哈佛第一座建筑建成以来,哈佛园里便出现了各式各样的围栏。当时,哈佛的管理人员曾记录了一笔开支,"为学校加设近2米高的围栏"。在美国独立战争的头一年,驻扎在哈佛的大陆军士兵拆了围栏用作柴火。此后,哈佛用了十余年的时间才架起了新围栏。现在,哈佛园具有纪念意义的砖铁围栏,是由麦金、米德和怀特建筑事务所设计的,其中大部分建于1901—1914年。围栏的建筑成本由哈佛学院的各届校友分担,他们的届别被制作成了铁质装饰品。围栏有9座大门与17座小门,由各届校友、俱乐部或个人捐赠。其中,最为精致的约翰斯顿门(建于1890年)是纽约建筑师查尔斯·福伦·麦金完成的第一项哈佛委托。约翰斯顿门面向哈佛广场而开,是哈佛园的主要入口。

相关条目 建筑;毕业典礼;大学一年级;喷泉;大门;黄金海岸;警卫室;哈佛学院;哈佛堂;霍顿图书馆;学舍;拉蒙特图书馆;纪念教堂;昆西街;雕像与纪念碑;地下;沃兹沃思楼;怀德纳图书馆。

Z 级书橱

与哈佛图书馆的限制级收藏中的书籍和系列收藏不同,霍顿图书馆的 Z 级书橱中的收藏并非限制级的。但是,Z 级书橱中的收藏也不能被整齐地码放在书架上。Z 级书橱的文物级收藏,补充了哈佛图书馆的稀有书籍、手稿和其他文件,其中包括:查尔斯·狄更斯的螺旋形手杖,狄更斯常徒步穿行伦敦阴暗的街道或汉普斯特德·希思公园(Hampstead Heath),正是手持这把手杖,回避着沿途的流浪者;T. S. 艾略特(哈佛大学 1910 届校友)的一顶草帽;从纳撒尼尔·霍桑和威廉·沃兹沃思(William Wordsworth)头上剪下的一缕头发;逃脱艺术家哈里·胡迪尼(Harry Houdini)用过的手铐等。

除了珍藏著名诗人艾米莉·狄金森的文件,霍顿图书馆还用一整个房间收藏了狄金森的其他物品,其中包括诗人的写字台和钢琴、她用来封印信笺的物件、家庭肖像、一份诗人小时候的十字绣样本,以及她戴在小拇指上的戒指。

相关条目 霍顿图书馆;图书馆;限制级收藏。

泽弗希腊字体

1933 年,詹姆斯·洛布(James Loeb,哈佛大学 1888 届校友)在去世时将"洛布古典丛书"捐赠给了哈佛大学。在这一丛书里,希腊语作品为绿色封面,拉丁语作品为红色封面,采用希腊文—英文或拉丁文—英文对照的方式进行排版。这套丛书很快便成为整个英语世界的"黄金标杆"。近年,哈佛大学出版社对"洛布古典丛书"进行了修订,对内容作了更新和增补,其中包括重新引入诸如阿里斯托芬(Aristophanes)和马提亚尔(Martial)等作家的原始词汇,它们曾在早期的译本中被删除。现在,"洛布古典丛书"收录了大约 500 卷古籍,在全球任何地方仅需点击鼠标便可订购到。

不过,除了洛布的译本之外,还有其他需要更改之处。1995 年,哈佛大学出版社推出了一种新的电子字体,专门用于改善"洛布古典丛书"的文字外观与可读性。同时,推出这一字体,也是向泽弗·斯图尔特(Zeph Stewart)致敬。斯图尔特时任哈佛大学安德鲁·W. 梅隆(Andrew W. Mellon)人文科学荣誉教授,并于 1973 年后成为"洛布古典丛书"基金会的受托人。TNT 公司（Technologies 'N Typography）是哈佛大学出版社的供应商之一，找到了基于英国古典主义学家理查德·波森（Richard Porson）的笔迹设计的波森希腊字体的原始图纸，"洛布古典丛书"自启动以来一直使用波森字体。根据该原始图纸创造出的美观的电子字体［即泽弗希腊字体（ZephGreek）］，使丛书今天使用的希腊字体焕然一新。在这一过程中，TNT 公司还发明了一种英语（和拉丁语）字体泽弗体（Zeph-Text），与泽弗希腊字体相辅相成，正如近一个世纪前，卡里多尼亚（Caledonia）字体对波森字体加以补充一样。

相关条目 哈佛大学出版社；演讲；塔蒂别墅。

相关网站 www.hup.harvard.edu。

附录（哈佛的专用术语）

同大多数机构一样，哈佛的行政管理部门、学术项目、建筑和组织机构也有缩略语和俚语。还有一些术语，比如"detur"（哈佛大学奖给学术表现优异的新生的书籍奖励），是哈佛特有的，且年代久远。现将哈佛的部分术语整理如下：

Ad Board. 理事会（参见"纪律"）。

Afro-Am. 非裔美国人研究系。

ART. 美国定目剧院，洛布戏剧中心的一家专业剧团，发音为"A-R-T"。

B School. 商学院。

Bandie. 哈佛乐队的成员。

Big Wigg. "大威格"，新生宿舍，占威格尔斯沃思堂较大区域。住在里面的学生被称为"大人物"（Bigwigs）。

Billy Jim. 威廉·詹姆斯堂，哈佛行为科学系的高层大楼。

BFA. 新生导师委员会。

Blocking group. 为居住在哈佛园的新生申请某个学舍中的毗邻套间设立的自选区（参见学舍）。

The Bricks or The Projects. 卡纳迪堂，哈佛园里建于1973年的宿舍楼。

The But. 赫尔伯特堂，新生宿舍楼。它以前是哈佛园外的一幢公寓楼。

The castle. 《哈佛讽刺》所在的建筑（参见《哈佛讽刺》）。

The Chuck. 查尔斯河。

Clav. 克拉弗利堂。

Cliffie. 在拉德克利夫学院并入哈佛之前，用来称学院的本科女生，现在已经不用了（参见"拉德克利夫学院"）。

Clubbie. 指哈佛现存的八个终极俱乐部的成员。

Comp（亦被称为"comping"）. 参加哈佛大学本科生精英组织的选拔（竞赛），比如《绯红报》。

Concentration. 哈佛各个学院的主修专业。

Confi Guide. 每年由哈佛《绯红报》发布的关于本科课程的隐秘指南。

Coop. 哈佛合作社，从1882年至今一直位于哈佛广场。在英语中，"Coop"与"hoop"一词同韵；如果您发"Co-op"的音，就说明您是圈外人。

Core. 本科生的必修课，占本科生培养计划中课程的1/4（参见"核心课程"）。

The Crime. 哈佛《绯红报》早前略带轻蔑的昵称(参见《绯红报》)。

Crimeds. "哈佛唯一一份在早餐桌上阅读的日报"的编辑。

Crimson Cash. 绯红币,哈佛学生的一种信用卡系统,可以用于获取食物、复印件,以及其他杂物。

CS. 计算机科学

Deanlet. 低阶的学术主管;老一辈的哈佛人则会称其为"小院长"。

Deturs. 哈佛大学给予学术表现优异的新生的书籍奖励。该术语出自拉丁语"detur",意为"给予"。

Div Ave. 神学大道。

Div School. 神学院。

Ec. 经济学。

ECHO. 饮食问题热线与延伸服务(Eating Concerns Hotline and Outreach);其发音同"echo"。

Ed School. 教育研究生院。

Entry, or Entryway. 哈佛园中的一块宿舍区,可以接纳20—46位新生。

ETOB. 人贵自立,这是一个古老的隐喻,喻示一个权力下放的管理体系中分散于不同层面的权力;读作"E-T-O-B"(参见"人贵自立")。

Expos. 说明文写作计划,一年级学生必修。

FAS. 文理学院,由哈佛学院、文理研究生院和继续教育学院等多个学院组成;念作"F-A-S"。

Final club. 终极俱乐部。哈佛有八个专属俱乐部,它们都是所谓"白人盎格鲁-撒克逊新教徒"(White Anglo-Saxon Protestant, WASP)在哈佛的传承者。其中任何一个专属俱乐部,都可被称为终极俱乐部。之所以被称为终极俱乐部,是因为立志加入俱乐部的人,必须先加入一个"候补"俱乐部,而后才有可能被考虑纳入更加挑剔的"终极"俱乐部。高阶的终极俱乐部只准加入其中一个。

The Fishbowl. "玻璃鱼缸",指柯里尔学舍内的一块公共空间,也指麦克斯韦尔·德沃金楼的计算机实验室(参见"信息技术")。

FDO. 新生主任办公室。

FOP, FAP, and FUP. 新生主任办公室管理的三个项目,分别为"新生户外项目"(Freshman Outdoor Program)、"新生艺术项目"(Freshman Arts Program)和 新生城市项目(Freshman Urban Program);有时,这三个可以读作"fop""fap"和"fup"。

The Game. 哈佛大学与耶鲁大学的橄榄球比赛。

Gleek. 哈佛合唱团成员。

Gov Docs. 哈佛学院图书馆的政府文件与微缩文献部,位于拉蒙特图书馆。

The Greenhouse. 科学中心的一家食品店;此外,也指哈佛广场的一家饭店。

Grays. 印有"哈佛体育系所有"的休闲装,很受某些运动员青睐,可以穿着去上课;同时,它也指一幢新生宿舍楼。

Grill Rat. 哈佛学舍内快餐店的顾客。

GSAS. 文理研究生院。

GSD. 设计研究生院。

Gunner. 想要主导课堂讨论的学生。

HAND. 房舍与邻里发展计划，这是一个由学生运营的社区延伸组织，该组织由菲利普斯·布鲁克斯楼负责管理；读作"hand"。

HASCS. 文理学院的计算机服务；负责科学中心的微型计算机实验室、本科生宿舍楼、计算机终端、学生电邮和因特网接入。

HBS. 哈佛商学院。

Head of the Charles. 查尔斯河划艇大师赛，每年十月举行，吸引了世界级的划艇手与成千上万的观众（"head"一词是指放置在查尔斯河最上游的赛艇标记）。

HEMP. 达德利合作社，在哈佛校外的宿舍楼［来自"高能形而上学中心"（Center for High-Energy Metaphysics）］；读作"hemp"。

HGSE. 参见"教育研究生院"。

HCL. 哈佛学院图书馆及其下辖的11家图书馆。

HD. 哈佛设在马萨诸塞州绍斯伯勒的储藏书库，哈佛大学图书馆放不下的图书都存放在此处（参见"存在于别处的哈佛"）。

HIID. 国际发展研究所（Institute for International Development）。

HIO. 国际事务办公室（International Office）。

HLS. 哈佛法学院。

HMC. 哈佛管理公司。

HMS. 哈佛医学院。

HoCo. 宿舍楼委员会（House Committee）。

HOLLIS. 哈佛在线图书馆信息系统，一个基于网络的搜索引擎，可以检索该系统中超过900万册藏书。该系统的缩写跟新生宿舍楼霍利斯堂一样，霍利斯堂建于1763年，以哈佛早期捐助者、18世纪的伦敦商人托马斯·霍利斯的名字命名。

HUGHP. 哈佛大学团体医疗计划（Harvard University Group Health Program），由大学健康服务中心管理；读作"hugh-P"。

HUL. 哈佛大学图书馆及其下辖的90多个图书馆；读作"H-U-L"或"hull"。

HUPD. 哈佛大学警察局，因人性化的社区警务与心系学生的安全与福祉而受到尊敬；读作"hup-dee"。

The Hutch or the Bunny Hutch. 莱弗里特学舍。

HSA. 哈佛学生服务社，是规模最大且最为成功的高校学生运营的公司。

IAB. 室内体育楼，现为马尔金体育中心（MAC）。

Indy. 《哈佛独立周刊》（Harvard Independent）。

IOP. 肯尼迪政府学院的政治学研究所（Institute of Politics）。

ITT. 艾伯特·H.戈登室内田径与网球中心。

JCR. 学生宿舍楼中的初级公共休息室。

Jock. 任何热衷于追求某种兴趣的人，限于运动员，还包括政府官员、经济人士或戏剧演员。

The Jungle. 柯里尔学舍的餐厅（餐厅的中央种有植物）。

K House. 柯克兰学舍。

The Kong. 一家名为"香港"的饭店，一直很受欢迎。

Kroks. 哈佛鳄鱼合唱团，哈佛历史最为悠久的无伴奏合唱团。

KSG（或 K School）. 约翰·F. 肯尼迪政府学院。

LASPAU. 美国大学拉丁美洲研究计划，这是一个隶属于哈佛的非营利组织，由一个独立的美洲国家理事会进行管理；读作"las-paw"。

Let's Go. "我们出发吧"，旅行指南系列图书，由游历四方的本科生编撰、哈佛学生服务社出版。

Lifer. 曾就读于哈佛大学或拉德克利夫学院并在哈佛度过职业生涯的管理人员；有时，它也指积极参与学校活动的哈佛校友。

LoHo. 洛厄尔学舍。

MAC. 前身为室内体育楼（IAB）。

MAC Quad. 马尔金体育中心的四方庭院。它是一片灌木丛生的草地，四周是马尔金体育中心、柯克兰学舍、埃利奥特学舍和温思罗普学舍。

Mass Ave. 马萨诸塞大道，它是连通哈佛与波士顿及其西边郊区的主干道。它穿过了哈佛广场。

Mass Hall. 马萨诸塞堂，哈佛最古老的建筑。1939 年之后，这一术语也指位于马萨诸塞堂的校长办公室。比如，接到马萨诸塞堂的一个电话，意味着哈佛校长、教务长、副校长或者他们的代表打来的电话。通常，人们会欣然应答这样的电话。

Master（或 Co-Master）. 舍监（或舍监夫妇），负责哈佛十三幢本科生宿舍楼之一的教职员（或教职员伉俪）。

Mem Hall. 纪念堂。

Mem Chu. 纪念教堂。

Nerd Cage. 科学中心的计算机终端室。

'Noch's. 皮诺基奥（Pinocchio's）比萨店。

MCZ. 比较动物学博物馆。

OCS. 就业服务办公室（Office of Career Services）。

One-L, Two-L, Three-L. 法学院对一年级、二年级和三年级学生的称呼。

The Pack. 彭尼帕克堂（Pennypacker Hall），一幢新生宿舍楼。

Orgo. 有机化学。

The Pain. 哈佛广场上的一家名为欧·邦·佩因（Au Bon Pain）的快餐店，离哈佛广场地铁站的入口处不远。

PBH. 菲利普斯·布鲁克斯楼。

PfoHo. 福兹海默学舍，曾被称为"北楼"（North House, NoHo）。

Phool. 《哈佛讽刺》的创立者（参见《哈佛讽刺》）。

The Pit. 哈佛广场地铁站入口处周边的下沉式空间，附近无所事事的年轻人常来这里闲逛、抽烟。

'Poonie or 'Poonster.《哈佛讽刺》的成员（参见《哈佛讽刺》）。

Primal Scream Night. 原始呐喊之夜。这是考试之前的一种仪式。午夜时分，大学男生会环绕哈佛园裸奔，而后一路跑到哈佛广场去。有的男生还会赤身裸体地跑到拉蒙特图书馆借书。在这天晚上，女性教职员可以选择待在家中。原始呐喊之夜最初出现于冬季学期考试周的一开始，但现在暑期学院也有了。

The Pro. 哈佛供应公司（Harvard Provision Company），一家老字号的酒类商店。

Pudding Pot. 布丁锅。速食布丁秀筹办人会把布丁锅的复制品授予速食布丁剧场的年度男女艺人。

Pudding Show. 布丁秀。每年3月，速食布丁剧场都会上演略带情色的音乐剧。速食布丁1770俱乐部/研究所（亦称"布丁"）并非哈佛的终极俱乐部。

Punched. 受邀参加终极俱乐部的选拔仪式，通过评估后才能成为成员。秋季是举行选拔活动的最佳时节。

Quadded. 被安排住进先前拉德克利夫四方庭院周围的三幢宿舍楼，从那里步行到哈佛广场需要十五分钟时间。大多数住在里面的学生很快便接受了"命运的安排"；在高年级学生中的调查显示，上述三幢宿舍楼在所有宿舍楼的排名中始终名列前茅（参见"学舍"）。

QRAC. 拉德克利夫四方庭院的综合休闲体育馆（Radcliffe Quadrangle Recreational Athletic Complex），建于1973年，供那些身居四方庭院的哈佛本科生使用；读作"Q-RAC"。

QRR. 本科生必修课在量化推理方面的要求。

The Qube. 昆西学舍的图书馆。

Reading Period. 期末考试之前的十天学习时间。不过，这段时间并不总是被学生用于复习。

River Rat. 住在查尔斯河沿岸宿舍楼的学生。

SCR. 学生宿舍楼中的高级公共休息室，通常仅限于教职员和导师使用。

Schneider. 哈佛乐队中负责安排聚会的工作人员。

Section 12. 布莱特曲棍球中心的铁杆粉丝，喜欢坐在观众席的第12区。

Seventeen Quincy Street. 昆西街17号。之前是哈佛大学校长办公楼，现在成了哈佛大学董事会的所在地，并改名为洛布楼。哈佛有时还会在这里举办节日聚会。

Shopping Period. 选课周。每个学期的第一周，学生们可以根据自己的意愿旁听（或者说"选购"）任何课程。

Spags. 斯帕盖蒂俱乐部（Spaghetti Club），它是温思罗普街上的一家酒吧和舞蹈俱乐部。

SPH. 哈佛公共卫生学院。

The T. 马萨诸塞湾交通局。就哈佛的周边区域而言，马萨诸塞湾交通局的红色地铁将哈佛广场与波士顿以及蓝线、绿线和橙线地铁连接起来。

Table. 各个学院在餐厅入口处或登记区放置的桌子，用来宣传即将举行的活动、售票、纳新，或征集签名。不过，事先要经过学院院长的批准。

TAP. 学费援助计划（Tuition Assistance Plan）。依据该计划，哈佛大学每周工作时间超过17.5小时的雇员可以修读哈佛的学术课程，仅需支付40美元的学费。现在该计划已适用于部分兼职工作人员。该计划读作"tap"。

Tercentenary Theatre. 三百周年剧场。该剧场的四面分别是怀德纳图书馆、大学堂、纪念教堂和塞弗堂。1936 年,哈佛在三百周年剧场庆祝建校三百周年,如今哈佛每年都在此处举行毕业典礼。

TF. 教学助理。

Troll. 使用图书馆(特别是卡伯特图书馆)最低权限的人。

Turkey shoot. 在哈佛《绯红报》的春季会议上,员工选出下一任总编与编辑部的主要成员。不过有时候,结果是有争议的。

UC. 哈佛大学学生会(Undergraduate Council)。在秋季,一些初露锋芒的学生会竞逐学生会中的位子。

UHS. 哈佛大学健康服务中心。

U-mail. 哈佛大学电邮系统。

UT. 位于教堂街的大学剧院,现在是一家多放映厅的影院。

Vermont. 那些居住在四方庭院周边宿舍楼的学生曾经自嘲式地称呼自己为"佛蒙特",与之相应的是,居住在查尔斯河沿岸宿舍楼的学生则称为"纽约"。

VES. 视觉与环境研究(Visual and Environmental Studies)。

Whispering Arch. 塞弗堂外拱门上的凹槽,据说在凹槽的一端低语,在凹槽的另一端可以清晰地听到。

Whrbie. 哈佛大学广播电台的工作人员;读作"wherbie"。

Wigglet. "小威格",占威格尔斯沃思堂较小区域的宿舍(参见"大威格")。

Wonky. 根据《新美国俚语词典》(New Dictionary of American Slang)[哈珀柯林斯(HarperCollins)出版社 1986 年版]的定义,"Wonky"是"形容词,尤其指哈佛学生沉闷且严肃,特别是指学术上急切且好学。释例:雷说:'珍妮·卡维莱里,一个有点无趣的人。'——出自埃里希·西格尔《爱情故事》"。与之相关的"wonk"一词最早是在 20 世纪 50 年代由《哈佛讽刺》成员提出,现在已被广泛使用,意指具有相当高的专业水平和专注度,如"政策专家"(policy wonk)。

World Domination Room. "主宰世界"餐厅。昆西学舍里的一间私人餐厅,餐厅的一面墙上挂着一幅很大的世界地图,因此而得名。

The X. 洛布实验剧院(Loeb Experimental Theatre),亦称为"the Ex"。

The Yard. 哈佛园。从哈佛选址牛栏街(Cow-yard Row)以来,哈佛的重心就一直是"哈佛园"(参见"哈佛园")。

Yardling. "哈佛园人",指住在哈佛园的大一新生(参见"大学一年级")。

致　　谢

非常感谢供职于哈佛大学档案馆的芭芭拉·梅洛尼（Barbara Meloni）所作的孜孜不倦的研究，她对这本书的出版发挥了至关重要的作用。感谢哈佛大学出版社的资深策划编辑苏珊·华莱士·伯默尔（Susan Wallace Boehmer），她既是本项目的负责人，又不时给予人安慰，并协助解决文字问题等等。假如没有苏珊坚定的鼓励、编辑中无懈可击的直觉，以及她所作的准确无误的修改，本书恐怕难以出版。

除本书外，哈佛大学出版社还出版了其他百科类的书。当时，哈佛大学出版社的艾达·唐纳德（Aida Donald，时任社长助理，后任总编）认为本书也可以这样做。当她向哈佛大学的典礼官理查德·亨特谈及这一想法时，亨特同意接手，但前提是另一位长期担任哈佛大学主管的资深人士即哈佛大学管理委员会的前任秘书罗伯特·申顿能作为本书的共同作者。虽然颇费了一番周折，但好在申顿最终同意加入，并很快投入到本书的工作中。

2000 年 2 月，由于申顿与妻子贝齐（Betsy）在波多黎各的别克斯岛度假时不慎摔倒身亡，本书的编写工作不得不停止。申顿的突然离世，使本书遭遇了一次重大挫折。不过，亨特随后找到了另一位经验丰富的哈佛观察者约翰·贝瑟尔加盟撰写本书。贝瑟尔曾任《哈佛杂志》的编辑，出版了《哈佛观察：20 世纪哈佛大学图史》（*Harvard Observed: An Illustrated History of the University in the Twentieth Century*，哈佛大学出版社 1998 年版）。他加盟之后，着手编辑申顿留下的草稿，研究并撰写了许多新的条目，并在印前准备了本书的数字文本文件。

所有深入研究哈佛大学历史的人，都应该感谢塞缪尔·埃利奥特·莫里森所著的《哈佛三百年》（哈佛大学出版社 1936 年版）。莫里森教授的这本书提供了有关哈佛大学过往制度性实践与事件方面的丰富内容，因而一直备受好评。同时，我们也大量参阅了《哈佛观察》与班布里奇·邦廷的《哈佛建筑史》[哈佛大学出版社旗下的贝尔纳普出版社 1985 年版，由玛格丽特·亨德森·弗洛伊德

(Margaret Henderson Floyd)编辑]。此外,汉密尔顿·沃恩·贝尔(Hamilton Vaughan Bail)的《哈佛小说:一些批判性与参考性注释》(Harvard Fiction: Some Critical and Bibliographical Notes,美国古文物协会会议论文,1959年),给本书中"小说中的哈佛"(Fictional Harvard)这一条目介绍的部分早期小说提供了有用的指南。

我们还十分感谢哈佛大学档案馆的安德烈亚·戈尔茨坦(Andrea Goldstein)、罗宾·麦克尔赫尼(Robin McElheny)和布赖恩·沙利文(Brian Sullivan)给予的坚定支持。另外,许多其他朋友和同事也对本书的出版给予了支持,包括提供很多有用的事实信息和建议。我们要感谢所有人,尤其要感谢我们的家人,为了搞清楚那些难懂的统计数据,或者构想与本书内容相匹配的合适语句,我们有时脾气会不太好,而我们的家人则要默默承受。

图片版权

哈佛大学奥尔斯顿倡议规划项目：文前地图

J. F. Coakley，*Veritas Imprimata：The Typography of the Harvard*，Oxford：Jericho Press，1995：本书第 1 页图

哈佛大学档案馆：本书第 39、95、113、147、215、231、265、269、285、337、351 页图

克里斯·斯尼比（Kris Snibbe）/哈佛新闻办公室：本书第 49、245 页图

斯蒂芬妮·米切尔（Stephanie Mitchell）/哈佛新闻办公室：本书第 77 页图

哈佛的戏剧典藏：本书第 173 页图

哈佛新闻办公室：本书第 259 页图

格鲁亚斯·威廉姆斯（Gluyas Williams）/《纽约客》（*New Yorker*）/卡通银行（Cartoonbank）：本书第 289 页图

乔恩·蔡斯（Jon Chase）/哈佛新闻办公室：本书第 307、329 页图

哈佛大学意大利文艺复兴研究中心：本书第 345 页图

哈佛大学出版社：本书第 361 页图

注：以上为本书涉及的图片及其权属来源。

索 引

A. D. Club,阿尔法·德尔塔俱乐部(哈佛大学的"终极俱乐部"之一),105

Aab, Raktaprachit,拉克塔普拉集·阿卜,3,139

Adams, Henry,亨利·亚当斯,353

Adams, John,约翰·亚当斯,137,274

Adams, John Quincy,约翰·昆西·亚当斯,14,15,56,137

Adams, Samuel,塞缪尔·亚当斯,52

Adams House,亚当斯学舍,161—162,210—211

Ad Board,管理委员会,85—86

Adelstein, S. James, S.詹姆斯·阿德尔斯坦,342

Admissions,录取,4—6,134—135,138,165,237;录取竞争,6;(哈佛)医学院的录取,248;多样性,248;族裔配额,10;拉德克利夫学院的录取,88,291—293;录取率,6,166;女性的录取,248

Adolphus Busch Hall,阿道弗斯·布施堂,7—8,62,257,325

Advocate,参见《哈佛之声》

Affirmative action,平权行动,80,88

Agassiz, Elizabeth Cary,伊丽莎白·卡里·阿加西兹,291

Agassiz, Louis,路易斯·阿加西兹,291,313

Agassiz House,阿加西兹楼,43

Agassiz Theatre 阿加西兹剧院(拉德克利夫学院),154

Aiken Computation Laboratory,艾肯计算实验室,110,218

Allison, Graham T.,格雷厄姆·T.艾利森,227

Allston Burr Lecture Hall,奥尔斯顿·伯尔讲堂,110

Alpha-Iota of Massachusetts,马萨诸塞州的阿尔法—约塔分会(美国大学优等生荣誉学会的分会之一),13—14,105

Alumni,校友,15—16,177;(校友的)捐赠,100—102;(校友对)建设哈佛体育场的捐款,320;(校友对)建设哈佛纪念教堂的捐款,251;(重)建哈佛纪念堂时(校友)的捐款,133,253;(校友对)哈佛戏剧典藏的捐赠,331;住在美国之外的(校友),219;(校友)画像,273;(校友)聚会,144—145,300—302.参见"哈佛校友会"

"Alumni Colleges","校友学院",71

American Repertory Theatre,美国定目剧院,16—18

AmeriCorps,美国志愿队,272

Anderson, Larz,拉兹·安德森,60。参见"拉兹·安德森桥"

Animal House 电影《动物之家》,130

Annan, Kofi,科菲·安南,240

Annenberg, Roger,罗杰·安嫩伯格,82,254

Annenberg, Walter,沃尔特·安嫩伯格,

82，254

Appleton Chapel，阿普尔顿礼拜堂，110，250—251

Architectural styles 建筑风格：殖民时期，111，251；联邦时期，288，317；乔治亚式，20，60；乔治亚复兴式，21，61，130，162；哥特式，110，243；希腊复兴式，318；乔治亚式鼎盛时期，98，197；维多利亚鼎盛时期的哥特式，20；国际风格，169，233；意大利文艺复兴，162；慕尼黑现代派，7，23；新乔治亚式，29，46，115，211；新哥特式，90；新维多利亚式，171；安妮女王，20，161；拉斯金哥特式，253。参见"建筑"

Architecture，建筑，19—23，161，317；Adolphus Busch Hall，阿道弗斯·布施堂，7—8；布拉特尔剧院，43；卡彭特中心，54—55；敦巴顿橡树园，93—94；黄金海岸，160—162；戈尔堂，243；警卫室，171；哈佛广场，51；哈佛广场的地铁站，340；哈佛联盟，191—192；希勒尔，196—197；霍尔顿礼拜堂，197—198；霍顿图书馆，209；拉蒙特图书馆，233；标志性建筑，109—110；医学院，248，250；纪念教堂，250—252；纪念堂，252—254；昆西街，287；拉德克利夫高级研究所，291—292；红砖，19，21，22，29，116，183，210，287；桑德斯剧院，309，310；建筑规模，53；地下，341；沃兹沃思楼，353；怀德纳纪念图书馆，242，356—359。参见"建筑风格"；《哈佛建筑史》(邦廷著)

Archives，档案馆，24—25，75，171，341；哈佛电影档案馆，55，127

Arms，纹章，25—26，191，198，317；毕业文凭上的（纹章），83—84

Arnold Arboretum，阿诺德植物园，26—28，179，315

Artemas Ward Homestead，阿蒂马斯·沃德的宅邸，179

Art museums，艺术博物馆，28—30；纪念堂（彩色玻璃），254。参见"布施—赖辛格博物馆""福格艺术博物馆""萨克勒艺术博物馆"

Arts，艺术，31—32；图书馆，242；肖像收藏，272—274。参见"艺术博物馆""音乐""玉玺学会"

Arts Medal，艺术奖，31

Athletics，体育竞技，32—37，199；绯红色队服，32，75；小说中的（运动竞技），121；查尔斯河划艇大师赛，59；常春藤联盟，33，220—221；拉德克利夫学院的（体育竞技），292；战士体育场的（体育竞技），319—320；代表队，134；（体育竞技中的）女性，33，221

Auden, W. H.，W. H. 奥登，14

Austin, Dorothy，多萝西·奥斯汀，153

Baccalaureate, senior-class，毕业生的临别致辞，88

Ballmer, Steven，史蒂文·鲍尔默，96，222

Barker Center for the Humanities，巴克人文中心，191，274，287

Batts, Deborah，德博拉·巴茨，153

Begley, Louis，路易斯·贝格利，176

Behrman, S. N.，S. N. 贝尔曼，108

Belknap, Waldron Phoenix, Jr.，小沃尔德伦·菲尼克斯·贝尔纳普，193

Bells，钟声，41—42，294，295；洛厄尔学舍的塔楼，130，332；纪念教堂，251；纪念堂，131，254；毕业典礼鸣钟，42；圣保罗教堂，332

Benchley, Robert，罗伯特·本奇利，195，234

Berenson, Bernard，伯纳德·贝伦森，347

Berle, Adolf A., Jr.，小阿道夫·A. 伯利，280

Bernstein, Leonard，伦纳德·伯恩斯坦，

175，240，257，317

Bibring, Grete，格蕾特·比布林，141

Biddies，女佣，109

Biological Laboratories，生物实验室，347

Bloody Monday，"血色星期一"，105—106

Bloom, Harold，哈罗德·布卢姆，240

Bly, Robert，罗伯特·布莱，175

Board of Overseers，监事会，162—164，177，276；荣誉学位遴选，206

Bogart, Humphrey，亨弗莱·鲍嘉，44，205

Bok, Derek，德里克·博克，272，276，278，342；学术咨询，67；艺术，31；社区关系，52；课程改革，72—73；(德里克·博克)曾任法学院院长，237；教职工俱乐部，115；哈佛基金会，182；肯尼迪政府学院，227；肖像画，273；校长任期，276；在埃尔姆伍德的住所，98，100

Bond, William H.，威廉·H.邦德，209

Books and novels connected to Harvard，与哈佛相关的书籍，120—126，136—137，184；福克纳，60；对法学院的描绘，238；《爱情故事》，123，126，198，201；《力争上游》，124，198，201，238

Borowitz, Andy，安迪·博罗维茨，236

Boston University Bridge，波士顿大学桥，59

Boylston, Nicholas，尼古拉斯·博伊尔斯顿，273

Boylston Hall，博伊尔斯顿堂，132，364

Braden, Don，唐·布雷登，223

Brattle Hall，布拉特尔堂，43

Brattle Theatre，布拉特尔剧院，43—45

Brennan, William J.，威廉·J.布伦南，240

Breyer, Stephen，斯特芬·布雷耶，237，240

Brooks, Phillips，菲利普斯·布鲁克斯，271—272，363。参见"菲利普斯·布鲁克斯楼"

Brouwer, William S.，威廉·S.布劳威尔，63

Brustein, Robert，罗伯特·布鲁斯坦，17—18

Bulfinch, Charles，查尔斯·布尔芬奇，19，90

Bunting, Bainbridge，班布里奇·邦廷，162，184，197，356，357

Busch, Adolphus，阿道弗斯·布施，7，29

Busch-Reisinger Museum，布施—赖辛格博物馆，8，28，29，350

Bush, George H. W.，乔治·H. W.布什，228

Bush, George W.，乔治·W.布什，52

Business School，商学院，6，24，45—47，103，179，228，274，340，341，349；校友，15，97，98；建筑，21，23，160，320；商学院的(体育竞技)，36，110，320；贝克图书馆的塔楼，332；案例教学法，46；礼拜堂，160；捐赠，90，101，103；办事处，180，220；研究生，167；交互式学习项目，218；聚会，301；太阳钟，62；地下隧道，340；(商学院的)女性，142

Cabot, Paul，保罗·卡伯特，101

Cabot Library，卡伯特图书馆，242

Calder, Alexander，亚历山大·考尔德，326

Cam, Helen Maud，海伦·莫德·卡姆，140，274

Cambridge/Boston，剑桥/波士顿，27，51—53，70，257，310；被查尔斯河隔开，58—59；地铁，340

Canaday Hall，卡纳迪堂，110，143

Cantab term，"*Cantabrigian*"的缩写，指剑桥的哈佛人，54

Carey Cage，凯奇棒球练习场，110

Carpenter Center for the Visual Arts，卡彭特视觉艺术中心，22，23，28，54—55；建筑，54—55，287；哈佛电影档案馆，55，127

Casablanca film,《卡萨布兰卡》, 205
Center for European Studies, 欧洲研究中心, 7, 8
Center for International Affairs, 国际事务中心, 68
Center for Renaissance Studies, 文艺复兴研究中心。参见"塔蒂别墅"
Channing, William Ellery, 威廉·埃勒里·钱宁, 240
Characters, 大人物, 55—58, 62, 87
Charles Eliot Norton Lectures, 查尔斯·埃利奥特·诺顿系列讲座, 240, 280, 310
Charles River, 查尔斯河, 51, 58—61, 98, 227, 332; 桥, 59—61; 查尔斯河将剑桥与波士顿隔开, 51—52, 58—59。参见"提供房舍"
Chauncy, Charles, 查尔斯·昌西, 136, 157
Chinese Club, 中国俱乐部, 87—88
Chomsky, Noam, 诺姆·乔姆斯基, 318
Civil rights, 民权, 87
Civil Rights Act,《民权法案》, 9
Civil War, 内战, 253, 319, 327
Clark, Kim B., 金·B. 克拉克, 47
Class Day, 毕业纪念日, 121, 198
Claverly Hall, 克拉弗利堂, 132, 161
Clinton, Bill, 比尔·克林顿, 153
Clocks, 钟, 61—62, 151, 186; 埃利奥特学舍的钟楼, 332; 纪念堂, 22—23, 254; 圣保罗教堂, 332; 钟楼, 151
Clubs, 俱乐部。参见"终极俱乐部"以及具体的俱乐部
Clubs, ethnic, 少数族裔俱乐部, 89
Cohen, Rob, 罗伯·科恩, 202
Collections, 收藏, 209, 218, 316, 340; 计算机数据库, 350; 敦巴顿橡树园, 93—94; 肖像收藏, 115, 272—274; 戏剧典藏, 209, 243, 331—332, 341; 视觉典藏, 24; 怀德纳图书馆, 358—359

College laws, 规章, 117—118
College Teas Association, 大学茶协会, 189
Collegium Musicum, 大学音乐社, 32, 255, 310
Commencement, 毕业典礼, 14, 15, 64—67, 73, 116, 198, 297, 301, 358; 校友出席, 301; 授予荣誉学位, 206, 207; 获得荣誉学位的爵士乐音乐家, 223; 法学院, 236; 纪念教堂, 252;（毕业典礼上）穿的学位服, 297; 宗教, 158;（毕业典礼上）鸣钟, 42; 桑德斯剧院, 254, 310; 歌曲与进行曲, 116, 321, 324; 三百周年剧场, 22, 300, 310, 364
Commencement Choir, 毕业典礼合唱团, 255
Computers, 计算机, 82, 97, 102, 135, 349—350; 哈佛在线图书馆信息系统, 134, 242, 243; 信息技术, 217—218; 互联网, 70, 71, 134, 218, 243; 艾姆斯模拟法庭比赛的互联网覆盖率, 238; 地图, 247—248; 基于计算机的学舍选择随机化, 212—213
Conant, James B., 詹姆斯·B. 科南特, 41, 68, 275, 276, 277, 288; 院长, 80; 神学院, 90; 敦巴顿橡树园, 94; 教育政策, 97—98; 新闻奖学金, 262—263; 地理学研究, 109; 设计研究生院, 169; 地图收藏, 247; 学费和奖学金, 4, 336; 校级教授, 342
Concord Field Station, 康科德试验站, 179
Consulting, 咨询, 67—69
Continuing education, 继续教育, 69—71, 217, 300, 349
Copley, John Singleton, 约翰·辛格尔顿·科普利, 28, 272, 273
Core Curriculum, 核心课程, 71—74, 134, 219; 音乐研究, 223
Counter, S. Allen Jr., 小 S. 艾伦·康特尔, 182—183

Cox, Harvey, 哈维·考克斯, 160

Crimson, 绯红, 25, 54, 74—75, 178;（哈佛）运动队的专用色, 32, 34, 35, 37, 54, 74, 178

Crimson,《绯红报》, 74, 135, 153, 177—178, 207; 编辑, 74, 142, 276—277; 恶搞, 234; 记者, 152, 207; 哈佛大学广播电台, 355

Crimson Key Society, 绯红核心会, 75

Cummings, E. E., E. E. 卡明斯, 175

Cummings, Lydia, 莉迪娅·卡明斯, 268

Cuomo, Rivers, 里弗斯·科莫, 257—258

Curriculum, 课程, 358; 固定的课程, 104; 音乐, 222—223;（课程）改革, 72—74, 249。参见核心课程

Damon, Matt, 马特·达蒙, 92

Dana-Palmer House, 达纳—帕尔默楼, 233, 288

Dance, 舞蹈, 31, 79

Dane Hall, 达内堂, 132

Davis, David Brion, 戴维·布里翁·戴维斯, 241

Deans, 院长, 79—89, 97, 100, 168; 口腔医学院, 80; 纪律责任, 84, 85; 经济问题报告, 164; 教育研究生院, 97, 98; 文理学院, 80, 100; 筹款, 97; 哈佛学院, 85; 法学院, 186, 237; 离校政策, 91; 拉德克利夫学院, 292, 293; 对图书馆的职责, 243; 女性, 141

Degrees, 学位, 65, 90—91, 163, 292; 高级学位, 166; 五美元的硕士学位, 104; 优异成绩, 164—165;（获得学位的）要求, 135

Delphic Club, 德尔菲俱乐部, 105, 129

Demon magazine,《魔鬼》杂志, 32

Demos, John, 约翰·迪莫斯, 241

Dennis, Rodney, 罗德尼·丹尼斯, 210

Dental School, 口腔医学院, 80—81, 179, 248, 297

Department of Afro-American Studies, 非裔美国人研究系, 223

Department of Sociology, 社会学系, 108

Dershowitz, Alan, 艾伦·德肖维茨, 67, 202

Dickinson, Emily, 艾米莉·狄金森, 209, 366

Dining services and facilities, 餐饮服务和设施, 81—83, 116, 134—135, 184, 191—192; 纪念堂, 252—254; 因食品质量引发的反抗, 294; 地下, 339—341

Diplomas, 毕业文凭, 65, 66, 83—84, 92, 295—296

Discipline, 纪律, 84—87, 105—106, 152, 275, 294

Dismissal or expulsion, 开除或除名, 86, 294

Ditmas, Charles Addison Jr., 小查尔斯·艾迪生·迪特马斯, 62, 186

Diversity, 多元化, 4, 87—89, 188; 招生政策, 276, 304—305; 餐饮, 82; 新生班级, 135 外籍与少数族裔学生, 3, 5, 8, 9—10, 69, 70, 82, 87—89, 98, 129, 139, 176, 327, 339; 文理研究生院, 167; 哈佛大学跨文化和种族关系基金会, 183; 学舍, 212; 荣誉学位候选人遴选, 206; 犹太学生, 196—197; 肯尼迪政府学院, 227—228; 法学院学生, 237; 医学院, 248, 249; 美国原住民计划, 136, 261—262; 校长的背景, 276—278; 拉德克利夫高级研究所, 292; 宗教, 88, 89, 159, 160; 罗德学者, 303—304; 退伍军人学生, 88。参见"国际延伸"

Divinity Hall, 神学堂, 90

Divinity School, 神学院, 3, 89—91, 97, 101, 160, 274, 297; 捐赠和财政援助, 90, 103, 292; 期刊, 90; 系列讲座, 240;

改革，276；女性，142

Division of Continuing Education，继续教育学部，300

Division of Engineering and Applied Sciences，工程与应用科学部，106

Downey, James，詹姆斯·唐尼，236

Drama and theater，戏剧与剧场，31—32，194—196；吉尔伯特与沙利文，154—155，165，256；哈佛体育场，23，320；图书馆，242—243；退伍军人戏剧工作坊，43；47 工作坊，17，108，133。参见"戏剧典藏"以及具体的剧场

Dramatic Club，戏剧俱乐部，43

Dress codes，着装规范，82，115—116，117，118—119

Dropouts，辍学者，91—93

Du Bois, W. E. B.，W. E. B. 杜波依斯，138，241

Dudleian Lectures，达德利系列讲座，240

Dudley, Paul，保罗·达德利，279

Dudley House，达德利学舍，210

Dukakis, Michael，迈克尔·杜卡基思，228

Dumbarton Oaks，敦巴顿橡树园，93—94，180，315

Dunlop, John T.，约翰·T. 邓洛普，227

Dunster, Henry，亨利·邓斯特，4，136，157，170，183，193，261

Dunster House，邓斯特学舍，62，210，211，332

Dworkin, Ronald，罗纳德·德沃金，240

Eck, Diana，黛安娜·埃克，153，160

Ed School (School of Education)，教育研究生院（教育学院），97—98，101，297；校友，15；捐赠和财政援助，101，292；交互式学习项目，218；美国原住民计划，261；研究项目，300

Eda Kuhn Loeb Music Library，埃达·库恩·洛布音乐图书馆，257

Ehrenreich, Henry，亨利·埃伦赖希，267—268

Eliot, Charles Jr.，小查尔斯·埃利奥特，61

Eliot, Charles William，查尔斯·威廉·埃利奥特，85，131，150，161，276—277，287；学术标准，4；高级学位政策，169；在校长任内的建筑风格，29；体育竞技，34，75；"血色星期一"，106；查尔斯河上的桥，61；商学院，45；教育政策与改革，70，97，276；开明政策与改革，158，276；讲授科学和技术，106；学费，4—5，87，335；怀德纳图书馆，209

Eliot, T. S.，T. S. 艾略特，129，175，209，240，263，317，366

Eliot Bridge，埃利奥特桥，61

Eliot Gate，埃利奥特门，151

Eliot House，埃利奥特学舍，57，62，210，318，332

Ellsberg, Daniel，丹尼尔·埃尔斯伯格，175

Elmwood，埃尔姆伍德，98—100，278。参见"校长办公楼"

Emerson, Ralph Waldo，拉尔夫·沃尔多·爱默生，14，193，209，353；（拉尔夫·沃尔多·爱默生的）塑像，325

Emerson Hall，爱默生堂，20，288，325，364

Employment at Harvard，受雇于哈佛，53，56，57

Endowment，捐赠，100—101，102，176，342；A. 劳伦斯·洛厄尔，318；建造纪念堂，253；班级，144；哈佛大学理事会掌控（的捐赠），102，163；对图书馆（的捐赠），243；计划，144，145；对研究中心（的捐赠），300；学费，336。参见具体的学院

Erikson, Erik，埃利克·埃里克森，240

Evans, Bill，比尔·埃文斯，223

Everett, Edward，爱德华·埃弗里特，7，

14，25，84，171，277，279

Everett, Thomas，托马斯·埃弗里特，222

Extension School，延伸教育学院，32，69—70，71，218，349

Faculty Club，教职工俱乐部，55，189，287，288；着装规范，115—116，117，118—119

Faculty of Arts and Sciences，文理学院，45，47，106，170，263，364；计算机网络，218；咨询活动，69；继续教育计划，69，71；课程改革，72—73，74—75；院长，80，100；学位，137；训诫权，85；（对文理学院的）捐赠，103；林业项目，182；（为文理学院的）筹款，144；成绩虚高，165；（作为文理学院一部分的）哈佛学院，177；由（文理学院）维护的哈佛学院图书馆，242；外语教学课程，219；系列讲座，239；拉德克利夫高级研究所所长，293；研究中心与研究所，298—300；（文理学院）院长在埃尔姆伍德的住所，100；预备役军官训练团项目，305

"Fair Harvard" song，《公正的哈佛》（哈佛校歌），66，116—117，321

Fasano, Mary，玛丽·法萨诺，71

Fashion，时尚，117—120

Fatigue Lab，疲劳实验室，109

Faulkner, William，威廉·福克纳，60，122

Faust, Drew Gilpin，德鲁·吉尔平·福斯特，293

Fellowships，奖学金，167，252—264

Feminism，女权主义，87

Films and cinema，电影与电影院，124，198—206；布拉特尔剧院，44—45；哈佛电影档案馆，54—55，127；法学院，123，238。参见《动物之家》《力争上游》

终极俱乐部，119，128—130，150，161，194。参见具体的俱乐部

Financial management (ETOB)，人贵自立，102—103

Fires，火灾，42，131—133，295；哈佛堂，41，131，133，184，241，273；哈佛园，42，133；劳伦斯堂，110；纪念堂，23，131，132—133，253，254，333；47工作坊，108，133

Fire station，消防站，22，287

Firsts, men，哈佛历史上的第一（男士篇），136—140，157，166，261，304

Firsts, women，哈佛历史上的第一（女士篇），140—142，164，208，236，237，268，274，281—282，291，304

Fisher Museum，费希尔博物馆，181—182

Fleming, Williamina Paton，威廉敏娜·佩顿·弗莱明，140

Fly Club，弗莱俱乐部，129—130，161

Fogg Art Museum，福格艺术博物馆，8，28—29，53，55，326；建筑，21，287，347；钟表收藏，62；美术图书馆，363；（在福格艺术博物馆）展览的哈佛珍品，171；肖像收藏，274；提议在（福格艺术博物馆）与萨克勒博物馆之间修建一座天桥，30，53；沃伯格堂，29

Ford, Franklin L.，富兰克林·L.福特，100

47 Workshop，47工作坊，17，43，44，108，133

Fountains，喷泉，143

Frank, Barney，巴尼·弗兰克，153

Frankfurter, Felix，费利克斯·法兰克福特，67，68

Franklin, Benjamin，本杰明·富兰克林，137，207，273，274

Fraternities，兄弟会，105。参见"马萨诸塞州的阿尔法—约塔分会""美国大学优等生荣誉学会"

French, Daniel Chester，丹尼尔·切斯特·弗伦奇，225，273，325

Freshman Urban Program，新生城市项

目，283

Frost, Robert, 罗伯特·弗罗斯特, 14, 92, 209, 240

Frye, Northrop, 诺思罗普·弗赖伊, 240

Fuller, R. Buckminster, R. 巴克敏斯特·富勒, 92

Fundraising, 筹款, 138, 143—145, 164, 177; 商学院, 45; 院长, 98; 神学院, 90; 早期的(筹款), 261; 法学院, 237; 为演出等(筹款), 256; 校长, 276, 278; 在聚会上(筹款), 302; 为教育研究生院(筹款), 98

Gamut, The,《加穆特》(哈佛的一份评论诗歌的年刊), 32

Gardner, Helen L., 海伦·L. 加德纳, 240

Gardner, Isabella Stewart, 伊莎贝拉·斯图尔特·加德纳, 234, 348

Gardner, Robert G., 罗伯特·G. 加德纳, 127

Garvey, Eleanor, 埃莉诺·加维, 210

Gates and fences, 大门与栅栏, 143, 149—151, 171, 295, 364—365

Gates, William H. III, 威廉·H. 盖茨三世, 91—92, 100, 129, 218

Gay and lesbian culture, 同性恋文化, 87, 122, 151—153, 188; 激进主义, 87; 预备役军官训练团, 306

Gazette/Harvard University Gazette,《哈佛大学公报》, 153—154

Gearan, Mark D., 马克·D. 吉兰, 284

Gentleman's C (grade), 符合绅士身份的合格成绩是 C, 106—107

Geography, 地理学, 107—108

George Gund Hall, 乔治·冈德堂, 22, 287, 288

Germanic Museum, 日耳曼博物馆, 7, 8, 23, 28, 325。参见"阿道弗斯·布施堂"

Gerry, Elbridge, 埃尔布里奇·格里, 99

Gilbert, Helen Homans, 海伦·霍曼斯·吉尔伯特, 141

Gilbert & Sullivan, 吉尔伯特与沙利文, 154—155, 165, 256

Ginsburg, Ruth Bader, 露丝·巴德·金斯伯格, 237

Glass Flowers, 玻璃花, 155—156, 225, 312, 314

Godkin Lectures, 戈德金系列讲座, 239—240

God's Acre (Old Cambridge Burying Ground), 上帝之地(老剑桥墓地), 156—158

Gold, Ben-Zion, 本-锡安·戈尔德, 196

Gold Coast, 黄金海岸, 118, 160—162, 192, 211, 365; 建筑, 130

Gomes, Peter J., 彼得·J. 戈梅斯, 66—67, 160, 182, 250—251, 252

Gordimer, Nadine, 纳丁·戈迪默, 240

Gore Hall, 戈尔堂, 20, 110, 243, 356

Governance, 治理, 162—164, 275—277

Grade inflation, 成绩虚高, 164—166

Grades, 成绩, 106—108

Graduate School of Applied Sciences, 应用科学研究生院, 106

Graduate School of Arts and Sciences, 文理研究生院, 97, 138, 166—168, 276, 301

Graduate School of Design, 设计研究生院, 97, 103, 168—169; (对设计研究生院的)财政援助, 103, 292

Graduate School of Education, 教育研究生院, 10, 12, 132, 349

Graduate School of Public Administration, 公共管理研究生院, 227

Graham, Patricia Albjerg, 帕特丽夏·阿尔布杰格·格雷厄姆, 141

Graham, William A. Jr., 小威廉·A. 格雷厄姆, 91

Gray, Asa, 阿萨·格雷, 69, 313, 315
Grays Hall, 格雷斯堂, 109
Great Hall, 大厅, 82
Great Salt, 大盐皿, 170
Greenewalt, Crawford H., 克劳福德·H. 格林沃尔特, 312
Gropius, Walter, 瓦尔特·格罗皮乌斯, 19, 22, 169
Guardhouse, 警卫室, 171
Guinier, Lani, 拉妮·吉尼尔, 241
Gulf station, 海湾楼, 111
Gund, Graham, 格雷厄姆·冈德, 171
Gund Hall, 冈德堂, 22, 287, 288
Gwynne, Fred, 弗雷德·格温, 236
Haliday, Bryant, 布赖恩特·哈利戴, 44
Hall, Donald, 唐纳德·霍尔, 175
Hamilton, Alexander, 亚历山大·汉密尔顿, 207
Hamilton, Alice, 爱丽丝·汉密尔顿, 140, 282
Hancock, John, 约翰·汉考克, 208
Hancock, Thomas, 托马斯·汉考克, 273
Hand, Learned, 勒尼德·汉德, 175, 240
Hanfmann, George M. A., 乔治·M. A. 汉夫曼, 311, 312
Harkness Commons, 哈克尼斯餐厅, 326
Harold, Erika, 埃丽卡·哈罗德 147
Harrison, Jerry, 杰里·哈里森, 257
Harvard: *An Architectural History* (Bunting),《哈佛建筑史》(邦廷著), 162, 184, 197, 356
Harvard, John, 约翰·哈佛, 59, 176, 224—226, 241, 252, 311; 歌曲, 322; 塑像, 76, 155, 192, 225—226, 325
Harvard Advocate,《哈佛之声》, 32, 175—176
Harvard Alumni Association, 哈佛校友会, 15—16, 137—138, 218, 350, 354; 在毕业典礼上的活动, 65, 296; 继续教育项目, 71; 筹款, 302; 治理, 163, 177; 荣誉学位, 207; 聚会, 300—302
Harvard Alumni Bulletin,《哈佛校友公报》, 64, 124, 126, 188, 226, 276, 322, 354;《哈佛讽刺》的恶搞, 235
Harvard Alumni Directory, 哈佛校友名录, 3, 15, 16, 86, 136, 139, 219
Harvard Athletic Association, 哈佛体育协会, 15
Harvard Book Review,《哈佛书评》, 32
Harvard Branch Railroad Line, 哈佛支线铁路, 104
Harvard Bridge, 哈佛大桥, 59
Harvard Business School, 哈佛商学院, 160
Harvard Business School Press, 哈佛商学院出版社, 47, 179
Harvard Club, 哈佛俱乐部, 80, 106
Harvard Club of Boston, 波士顿的哈佛俱乐部, 119, 223
Harvard Club of New York, 纽约的哈佛俱乐部, 25, 119, 133, 192
Harvard clubs, 哈佛的俱乐部, 4, 15, 16, 106—108; 国际性, 219
Harvard College, 哈佛学院, 176—177, 291, 364, 365; 录取, 3; 艺术, 31; 章程, 261; 毕业文凭, 83, 84; 训诫权, 85; 多元化, 87; 费用, 135; 固定的课程, 104; 学舍生活, 210; 图书馆, 131, 133, 137, 184; 学生从事的公共服务, 283; 罗德学者, 304
Harvard College Fund, 哈佛学院基金会, 144—145, 177, 354
Harvard College Observatory (HCO), 哈佛学院天文台, 180, 263, 274
Harvard Corporation (President and Fellows), 哈佛大学理事会(主席和理事), 63, 100, 140, 162—164, 176; 毕业文凭,

83；财务责任，103；哈佛冈，186，187；哈佛印章，25；（哈佛理事会）建立的哈佛大学出版社，193；荣誉学位遴选，206；（哈佛理事会）委托绘制的肖像画，273；校长的提名与选举，9，276；不动产持有与开发，53，348；宿舍楼，161；对捐赠负有的责任，103，164

Harvard Depository，哈佛储藏书库，179，356

Harvard Film Archive，哈佛电影档案馆，55，127

Harvard Forest，哈佛森林，179，181—182，315

Harvard Foundation，哈佛基金会，182—183

Harvard Glee Club，哈佛合唱团，32，197，255，310，322

Harvard Hall，哈佛堂，25，110，149，171，183—184，197，250，313—314；建筑，171；火灾，41，131—132，133，184，241，273；图书馆，243；塔楼，333

Harvard Heroes，哈佛英雄，185—186

Harvard Hill，哈佛冈，186—187

Harvard Jazz Band（s），哈佛的爵士乐队，32，222，256

Harvard Law Review，《哈佛法律评论》，238

Harvard Magazine，《哈佛杂志》，64，153，187—188，350

Harvard Management Company，哈佛管理公司，101，102，163

Harvard Medal，哈佛奖章，16

Harvard Medical Center，哈佛大学医学中心，80—81

Harvard-MIT Health Sciences and Technology Division of the Medical School，哈佛—麻省理工健康科学与技术部，248

Harvard Monthly，《哈佛月刊》，16

Harvard Neighbors，"哈佛邻里"（志愿者组织），189—190

Harvard Prize Book awards，哈佛校友会书卷奖，16

Harvard-Radcliffe Orchestra，哈佛—拉德克利夫管弦乐团，255，256，310

Harvard Review，《哈佛评论》，32

Harvard School of Mines，哈佛矿业学院，106

Harvard-Smithsonian Center for Astrophysics，哈佛—史密松森天体物理中心，180，267

Harvard Square，哈佛广场，44，149，227，326，353，364；方尖碑，51；骚乱，294，295；地铁站，340

Harvard Stadium，哈佛体育场，23，36，187，319，320，327

Harvard Student Agencies（HSA），哈佛学生服务社，190—191

Harvard Theatre Collection，哈佛戏剧典藏。参见"戏剧典藏"

Harvard Union，哈佛联盟，82，149，191—192，274，287

Harvard University Band，哈佛大学乐队，32，255，320

Harvard University Library，哈佛大学图书馆，242，247

Harvard University Press，哈佛大学出版社，24，25—26，192—194，241，348—349，366

Harvard Varsity Club，哈佛大学校队，110

Harvard Wind Ensemble，哈佛管乐团，256

Harvard-Yenching Institute and Library，哈佛燕京学社与燕京图书馆，242，347

Harvey, Cyrus Jr.，小赛勒斯·哈维，44

Hasty Pudding Club，速食布丁俱乐部，128，223，317

Hasty Pudding Show，速食布丁秀，63，194—196，350

Head of the Charles Regatta，查尔斯河划艇

大师赛，59，179

Health Sciences and Technology Division (Harvard-MIT)，健康科学与技术部（哈佛—麻省理工），248

Hearst, William Randolph，威廉·伦道夫·赫斯特，92，187，234

Hebrew language requirement，对希伯来语的要求，104

Hemenway Gymnasium，海明威体育馆，20，110

Henson, Lisa，丽萨·亨森，142，236

Higginson, Henry Lee，亨利·李·希金森，192，274，319

High Energy Physics Laboratory，高能物理实验室，110

Hill, Thomas，托马斯·希尔，276

Hillel，希勒尔，196—197

Hilles Library，希尔斯图书馆，143，223，233，242，257

Hoar, Leonard，伦纳德·霍尔，136，275，294

Hocking, William Ernest，威廉·欧内斯特·霍金，240

Hofer, Philip，菲利普·霍弗，84，210

Hoffman, Jeffrey，杰弗里·霍夫曼，139

Hoffmann, Stanley，斯坦利·霍夫曼，342

Holden Chapel，霍尔顿礼拜堂，23，76，150，197，250

Hollis, Thomas/Hollis family，托马斯·霍利斯/霍利斯家族，243，273

Hollis Hall，霍利斯堂，19，63，133，198

HOLLIS (Harvard Online Library Information System)，哈佛在线图书馆信息系统，134，242，243

Holmes, Oliver Wendell，奥利弗·温德尔·霍姆斯 15，133，214

Holt, Thomas C.，托马斯·C.霍尔特，241

Holworthy Hall，霍尔沃西堂，19，143，294

Holyoke, Edward，爱德华·霍利奥克，131，157，170，240，275

Holyoke Center，霍利奥克中心，22，23，339

Honorary degrees，荣誉学位，65，66，92，136，141，206—208，280，297，354，358；假的，105；授予音乐家（荣誉学位），223

Hope, Judith Richards，朱迪丝·理查兹·霍普，141，164

Hopkinson, Charles，查尔斯·霍普金森，272—273

Houghton, Arthur，阿瑟·霍顿，209

Houghton Library，霍顿图书馆，84，208—210，243，274，357—358；建筑，130；（霍顿图书馆）出版的《哈佛评论》，32；音乐，255，256；Z级书橱，366

House and Neighborhood Development (HAND)，房舍与邻里发展，271

Houses，学舍，210—213；奥尔斯顿，12，13；建筑，251，347；图书馆，242；舍监，297；音乐，256—257。参见具体的学舍

Housing，提供房舍，11，12，13；教职员工，12；宿舍楼/住房系统，21，134—135，151，163—164，192，210，364，365；宿舍楼，115，255，271，274，283；（查尔斯）河，21，82，210，211，242，365

Hudnut, Joseph，约瑟夫·赫德纳特，169

Hull, Cordell，科德尔·赫尔，94

Hunt Hall，亨特堂，20，110

Information technology，信息技术，110，217—218，280

Institute for Learning in Retirement，退休学习学院，70

Institute of Politics (IOP)，政治研究所，229，300

International outreach，国际延伸，219—220，228，284

Ivy League，常春藤联盟，33，35，183，220—221；录取进程，165；学位，166；教师，167；评分系统，165；行进乐队，255；校长的薪酬，278；体育竞技，188

Jackson, Andrew，安德鲁·杰克逊，353—354

Jackson, William，威廉·杰克逊，209

James, Henry，亨利·詹姆斯，252—253，288

James, Henry Sr.，亨利·詹姆斯爵士，115，288

Jay, John，约翰·杰伊，207

Jazz，爵士乐，221—224，256，257，355；乐队，32

Jean, Al，阿尔·让，236

Jefferson, Thomas，托马斯·杰斐逊，207

John F. Kennedy Library，约翰·F. 肯尼迪图书馆，53，227

Johnston Gate，约翰斯顿门，365

Jones, Austin Kingsley，奥斯汀·金斯利·琼斯，41—42，56，131—132

Jones, Howard Mumford，霍华德·芒福德·琼斯，251

Kagan, Elena，埃琳娜·卡根，237，239

Kameny, Frank，弗兰克·卡梅尼，153

Kanter, Rosabeth Moss，罗莎贝斯·莫斯·坎特，67

Katz, Milton，米尔顿·卡茨，227

Keats, John，约翰·济慈，209

Keller, Helen，海伦·凯勒，141，208

Kennedy, Anthony，安东尼·肯尼迪，237

Kennedy, John F.，约翰·F. 肯尼迪，24，129，178，208，227，280；和平队，68，272，284

Kennedy School of Government，肯尼迪政府学院，22，46，169，226—229，340；（肯尼迪政府学院）学生的多元化，219；捐赠，228；政治研究所，229，300；小约翰·F. 肯尼迪论坛，309；系列讲座，240，241；（肯尼迪政府学院）美国原住民课程，261—262；学生的公共服务，283，284

Kenney, Doug，道格·肯尼，235

Kilty, Jerome，杰尔姆·基尔蒂，43

King, Martin Luther Jr.，小马丁·路德·金，252，310

Kingston, Maxine Hong，汤婷婷，241

Kirby, William C.，柯伟林，219

Kirkland, John Thornton，约翰·桑顿·柯克兰，103，186，301，310，365

Kirkland House，柯克兰学舍，210，211

Kissinger, Henry，亨利·基辛格，24

Koop, C. Everett，C. 埃弗里特·库普，240

Korean conflict，朝鲜战争，251

Kožený, Viktor，维克多·柯泽尼，334

Krokodiloes，鳄鱼合唱团，256

Kuehl, Sheila，希拉·屈尔，153

Kugel, James，詹姆斯·库格尔，160

Küng, Hans，汉斯·昆，252

Lamont, Thomas W.，托马斯·W. 拉蒙特，233

Lamont Library，拉蒙特图书馆，233，242，243，287，288，326；地下隧道，341，357

Lampoon，《哈佛讽刺》，32，92，142，234—236；建筑，161，234—235

Land, Edwin H.，埃德温·H. 兰德，91，316

Langdell, Christopher Columbus，克里斯托弗·哥伦布·兰德尔，186

Langdell Hall，兰德尔堂，21，211，250，326，357

Langdon, Samuel，塞缪尔·兰登，275

Larz Anderson Bridge，拉兹·安德森桥，60—61，151，234

Lawrence Hall，劳伦斯堂，110，132

Lawrence Scientific School，劳伦斯科学学院，

106，110

Law School，法学院，6，46，236—239，326，349；校友，15，98；艾姆斯模拟法庭比赛，238；建筑，20—21；体育竞技，37；奥斯汀堂，20；案例教学法，46；毕业典礼，65；教授提供咨询，67—68；院长，186，237；捐赠，237；研究生，167；交互式学习项目，218；期刊，238；兰德尔堂，21，211，250，326，357；系列讲座，240；（法学院的）美国原住民课程，262；（法学院的）改革，276；聚会，302；地下隧道，341；（法学院的）女性，141，142

Lazarus, Sara，萨拉·拉扎勒斯，223

Le Corbusier，勒·柯布西耶，19，54—55，287

Lectures，讲座，239—241，252；查尔斯·埃利奥特·诺顿系列讲座，240，280，310；在纪念堂/桑德斯剧院举办讲座，253，310

Lehman Hall，雷曼堂，149，210，364

Lester, Gideon，吉迪恩·莱斯特，18

Let's Go guides，"我们出发吧"丛书，191

Leverett, John，约翰·莱弗里特，157，277

Leverett House，莱弗里特学舍，210，211

Leverett Towers，莱弗里特塔楼，22，211

Levin, Robert，罗伯特·莱文，223，257

Lewis, John，约翰·刘易斯，223

Libraries，图书馆，224，241—244，356；俱乐部的（图书馆），128；学院，109—110，131，184；（图书馆的）计算机访问，218；神学院的（图书馆），90；敦巴顿橡树园（的图书馆），180；法学院（的图书馆），237—238；比较动物学博物馆，313；音乐，256—257；神学研究，90；本科生（图书馆），291；位于地下（的图书馆），340；限制级收藏，363，366。参见"戈尔堂"以及具体的图书馆

Life Raft，救生筏，244

Lionel Hall，莱昂内尔堂，198

Lippmann, Walter，沃尔特·李普曼，178，263

Literary magazines，文学杂志，32

Lithgow, John，约翰·利思戈，31，317

Littauer Library，利陶尔图书馆，242

Lodge, Henry Cabot，亨利·卡博特·洛奇，187

Loeb, James，詹姆斯·洛布，366

Loeb Classical Library，"洛布古典丛书"，349，366—367

Loeb Drama Center，洛布戏剧中心，16，18，155

Loeb House，洛布楼，287，288，364

Loker, Katherine Bogdanovich，凯瑟琳·博格达诺维奇·洛克，133，254

Loker Commons，洛克餐厅，134—135

Longfellow, Henry Wadsworth，亨利·沃兹沃思·朗费罗，11，14，60，99

Longfellow Bridge，朗费罗桥，59，60，234

Love Story film and novel，《爱情故事》电影与小说，123，126，198，201

Lowell, A. Lawrence，A. 劳伦斯·洛厄尔，41，102，106，275，276，277，341，356—357；核心课程，72；哈佛学会的创立，317—318；绯红，75；院长，80，97；纪念教堂，250，251；公寓式宿舍，21，162，210—211，212，365；学费，336

Lowell, Charles，查尔斯·洛厄尔，99

Lowell, James Russell，詹姆斯·罗素·洛厄尔，99

Lowell, Robert，罗伯特·洛厄尔，14，92

Lowell House，洛厄尔学舍，210，211，212；塔楼和钟，42，130，332

Ma, Yo-Yo，马友友，257

MacLeish, Archibald，阿奇博尔德·麦克利什，262

Magazines and journals，杂志与期刊，32，89—90，238

Mailer, Norman，诺曼·梅勒，175

Maps，地图，247—248；哈佛地图收藏，243，341；哈佛大学图书馆（收藏的地图），242

Marquand, J. P.，J. P. 马昆德，123，126

Marshall, George C.，乔治·C. 马歇尔，24，65，207

Massachusetts Hall，马萨诸塞堂，19，76，108，132，133，149，183，353，364

Massachusetts Institute of Technology (MIT)，麻省理工学院，51，52，59，106

Mather, Cotton，科顿·马瑟，158，277，279

Mather, Increase，英克里斯·马瑟，170，272，277，279，294

Mather, Nathaniel，纳撒尼尔·马瑟，279

Mather, Samuel，塞缪尔·马瑟，279

Mather House，马瑟学舍，22，210，211

Maxwell Dworkin Laboratory/Building，麦克斯韦尔·德沃金实验室/楼，110，218

Mayman, Myra，迈拉·梅曼，31

Mayr Library，迈尔图书馆，242

McKim, Charles Follen，查尔斯·福伦·麦金，19，21，23，149，287，320，365

McKim, Mead & White architectural firm，麦金、米德和怀特建筑事务所，21，45，61，192，320，365

McNicholas, Dennis，丹尼斯·麦克尼古拉斯，236

Med. Fac. (Medical Faculty Society)，医学教职员协会，25，63，104—105，121

Medical School/Medical Area，医学院/医学区，23，89，132，179，197，248—250，274，297，339；招生，248；校友，15；申请人，6；建筑，192；继续教育项目，349—350；康特威医学图书馆和沃伦博物馆，312，315，353—354；口腔学院，80—81；对（医学院）的捐赠，103；交互式学习项目，218；国际学生，219；四方庭院，357；（医学院的）改革，276；研究，180；聚会，302；公共卫生学院，281；（医学院的）女性，142

Memorial Church，纪念教堂，250—252，364；建筑，22，23，171，250—251，347；钟声/钟楼，41，42，250，332—333；（纪念教堂的）毕业典礼，66，252；服务与庆典，116，156，162，360

Memorial Fence，具有纪念意义的围栏，365

Memorial Hall，纪念堂，76，187，192，252—254，314，338；安嫩伯格堂的餐饮设施，82，134，185，254，274，325—326；建筑的修复，22—23；建筑，20，30，252，287；钟声，41，295；约翰·哈佛塑像所在地，225；塑像和纪念碑，325—326；塔楼，131，132，332，333；塔楼的火灾，22—23，131，132，253，254，333

Merrill, Bob，鲍勃·梅里尔，223，257

Miller, Henry，亨利·米勒，363

Moore, Henry，亨利·摩尔，326

Morello, Tom，汤姆·莫雷洛，257

Morison, Samuel Eliot，塞缪尔·埃利奥特·莫里森，129—130，161；大人物，57；（塞缪尔·埃利奥特·莫里森）谈哈佛学院的纹章，25—26；谈（哈佛的）绯红色，74；谈时尚，118；谈终极俱乐部，129—130；谈兄弟会，105；谈大盐皿，170；谈约翰·哈佛，225；谈乔赛亚·昆西，277—278，354

Morrison, Toni，托尼·莫里森，241

Morse Music Library，莫尔斯音乐图书馆，257

Mount Auburn Cemetery，奥本山公墓，186，326

Moynihan, Daniel Patrick，丹尼尔·帕特里克·莫伊尼汉，240

Museum of Comparative Zoology，比较动物学博物馆，179，313

Museums，博物馆，20，197，218，227，287；图书馆，242；在线，350；昆西街，28，30。参见"阿道弗斯·布施堂""艺术博物馆""日耳曼博物馆""科学博物馆""闪米特博物馆"

Music，音乐，32，154—155，185，197，255—258，355—356；合唱团，255；毕业典礼（上的音乐），66，116；爵士乐，32，221—224，256；图书馆，242；纪念教堂，251，252；纪念堂，253；桑德斯剧院，255，256，309，310。参见"歌曲与进行曲"

Nash, Ogden，奥格登·纳什，92

Nathan I. Huggins Lectures，内森·I. 哈金斯系列讲座，241

National Lampoon，《国家讽刺》，235

Native American Program，美国原住民计划，136，261—262

Naumburg, Mrs. Nettie G.，妮蒂·G. 农伯格女士，29

Neustadt, Richard，理查德·诺伊施塔特，227

New England Primate Research Center，新英格兰灵长类动物研究中心，179

Niebuhr, Reinhold，莱因霍尔德·尼布尔，90，240，252

Nieman Fellowships for Journalism，尼曼新闻奖学金，262—263

Nobel laureates，诺贝尔奖获得者，62，72，139，263—264，282，318

Nock, Arthur Darby，亚瑟·达比·诺克，57

Oakes, Urian，乌里安·奥克斯，294

Oak Ridge Observatory，橡树岭天文台，180，267

O'Brien, Conan，柯南·奥布莱恩，236

Observatories，天文台，180，264，267，274，288

Office for Technology and Trademark Licensing (OTTL)，技术和商标许可办公室，206，333，334，335

Office for the Arts (OFA)，艺术办公室，222—223，256—257

Old Cambridge Burying Ground，老剑桥墓地，156—158

Old College buildings，老学院楼，109—110，183—184

Old Harvard Hall，老哈佛堂，241

Oliver Wendell Holmes Jr. Lectures，小奥利弗·温德尔·霍姆斯，237

Olmsted, Frederick Law，弗雷德里克·劳·奥姆斯特德，26，27，46

Olmsted, Frederick Law Jr.，小弗雷德里克·劳·奥姆斯特德，169

Ombuds，巡视官，267—268

O'Neill, Eugene，尤金·奥尼尔，108

Orchard, Robert，罗伯特·奥查德，18

Otis, James，詹姆斯·奥蒂斯，310，325

Outings and Innings program，郊游与客栈计划，268

Owens, Elisabeth Ann，伊丽莎白·安·欧文斯，141

Owl Club，猫头鹰俱乐部，129

Paine, John Knowles，约翰·诺尔斯·佩因，321

Paine Hall，佩因堂，255，256

Paper Chase, The, film and novel，《力争上游》电影与小说，123，124，198，201，238

Parry, Thomas，托马斯·帕里，153

Peabody Terrace，皮博迪公寓，22

Peace Corps，和平队，68，272，284

Phi Beta Kappa，美国大学优等生荣誉学会，

13—14，88，105，297，310，321
Phillips Brooks House，菲利普斯·布鲁克斯楼，43，105，271——272，283
Phoenix-S. K. Club，凤凰 SK 俱乐部，129—130
Pi Eta Club，派·伊塔俱乐部，105，128，131
Plimpton, George，乔治·普林顿，236
Porcellian Club，坡斯廉俱乐部，128，129，150
Porter, A. Kingsley，A. 金斯利·波特，99
Portrait Collection，肖像收藏，115，272—274
Pranks and stunts，恶作剧与搞怪，63，92，104—105，299；"血色星期一"，105—106；爆炸，63，105，121，294—295；约翰·哈佛的塑像被恶搞，226；《哈佛讽刺》，234。参见"医学教职员协会"
Presidents，校长，136，160，275—278，364，365；（校长）对院长的任命，79；安葬在"上帝之地"，157；训诫权，85，86；教育研究生院，97；（校长）筹款，276，278；管理机构，162—164，276；哈佛理事会，163—164，277，279；哈佛英雄，185—186；荣誉学位的遴选，206；就职典礼，170—171；（校长的）肖像，272，273—274；（校长）穿的学位服，297；（校长在）埃尔姆伍德的住所，98—100，278；骚乱与反抗，294—295；薪酬，101，278；（校长的）演讲，310
President's House，校长办公楼，98—100，274，287，288，353。参见"埃尔姆伍德"
Price, Don K.，唐·K. 普赖斯，227
Prodigies，神童，278—281
Public service，公共服务，53，238，271，272，282—284
Publishing Procedures Course，讲授出版流程的课程，109

Pump/College pump，水泵/（哈佛）学院的水泵 64—65，79，111
Punch magazine，《笨拙》杂志，234
Pusey, Nathan Marsh，内森·马什·普西，84，227，276，277，294，296；神学院，90；学费，335—336
Pusey Library，普西图书馆，23，243，326，331—332；地下隧道，233，341，357
Putnam, George，乔治·帕特南，102
Quincy, Josiah，乔赛亚·昆西，25，277，294—295，310，354；（乔赛亚·昆西的）塑像，325
Quincy House，昆西学舍，210，211
Quincy Street，昆西街，55，115，150，151，190，287—288，353；建筑，22，28—29；博物馆，28，30；校长办公楼，98，100，274，287，288，353
Radcliffe，拉德克利夫，87，291—293，295；招生，5，88，291，292；女校友，15，251，293；建筑修复，22；体育竞技，35—36，292；邦廷研究所，292；学位，291；捐赠，292；学者计划，292；马萨诸塞州的约塔分会，13；与哈佛合并（非合并），88，109，142，177，291—292；默里研究中心，292，293；讲授出版流程的课程，109；四方庭院，12，37，210，211，233，242，341；施莱辛格图书馆，292，293；校园，151
Radcliffe, Ann, Lady Mowlson，安·拉德克利夫，莫尔森夫人，291
Radcliffe Choral Society，拉德克利夫合唱团，32，197，255，310
Radio 广播。参见"哈佛大学广播电台"
Raiffa, Howard，霍华德·雷法，227
Raitt, Bonnie，邦尼·瑞特，92
Randall Hall，兰德尔堂，132
Randolph Hall，伦道夫堂，161，162
Real estate，不动产，10—13，53，131，

132，141，190

Rebellions and riots，反抗与骚乱，293—296，306

Rebellion Tree，"反抗树"，294

Redman, Joshua，乔舒亚·雷德曼，223，257

Reed, John，约翰·里德，235

Regalia，学位服，296—297

Reisinger, Hugo，雨果·赖辛格，7，29

Relics，文物，170—171

Research, centers and institutes，研究/研究中心与研究所，298—300；阿诺德植物园，26—28；艺术品保护，29，30；天文学，263；植物博物馆，312—323；研究咨询，68，69；口腔医学，80，81；生态学与保护，181—182；教育研究，97—98；研究生，167；研究收入，101；信息技术，217，218；国际化的（研究）地点，219，220；肯尼迪政府学院，228—229；法学院，237，238—239；图书馆，241，242；医学院，248；拉德克利夫学院，292，293；公共卫生学院，281—282；闪米特博物馆，314—315。参见"萨迪斯""塔蒂别墅"

Residence halls. 宿舍楼。参见索引中"提供房舍"条目下的"宿舍楼/住房系统"

Reunions，聚会，144—145，300—302

Revolutionary War，（美国）独立战争，365

Rhodes scholars，罗德学者，303—304

Rich, Adrienne，艾德丽安·里奇，175

Richardson, Elliot，艾略特·理查森，236

Richardson, H. H.，H. H. 理查森，20，287

Robinson, Edwin Arlington，埃德温·阿灵顿·罗宾逊，92，175，209

Robinson Hall，罗宾逊堂，21，287，364

Rogers Hall，罗杰斯堂，7

Roosevelt, Franklin D.，富兰克林·D. 罗斯福，14，68，129，161，175，178，208，280，310

Roosevelt, Theodore，西奥多·罗斯福，34，129，138，175，187，192，209，310；Nobel Peace Prize，诺贝尔和平奖，263

Rosenthal, Arthur J.，亚瑟·J. 罗森塔尔，193

Rosovsky, Henry，亨利·罗索夫斯基，72，137，197，318

Rosovsky Hall，罗索夫斯基堂，23

ROTC，预备役军官训练团，132，152，305—306，347

Rubenstein, Lewis，刘易斯·鲁本斯坦，8

Rudenstine, Neil，尼尔·鲁登斯坦，10，47，276，277，278，303

Sabine, Wallace，华莱士·萨宾，309

Sachs, Jeffrey，杰弗里·萨克斯，67

Sackler, Arthur M.，亚瑟·M. 萨克勒，30

Sackler Art Museum，萨克勒艺术博物馆，22，28，30，53，110，287；提议在（萨克勒艺术博物馆）与福格艺术博物馆之间修建一座天桥，30，53

Sacks, Stephen，斯蒂芬·萨克斯，222

Safford, Truman Henry，杜鲁门·亨利·萨福德，279—280

Sanders, Charles，查尔斯·桑德斯，253

Sanders Theatre，桑德斯剧院，26，155，185，222，253，254，287，309—311，325—326；建筑，253；在（桑德斯剧院）举行毕业典礼，254；音乐，255，256，310；塑像，310，325—326

Santayana, George，乔治·桑塔亚那，121，234

Sardis, Turkey，萨迪斯，180，220，311—312

Sargent, John Singer，约翰·辛格·萨金特，272，357

Sarton, May，梅·萨顿，123

Saturday Night Live,《周六夜现场》,236
Scalia, Antonin, 安托宁·斯卡利亚, 237
Schelling, Thomas, 托马斯·谢林, 227
Schlesinger, Arthur M. Jr., 小亚瑟·M.施莱辛格, 318
Schmitt, Harrison, 哈里森·施密特, 139
Scholarships and financial aid programs, 奖学金和财政援助项目, 4, 5, 87—88, 101—102, 129, 135, 145, 158, 190, 284; 奖学金随着学费的增加而增加, 336; 优秀学生奖学金, 167; 拉德克利夫学院学生, 291; 用于聚会, 301
School for Social Workers, 社会工作者学校, 108
School of Design, 设计学院, 20, 103, 287, 296; 学生多元化, 219; 捐赠, 292
School of Public Health, 公共卫生学院, 10, 12, 103, 179, 281—282, 283—284, 297; 校友, 15; 学生的多元化, 219
Schwartz, Anton, 安东·施瓦茨, 223
Schwartz, Delmore, 德尔莫尔·施瓦茨, 92, 209
Science Center, 科学中心, 22, 316, 340, 341
Science museums, 科学博物馆, 184, 312—315; 植物博物馆, 156, 312—313, 315; 矿物学和地质学博物馆, 313—314; 比较动物学博物馆, 156, 179, 274, 313; 自然历史博物馆, 155, 225, 312, 314; 皮博迪考古学与民族学博物馆, 314; 闪米特博物馆, 314—315; 大学植物标本馆, 315
Scientific instruments, 科学史仪器收藏, 316
Seal(s), 印章, 61, 171, 225—226, 296; 哈佛大学, 25, 225—226
Seeger, Pete, 皮特·西格, 32, 92
Semitic Museum, 闪米特博物馆, 43, 314—315

Sert, Josep Lluis, 约瑟夫·路易斯·塞特, 19, 22, 169
Sessions, Roger, 罗杰·塞申斯, 280
Sever Hall, 塞弗堂, 20, 287, 364
Sever Quadrangle, 塞弗四方庭院, 151, 287
Sexual harassment, 性骚扰, 87
Shannon Hall, 香农堂, 132, 306
Sidis, William James, 威廉·詹姆斯·席德斯, 280, 281
Signet Society, 玉玺学会, 128, 317
Simpsons, The,《辛普森一家》, 236
Sisler, William P., 威廉·P.西斯勒, 193
Smith, Logan Pearsall, 洛根·皮尔索尔·史密斯, 92
Smoot, Oliver, 奥利弗·斯穆特, 59
Social ranking of students, 学生的社会等级, 104
Society of Fellows, 哈佛学会, 317—318
Soldiers Field, 战士体育场, 11, 36, 110, 179, 319—320; 纽厄尔门, 151; 雕像与纪念碑, 327
Songs and marches, 歌曲与进行曲, 66, 320—325; 合唱, 256;《哈佛蓝调》, 222; 赞美诗与颂歌, 66, 88, 255, 271, 321; 纪念教堂, 252; 在毕业典礼上唱歌, 66, 321;《哈佛之门》, 223。参见《公正的哈佛》与"音乐"
Sororities, 女性联谊会, 130
Souter, David, 戴维·苏特, 237, 304
Spanish-American War, 美西战争, 187, 192
Sparks House, 斯帕克斯楼, 288
Spee Club, 斯佩俱乐部, 129, 130
St. Paul's Church, 圣保罗教堂, 62, 332, 333
Stamps, 邮票, 140
Statement of Rights and Responsibilities, 权利与责任声明, 86

Statues and monuments，雕像与纪念碑，272—273，325—327；哈佛广场的方尖碑，51；纪念大道，51；纪念堂，253，254；桑德斯剧院，316，332；纪念教堂的战争纪念，251。参见索引中"约翰·哈佛"条目下的"塑像"

Stein, Gertrude，格特鲁德·斯坦，92

Steiner, George，乔治·斯坦纳，240

Stella, Frank，弗兰克·斯特拉，240

Stevens, Wallace，华莱士·史蒂文斯，14，92，175

Stevenson, Adlai E.，阿德莱·E. 史蒂文森，207，240，288

Stirling, James，詹姆斯·斯特林，22，30，53，287

Stoughton Hall，斯托顿堂，19，133，273

Straus Center for Conservation，施特劳斯保存中心，29

Stravinsky, Igor，伊戈尔·斯特拉文斯基，240

Summers, Lawrence，劳伦斯·萨默斯，11—13，53，100，164，186，277；巡视官（制度）的建立，267；研究中心与研究所，300；预备役军官训练团，306

Summer School，暑期学院，69，70，97

Sumner, Charles，查尔斯·萨姆纳，325

Sunstein, Cass，凯斯·桑斯坦，240

Tanner, Grace，格蕾丝·坦纳，143

Tanner, Robert，罗伯特·坦纳，143

Tercentenary celebration，（哈佛）三百周年庆典，63

Tercentenary Theatre，三百周年剧场，22，65，300，310，364

Thames River boat race，泰晤士河赛艇比赛，37，179

Thayer Hall，塞耶堂，132，133，183

Theater 剧院。参见"戏剧与剧场"以及具体的剧场

Theatre Collection，戏剧典藏，209，243，331—332，341

Three Centuries of Harvard（Morison），《哈佛三百年》(莫里森著)，25，74，118

Tillich, Paul，保罗·田立克，90，240，252

Towers，塔楼，332—333；达德利门的钟楼，151；哈佛堂，333；洛厄尔学舍，42，130，332；纪念教堂，41，42，250，332—333；纪念堂，20，132，133，253，254，332，333；校园内，332—333

Tozzer Library，托泽图书馆，242

Trademark protection and technology transfer，商标保护和技术转让，181，333—335

Tuition，学费，4，5，87，101，135，164，335—336；（学费）上涨，190，335—336

Twain, Mark，马克·吐温，14，316

Underground，地下，233，339—342；档案馆，24；餐饮服务，82；停车场，110；普西图书馆，243；地铁，340；遂道，53，82，161，233，340，341，357，365

University Band，大学乐队，324

University Choir，大学合唱团，252，255，257

University Hall，大学堂，19，75—76，183，341，364；建筑，357；礼拜堂，250；教员室里的肖像画，273，274；约翰·哈佛塑像所在地，225；骚乱和罢课，293—294，306

University Health Services (UHS)，大学健康服务中心，135，168，244，339

University Professors，校级教授，342—343

University Theatre，大学剧院，44，295

Updike, John，约翰·厄普代克，31，236，317

U. S. Arsenal，美军军火库，179

Vanserg Hall，梵瑟楼，306，347

Vendler, Helen，海伦·文德勒，141，194

Veterans' Theatre Workshop，退伍军人戏剧工作坊，43
Veterinary School，兽医学院，106
Vidal, Gore，戈尔·维达尔，241
Vietnam War，越南战争，165，251，293，305
Villa I Tatti，塔蒂别墅，180，220，315，347—349
Wadsworth House，沃兹沃思楼，76，150，353，364
Waiting clubs，候补俱乐部，128，161
Walker, Peter，彼得·沃克，143
Ward, Barbara, Lady Jackson，芭芭拉·沃德, 杰克逊夫人，141
War memorial，战争纪念，251
Warren, Dr. John Collins，约翰·科林斯·沃伦博士，354
Warren Museum，沃伦博物馆，353—354
Washington, George，乔治·华盛顿，52，137，194，207
Weeks Memorial Footbridge，威克斯纪念人行桥，61，341
Weld Hall，韦尔德堂，184，341
Welty, Eudora，尤多拉·韦尔蒂，241
Werner, Tom，汤姆·沃纳，236
Westmorly Court，威斯特里楼，161，162
Wheelwright, Edmund March，埃德蒙·马奇·惠尔赖特，60，234
Whitney, Anne，安妮·惠特尼，325
WHRB，哈佛大学广播电台，355—356，359
Widener, Eleanor Elkins，埃莉诺·埃尔金斯·怀德纳，356
Widener Memorial Library，怀德纳纪念图书馆，76，242，295，356—359，363；建筑，21，23，110，250；（怀德纳纪念图书馆是）哈佛旗舰图书馆，242—243；埃利奥特校长（与怀德纳纪念图书馆），208；

地下隧道，233，341，357；限制级收藏，363
Wiener, Norbert，诺伯特·维纳，280
Wigglesworth, Edward，爱德华·威格尔斯沃思，136—137，157
Wigglesworth Hall，威格尔斯沃思堂，150
Wilbur, Richard，理查德·威尔伯，175，318
Wilder, Thornton，桑顿·怀尔德，240
William Dean Howells Memorial House，威廉·迪安·豪威尔斯纪念楼，179
William E. Massey Sr. Lectures，威廉·E.梅西爵士系列讲座，240—241
William James Hall，威廉·詹姆斯堂，22，143，187
Wilson, E. O.，E. O.威尔逊，193，318
Wilson, Woodrow，伍德罗·威尔逊，14，211，305
Winthrop, John，约翰·温思罗普，137，207
Winthrop House，温思罗普学舍，210，211，212
Winthrop House Drama Society，温思罗普学舍戏剧协会，155
Wireless Club，无线俱乐部，359
Wolfe, Thomas，托马斯·沃尔夫，108，122
Women；in athletics，女性：在体育竞技中，35—36；在哈佛理事会中，164；被终极俱乐部排除在外，129，130；延伸教育学院学生，70；教职员，9，10，115；研究生院，97；法学院，237；教授，140—141；教育研究生院，98；学生，88，177；作家，123。参见"哈佛历史上的第一（女士篇）"
Woodruff, Robert，罗伯特·伍德拉夫，18
World War I，第一次世界大战，7，34，250，251，272

World War II，第二次世界大战，8，43，68，217，251，272，288，355，357

X Cage，限制级收藏，363—364

Yard, the，哈佛园，176，228，232，242，250，271，353，356，364—365；建筑，19，20，21，22，23，171，287，357；(哈佛园的)艺术活动，31；钟声，41；楼舍，171；毕业典礼，65；计算机网络，217；火灾，42，131—132；大门，149—151，171，365；旧园，19；恶作剧与搞怪，105；宿舍楼，134，150—151，161；雕像与纪念碑，325，326

Yard Bucket，哈佛园桶，33

Z Closet，Z级书橱，366

Zeckhauser, Sally H.，萨莉·H.泽克豪泽，141，268

ZephGreek，泽弗希腊字体，366—367

译后记

这本译著的出版，首先要感谢哈佛大学出版社的授权。同时，特别感谢北京大学出版社的慧眼，感谢王业龙主任、责任编辑朱梅全老师与编辑团队的精心审校，这本译著才能以这样的面目呈现在各位读者面前。

2020年1月，我前往哈佛大学图书馆查找研究资料，并对哈佛大学的校园作了一番实地了解。同年4月，惊闻本书的共同作者理查德·M.亨特在4月10日逝世于马萨诸塞州的林肯市，享年93岁。本书的另一位共同作者罗伯特·申顿已于2000年2月29日逝世于波多黎各首都圣胡安，享年75岁。有感世事无常，祈愿逝者安息。

需要说明的是，译著体例上遵循英文版，通过158个特定词条的时空勾勒，展现300多年哈佛大学的点滴细节。另外，书中词条大多都附上了"相关条目"和"相关网站"，都是与该词条所述内容相关联，以便于读者延伸阅读，进一步探索哈佛大学。

在牛津大学社会科学图书馆，我完成了这本译著。翻译的过程固然艰辛，却是一段愉快且难忘的回忆。衷心希望读者能对本书内容的广度和深度留下深刻的印象。可以说，欲知哈佛大学，这是一本值得一读的好书。

衷心希望广大读者能喜欢这本译著。由于译者的水平与阅历有限，译著中难免有不妥之处，敬请各位读者不吝指正。

陈 锴
2022年1月7日